CW01650112

NATIONAL GEOGRAPHIC

écosse

NATIONAL GEOGRAPHIC

écosse

Robin et Jenny McKelvie

Sommaire

Voyager responsable 6

Avant de partir 8

Histoire et culture 12

L'Écosse aujourd'hui 14
Les Highland Games 22
La gastronomie 24
Le pays et l'environnement 30
L'histoire de l'Écosse 36
Les arts et les lettres 46

Édimbourg et les Lothians 54

Introduction et carte 56
Édimbourg 58
Promenade le long du Royal Mile 62
Les festivals d'été d'Édimbourg 68
Leith et les docks 74
Aux abords de la capitale 76
Les ponts du Forth 78
Les Lothians 80

Glasgow et l'Ayrshire 88

Introduction et carte 90
Le centre de Glasgow 92
Promenade dans Glasgow 94
Les chantiers navals de la Clyde 98
En dehors du centre 102
L'Ayrshire 104

Le sud de l'Écosse 106

Introduction et carte 108
Le Dumfries and Galloway 110
Balade sur la côte du Galloway 112
Les Borders 116
Les abbayes des Borders 118

Le centre de l'Écosse 124

Introduction et carte 126
Stirling 128
Les Trossachs et le loch Lomond 130
L'Argyll 134
Circuit autour de la péninsule de Cowal 138
Le Perthshire 140

La côte est 144

Introduction et carte 146
Le Fife 148

À la découverte des villages de pêcheurs de l'East Neuk du Fife 152
Dundee et l'Angus 154
Le Deeside 158
Le tartan 160
Aberdeen 164
Villages de pêcheurs 168

Les Highlands du Centre et de l'Ouest 170
Introduction et carte 172
Inverness 174
Aviemore et les Cairngorms 178
Randonnée dans les Cairngorms – Cairn Gorm et Ben Macdui 180
Le Great Glen 186
L'Ouest 190

Les Highlands du Nord 198
Introduction et carte 200
La côte est 202
À l'extrême nord de l'Écosse 204
Les Highland Clearances 206
L'Ouest 208
Balade en voiture à travers la péninsule d'Applecross 210

Les îles de la côte ouest 214
Introduction et carte 216
Les îles de l'Argyll 218
Islay et le whisky 222
Les îles Small 230
L'île de Skye 232
Circuit sur la péninsule de Trotternish : le Quiraing 234
Les Hébrides extérieures 238

Les Orcades et les Shetland 250
Introduction et carte 252
Les Orcades 254
La préhistoire aux Orcades 260
Les Shetland 262
Balade à Esha Ness 264

Informations pratiques 268
Index 314
Crédits 318

Pages 2-3 : le château d'Eilean Donan au loch Duich

VOYAGER RESPONSABLE

Protéger la nature, contribuer à préserver l'histoire et la culture des pays visités, tout en faisant connaissance avec la population... autant d'occasions pour le touriste d'enrichir son séjour en devenant un voyageur responsable !

Petit mémo pour les voyageurs avertis :

- Votre présence a toujours une incidence sur les sites que vous visitez. Ne l'oubliez pas !
- Tout au long de votre voyage, respectez les us et coutumes locaux.
- Rencontrez les gens sur place à chaque fois que vous le pouvez ; c'est l'idéal pour en apprendre davantage sur les spécificités du pays. Attention, toutefois : évitez d'être trop intrusif !
- Côté argent, privilégiez les commerces, restaurants, auberges et voyagistes soucieux du développement du pays. N'hésitez pas non plus à encourager les initiatives qui tendent à mettre en valeur les spécificités culturelles du lieu visité.

Aujourd'hui, voyager de manière responsable, c'est donner tout son sens à l'« écotourisme », un tourisme qui soutient et met en valeur le caractère géographique d'un site – son environnement, sa culture, sa beauté, son héritage et le bien-être de ses habitants.

Pour en savoir plus, vous pouvez consulter le site en anglais de National Geographic : *www.nationalgeographic.com/travel/sustainable.*

LES AUTEURS

Robin McKelvie *(www.robinmckelvie.com)* est né en Écosse. Titulaire d'une maîtrise en littérature anglaise, animé d'une passion pour le voyage qui l'a entraîné dans plus de 80 pays, il s'est fait écrivain voyageur depuis plus de dix ans. Robin McKelvie est l'auteur d'une trentaine de guides et récits de voyage ; ses articles et ses photographies ont été publiés dans plus de 50 magazines et journaux sur cinq continents et il a également travaillé pour la radio et la télévision. Ses aventures l'ont conduit en train d'Édimbourg à Hong Kong ; il a nagé avec les requins au Belize et fait du canoë avec les crocodiles en Australie. Membre actif de la Guilde britannique des écrivains voyageurs, Robin McKelvie effectue plus de 30 voyages par an, dont au moins la moitié dans son pays favori : l'Écosse, dit-il, la main sur le cœur.

Jenny McKelvie *(www.jennymckelvie.com)*, écossaise d'adoption, est écrivain voyageur et photographe depuis plus d'une décennie. Elle a visité plus de 50 pays et vécu dans trois d'entre eux : l'Écosse, l'Angleterre et l'Australie. Jenny McKelvie a signé pas moins d'une vingtaine de guides et de récits de voyage avec son mari, Robin, et écrit des articles pour plus de 20 magazines et journaux du Royaume-Uni. Elle rédige également des rapports sur les tendances mondiales du tourisme. Au premier rang de son palmarès des pays, elle place en tête, bien sûr, le pays où elle s'est mariée : l'Écosse.

Avant de partir

Pays magique, l'Écosse a reçu en héritage des milliers de collines et de montagnes accidentées, des centaines d'îles baignées par l'Atlantique, et des myriades de lochs et de cours d'eau, où foisonne la vie sauvage. Châteaux anciens, villes prestigieuses et villages historiques se mêlent intimement à ce cadre naturel, soulignant la richesse de la culture et de l'histoire écossaises.

Se déplacer

Traverser l'Écosse fait partie du plaisir du voyage, mais il ne faut pas sous-estimer les temps de trajet. Le pays possède des côtes très découpées, près de trois fois plus longues que celles de la France ou de l'Espagne. Si le vol de Glasgow à Campbeltown ne dure que 20 minutes, le trajet par la route dépasse 3 heures. La voiture n'en reste pas moins le meilleur mode de transport, car elle permet de profiter des paysages et de s'arrêter là où on le souhaite. Visiter l'Écosse, c'est tout autant en découvrir les chemins de traverse et les coins cachés qu'en visiter les villes célèbres. Le ferry *(tél. : 0800/066 5000, www.calmac.co.uk)* reste incontournable pour le transfert de votre véhicule vers les îles. Les voies ferrées écossaises *(tél. : 0845/601 5929, www.scotrail.co.uk)* comptent parmi les plus impressionnantes de la planète, cependant le train est rarement plus rapide que la route : prenez-le plutôt pour l'expérience. L'avion *(tél. : 01392/268 529, www.flybe.co.uk)* reste la solution la plus facile pour rallier les îles reculées, comme les Hébrides extérieures ou les Shetland. Ce peut être aussi la façon la plus efficace de gagner les régions périphériques si le temps vous est compté.

Un séjour d'une semaine

Pour une première visite en Écosse, Édimbourg, sa capitale historique et pittoresque classée au Patrimoine mondial de l'Unesco, constitue un point de départ évident, avant une incursion dans les magnifiques Highlands ; vous reviendrez ensuite vers la région centrale et Glasgow, autre carrefour historique et culturel. Les deux villes sont très bien desservies depuis Londres, et des vols directs partent de tous les grands aéroports d'Europe et d'Amérique du Nord.

Le **1er jour** étant consacré à Édimbourg, prévoyez la visite du château et une longue flânerie à travers les siècles sur le Royal Mile, qui descend jusqu'au palais de Holyrood. Ne manquez pas les musées nationaux ni, le soir, les pubs animés.

Peut-être rencontrerez-vous une vache des Highlands…

Depuis Édimbourg, le **2e jour**, prenez la direction du sud jusqu'à Roslin, à une demi-heure de route : sa fascinante chapelle abriterait, selon certains, le Saint-Graal. Vous pourrez déjeuner au bord de l'eau à South Queensferry, verdoyante et pittoresque banlieue d'Édimbourg, avant de visiter Hopetoun House, grandiose. Dans l'après-midi, parcourez 11 km vers l'ouest, pour gagner le palais de Linlithgow, hanté par le fantôme de Marie Stuart, la reine d'Écosse la plus romanesque. Vous pourrez profiter de la soirée à Édimbourg pour découvrir la scène culturelle dynamique de la ville.

Le **3e jour** commence par un trajet de 2 heures vers Perth, au nord, avec un passage sur le spectaculaire pont du Forth, peu après avoir quitté Édimbourg. Après une exploration de la charmante ville de Perth, un court trajet plus au nord vous conduira jusqu'au palais de Scone, où étaient autrefois couronnés les rois d'Écosse. Rejoignez l'A9 en direction du nord pour vous retrouver immergé, bientôt, dans les majestueuses Highlands. S'il fait encore jour à votre arrivée dans la station d'Aviemore, 2 heures plus au nord, prenez le funiculaire du Cairngorm pour savourer un verre au sommet, dans un paysage rude et grandiose.

Le **4e jour**, poussant un peu plus au nord, vous atteindrez, après une 1 heure de route, Inverness, la seule ville des Highlands. Faites un détour par Culloden, site de la défaite des Highlanders jacobites qui, en 1746, sonna le glas du mode de vie traditionnel des clans. Inverness abrite quelques beaux monuments et offre l'occasion d'agréables promenades le long de la rivière Ness.

Le **5e jour** s'ouvre par une chasse au monstre du loch Ness. Après un tour du loch en voiture, embarquez pour une croisière dans la petite ville coquette de Fort Augustus. Vous aurez encore du temps pour flâner dans les ruines romantiques du château d'Urquhart. Le dernier trajet, de 1 heure 30, vous mènera vers la côte atlantique, jusqu'à l'ancienne ville de garnison de Fort William : vues magnifiques avec toutes les commodités d'une ville touristique.

À NE PAS MANQUER

Une vue panoramique d'Édimbourg depuis Arthur's Seat 64

La mémoire des luttes de William Wallace et Robert Bruce à Stirling 129

Un festin de fruits de mer à Oban 137

Une croisière sur le loch Ness à la recherche de Nessie 187

Une randonnée sur le Ben Nevis, le sommet du Royaume-Uni 188-189

Une dégustation de whisky dans une distillerie 222-223

La découverte des fantômes du néolithique aux Orcades 260-261

Informations

Visit Scotland ***(http://international.visitscotland.com/fr/, tél.: 0845/225 5121)*****, le site officiel de l'office de tourisme écossais, donne de nombreuses informations sur les hébergements, les endroits à voir et les activités à pratiquer. La plupart des villes ont un bureau d'informations touristiques, où vous pourrez vous procurer cartes et brochures, vous renseigner sur les visites et réserver vos hébergements. Consultez les informations pratiques p. 274, pour les coordonnées des offices de tourisme des principales villes.**

Les montagnes écossaises offrent un vaste choix d'activités, entre excursions tranquilles et défis de haut niveau, dont, ici, l'ascension du Aonach Mor, à un jet de pierre du Ben Nevis.

Les courageux, en bonne forme physique et bien équipés, peuvent consacrer le **6e jour** à une randonnée sur le Ben Nevis, le plus haut sommet du Royaume-Uni. Les âmes moins aventureuses pourront monter en télécabine pour contempler le panorama depuis le café-restaurant.

Le **7e jour**, emprunter l'A82, étroite et sinueuse, au sud de Fort William. Passant par Glen Coe et longeant la côte ouest du beau loch Lomond, elle ménage des vues spectaculaires sur l'un des plus beaux paysages d'Écosse. À votre descente des Highlands, Glasgow vous attend, avec ses grandioses bâtiments georgiens et victoriens et sa vie culturelle foisonnante.

Quand partir

De nombreux lieux touristiques sont fermés ou réduisent leurs horaires d'ouverture entre la fin octobre et Pâques. En revanche, les paysages sont encore plus fascinants sous la neige, et ce peut être une excellente idée de découvrir les villes à Noël et à Hogmanay (Nouvel An). Le mois favori des Écossais est mai, souvent le plus ensoleillé et le plus sec. En juillet et août, il faut parfois subir, dans les Highlands et les îles, les assauts de diptères piqueurs, inoffensifs mais très agaçants.

Si vous disposez de plus de temps

Vous pourriez passer plusieurs mois en Écosse sans tout en voir. Mais si vous disposez de plus d'une semaine, prenez deux ou trois jours pour explorer la région au sud d'Édimbourg et de Glasgow qui vous séduira par ses douces collines, ses côtes découpées, son cordon d'abbayes en ruine (dont celles, majestueuses, de Melrose, Dryburgh et Jedburgh, dans les Borders) et ses villes typiques, comme Portpatrick, Melrose et Kirkcudbright. C'est la région idéale pour lire Walter Scott et Robert Burns, les deux écrivains qui ont, mieux que tout autre, exprimé l'essence de l'Écosse.

Immédiatement au nord d'Édimbourg, le Fife, encore communément appelé « Royaume de Fife », abrite le « berceau du golf », Saint Andrews, ainsi que de jolis villages de pêcheurs. Aberdeen, à 193 km au nord d'Édimbourg, sur la côte est, mérite une visite. Permettant un accès facile à la vallée de la Dee (la Royal Deeside), l'actuelle « capitale pétrolière de l'Europe », aux grandioses bâtiments en granit, était jadis un des terrains de jeu favoris de la reine Victoria. Au nord et à l'ouest de Glasgow, la région d'Argyll, souvent ignorée par les touristes, recèle de nombreux lochs marins et sites d'intérêt historique, ainsi que des villes coquettes comme Inveraray (à environ 1 heure 30 au nord-ouest de Glasgow) et Oban (sur la côte ouest, à 2 heures au nord de Glasgow). Cette dernière s'est réinventée « capitale écossaise des fruits de mer ».

La cité ancienne de Stirling, à 1 heure au nord de Glasgow, constitue un détour obligé pour les férus d'histoire. Elle fut le siège de la bataille décisive entre Écossais et Anglais. C'est aussi la porte des Highlands qui s'étendent, au-delà d'Inverness et d'Aviemore, de la mer du Nord à l'Atlantique. Peu peuplées, les Highlands sont à juste titre célèbres pour leur fantastique beauté naturelle et leurs batailles légendaires, tragiquement perdues le plus souvent.

Pourboire

Le calcul du pourboire ne va pas de soi en Écosse. Quand le service n'est pas compris dans les cafés et les restaurants, certains commerçants ajoutent un petit supplément ; d'autres comptent un pourboire de 10 %. Vous pouvez ajouter de 10 à 15 % pour un service satisfaisant. Les pourboires ne sont pas une pratique courante dans les bars. Parfois un consommateur dit au barman de se payer un verre : celui-ci porte sur l'addition le prix d'une boisson, qu'il encaisse comme pourboire. Pour les courses de taxis, arrondissez à la livre supérieure ou ajoutez 1 ou 2 £.

Au-delà de la « Grande Terre », plus de 800 îles, dont une centaine habitées, sont à découvrir. Ceux que le temps presse un peu choisiront Arran, à 2 heures de Glasgow, par la route ou le ferry, ou Skye, la plus grande île, à 4 heures en voiture. Rarement visitées, les Hébrides extérieures, à 80 km au nord-ouest de l'Écosse, donnent une impression de bout du monde et sont d'une beauté stupéfiante. Les Orcades et les Shetland, au nord de la « Grande Terre », sont deux archipels à l'histoire aussi bien écossaise que nordique. Toutes ces îles sont accessibles par des vols intérieurs rapides, au départ d'Édimbourg ou de Glasgow.

Activités de plein air

L'Écosse est un paradis pour les amoureux de grand air, et même ceux qui ne sont pas habituellement très actifs trouveront leur bonheur. Le choix ne manque pas en matière de marche, des randonnées exigeantes sur les crêtes aux tranquilles promenades sur les rives des lochs, en passant par les chemins balisés menant d'une côte à l'autre. L'Écosse a récemment été désignée destination numéro un pour le VTT. Le pays, en effet, possède des centres bien organisés et des chemins de campagne sauvage sur lesquels vous rencontrerez davantage de cervidés que d'humains. Essayez le rafting, le kayak, le canyoning, le surf, la planche à voile, la voile ou encore le ski : l'Écosse offre des activités aussi diverses que ses clans ! Où que vous alliez, quoi que vous fassiez, cela sera empreint de l'hospitalité et de la gentillesse écossaises, réputées contagieuses. Bienvenue en Écosse, *sláinte* : à votre santé ! ■

Histoire et culture

L'Écosse aujourd'hui 14-21

À découvrir – Le Hogmanay 17

Les Highland Games 22-23

À découvrir – Le Highland Dancing 22

La gastronomie 24-29

Le pays et l'environnement 30-35

L'histoire de l'Écosse 36-45

À découvrir – Les champs de bataille 43

Les arts et les lettres 46-53

Présente dans toute l'Écosse, la croix celtique – ici, celle de l'abbaye de l'île d'Iona – symbolise les traditions culturelles et religieuses de tout un pays.

L'Écosse aujourd'hui

L'Écosse est une terre d'une extraordinaire beauté naturelle. À ses richesses culturelles et historiques se mêlent des traditions fortement ancrées. Au-delà du folklore – le whisky, le tartan... –, les Écossais ont de quoi être fiers d'un pays qui envisage l'avenir avec une confiance renouvelée. Il est grand temps de découvrir l'Écosse d'aujourd'hui.

L'histoire de l'Écosse est ancienne et complexe, c'est le moins que l'on puisse dire. Rien d'étonnant à cela puisque dans ses veines coule le sang des fiers guerriers pictes, des rois celtes, des légionnaires romains, des pilleurs vikings et des Angles germaniques. À l'origine, il y a plus de mille ans, l'Écosse était une nation indépendante. Elle fait aujourd'hui partie du Royaume-Uni – alliance politique et économique (ayant une monarchie commune) avec l'Angleterre, le pays de Galles et l'Irlande du Nord. Mais ne vous avisez pas de confondre Écosse avec Angleterre.

Tradition et modernité

Visiter l'Écosse est un périple fascinant tant le pays offre un mariage détonant de tradition et de modernité. Le passé est encore si présent qu'il est facile d'y perdre la notion du temps. Les batailles épiques, les rivalités entre clans semblent encore palpables. Les clichés véhiculés par le film *Braveheart* de Mel Gibson (1995) sont en effet bien là, pour le plus grand plaisir des visiteurs.

En Écosse, le passé est encore si présent qu'il est facile d'y perdre la notion du temps.

Toutefois, votre découverte de l'Écosse n'en sera que plus riche si vous prenez la peine d'aller au-delà de l'imagerie du kilt. Le pays a su embarquer à bord du train des nouvelles technologies et appuie solidement son économie sur les services. À l'aise dans leur siècle, les Écossais sont fous de *high-tech*. Les villes ont beau toujours s'enorgueillir d'un vieux château, d'anciennes ruelles pavées et de tout un folklore traditionnel, regardez un peu plus loin : là une galerie d'art contemporain, ici un bâtiment futuriste à l'architecture de verre et d'acier, là encore, des attractions touristiques qui stimulent l'intellect.

Le ceilidh est l'événement annuel où l'Écosse d'hier et celle d'aujourd'hui se rencontrent. Cette célébration celte, follement amusante, puise ses racines dans l'histoire clanique, du temps où les tribus faisaient la fête au rythme de chants et de danses. La tradition vit encore, le ceilidh moderne est l'occasion donnée aux Écossais de tous horizons de se retrouver pour danser au son du violon traditionnel.

L'Écosse que vous vous apprêtez à découvrir avec vos yeux et votre âme est, plus que jamais, une contrée aux multiples facettes. Un jour ou deux après votre arrivée, vous réaliserez que vous séjournez dans un pays véritablement à part. Un territoire qui fait jeu égal avec l'Angleterre, situé dans un coin d'Europe où

La culture écossaise, haute en couleur, allie tradition et modernité.

Tradition et rusticité caractérisent la vie dans les Highlands.

les lignes de fracture géopolitiques sont aussi mobiles que les plaques lithosphèriques qui ont façonné cette nation magnifique.

Écossais et Anglais

Les liens qui unissent l'Écosse à l'Angleterre sont très parlants. Le puissant voisin fut, pendant des siècles, source d'inépuisables tourments rythmés par de longues guerres et des tentatives d'occupation de l'Écosse par l'*Auld Enemy* (les Anglais). Même en temps de paix, les Borders, la région à la frontière des deux pays, résonnait du vacarme de conflits locaux annonciateurs d'une prochaine offensive de grande ampleur. Aujourd'hui, l'identité nationale écossaise se constitue essentiellement autour de l'affirmation de « n'être pas anglais » que les habitants proclament haut et fort à l'attention des visiteurs internationaux qui ne sont pas toujours certains des relations qu'entretiennent les deux nations (sans parler des Anglais les moins cultivés, qui n'en sont pas certains non plus...). À confondre l'Écosse et l'Angleterre, vous perdrez à coup sûr des amis écossais. Cependant, on rencontre peu d'Écossais ouvertement hostiles aux Anglais – les guerres séculaires se sont muées en rivalité bon enfant.

La question de l'indépendance de l'Écosse est présente dans la vie politique depuis la signature, en 1707, de l'Acte d'union, sans toutefois être un facteur de troubles. Les Écossais sont assez partagés sur le sujet : certains se déclarent pro-Union et fiers de leur héritage britannique ; d'autres soutiennent ouvertement l'idée d'une indépendance – ou prônent tout du moins un rôle politique plus fort – tout en redoutant que le moindre changement ne vienne perturber l'équilibre actuel. Ayez toujours à l'esprit ce débat sur l'indépendance, votre séjour n'en sera que plus intéressant et vous attirera bien des amitiés.

Highlands et Lowlands

À chaque pays ses rivalités internes. L'antagonisme le plus criant de l'Écosse oppose les Highlands (au nord) aux Lowlands (au sud), bien que le territoire soit en fait divisé en trois régions géographiques (Southern Uplands, Lowlands et Highlands) et compte 32 subdivisions administratives.

Les divisions de l'Écosse ne tiennent pas uniquement au relief. Les habitants des Highlands se considèrent plus proches de la terre dans une région où survit la culture traditionnelle gaélique et où l'on parle encore le celte. Les Highlands furent décimés lors de la terrible défaite de Culloden en 1746 (voir p. 44). Les habitants et l'économie locale ne se sont, d'une certaine façon, jamais complètement remis ; leurs chansons et leurs poèmes célèbrent encore l'époque des rivalités claniques.

Le portrait des habitants des Lowlands est plus nuancé. Leur monde est résolument plus urbain, plus en phase avec la vie moderne. Ces deux univers coexistent et interagissent ; leur division est une richesse qui vous aidera à appréhender l'histoire et la culture du pays.

Un portrait économique et politique

L'Écosse a embrassé avec fougue le nouveau millénaire, surfant sur l'enthousiasme suscité par le transfert à l'Écosse de pouvoirs politiques autrefois dévolus à

À DÉCOUVRIR Le Hogmanay

Pour la centième fois, un parfait étranger vous étreint, et les vapeurs du whisky n'en finissent plus de vous brûler les joues : toutes les célébrations du Nouvel An qui auront précédé votre premier Hogmanay vous sembleront désormais bien fades.

Les traditions qui gravitent autour de ce réveillon typiquement écossais sont innombrables. Sur l'île de Skye, on brûlait une peau de bœuf ; il fallait en respirer la fumée pour éloigner les mauvais esprits. Toujours vivace, la tradition du *first footing* : la chance vous est promise si la première personne franchissant le pas de votre porte au Jour de l'an est un homme brun, un parfait étranger qui vous offre un morceau de charbon, symbole de chaleur. Cette chaîne de l'amitié se pratique encore dans toutes les villes écossaises, des visiteurs du monde entier se joignant aux festivités.

L'énorme fête qui fait vibrer chaque année Édimbourg (*www.edinburghshogmanay.org*) ne connaît qu'une seule rivale, celle de Glasgow (*www.winterfestglasgow.com*) : la plus grande ville d'Écosse ne joue pas les seconds violons, bien au contraire, les réjouissances font vibrer tout le centre-ville. À Stirling, la fête bat son plein dans le cadre spectaculaire du château (*www.stirlinghogmanay.co.uk*) quand les remparts résonnent des accords des cornemuses et des tambours. Le Hogmanay ? Une sacrée expérience !

l'Angleterre – on parle de « dévolution ». Cette autonomie s'est accompagnée de la création d'une nouvelle assemblée, qui siège à Édimbourg. Cependant, toutes les décisions concernant la défense, les affaires étrangères et l'économie, restent prises à Londres.

Toutefois, ces pouvoirs accrus ont incontestablement dopé la confiance écossaise. L'Écosse a fait clairement entendre sa voix pour obtenir la création de ses deux premiers parcs nationaux et adopter, en 2003, une loi majeure sur l'aménagement du territoire. Cette dernière a permis de tourner définitivement la page des Highlands Clearances (l'un des épisodes les plus noirs de l'Écosse, voir p. 44) et d'offrir aux habitants le droit de se promener ou de faire du vélo sur les immenses domaines, constitués à la période médiévale, qui couvrent encore le pays.

La reine Victoria fut à ce point enchantée par la beauté sauvage de l'Écosse qu'elle y acheta un domaine, Balmoral.

En 2007, à l'issue d'un scrutin national, le Parti National Écossais (SNP) s'est imposé comme une force politique incontournable. Son objectif avoué : l'indépendance. Le parti doit sa victoire à son chef charismatique, et actuel Premier ministre d'Écosse, Alex Salmond. Celui-ci joue le rôle d'empêcheur de tourner en rond auprès du gouvernement du Royaume-Uni (lequel entretient à son tour une relation plutôt fraîche avec le gouvernement écossais) et a su mettre l'Écosse sur le devant de la scène européenne et internationale. Le combat pour l'indépendance d'Alex Salmond a semblé un moment gagner du terrain, mais s'est vu freiné par la crise et la faillite des deux plus grandes banques écossaises : la Royal Bank of Scotland et la Bank of Scotland. Le pourcentage d'Écossais favorable à l'indépendance est pour l'heure en chute libre.

L'Écosse du XXIe siècle connaît d'autres problèmes socio-économiques. Le déclin de l'industrie lourde traditionnelle a privé certaines régions de travail... et d'espoir. Les conséquences de la crise se font durement sentir autour de Glasgow – autrefois la capitale de l'industrie lourde écossaise – et dans la région de Fife, où l'industrie minière s'est effondrée. Seul le secteur des services envisage sereinement l'avenir, et Édimbourg s'affirme comme l'un des plus grands centres financiers d'Europe.

Une destination touristique

L'Écosse s'est longtemps tenue en retrait du formidable essor touristique qui s'est emparé des villes d'Europe dès la fin du XVIIe siècle. Peu de volontaires étaient prêts à tenter un voyage périlleux sur des routes impraticables, surplombées de reliefs peu hospitaliers, pour découvrir un pays peuplé de rebelles... Il est vrai que, jusqu'à une période récente, la montagne n'était pas considérée comme une destination touristique. En 1773, l'auteur anglais Samuel Johnson concluait le récit de son séjour de trois mois en Écosse par ces mots : « L'Écosse... c'est l'Angleterre en pire. Une fleur dont les pétales se flétrissent, puis tombent. »

L'Écosse doit son développement touristique à l'amour que portait la reine Victoria aux Highlands. Elle y vint pour la première fois en 1842 et fut à ce point enchantée par la beauté sauvage de la région qu'elle y acheta un domaine,

Balmoral. Elle passa de très heureux séjours au château de Balmoral, arpentant les berges de la rivière Dee. C'est grâce à elle que les Highlands sont devenus à la mode.

Le tourisme a pris son essor au cours du XIXe siècle, mais les confins écossais sont longtemps demeurés inaccessibles – bien qu'il y eût quelques progrès depuis 1773, année où Johnson remarquait que l'île de Skye était dépourvue de routes. Le développement du chemin de fer a permis de s'aventurer confortablement jusqu'au cœur des Highlands, une région dont la beauté naturelle a vite attiré un nombre croissant de visiteurs venus du sud du pays. Car les Écossais eux-mêmes ont commencé à découvrir leur terroir, les îles et les bourgades de l'estuaire de la Clyde, pour fuir les villes en pleine industrialisation.

Au XXe siècle, le tourisme écossais poursuit sa croissance. Toutefois, la démocratisation du voyage aérien dans les années 1960 sonne le glas du succès des villages jalonnant le cours de la Clyde : les Écossais leur préfèrent de loin la Costa Brava espagnole. De nos jours, la demande exponentielle pour de courts séjours a relancé le tourisme écossais – il génère désormais d'importants revenus et emploie des milliers de personnes. Édimbourg et Glasgow sont des destinations prisées des Écossais et des visiteurs internationaux.

Ce tourisme est protéiforme. Certains vacanciers ne jurent que par les châteaux qu'ils découvrent depuis un autobus; d'autres préfèrent le romantisme des Hébrides. Sans oublier les fous de VTT ou les alpinistes chevronnés. L'Écosse est fin prête pour répondre à tous les désirs de ses visiteurs.

Un portrait sportif

Est-ce parce qu'elle n'est pas une nation indépendante que l'Écosse ressent le besoin de se faire remarquer? Cette posture est évidente dans le domaine du sport, où les supporters prennent bien soin d'agiter des drapeaux écossais et non britanniques. Et cela même pendant des jeux Olympiques, où pourtant leurs concitoyens concourent sous le maillot de la Grande-Bretagne et de l'Irlande du Nord.

Le foot : une obsession nationale

Pour découvrir la véritable nature de l'Écosse, assistez à un match de football, ou discutez foot dans un pub. Le sport est un domaine privilégié lorsqu'il s'agit d'afficher les rivalités traditionnelles, qu'elles soient d'ordre régional ou religieux. Il est également un moyen d'apaiser les tensions qui pourraient s'exprimer sur des terrains autrement plus dangereux que ceux des stades de football. La rivalité la plus ancienne oppose les Glasgow Celtics aux Glasgow Rangers : même les supporters de petits clubs locaux ont forcément une préférence pour l'un ou l'autre de ces deux grands clubs.

Les Écossais sont fous de football et du rugby. Historiquement, l'Écosse a souvent connu la défaite lorsqu'elle s'y attendait le moins. En sport, c'est un peu la même chose. L'équipe nationale de football s'est admirablement qualifiée pour cinq phases finales consécutives de Coupe du monde, de 1974 à 1990, pour ensuite être incapable de réitérer cette performance, ratant même sa qualification pour 1994, 2000, 2004 et 2010.

Les vedettes des sports individuels ont plus de chance. L'Écosse, berceau du golf, a produit ces dernières années des prodiges de la petite balle : Sam Torrance,

Colin Montgomerie et Sandy Lyle. Parlons aussi de Stephen Hendry, septuple champion du monde de snooker, qui enchaîne les titres depuis son plus jeune âge et poursuit toujours une brillante carrière internationale.

Aujourd'hui, la star du sport écossais est le joueur de tennis Andrew Murray. Il a remporté un nombre impressionnant de tournois et a participé à trois finales du Grand Chelem. Même le public de Wimbledon l'a adopté, après des débuts difficiles lorsqu'il fut cloué au pilori pour ne pas avoir publiquement soutenu l'équipe de football d'Angleterre. Sir Chris Hoy, quadruple champion olympique de cyclisme sur piste, figure également en bonne place au panthéon national du sport. En 2009, une chute terrible faillit mettre fin à sa carrière, mais Hoy s'est remis en selle et remporte en 2010 un nouveau titre mondial… après une autre chute spectaculaire au cours des qualifications.

Des inventeurs écossais moins connus : William Murdoch (1754-1839), à qui l'on doit le gaz d'éclairage; Robert Watson-Watt (1892-1973), le père du radar.

Le patrimoine écossais

Au sein du Royaume-Uni, l'Écosse s'impose comme la nation des inventeurs et des penseurs. Pour la plupart de ces derniers, la célébrité n'a jamais franchi les frontières, ce qui est étonnant pour un pays de cinq millions d'habitants qui a tant donné à l'humanité. Le ratio invention/nombre d'habitants de l'Écosse est certainement le premier du monde ! Cela vous étonne ? Vous pensez pouvoir vivre sans les inventions écossaises ? Alors éteignez votre télévision, passez-vous de votre téléphone, ne conduisez pas (sans pneus, c'est de toute façon impossible) et ne faites pas de vélo. Et la liste des inventions écossaises est encore longue…

L'émergence créative de l'Écosse remonte à la période des Lumières écossaises, au XVIIIe siècle. Les deux grandes figures de l'époque sont Adam Smith (1723-1790), auteur de *La Richesse des nations,* texte fondateur de l'économie politique, et le philosophe empiriste David Hume (1711-1776). Il y eut également John Logie Baird (1888-1946), qui donna au monde la télévision tandis que son compatriote Graham Bell (1847-1922) inventait le téléphone. C'est grâce à John Boyd Dunlop (1840-1921) que nos véhicules sont équipés de pneumatiques.
Un grand nombre d'entre nous qui travaillons à l'extérieur sont protégés des intempéries par les vêtements imperméables de Charles Mackintosh (1766-1843). Et la prochaine fois que vous vous baladerez dans un parc, ayez une pensée pour John Muir (1838-1914) : son amour

pour la nature et son désir de la protéger ont contribué à la création des premiers parcs nationaux américains, dont Yosemite et Sequoia.

Et que serait aujourd'hui la médecine sans James Young Simpson (1811-1870), l'inventeur du chloroforme, ou Alexander Fleming (1881-1955) qui a sauvé des millions de vies grâce à la découverte d'un antibiotique appelé pénicilline ? Sans oublier l'Écossais qui a inventé l'insuline, ou ses compatriotes, l'un créateur de la seringue hypodermique, l'autre qui fut le premier à établir le lien entre le paludisme et le moustique ? Parmi les inventeurs moins connus figurent encore de nombreux Écossais : William Murdoch (1754-1839), à qui l'on doit le gaz d'éclairage ; Robert Watson-Watt (1892-1973), le père du radar, rouage essentiel du succès des Alliés dans la Seconde Guerre mondiale. Et puis il y a, bien sûr, l'Écossaise la plus célèbre au monde, personnage très controversé et figure tout à fait innovante : la brebis Dolly – premier mammifère cloné –, une créature que l'on doit au Roslin Institute d'Édimbourg. ■

Elgol, hors des sentiers battus. Au second plan, l'île de Skye.

Les Highland Games

Symbole de la culture écossaise, les Highland Games (« jeux des Highlands ») célèbrent des siècles d'histoire et de traditions. L'origine de ces manifestations sportives remonte au règne de Malcolm III : le monarque écossais organisait ces jeux afin de recruter les guerriers les plus expérimentés et les plus courageux.

Les Highlands Games ont ensuite revêtu une fonction plus pragmatique lorsque l'occupant anglais, redoutant les tentatives de rébellion, a exclu les Écossais des rangs de l'armée. Ces derniers ont alors troqué leurs épées et leurs poignards contre des troncs d'arbres et d'énormes pierres, afin de s'entraîner, conserver leur force physique et, bien entendu, se préparer au combat.

De nos jours, des Highland Games sont organisés chaque année dans toute l'Écosse. Les manifestations ont lieu de mai à fin septembre, les occasions d'y assister sont donc légion. Il s'agit d'un événement extrêmement populaire, absolument pas circonscrit, comme son nom le laisse penser, à la région des Highlands. Du sud aux confins septentrionaux du pays, sur les îles d'Arran, de Bute, de Lewis, de Mull et de Skye, on peut découvrir ces jeux pittoresques.

Il faut savoir que les Highland Games les plus importants du pays se déroulent à Dunoon. Le Cowal Gathering enflamme la ville pendant la dernière semaine d'août et attire plus de 3 000 concurrents et 20 000 spectateurs. Des membres de la famille royale assistent aux jeux de Braemar (voir p. 163). Ceux de Grantown-on-Spey et Crief sont aussi des manifestations de taille, chacun ayant son charme propre.

Fidélité à la tradition

L'épreuve la plus connue des Highland Games est certainement le lancer de troncs *(toss the caber)* : des messieurs costauds saisissent à pleines mains un tronc d'arbre et courent avant de propulser leur tronc le plus loin possible. Il y a aussi le lancer de marteaux, ainsi que toute une kyrielle d'épreuves dont le lancer de poids par-dessus une barre.

Ces sports traditionnels s'accompagnent souvent de disciplines plus modernes – des courses en général. Les épreuves sont ponctuées de musique folklorique dont le point d'orgue est l'apparition des cornemuses et des tambours.

À chaque Highland Games ses traditions. Certains se doublent de défilés de bétail ou

À DÉCOUVRIR Le Highland Dancing

La danse traditionnelle des Highlands est minutieusement chorégraphiée. C'est une performance très physique qui s'exécute toujours en solo, généralement revêtu du costume traditionnel des Highlands, au son de la cornemuse. Rien à voir avec les cris et la fureur des épreuves sportives, on est ici bien plus proche du ballet que de la bataille. Si vous ne pouvez assister à une représentation dans le cadre de Highland Games, sachez que des concours sont organisés dans tout le pays durant l'été. Ne ratez pas les démonstrations de Highland Fling, Sword Dance, Shean Truibhais, Reel and Sailor's hornpipe et Highland Laddies. Si vous restez en Écosse quelque temps, pourquoi ne pas prendre des cours ? Pour tout renseignement, contactez la **Scottish Official Highland Dancing Association** *(www.sohda.org.uk)* – l'organe officiel de cette tradition nationale.

Le lancer de poids – une épreuve de force traditionnelle – aux Highland Games de Dunoon

de concours de chien de bergers. Les danses traditionnelles écossaises sont toujours spectaculaires. Personne n'est laissé à l'écart, des activités sont même prévues pour les enfants. Celles-ci peuvent varier, mais il y a le plus souvent pléthore de manèges et de stands de fête foraine, d'incroyables démonstrations des talents des chiens policiers, des spectacles de fauconnerie, des courses réservées aux enfants, des concerts, des concours canins. Les adultes se régalent devant les innombrables stands de produits du terroir, et consomment une quantité impressionnante de bière.

Qu'importe les Highland Games auxquels vous assisterez, vous goûterez aux plaisirs et au spectacle de l'Écosse traditionnelle, laquelle entretient un folklore bien vivace. Pour plus d'informations, connectez-vous sur le site de la Scottish Highland Games Association (*www.shga.co.uk*) ou rendez-vous à l'office de tourisme de votre lieu de séjour.

La gastronomie

Ses fruits de mer et sa viande de bœuf – l'Aberdeen Angus pour ne citer qu'elle – sont les plus fins au monde. La gastronomie écossaise a pourtant longtemps souffert d'une mauvaise réputation. Heureusement, les étoiles Michelin sont passées par là et, dans tout le pays, on sait désormais tirer le meilleur parti des excellents produits du terroir.

Les plats traditionnels

Pendant des siècles, il ne s'est agi que de répondre aux besoins d'une population pauvre. La nourriture écossaise tournait alors essentiellement autour de la pomme de terre et de l'avoine, faciles à cultiver et roboratives : nous sommes, après tout, au pays du porridge, sans lequel il n'est pas question de débuter la journée, même au XXIe siècle. Pour plus de goût, veillez à ce qu'il soit un peu salé et préparé avec de l'eau.

Le plat écossais le plus célèbre (et le plus honni ?) est sans doute le *haggis,* cette fameuse panse de brebis farcie qui fait frémir.

Le plat écossais le plus célèbre (et le plus honni ?) est sans doute le *haggis,* cette fameuse panse de brebis farcie qui fait frémir... Pourtant, ces abats de mouton cuisinés avec des flocons d'avoine, des oignons et des épices constituent une véritable surprise gustative, même s'il est rare de nos jours de se voir servir le *haggis* « à l'ancienne », c'est-à-dire effectivement dans une panse de brebis. Le *haggis* s'accompagne traditionnellement d'une purée de navets et de pommes de terre *(tatties)* ; le fabricant de *haggis* le plus réputé *(www.macsween.co.uk)* propose également une version végétarienne.

Autre icône de la gastronomie écossaise : le *shortbread,* un délicieux sablé au beurre dont le succès ne faiblit pas, ni auprès des Écossais ni auprès des touristes. La boîte à *shortbread* ornée d'un paysage des Highlands ou d'une grande figure de l'histoire locale reste le souvenir incontournable que l'on rapporte d'un voyage en Écosse.

Les soupes

Impossible de parler de cuisine écossaise sans évoquer la soupe. La plus fameuse est à base d'orge et de légumes variés (carottes, navets et rutabagas), agrémentée de morceaux de viande, généralement du mouton, parfois de l'agneau et, plus rarement, du bœuf. On la prépare depuis des siècles. Autrefois, on ôtait la viande que l'on servait ensuite en plat principal, ce que l'on ne fait plus aujourd'hui.

La *cullen skink* intriguera à coup sûr les foodistas. Cette soupe épaisse et crémeuse est composée de haddock fumé, de pommes de terre et d'oignons. Elle serait née dans le village de pêcheurs de Cullen, sur la côte nord-est. L'origine de la *cock-a-leekie* remonte quant à elle au XVIe siècle : cette soupe, très populaire, est servie en entrée lors de la Burns Night (voir encadré p. 26). Très nourrissante,

Les fruits de mer font la réputation de la gastronomie écossaise dans le monde entier.

The Loch Fyne
Oyster Company Ltd
***
OYSTER BARS

elle est concoctée à partir d'un bouillon de volaille et de légumes (poireaux le plus souvent). Autrefois, on y ajoutait volontiers quelques pruneaux pour renforcer son goût ; ce n'est plus le cas aujourd'hui, car les pruneaux sont un peu les mal-aimés de la gastronomie actuelle.

Merveilleux fruits de mer

Les Écossais consomment peu de leurs fruits de mer : excellents, ces derniers sont généralement expédiés pour garnir les grandes tables de Londres, Paris ou Madrid – leur prix doublant pendant le voyage.

Les crustacés les plus fins sont pêchés sur la côte ouest : les eaux froides, riches en nutriments et non polluées profitent aux homards et aux langoustines (souvent qualifiées de « crevettes » dans la région de Wester Ross). Les coquilles Saint-Jacques sont également succulentes – la noix de certaines est aussi grosse qu'une balle de tennis ! Les plus chères sont pêchées à la main et servies juste saisies dessus dessous, pour conserver leur goût intact. Le crabe des Orcades est divin, et les moules des îles Shetland sont réputées pour leur taille et leur parfum. Dans les ports, vous pourrez profiter des fruits de mer écossais au meilleur prix, notamment à Oban (voir encadré p. 137), considéré comme la « capitale écossaise des fruits de mer ». Les bons restaurants du pays mettent un point d'honneur à proposer des fruits de mer de la côte ouest sur leur menu ; la demande ne fait qu'augmenter... tout comme les prix des producteurs locaux.

Le poisson est souvent originaire de la côte orientale. Il est pêché au large de la mer du Nord – même si Eyemouth, dans les Borders, se distingue aussi par ses crustacés. Les principaux ports de pêche sont Peterhead et Fraserburgh dans l'Aberdeenshire (voir p. 168) et Arbroath, dans l'Angus (voir p. 157), sans oublier les petits ports du littoral sud du Fife. Les spécialités locales sont le haddock (le poisson généralement utilisé pour les *fish and chips*) et le cabillaud, malheureusement en voie de disparition.

Le saumon écossais est célèbre dans le monde entier. Il est produit en élevages ou en pêcheries – ces dernières ont longtemps été décriées, mais les conditions de production se sont nettement améliorées ces dernières années. Saluons ici les efforts de Loch Duart (*www.lochduart.com*), dont les méthodes de production durables

Burns Night

Le 25 janvier, les Écossais célèbrent comme il se doit l'anniversaire du poète Robert Burns, un joyeux drille qui avait un fort penchant pour les femmes et pour l'alcool et un goût prononcé pour la fête. C'est à lui que l'on doit *Auld Lang Syne (« Ce n'est qu'un au revoir »)*, que l'on entonne à la fin des réunions entre amis. Ce soir-là, les Écossais dégustent une panse de brebis farcie accompagnée de navets et de pommes de terre – un plat surprenant qui s'apprécie encore plus sur fond de danses traditionnelles.

Le chef présente le *haggis,* au son des cornemuses.

conservent intacts la texture et le goût du saumon. Le saumon sauvage, que l'on pêche dans les eaux généreuses de la Tweed et de la Spey, coûte les yeux de la tête, mais peut-être en pêcherez-vous un vous-même ?

La viande rouge et le gibier

Nul ne conteste la suprématie du bœuf écossais. La race la plus renommée est l'Aberdeen Angus : quel que soit le morceau, le goût est au rendez-vous. Depuis quelques années, la race des Highlands (des bêtes aux longs poils et aux cornes impressionnantes) est de plus en plus appréciée, bien que son goût très fort ne plaise pas à tous les palais. Beaucoup d'Écossais se régalent de bœuf Buccleuch, notamment pour son filet et son faux-filet à la saveur inégalée.

L'agneau est également excellent. Celui des Borders sort incontestablement du lot. Nombre de bouchers fabriquent encore de délicieuses saucisses, parmi lesquelles les illustres « Square » ou « Lorne » – remède souverain, paraît-il, contre la gueule de bois.

Les Écossais ne consomment pas énormément de gibier, qui figure pourtant en bonne place sur les menus des hôtels et restaurants lorsque la saison de la chasse bat son plein. Il y a actuellement un réel engouement pour la viande

La distillerie Talisker, sur l'île de Skye, dans les Highlands

de chevreuil, pourtant réservée aux amateurs de saveurs prononcées – on la déguste traditionnellement accompagnée d'une sauce aux baies, pour en adoucir le goût. Les amateurs de viande relevée apprécient également la grouse (petite perdrix rousse) et le faisan.

Les spécialités régionales

Parmi les innombrables spécialités régionales écossaises, il faut absolument goûter le haddock fumé d'Arbroath et les *butteries* d'Aberdeen, de délicieux petits biscuits.

L'Écosse fabrique désormais des fromages de réputation internationale. Il faut souligner la qualité de ses bleus – le larnach, le dunsyre et le strathdon – et l'exceptionnel cheddar de l'île de Mull (qui n'est pas pasteurisé). Les fromages traditionnels (l'origine de certains remonte au XVe siècle) connaissent un formidable regain d'intérêt : c'est le cas pour le caboc des Highlands et le grimbister des Orcades.

Les restaurants

Bien sûr, il y a toujours ces abominables *fish and chips* (ou *chippies*) qui ne se contentent plus de frire du poisson, mais osent la pizza... et même les barres chocolatées. La « malbouffe » est toutefois en recul, grâce aux bons offices des cuisiniers qui font un malheur à la télévision et aux diverses campagnes d'informations nationales. La table écossaise est de plus en plus sophistiquée. Édimbourg montre la voie, avec cinq établissements étoilés au Michelin. Moins de chichis à Glasgow, qui compte pourtant d'excellentes tables. Toutes les grandes villes d'Écosse s'enorgueillissent désormais de très bons restaurants, tout comme certains villages – Kinlochleven ou Kishorn – où l'on peut déguster des fruits de mer tous frais pêchés sur place… ceux-là mêmes qui vous seront facturés le double à Londres ou à Paris.

Les boissons

Les Écossais appellent le whisky *Uisge Beatha,* cette « eau de la vie » (voir encadré ci-dessous) dont on ne refuse jamais un petit verre. La bière est également très populaire : son parfum puissant, infiniment onctueux, la démarque des bières anglaises plus insipides. De petites brasseries indépendantes ont récemment vu le jour : goûtez l'excellente production de la Black Isle Brewery *(www.blackislebrewery.com),* la BrewDog déjà plusieurs fois récompensée *(www.brewdog.com)* ou les bières de l'Orkney Brewery (surtout la Dark Island). Au rayon sodas, impossible de faire l'impasse sur l'Irn Bru, le concurrent local du Coca et du Pepsi qui tient une place à part dans le cœur des Écossais. ■

Le whisky – toute l'Écosse dans un verre

Le whisky écossais est aujourd'hui apprécié dans le monde entier. Cependant, ceux qui sirotent un verre à New York ou à Tokyo ignorent bien souvent l'histoire mouvementée de ce breuvage, ou qu'il existe trois sortes de « scotch »…

On fabrique du whisky en Écosse – une recette extraordinairement simple à base d'orge maltée, de levure et d'eau – depuis des siècles. L'*Uisge Beatha* (nom gaélique du whisky, qui signifie « eau-de-vie ») coulait dans les veines des Highlanders du temps des guerres claniques.

Le gouvernement britannique commence à s'intéresser au whisky – produit en petites quantités sur l'ensemble du territoire – après l'Acte d'union de 1707. La boisson passe alors dans la clandestinité, et les Écossais jouent volontiers au chat et à la souris pour éviter l'étau fiscal.

Aujourd'hui, les enjeux de l'industrie du whisky sont immenses. On compte des centaines de distilleries disséminées dans tout le pays et autant de diversités locales, en matière de parfum et de caractère. La plupart d'entre elles sont ouvertes au public. Elles proposent des visites guidées et des dégustations (peu onéreuses) et, bien entendu, vendent leurs produits aux visiteurs.

Il existe trois variétés : le malt, le whisky de grains et le blend. Les malts sont produits uniquement à base d'orge maltée par adjonction d'eau pure. Le whisky de grains est fabriqué avec du seigle, de l'orge non maltée et du maïs, son goût est plus fort ; on en trouve rarement dans le commerce. Le blend, comme son nom l'indique (*blend* signifie « mélange »), est un mélange d'au moins deux whiskies, traditionnellement un malt et un whisky de grains. Certains blends sont composés de crus issus de distilleries disséminées dans tout le pays. Le *vatted malt* est un blend composé uniquement de malts. La plupart des whiskies vendus dans le monde sont des blends.

Le pays et l'environnement

D'une superficie modeste, l'Écosse accueille une diversité naturelle absolument inégalée et sa topographie est l'une des plus étonnantes du monde. Avec un littoral deux fois plus long que celui de la France ou de l'Espagne, le pays – découpé en trois zones géographiques – accueille également des montagnes au relief vigoureux, des falaises vertigineuses et des lacs aux eaux argentées.

Le pays s'étire sur 441 km du nord au sud, et de 248 à 39 km d'est en ouest, pour une superficie totale de 80 290 km^2. Très différentes les unes des autres, les trois régions géographiques de l'Écosse – les Southern Uplands, les Lowlands et les Highlands – ont en commun un relief modelé par les effets de la glaciation. La genèse de leurs paysages naturels a suivi celle de l'histoire de l'humanité ; en Écosse, l'homme a dû se plier aux contraintes de l'environnement, d'ailleurs les Écossais disent souvent en plaisantant que ce sont les Highlands qui ont repoussé les Romains, et non les Highlanders. Le pays est la première destination européenne pour qui souhaite découvrir une faune et une flore spectaculaires.

L'Écosse accueille des montagnes au relief vigoureux, des falaises vertigineuses et des lacs aux eaux argentées.

Les Southern Uplands

La zone géographique méridionale de l'Écosse borde la frontière que le pays partage avec l'Angleterre puis s'étire vers le nord jusqu'à la ligne de faille qui s'allonge de Girvan, sur la côte ouest, à Dunbar, sur le littoral de la mer du Nord. La région est superbe, avec sa succession de collines verdoyantes et son épine dorsale de sommets granitiques qui court sur 190 km d'ouest en est : nul *munro* pourtant (reliefs dépassant les 3 000 pieds – 914 m d'altitude) sur ces fameuses « hautes terres du Sud », le plus haut sommet, le Merrick, culminant à 843 m. Les côtes sont l'apanage des terres fertiles, striées de glens, ces vallées profondes qui descendent jusqu'aux plaines côtières. Sur le littoral, des falaises et des plages de sable foisonnent d'oiseaux de mer. La région abrite également de vastes forêts, dont la Mabie Forest et la Galloway Forest.

Les Lowlands

Les « basses terres » sont parcourues par un fossé d'effondrement reliant les Southern Uplands aux Highlands. D'un point de vue géologique, la zone s'étire jusqu'à la ligne de faille des Highlands – de Helensburgh (ou Arran si l'on englobe les îles) à l'ouest, à Stonehaven (bien plus au nord) à l'est. Les terres sont riches en roches sédimentaires et donc en minerais – la région fut florissante grâce à ses gisements de charbon et de fer. On enregistre ici les altitudes les moins élevées du pays, mais le sol y est fertile et l'agriculture prospère. Ces facteurs contribuent à faire des Lowlands la région la plus peuplée de l'Écosse : elle rassemble 80 % de la population et cinq des six plus grandes villes (Inverness se situe dans les Highlands).

Une multitude d'oiseaux de mer trouve refuge sur les falaises des Orcades.

Les Lowlands sont parcourues par des lignes de collines – les Pentlands et les Lammermuirs à l'est ; les Campsie Fells à l'ouest. Les Bathgate Hills, un ensemble de collines plus modeste mais ravissant, se succèdent entre Glasgow et Édimbourg et offrent un panorama grandiose sur les vallées du Forth et de la Clyde. La région abrite également plusieurs volcans endormis, dont l'Arthur's Seat et le Castle Hill, aux environs d'Édimbourg.

Le cœur des basses terres est entaillé par une série d'estuaires, les fameux *firths*. À l'ouest, le cours de la Clyde s'élargit à la sortie de Glasgow pour accueillir des îles, dont celles d'Arran et de Bute. Le Forth s'écoule vers l'est, arrose Stirling et se métamorphose en un vaste estuaire avant de se jeter dans la mer à l'est d'Édimbourg. L'estuaire de la Tay rejoint quant à lui les eaux de la mer du Nord à l'est de Dundee.

Les Highlands

Le nord et l'ouest de l'Écosse accueillent un nombre toujours croissant de visiteurs. Les Highlands ne se résument pas à un paysage ; on assiste ici à un cours magistral sur les effets de la glaciation. L'empreinte des glaciers qui ont façonné les reliefs en se déplaçant vers la côte est bien visible. Les langues de glace ont creusé des vallées profondes et ménagé dans le sol de vastes dépressions au creux desquelles se sont formés des lacs.

La beauté austère de l'île de Lewis magnifie les ruines des fortifications de Dun Carloway.

Les Highlands abondent de massifs de grès torridonien et de gneiss de Lewis, les plus anciennes roches du globe – le gneiss remontant vraisemblablement à plus de trois milliards d'années. La région est hérissée de sommets grandioses, ces *munros* qui attirent les alpinistes et les grimpeurs du monde entier. Il existe des *munros* de toutes tailles et de tous formats. Les uns se dressent là, isolés, véritables rois de la vallée, à l'image du Ben More (966 m). Les autres, plus au nord, se regroupent pour former une chaîne de montagnes, comme les Cairngorms.

Les décors naturels des Highlands sont époustouflants. Au détour d'un virage apparaissent ici un sommet majestueux, là un cours d'eau fougueux. Au cœur de la région voici la profonde dépression du Great Glen. Cette ligne de faille court de la ville de Fort William, sur la façade atlantique, au Moray Firth et à la ville d'Inverness à l'est, traversant une succession de vallées et de lacs que surplombent les hautes silhouettes des montagnes.

Les décors naturels des Highlands sont époustouflants. Au détour d'un virage apparaissent ici un sommet majestueux, là un cours d'eau fougueux.

Les cours d'eau

Les terres écossaises sont striées de cours d'eau qui s'en vont rejoindre l'Atlantique ou la mer du Nord. Les trois plus importants du pays sont la Tay (193 km) qui se jette dans la mer à Dundee ; la Spey (172 km) qui rejoint la mer du Nord au Moray Firth ; et la Clyde (171 km), l'artère vitale de l'industrie écossaise qui traverse Glasgow ; ces trois cours d'eau possèdent aussi les bassins fluviaux les plus étendus. N'oublions pas, dans les Southern Uplands, la Tweed et ses eaux riches en saumons ; ni le Forth qui traverse les Lowlands et s'ouvre en un large estuaire.

Le climat

On glose énormément sur le temps supposément détestable de l'Écosse. Pourtant, l'extrême Nord mis à part (Aberdeen est sur la même latitude que Juneau, en Alaska), le climat est étonnamment tempéré et, bien entendu, maritime. Les vents froids venus du nord et l'influence du cercle arctique sont modérés par les flux chauds du Gulf Stream, lequel, venu du golfe du Mexique, traverse l'océan Atlantique pour adoucir le climat de la côte ouest : ainsi les visiteurs sont-ils surpris par la présence de palmiers qui s'épanouissent au cœur du village de Plockton, dans les Highlands. Par mauvais temps, le spectacle est encore plus inédit.

Bien sûr, les variations régionales sont légion. En généralisant, il fait plus frais et plus sec à l'est, tandis que l'ouest du pays – largement plus humide – est soumis aux caprices des influences atlantiques. L'été écossais – juin, juillet et août – est souvent imprévisible ; cependant, les températures sont toujours clémentes. Le printemps et l'automne sont les saisons idéales pour programmer un séjour en Écosse, il y fait très bon (préférez le mois le mai, le plus sec de l'année). Les hivers sont rudes, ponctués d'importantes chutes de neige qui paralysent les transports, notamment dans les Highlands. Les îles jouissent de leur propre microclimat : à l'ouest, Tiree et Coll sont très peu arrosées, tandis qu'à l'est, Skye mérite amplement son surnom de « l'île des brumes ».

La faune et la flore

L'Écosse est le plus important conservatoire naturel du Royaume-Uni... et d'Europe. Le pays est riche d'une étonnante diversité faunistique et l'on vient y observer de nombreux animaux : des espèces de mulots endémiques à deux des îles de l'archipel de Saint-Kilda, des hordes de balbuzards pêcheurs, des orques gigantesques...

Le pays n'abrite plus de grands prédateurs; les loups ont disparu depuis le XVIIIe siècle, décimés par les chasseurs et les fermiers désireux de protéger leurs troupeaux. Le plus gros mammifère écossais est le cerf élaphe, présent sur l'ensemble du territoire, et particulièrement dans les Highlands et sur les îles. Jura (dont le nom signifie « cerf » en gaélique) est une île extraordinairement préservée : ici, vous les observerez tout à loisir, car les cerfs y sont plus nombreux que les habitants (voir p. 221).

La célèbre vache des Highlands a quitté sa région d'origine : on la voit désormais partout, si aisément reconnaissable avec son pelage roux bien fourni et ses énormes cornes. Peu farouche, la belle se prête avec bonhomie aux séances photos imposées par les touristes. Les vaches vivent en semi-liberté sur les immenses domaines des Highlands. Il n'est pas rare de devoir mettre son véhicule dans un fossé pour laisser passer un troupeau bien décidé à emprunter un chemin étroit.

Les amoureux de la nature observeront également la loutre (attention ! ses apparitions sont fugaces !) qui fréquente assidûment les côtes et la martre, prédateur des forêts. L'Écosse est le paradis des oiseaux. Parmi les plus gros oiseaux de proie figurent la buse (que l'on peut même observer dans les zones urbaines !) et, plus rare, l'aigle royal – toujours impressionnant lorsqu'il survole une vallée des Highlands. Les randonneurs les plus chanceux rencontreront peut-être le symbole national : la grouse ou lagopède d'Europe, appelée plus généralement « perdrix » et dotée d'un plumage qui lui sert de camouflage – roux, il devient blanc en hiver pour se fondre dans la neige.

Sur les plages, le furtif aigle de mer se laisse rarement observer, mais il est pourtant la star des îles, un statut qu'il partage avec le macareux et son bec coloré, spécialiste des plongeons sur le ventre qui provoquent de sensationnelles gerbes d'eau. Saint-Kilda et les îles Shetland sont le sanctuaire des pétrels-tempête (voir encadré p. 266) et des macareux (voir p. 267), que l'on peut également

La première réserve marine

En 2005, le lobby environnemental et le public accueillent avec enthousiasme la décision du gouvernement écossais de fonder la première réserve marine du Royaume-Uni. Enfin, on se préoccupait de protéger l'immense littoral du pays ! Cependant, le site de la future réserve et les démarches légales impliquant le gouvernement écossais et celui du Royaume-Uni n'ont, à ce jour, fait l'objet d'aucune officialisation. Les habitants de l'île d'Arran ont tenté d'accélérer le processus en établissant leurs propres zones de non-pêche, en accord avec le gouvernement écossais et les pêcheurs locaux, espérant que leurs actions conduiront à des décisions protectionnistes à plus grande échelle.

Fascinante, la loutre se laisse toutefois difficilement observer.

voir sur les îles de l'estuaire du Forth, avec le château d'Édimbourg en arrière-plan (voir p. 78-79).

La faune abonde dans les eaux écossaises : petits marsouins, dauphins souffleurs (le pays s'enorgueillit d'accueillir les plus imposants dauphins souffleurs du monde), baleines et requins – requins-pèlerins, petits rorquals, et la gigantesque orque. Ces dernières années, l'île de Mull s'est autoproclamée capitale des voyages d'observation de la faune marine, mais sachez que les animaux seront au rendez-vous de toute excursion au large des côtes écossaises, quel que soit votre point de départ.

La protection de la nature

En Écosse, on ne plaisante pas avec la protection de la nature. Le thème a été abordé sans détour dès 1999 au nouveau Parlement national doté de pouvoirs politiques accrus. Curieusement, le pays ne comptait aucun parc national : l'arrivée au pouvoir du SNP a motivé la création du Loch Lomond and the Trossachs National Park et du Cairngorms National Park. Le pays possède des réserves naturelles et des zones protégées ; les politiques fournissent un effort réel pour réparer les erreurs du passé en replantant par exemple des hectares de la forêt calédonienne qui a fait l'objet d'une déforestation à outrance.

On note aussi le travail effectué sur la préservation des espèces. L'écureuil roux indigène (c'est en Écosse que l'on trouve plus de 75 % des écureuils du Royaume-Uni) – une espèce en diminution alarmante a failli être supplanté par l'écureuil gris, ce dernier a donc fait l'objet d'une surveillance rigoureuse afin qu'il ne prolifère pas. Récemment, plusieurs tentatives de réintroduction du castor ont été menées, pour le moment sans succès. En revanche, le travail effectué sur la protection du balbuzard s'est soldé par une franche réussite. ■

L'histoire de l'Écosse

L'histoire de l'Écosse se lit comme un récit complexe, romantique et controversé, peuplé de héros, de guerriers et de luttes pour le pouvoir. Elle débute il y a environ 7 000 ans, avec l'établissement de populations néolithiques, et se poursuit jusqu'à nos jours, marquée par l'année 1999 : à cette date, après trois cents ans d'union, un Parlement est réinstallé à Édimbourg.

Les premières populations

Les premières traces de présence humaine en Écosse ont été mises au jour dans les Orcades. Les sites exceptionnellement bien préservés de Skara Brae, Knap of Howar et Maeshowe abritent les établissements néolithiques les plus anciens conservés en Europe. Les témoignages archéologiques suggèrent que des populations venues du continent européen migrèrent dans cette région il y a environ 7 000 ans avant de s'y sédentariser. La structuration des communautés d'agriculteurs-éleveurs néolithiques se traduisit par l'édification des grands cairns funéraires et des cercles de pierres qui se dressent aujourd'hui encore dans les Orcades et les Hébrides extérieures. L'ensemble le plus remarquable est celui de Callanish, sur l'île de Lewis, dont les pierres sont datées de 2000 av. J.-C.

Les témoignages archéologiques suggèrent que des populations venues du continent européen migrèrent il y a environ 7 000 ans.

Les nouveaux outils de l'âge de bronze permirent une agriculture plus productive mais favorisèrent aussi les conflits meurtriers pour la terre et les ressources alimentaires, qui rendirent nécessaire la construction des premières habitations fortifiées sur des îlots artificiels aménagés dans les lochs, les crannogs, accessibles par des chaussées en bois souvent cachées sous le niveau de l'eau, ainsi que de fortifications plus importantes sur les collines. À l'immigration continentale s'ajouta celle des Britons, des Celtes venus du Sud. La compétition entre tribus se faisant plus vive, cependant que la mer apportait de nouvelles menaces, la côte se couvrit de brochs, tours en pierre fortifiées, où les familles les plus riches se réfugiaient. Les mieux préservées sont Dun Carloway, sur l'île de Lewis, et Mousa Broch, sur l'île éponyme, dans les Shetland. Cet édifice remarquable fait partie d'un réseau de plus de 500 brochs qui gardaient jadis le pourtour de l'Écosse.

Romains et Pictes

Les Romains donnèrent le nom de Pictes (du latin *pictus*, « peint ») aux tribus de guerriers au visage peint qu'ils rencontrèrent lors de leurs incursions dans les confins septentrionaux de la grande île britannique. Après une première expédition dans le Sud, ils avaient entrepris d'occuper les lieux en 43 apr. J.-C. sous le règne de l'empereur Claude. Ce qui est aujourd'hui l'Angleterre et le pays de Galles furent bientôt pacifiés ; les Romains y bâtirent villes et infrastructures, transformant le territoire et unifiant les cultures locales. Ils n'eurent pas la tâche

Le site de Skara Brae, sur Mainland, la plus grande île des Orcades

NO
ADMITTANCE

aussi facile avec les tribus du Nord, peuplant l'actuelle Écosse, une terre qu'ils baptisèrent Calédonie.

Les tentatives répétées des légions pour soumettre les Pictes se soldèrent par de lourdes pertes. Vaincus tant par la résistance farouche des guerriers du Nord que par la rudesse des Highlands, les Romains n'édifièrent pas une mais deux murailles défensives pour contenir ces tribus belliqueuses. La construction du mur d'Hadrien, en pierre, dans le nord de l'Angleterre, commença en 122; à partir de 142, un rempart en tourbe, le mur d'Antonin, fut élevé plus au nord, dans la ceinture centrale de l'Écosse, du grand fort de Cramond, en périphérie d'Édimbourg, à l'est, jusqu'à Old Kilpatrick, à l'ouest. Lorsque les Romains quittèrent la Bretagne (nom donné alors à l'actuelle Grande-Bretagne) autour de l'an 500, après un demi-millénaire d'occupation, ils n'étaient pas parvenus à pacifier l'Écosse, enregistrant un de leurs rares échecs au cours de ces siècles marqués par tant de victoires incontestées ailleurs. Cette résistance fait aujourd'hui encore la fierté des Écossais.

La conversion au christianisme

Le territoire écossais abandonné par les Romains était partagé entre trois peuples. Les Britons en tenaient le sud; les Pictes occupaient de vastes terres dans le nord et l'est. Les Scots, Celtes originaires d'Irlande, avaient commencé à s'installer sur les îles et la côte ouest dans les derniers temps de l'occupation romaine. Le pays leur doit son nom; selon certains historiens, les Scots furent eux-mêmes dénommés ainsi par les Romains. Ils parlaient le Q-celtique, dont dérive le gaélique écossais et irlandais, tandis que les Britons et, de manière moins certaine, les Pictes parlaient, pour ce qu'on en sait aujourd'hui, des versions du P-celtique, apparenté au gallois et au cornouaillais.

Alors que les Scots et les Britons avaient épousé la foi chrétienne, les Pictes demeuraient un peuple païen. Des missions furent menées pour les convertir, d'abord par saint Ninian, au IVe siècle, puis par le Scot saint Colomba, qui rencontra davantage de succès. Ayant fui l'Irlande au VIe siècle, saint Colomba fonda un monastère sur l'île d'Iona – celui que l'on voit aujourd'hui a été reconstruit à l'identique. Selon la légende, il aurait vaincu le monstre qui hantait alors la rivière Ness.

La statue de Robert Bruce, au château de Stirling

La formation de la nation écossaise

La formation d'une nation, sur cette terre dominée par des peuples rivaux, ne pouvait pas être chose facile, malgré le rapprochement favorisé par l'irruption d'un ennemi commun : les Vikings venus du Nord. Grâce aux efforts des missionnaires, les populations partageaient également une même religion.

Jusqu'à récemment, il était admis que le premier roi écossais fut le Scot Kenneth MacAlpin (v. 810-858), qui réunit son royaume scot de Dalriada aux terres pictes, en 843, créant le royaume d'Alba, la future Écosse. Alba ne comprenait toutefois ni le royaume de Strathclyde, ni le Lothian, ni le sud de l'Écosse, et certains historiens estiment qu'on ne peut parler d'une « Écosse » avant 1468, date à laquelle les Shetland et les Orcades passèrent sous contrôle écossais. MacAlpin n'en fonda pas moins une nation englobant la plus grande partie de l'actuelle Écosse, autorisant sa consolidation future en établissant sa capitale à Scone. Il donna aussi au pays son symbole le plus sacré : la pierre de la Destinée, sur laquelle les rois de la jeune nation devaient être couronnés.

MacAlpin et la dynastie qu'il établit apportèrent une certaine stabilité à l'Écosse. En 1018, Malcom II (v. 954-1034) remportait la bataille de Carham contre les Angles de Northumbrie, assurant la domination écossaise sur les terres au sud de l'estuaire du Forth, incluant Édimbourg. Tandis que le royaume s'agrandissait, le pays se transformait. David Ier (v. 1083-1153) présida à la création des *burghs* royaux (entités administratives) et à la fondation des abbayes des Borders, bases d'importantes réformes religieuses et culturelles. Le système féodal commença à se substituer, au moins dans les régions du Sud et du Centre, au système traditionnel des clans, dont les Highlands demeurèrent toutefois un bastion.
Les Shetland et les Orcades étaient pour leur part sous l'emprise des Vikings, qui mettaient périodiquement à sac les autres îles et les zones côtières du Nord et du Nord-Ouest.

Chronologie

v. 5000 av. J.-C.	Établissements néolithiques dans les Orcades.
43-500	Les Romains échouent à conquérir la Calédonie.
843	Kenneth MacAlpin, 1er roi d'Alba, unit les Pictes et les Scots.
1314	Robert Bruce défait les Anglais à Bannockburn.
1371-1714	Monarchie des Stuarts.
1707	Acte d'union avec l'Angleterre.
1715-1745	Les jacobites tentent de restaurer les Stuarts et de reconquérir l'indépendance écossaise.
1746	La défaite de Culloden scelle la fin du système des clans.
1746-1886	Highland Clearances.
1887-1945	Les villes écossaises prospèrent au sein de l'Empire britannique.
1945-années 1970	Déclin des industries lourdes, crise économique et sociale.
Années 1970	Le boom du pétrole et du gaz en mer du Nord réveille les aspirations à l'indépendance.
1999	1re réunion du Parlement écossais depuis l'Union.

Les guerres d'indépendance

La bataille de Largs, en 1263, se solda par la déroute des Vikings. À peine la menace scandinave écartée, un péril plus grand apparaissait aux frontières sud. L'Angleterre convoitait sa voisine. Dans les terres pauvres des Borders, les escarmouches étaient courantes. Elles devinrent une invasion en règle : en 1296, Édouard Ier d'Angleterre (1239-1307), le « marteau des Écossais », se frayait une route sanglante vers le nord à la tête d'une armée professionnelle forte de 30 000 hommes.

Les Écossais n'étaient pas enclins à se soumettre à l'Angleterre. La révolte, qui couvait dans tout le pays, s'incarna dans un homme du peuple : William Wallace (1272-1305). Celui-ci fit l'éclatante démonstration de ce que pouvait accomplir une force inférieure déterminée et, utilisant sa connaissance du terrain, remporta une stupéfiante victoire sur les Anglais au pont de Stirling, en 1297. Les féodaux, plus portés à négocier et à grappiller de nouvelles terres, ne soutinrent jamais réellement Wallace. Trahi après la défaite écossaise à la bataille de Falkirk l'année suivante, Wallace fut pendu, traîné et écartelé par les Anglais en 1305.

Un homme, à la fois populaire et seyant mieux aux nobles, avait tiré les leçons de l'épopée de Wallace. Robert Bruce (1274-1329) subit d'abord de nombreuses défaites, mais il s'obstina et offrit finalement aux Écossais leur plus célèbre triomphe sur les Anglais en 1314. À Bannockburn, dans l'ombre du château de Stirling, Robert Bruce conduisit les Écossais, pourtant largement en sous nombre, vers une victoire qui affermit la couronne sur sa tête et apporta à l'Écosse quatre siècles supplémentaires de liberté. Les Anglais furent « renvoyés à la maison pour y réfléchir à deux fois » comme le proclame l'hymne officieux, *Flower of Scotland* (« Fleur d'Écosse »). En 1320, le pape approuvait la déclaration d'Arbroath, fière affirmation de l'indépendance de la nation écossaise, qui galvanise encore de nombreux Écossais aujourd'hui : « Aussi longtemps que seront vivants, ne serait-ce que cent d'entre nous, jamais nous ne nous soumettrons, à aucune condition, à la domination anglaise. Ce n'est en vérité ni pour la gloire, ni pour la richesse, ni pour les honneurs, que nous combattons, mais pour la liberté – pour elle seule, qu'un honnête homme ne peut abandonner qu'avec la vie même. »

En 1328, après trente ans de guerre, le roi Édouard III d'Angleterre (1312-1377) reconnaissait officiellement l'indépendance de l'Écosse. Après la mort de Robert Bruce, l'année suivante, son fils David II (1324-1371) régna jusqu'en 1371, date à laquelle la maison Stuart accéda au trône, avec Robert II (1316-1390), neveu par sa mère de David II. Le combat pour la liberté n'était toutefois pas achevé : les deux siècles suivants furent marqués par des affrontements sanglants entre les deux pays, sur fond de luttes internes entre la royauté et la noblesse écossaises.

Deux drapeaux

L'Écosse possède deux drapeaux : la Croix de saint André *(The Saltire)* et le Lion Rampant *(Royal Standard)*. Croix blanche en diagonale sur fond bleu, la Croix de saint André est le drapeau le plus utilisé. Bien que le nom de Saltire, ou « sautoir », soit aujourd'hui donné au drapeau tout entier, il désigne historiquement la seule croix blanche, associée à saint André qui serait apparu dans le ciel à la veille d'une bataille des Pictes et des Gaëls contre les Angles. Le Lion Rampant, fier lion rouge sur fond jaune d'or, ne peut être déployé que par le souverain régnant et ses représentants, ou en hommage à ceux-ci sur le sol écossais. Tout autre usage est interdit, au moins dans les textes.

Marie Stuart et le conflit religieux

Lancée au début du XVIe siècle, la Réforme protestante, réaction contre une Église catholique accusée de s'être perdue dans le luxe et de s'être éloignée de Dieu et de la foi véritable, eut des conséquences dans toute l'Europe. Elle précipita l'Écosse, où elle eut pour chef de file l'ecclésiastique John Knox (v. 1514-1572), dans un cyclone.

Devenue reine à la mort de son père Jacques V, moins d'une semaine après sa naissance au palais de Linlithgow, en 1542, Marie Ire d'Écosse allait devoir jouer un jeu toujours plus délicat pour apaiser les ardeurs de ses partisans catholiques comme celles des adeptes de l'Église protestante naissante.

Le règne de Marie, qui est sans doute, de tous les monarques du royaume, la figure la plus chère au cœur des Écossais et la plus romanesque, ne fut que drames et conflits. Son enfance mouvementée fut placée sous l'influence de la France, où elle fut élevée avant d'en être brièvement la reine par son mariage avec François II. Remariée à lord Darnley, un homme constamment impliqué dans des scandales, elle vit son secrétaire et amant supposé David Rizzio assassiné sous ses yeux à l'instigation de son mari, alors qu'elle était enceinte. De nombreux historiens attribuent à Marie l'assassinat, en 1567, de Darnley, lequel précipita la chute de la reine.

Marie Ire Stuart, vers 1580

Contrainte d'abdiquer et de fuir l'Écosse, Marie chercha refuge en Angleterre en 1568, auprès de sa cousine Élisabeth Ire. Redoutant que les catholiques anglais ne placent leurs espoirs dans Marie, qui pouvait légitimement prétendre à la succession d'Angleterre, Élisabeth fit emprisonner sa rivale. Accusée de nombreux complots, Marie Stuart ne retrouva jamais la liberté jusqu'à son exécution en 1587.

L'Écosse, cependant, demeurait plongée dans le chaos, déchirée entre une monarchie catholique et un parlement dominé par les protestants, désormais majoritaires dans le pays. En 1610, Jacques VI (1566-1625), devenu aussi Jacques Ier d'Angleterre et du pays de Galles, envenima la situation en rétablissant la nomination des évêques par la Couronne. Son fils, Charles Ier (1600-1649), allait porter les tensions à leur paroxysme en imposant à l'Église d'Écosse une nouvelle liturgie, le Scottish Prayer Book. Il vit se lever contre lui l'armée des covenantaires, signataires d'une convention *(National Covenant)* par laquelle ils s'engageaient à défendre le presbytérianisme – le protestantisme écossais. La guerre se prolongea jusqu'en 1650 : Charles II (1630-1685) dut alors accepter de signer le *National Covenant.* La même année, l'armée parlementaire anglaise d'Oliver Cromwell prenait l'Écosse, intégrée au Commonwealth jusqu'en 1660, date de la restauration de Charles II.

En 1689, le très catholique Jacques VII d'Écosse (1633-1701), également roi d'Angleterre sous le nom de Jacques II, était chassé lors de la Glorieuse Révolution. Les trônes d'Angleterre et d'Écosse revinrent à sa fille Marie, protestante, et à son époux hollandais Guillaume d'Orange. Le couple n'ayant pas eu d'héritier, le Parlement anglais, refusant le retour d'un Stuart catholique sur le trône, offrit la succession à une nouvelle dynastie, celle des Hanovre, qui régna sur l'Écosse à partir de 1714, et dont l'actuelle famille royale est issue.

La désastreuse défaite des Écossais à la bataille de Culloden marqua la fin des révoltes jacobites.

L'union avec l'Angleterre

La polémique est encore vive sur les raisons qui poussèrent l'Écosse à accepter une union avec l'Angleterre, comme sur la manière dont celle-ci fut conclue. L'Acte d'union fut adopté par le Parlement écossais le 16 janvier 1707 ; cette date demeure pour beaucoup d'Écossais un jour sombre, celui de l'abdication officielle de l'indépendance. Les signataires soutenaient qu'une telle décision était bonne pour l'économie, car elle ouvrait au pays de nouvelles voies commerciales à travers l'Angleterre et levait les incertitudes sur l'avenir de l'Écosse. Leurs opposants estimaient que l'intimidation économique anglaise ne devait pas être récompensée par une union inégale avec l'Angleterre. Le barde national, Robert Burns, dénoncerait plus tard : « Nous sommes achetés et vendus pour l'or anglais. Quelle belle bande de canailles dans un pays ! » Le poète fait ici référence aux nobles et aux intrigants, soudoyés pour favoriser l'adoption de l'Acte d'union, qui, lorsqu'il fut rendu public, fut accueilli par des émeutes et des révoltes dans de nombreuses régions d'Écosse.

Les révoltes jacobites

Les bénéfices économiques promis par l'union ne se matérialisèrent pas rapidement, ce qui ne fit qu'alimenter le mécontentement populaire et l'aspiration à retrouver l'indépendance. Celle-ci en vint à se confondre avec l'appel à la restauration des Stuarts, notamment dans les Highlands, encore majoritairement catholiques et en proie à de graves difficultés économiques. La première grande révolte des jacobites – partisans de Jacques Édouard Stuart, ou Jacques VIII (*Jacob* en latin), surnommé le « vieux prétendant » – partit du château de Braemar, le Ier septembre 1715.

Le gouvernement britannique parut d'abord dépassé par la rapidité avec laquelle l'insurrection se propagea, et les jacobites enregistrèrent plusieurs succès. Jacques VIII débarqua de France, porteur des espoirs des jacobites écossais et anglais. Mais l'issue incertaine de la bataille de Sheriffmuir, en novembre de la même année, sema la confusion parmi les jacobites et la révolte fit long feu. Jacques traversa la mer du Nord dans l'autre sens, demeurant le « roi par-delà l'eau », surnom qui lui a survécu dans les chansons et les rêves jacobites.

Les aspirations jacobites n'étaient pas mortes et le flambeau fut repris par le fils de Jacques VIII, Charles Édouard Stuart (1720-1788), surnommé le « Jeune Prétendant » ou Bonnie Prince Charlie, sobriquet faisant référence à son allure et aux bonnes manières acquises durant une enfance passée en Italie. Il sut rassembler derrière lui 10 000 membres des clans lors de la révolte de 1745. Cette fois, le succès des jacobites se révéla fulgurant. Après avoir pris Édimbourg et défait l'armée

À DÉCOUVRIR Les champs de bataille

Bannockburn

Évoquez devant un Écossais la victoire de Bannockburn (voir p. 129) et l'ardeur patriotique de votre interlocuteur s'enflammera aussitôt. Partager cette passion vous sera sans doute difficile, mais un détour par le Centre du patrimoine de Bannockburn, très bien fait, vous permettra de comprendre la portée historique de cette bataille.

Ayant ainsi appréhendé le contexte, dirigez-vous vers l'imposante statue de Robert Bruce et imaginez-le, sur le champ de bataille, en 1314, se demandant comment ses troupes, qui avaient déjà essuyé des défaites, allaient pouvoir l'emporter face à l'armée d'Édouard II, bien plus nombreuse et mieux entraînée.

Pourtant, les Écossais furent victorieux. Grâce aux talents tactiques de Robert Bruce, à son utilisation novatrice du terrain, les atouts de la lourde armée anglaise se transformèrent en faiblesses. Les eaux du ruisseau de Bannock *(Bannock Burn)* virèrent au rouge. Les Anglais furent peu nombreux à repasser la frontière. Édouard II se hâta d'atteindre Dunbar pour fuir par la mer.

Bannockburn se visite tous les week-ends pendant l'été. La reconstitution par des acteurs de la bataille aide à mieux visualiser l'événement.

Culloden

Il faut se tenir sur la lande pour faire vraiment l'expérience de la bataille de Culloden. Près du parking, les drapeaux rouges claquant au vent marquent les lignes des troupes gouvernementales. Tournez votre regard vers les drapeaux bleus, à l'ouest, là où, en 1746, les jacobites essuyèrent les salves dévastatrices des canons tandis que leur chef, Bonnie Prince Charlie, tergiversait. Essayez de crapahuter sur ce terrain impitoyable et vous mesurerez combien cela dut être difficile pour des hommes alourdis par leur armement, progressant sous la mitraille... Ceux qui parvinrent jusqu'aux lignes adverses tombèrent rapidement, Cumberland ayant entraîné ses soldats à de nouvelles techniques de combat au corps à corps pour en finir avec les Highlanders. Après l'épreuve du champ de bataille, vous apprécierez certainement la visite au centre d'accueil, récemment ouvert (voir p. 177).

britannique à Prestonpans, les troupes jacobites avancèrent hardiment vers le Sud, convaincues par Bonnie Prince Charlie que les jacobites anglais allaient se soulever à leur tour et que les Français, qui le soutenaient, allaient bientôt envahir l'Angleterre. Ayant franchi la frontière, l'armée jacobite atteignit Derby; la population de Londres fut saisie de panique à la perspective d'une attaque imminente. Mais les jacobites anglais furent peu nombreux à prendre les armes, et l'invasion française n'eut jamais lieu. Les jacobites écossais se divisèrent à nouveau sur la stratégie à suivre. Bonnie Prince Charlie se résigna à une retraite d'autant plus démoralisante que ses troupes avaient à leur trousse le duc de Cumberland, fils du roi George II, dont l'armée professionnelle n'avait plus à combattre les Français sur le continent.

En 1746, après un hiver épuisant, Bonnie Prince Charlie, toujours invaincu, décida d'affronter Cumberland. L'ambitieuse tentative de surprendre les forces britanniques en marchant de nuit, dans le but de capturer le duc le jour de son anniversaire, échoua. Les jacobites, à bout de forces après une nuit de marche forcée, durent livrer bataille au matin. Jusqu'à ce jour, la tristement célèbre « charge des Highlands » leur avait permis de déjouer les plans de l'armée britannique. Cette fois, le prince avait mal choisi le champ de bataille – la lande tourbeuse de Culloden –, et la charge sanglante était pratiquement impossible. Démoralisée, mal conduite, l'armée jacobite fut décimée; elle perdit dans le carnage plus de 1 500 hommes, quand les troupes britanniques dénombrèrent 200 morts.

Le système des clans

Jusqu'au drame des Highlands Clearances, les Highlanders vivaient au sein d'un système d'allégeance clanique : les hommes mettaient leurs armes au service d'un chef en échange d'une terre et d'une place dans la société. Après Culloden, le gouvernement britannique interdit l'entretien d'armées personnelles et bannit aussi le port du tartan et la cornemuse. Ceux qui avaient soutenu la révolte jacobite furent dépossédés de leurs terres.

Les « Clearances » des Highlands

La défaite de Culloden fut un drame pour les clans des Highlands. Pendant des mois, Cumberland (« le boucher ») et ses hommes, assoiffés de revanche, ravagèrent la région, tuant systématiquement les hommes capturés ou blessés, battant les populations, violant les femmes. Les Highlands furent désormais soumis au système féodal, qui dominait alors la plus grande partie de l'Europe et qui était déjà en vigueur, peu ou prou, dans les Lowlands. Les nouveaux propriétaires, les lairds, soutenus par le gouvernement britannique, entreprirent de pacifier les Highlands et d'en tirer profit. Les Highlanders furent chassés de leurs foyers et de leurs terres pour laisser la place aux moutons et à d'autres usages plus rentables. Cet épisode des Clearances fut une tragédie humaine.

Les propriétaires terriens les plus éclairés tentèrent d'assurer aux membres des clans de nouveaux moyens d'existence, des emplois dans les usines en développement ou dans la pêche. Mais de nombreux lairds obligèrent les Highlanders à vivre dans des *crofts,* de petites fermes établies sur des lopins infertiles, sans aucune garantie d'en conserver l'exploitation et sans possibilité de mener une existence décente. Bientôt, des milliers d'Écossais s'exilèrent à travers le monde. Les familles furent séparées, les plus fragiles, incapables de faire le long voyage vers l'Australie ou l'Amérique, restant au pays pour y mourir. Le drame des Clearances se prolongea jusqu'à l'adoption, en 1886, du *Crofter's Holdings Act*, qui garantissait le maintien sur les terres exploitées et autres droits aux petits fermiers.

La révolution industrielle, l'Écosse dans l'Empire

Bien dotée en ressources naturelles, en particulier en charbon et en fer, l'Écosse était en bonne place pour bénéficier de la révolution industrielle, entamée au XVIIIe siècle. Le rôle qu'elle y joua, ainsi que dans l'établissement de l'Empire britannique, offrit à sa population de nouvelles opportunités de gloire et d'enrichissement. Glasgow, port permettant la liaison la plus facile avec les Amériques, fut la tête de pont de l'essor commercial. Les chantiers navals de la Clyde prospérèrent. Les transformations économiques de la période entraînèrent aussi une évolution sociale. La population afflua dans la ceinture centrale en quête d'emploi. L'Écosse se retrouvait dans une position singulière, à la fois nation colonisée au sein du Royaume-Uni de Grande-Bretagne, et nation colonisatrice dans l'Empire britannique. Mais Londres détenait toujours le pouvoir de décision.

L'Écosse du XXe siècle à nos jours

On estime que 20 % des morts britanniques durant la Première Guerre mondiale étaient des soldats écossais, alors que la population écossaise ne représentait que 10 % de la population britannique totale. L'Écosse n'était pas encore remise de cette saignée lorsqu'elle fut touchée par la crise économique des années 1930. Celle-ci révéla les problèmes structurels des industries lourdes locales. La Seconde Guerre mondiale ne fit que retarder l'inéluctable, en donnant un second souffle à des industries comme la construction navale, tandis que de nombreuses usines étaient converties à la production d'armement. L'effondrement se produisit dans l'après-guerre, quand la demande intérieure s'essouffla et que de nouveaux concurrents étrangers offrirent des alternatives meilleur marché.

Le 12 mai 1999, après trois cents ans d'absence, un Parlement écossais se réunissait à Édimbourg et la nation écossaise récupérait en partie la maîtrise de ses affaires.

Les décennies 1980 et 1990 furent les plus difficiles dans l'histoire contemporaine de l'Écosse : tandis que les Écossais votaient pour le Parti travailliste, les Anglais portaient avec constance les conservateurs au pouvoir. À la tête du gouvernement britannique de 1979 à 1997, Margaret Thatcher, « la Dame de fer », perçue comme farouchement opposée à toute dévolution de pouvoirs, et plus encore à tout mouvement vers l'indépendance, cristallisa la colère des Écossais.

Enfin, en 1997, les travaillistes, de retour au gouvernement, honorèrent leur promesse d'un référendum. Les Écossais votèrent à 75 % en faveur de la Dévolution. Le 12 mai 1999, après trois cents ans d'absence, un Parlement écossais se réunissait à Édimbourg et la nation écossaise obtenait du « vieil ennemi » anglais de récupérer en partie la maîtrise de ses affaires. L'élan s'est prolongé avec le succès du Parti national écossais, qui défend une indépendance totale, aux élections de 2007. ■

Les arts et les lettres

Le riche héritage culturel de l'Écosse s'est constitué à partir de la culture orale des clans, au sein de laquelle la ballade contée était reine, et qui se révèle aujourd'hui aux spécialistes comme étant beaucoup plus complexe qu'on ne l'a longtemps pensé. Au fil des siècles, cette culture a évolué pour produire de grands artistes, célèbres dans le monde entier, dans le domaine des arts plastiques, de la littérature, du cinéma, de la musique et des arts du spectacle.

La peinture et la sculpture

Il ne subsiste que de rares témoignages de l'art préhistorique en Écosse. De même, une grande partie de l'expression artistique des clans, de tradition orale, s'est perdue. Au XVIIIe siècle, toutefois, émergent quelques peintres, devenus célèbres, parmi lesquels Henry Raeburn (1756-1823) et Allan Ramsay (1713-1784), dont beaucoup de portraits sont aujourd'hui exposés à la National Portrait Gallery, à Édimbourg.

À partir des années 1870 se constitue le groupe des Glasgow Boys, qui réinventent, en s'appropriant les techniques des paysagistes de Barbizon et des impressionnistes, la ville de Glasgow et la campagne environnante. Les figures majeures du mouvement sont Joseph Crawhall (1861-1913), James Guthrie (1859-1930) et George Henry (1858-1943).

S'inspirant des précédents, nourris aussi par leur travail avec les impressionnistes et les fauves français, les Scottish Colourists, ou coloristes écossais, forment un mouvement pictural novateur au tournant du siècle. Le plus connu d'entre eux est sans doute John Duncan Fergusson (1874-1961), qui côtoya Picasso et Matisse.

Sur la côte est, l'École d'Édimbourg, réunissant des artistes formés à l'Edinburgh College of Art, voit le jour dans les années 1930. Parmi ses représentants dominent William Gillies (1898-1978), Anne Redpath (1895-1965) ainsi qu'Edouardo Palolozzi (1924-2005), précurseur du pop art britannique – la Modern Art Gallery d'Édimbourg présente ses meilleures sculptures ainsi qu'une reconstitution de son atelier.

Le peintre écossais le plus célèbre du XXIe siècle est sans conteste le controversé Jack Vettriano.

Le peintre écossais le plus célèbre du XXIe siècle est sans conteste le controversé Jack Vettriano (né en 1951). On a beaucoup reproché à cet artiste autodidacte, dont les tableaux, de fait, se vendent très cher, d'être commercial. À ce jour, aucune galerie écossaise, en dehors de son Fife natal, ne l'a exposé – ce que ses zélateurs attribuent au dédain de l'élite artistique nationale. Au moment où ces lignes sont écrites, il semble pourtant que les National Galleries of Scotland envisagent de présenter quelques-unes de ses œuvres. Peter Howson (né en 1958) est encore plus sulfureux ; cet artiste qui peint sans fard les hommes et les paysages urbains de Glasgow a accédé à la renommée par ses représentations crues de la guerre de Bosnie aussi bien que par ses nus de la pop star Madonna.

***The Reverend Robert Walker Skating on Duddingston Loch* (1795), de Henry Raeburn**

La littérature

En 1919, l'écrivain anglais T.S. Eliot, à qui l'on demandait ce qu'il pensait de la littérature écossaise, répondit de manière un brin provocatrice : « Existe-t-il une littérature écossaise ? » Il en existait une, bien qu'elle eût été longtemps orale, et il y en a toujours une. L'Écosse, de fait, s'enorgueillit d'une œuvre littéraire riche qui ne cesse de gagner en reconnaissance.

Il faut attendre l'époque romantique pour que les écrivains écossais acquièrent une notoriété mondiale. Walter Scott (1771-1832) peut être considéré, avec *Waverley* (1814), comme l'auteur du premier roman historique moderne ; il rédige ensuite une série d'ouvrages romanesques célébrant des héros populaires, comme Robin des bois dans *Rob Roy* (1817). Scott collationne aussi les ballades traditionnelles des Borders. Le « barde » de l'Écosse, Robert Burns (1759-1796), s'attache également à recueillir les chansons populaires du pays, pour les adapter, à l'exemple de la mondialement célèbre *Auld Lang Syne (« Ce n'est qu'un au revoir »),* ou pour y puiser la matière d'une poésie colorée, le plus souvent écrite en scots. Archétype du poète romantique, Burns a vécu une existence tourmentée, remplie d'histoires d'amours, d'enfants illégitimes, de scandales, et précocement achevée, qui l'ont rendu plus cher encore au cœur d'une nation qui n'aime guère les héros sans failles.

La grande figure du XIXe siècle est Robert Louis Stevenson (1850-1894). S'il choisit Londres comme cadre de son roman *L'Étrange Cas du docteur Jekyll et de Mr Hyde* (1886), c'est pour moquer en toute tranquillité la dualité d'Édimbourg et de la psyché écossaise. Avec ses romans *L'Île au trésor* et *Enlevé !* (1886), il jette avec maestria un pont entre roman fantastique et littérature de jeunesse. Contemporain de Stevenson, Arthur Conan Doyle (1859-1930) s'inspire pour créer son célèbre détective Sherlock Holmes d'un de ses professeurs en médecine à l'université d'Édimbourg, Joseph Bell, pionnier de la médecine légale moderne.

Au début du XXe siècle, l'intérêt des romanciers écossais va se porter davantage sur les aspects sociaux. La trilogie de Lewis Grassic Gibbon (1901-1935), *A Scots Quair,* n'est pas seulement un chef-d'œuvre, c'est aussi le récit sans concession des mutations qui touchent l'Aberdeenshire avant et après la Première Guerre mondiale. *Silver Darlings,* de Neil M. Gunn (1891-1973) explore dans la même veine les conséquences des Highlands Clearances, déplacements de populations survenus au XVIIIe siècle. Le XXe siècle voit aussi apparaître des talents féminins : avec *Les Belles Années de Mademoiselle Brodie* (1961), qui restitue à la perfection l'Édimbourg des années 1930, Muriel Spark (1918-2006) s'affirme comme l'une des grandes plumes écossaises contemporaines.

Ville Unesco de la littérature

Édimbourg, qui a inspiré et inspire encore tant d'écrivains, est devenue, en 2004, la toute première Ville Unesco de la littérature. La capitale écossaise a depuis été rejointe par Melbourne, Iowa City et Dublin. Chaque année, la littérature y est célébrée à travers des lectures publiques, des conférences et même des distributions de livres. Plus de 60 événements ont été organisés de 2007 à 2010, année qui a vu fleurir les poèmes dans la ville, à l'occasion de la campagne « Carry a poem ». Pour en savoir plus : *www.cityofliterature.com*

Dans le domaine de la poésie, Hugh MacDiarmid (1892-1978) s'est imposé comme un géant de la langue et de la pensée, célébrant le scots et défendant farouchement sa forme écrite. Sorley MacLean (1911-1996) a fait de même avec le gaélique écossais, plus menacé. Edwin Muir (1910-1996), à l'inverse, a mis la langue anglaise, travaillée avec la plus grande subtilité, au service de thèmes écossais.

Dans les dernières décennies, les écrivains écossais n'ont cessé de témoigner d'une belle inventivité de langue et de style. Alasdair Gray (né en 1934) a introduit le réalisme magique et le fantastique dans l'expérience urbaine écossaise : certains critiques ont parlé d'« Ulysse de l'Écosse », à propos de son roman novateur, *Lanark* (1981). Irvine Welsch (né en 1958) s'est emparé du scots dans sa version urbaine contemporaine pour écrire ses romans souvent jugés provocants, dont le plus célèbre, *Trainspotting* (1993), a été porté à l'écran avec le succès que l'on sait. Plus intellectuel, James Kelman (né en 1946), lauréat du Booker Prize en 1994 pour *How Late It Was, How Late*, fait un usage systématique du dialecte populaire et dynamite la forme normative du roman anglais par une prose brutale et magnifique, abondamment pimentée de jurons. Ian Rankin (né en 1960) colle davantage aux formes narratives traditionnelles dans ses romans noirs mettant en scène le détective Rebus et dans lesquels il fait une peinture extrêmement vivante d'Édimbourg. Les romans sensibles d'Iain Banks (né en 1954) véhiculent pour leur part la confusion des identités qui se trouve au cœur même de la littérature, et plus largement de la culture écossaise. Banks est notamment l'auteur de la très peu orthodoxe saga d'une famille écossaise *The Crow Road* (1992). Il signe aussi, sous le pseudonyme Iain M. Banks des romans de science-fiction, dont le perturbant *Le Seigneur des guêpes* (1984). Plus récemment, il a renoncé à la fiction le temps d'écrire *Raw Spirit : In Search of a Perfect Dream* (2003), guide idéal pour les amateurs de whisky. Les romancières écossaises continuent de saper la domination masculine dans le domaine littéraire, à l'exemple d'Al Kennedy (née en 1965) et Janice Galloway (née en 1955), dont le premier roman *Penser à respirer* (1989) fut d'emblée remarqué et primé.

L'Écosse s'enorgueillit d'une œuvre littéraire riche qui ne cesse de gagner en reconnaissance.

Le cinéma

Avec leurs paysages à couper le souffle et leur histoire mouvementée, les Highlands pourraient avoir été conçus par et pour le septième art. Le cinéma écossais a toutefois souffert de la domination de l'Angleterre au sein de l'Union. Ce n'est qu'avec la création, en 1997, d'une agence nationale du film, *Scottish Screen (www.creativescotland.com)*, qu'un élan déterminant a été donné à l'industrie cinématographique locale. Hollywood, cependant, entretient avec l'Écosse une vieille histoire d'amour, qui a engendré de grands succès comme *Local Hero* (1983), mettant en scène Peter Riegert dans le rôle d'un pétrolier cynique dont la communauté locale aura raison ; *Braveheart* (1995), racontant l'histoire de William Wallace et de Robert Bruce, (avec quelques raccourcis historiques pour les besoins de la dramaturgie...) ; et *Rob Roy* (1995), portrait d'un des hors-la-loi les plus romanesques d'Écosse.

À l'autre extrémité du spectre, l'adaptation à l'écran de *Trainspotting* (1996) par Danny Boyle (né en 1956), dont le réalisme provocant a choqué autant qu'impressionné, paraît être le parfait antidote au romantisme à l'eau de rose que certains reprochent à *Braveheart* ou *Rob Roy*. Danny Boyle s'est imposé comme le plus grand réalisateur écossais contemporain, avec d'autres succès internationaux comme *Slumdog Millionnaire* (2008), récompensé par un Oscar. Autre réalisateur prometteur, Kevin McDonald (né en 1967) a lui aussi séduit un large public avec *Le Dernier Roi d'Écosse* (2006), portrait du dictateur ougandais Idi Amin Dada.

L'acteur écossais le plus célèbre de nos jours est évidemment Sean Connery (né en 1930). Ce séducteur à la voix rocailleuse a été un James Bond idéal ; il compte dans sa filmographie bien d'autres succès dont *Highlander* (1986), consacré à sa terre natale, ou encore *À la poursuite d'Octobre rouge* (1990). Une nouvelle génération d'acteurs s'affirme cependant, incarnée par Ewan Mc Gregor (né en 1971) qui a su tirer parti de sa performance inspirée dans *Trainspotting* pour travailler à Hollywood sans renoncer au cinéma d'art et d'essai. *Trainspotting* a également imposé Robert Carlyle (né en 1961). Celui-ci a enchaîné les rôles intéressants, de *Full Monty* (1997) à *Stone of Destiny* (2008), récit du vol audacieux de la pierre de Scone à l'abbaye de Westminster, en 1950, et de son retour en l'abbaye d'Arbroath, l'année suivante.

L'architecture

Le patrimoine architectural préhistorique écossais, dont les plus beaux sites sont ceux de Skara Brae et de Knap of Howar, dans les Orcades, figure parmi le plus remarquable d'Europe. Les Romains ont ensuite laissé leur empreinte, avec une densité de camps militaires plus élevée que partout ailleurs en Europe. Et il reste encore plus de sites à fouiller ! Les brochs de pierre, élevés sur les côtes, notamment dans le Nord, pour repousser les envahisseurs venus par la mer, ont mieux résisté.

Dans les années 1990, l'acier et le verre, ressuscités, se sont mélangés avec le grès, dans un mariage parfois audacieux du moderne et de l'ancien.

Pour ce qui est de la période postérieure à l'unification de la nation, David Ier demeure dans l'histoire architecturale comme le commanditaire des remarquables abbayes des Borders, dont les ruines romantiques révèlent des styles divers. L'abbaye de Dunfermline conjugue les styles roman et gothique, que l'on retrouve dans les vestiges de l'abbaye de Holyrood, à Édimbourg. Le palais de Linlithgow témoigne lui du goût des Stuarts pour la Renaissance, manifesté aussi au palais jumeau de Falkland.

Après l'Acte d'union de 1707, la croissance urbaine progressive s'accompagne du développement de l'architecture georgienne, raffinée et de style néoclassique. C'est à cette époque que se développe la ville nouvelle d'Édimbourg, symbole d'une rébellion sophistiquée contre la vieille ville médiévale. William Henry Playfair (1790-1857), William Adam (1684-1748) et son fils Robert Adam (1728-1792) sont les architectes déterminants de cette période. Le style néoclassique, qui domine sans conteste, est aussi adopté à Glasgow. Cette histoire d'amour se prolonge dans les campagnes, où l'on trouve, même dans des coins aussi reculés qu'Inveraray, sur la côte, de grandioses demeures georgiennes.

Les habitants de Glasgow ont surnommé Clyde Auditorium *The Armadillo* (« le tatou »).

La prospérité des villes écossaises dans l'Empire de la reine Victoria (1837-1901) se traduit par une nouvelle vague de belles maisons en pierre à Édimbourg comme à Glasgow. Il n'est guère surprenant que le plus grand écrivain écossais de cette période, Walter Scott, ait érigé l'un des plus extravagants temples victoriens : sa retraite d'Abbotsford, dans les Borders.

Le XXe siècle commence bien : Charles Rennie Mackintosh (1868-1928) donne son interprétation sans pareille de l'Art nouveau à travers toute une série de bâtiments remarquables, dont la Glasgow School of Art. Mais l'exode rural continu vers les villes et les difficultés économiques des décennies suivant la Seconde Guerre mondiale vont entraîner le triomphe d'un nouveau fonctionnalisme architectural, indissociable de l'usage systématique du béton et des matériaux bon marché.

Ce style dont sont emblématiques les immeubles de bureaux et les tours d'habitation devenues rapidement de nouveaux ghettos a traversé les années 1960 et 1970. Il y a eu toutefois des créations plus positives. Dans les années 1990, l'acier et le verre, ressuscités, se sont mélangés avec le grès, dans un mariage parfois audacieux du moderne et de l'ancien. L'édifice le plus spectaculaire – et aussi le plus controversé – est le nouveau Parlement écossais, à Édimbourg, conçu par l'architecte catalan Enric Miralles.

La musique

La musique faisait partie intégrante de la vie des clans traditionnels. Pendant des siècles, les ballades mélancoliques circulèrent à travers les glens, célébrant et archivant tout à la fois l'histoire en train de se vivre. Cette tradition s'est perpétuée jusqu'à l'époque contemporaine, la musique de l'Écosse demeurant pour une grande part hantée par la nostalgie des clans et des liens traditionnels, ainsi que par le thème de l'indépendance. Dans les années 1960 et 1970, Battlefield Band, The Corries et Alba ont porté le renouveau de la musique écossaise traditionnelle avant que s'impose, dans la décennie suivante, le rock celtique, fusion de la musique folk et du rock, dont Runrig a été l'une des premières vedettes. Karen Matheson, chanteuse des Capercaillie, a démontré, en solo comme dans son travail avec le groupe, que si la musique écossaise se fonde sur un riche héritage, elle est aussi en perpétuelle évolution, explorant des styles aussi étrangers que le blues. Parmi les talents les plus prometteurs de la scène folk actuelle, on trouve les Blazin'Fiddles, Salsa Celtica et Shooglenifty.

La cornemuse, l'accordéon et le violon définissent bien sûr le folk écossais. L'introduction de la guitare acoustique et même de la guitare électrique a ouvert des voies nouvelles que des groupes rock comme Big Country (dont les guitares sonnaient comme des cornemuses) et Simple Minds n'ont pas hésité à emprunter pour donner naissance à des succès planétaires. Après eux, le groupe de rock indépendant de Glasgow, Belle and Sebastian, a franchi les frontières pour accéder au statut de groupe culte avec l'album *Boy with the Arab Strap,* en 1998.

Une session, parmi tant d'autres, d'un groupe de musique traditionnelle dans un pub

La musique écossaise de ce début du XXIe siècle fait montre d'un talent certain pour l'innovation, et il n'est plus aussi aisé de démêler ce qui relève de l'inspiration traditionnelle et des influences plus modernes. Les Twilight Sad, groupe de rock alternatif tourmenté originaire de Kilsyth, comme Frightened Rabbit, formation tout à la fois mélancolique et enjouée de Selkirk, sont passés maîtres dans l'art du récit à énigmes. Parmi les enfants de Glasgow, Franz Ferdinand a percé des deux côtés de l'Atlantique tandis que Glasvegas a atteint des sommets au Royaume-Uni. Calvin Harris, de Dumfries, a rencontré un succès considérable dans les classements de *dance music*.

Les groupes d'aujourd'hui n'ont plus peur de chanter leur propre langue, au propre comme au figuré, ce qui n'est d'ailleurs plus un enjeu comme autrefois, et démontre que la nation écossaise affiche désormais une belle assurance en la matière. Le paysage musical n'en est que plus riche. On peut désormais tout aussi bien faire partie d'un groupe de rock alternatif et participer à une session informelle de folk dans un pub. L'un et l'autre genre partagent le même héritage.

Les arts du spectacle occupent dans la culture écossaise une place essentielle. Le Festival international d'Édimbourg, qui a lieu en août, est le plus grand spectacle au monde.

Les autres arts

Les arts du spectacle occupent dans la culture écossaise une place essentielle. Le Festival international d'Édimbourg, organisé en août *(www.eif.co.uk ; voir p. 68-69)*, est le plus grand spectacle au monde. Et l'Écosse ne compte pas moins de cinq institutions nationales dans le domaine de l'art vivant. Du côté de la musique classique, le Royal Scottish National Orchestra *(73, Claremont St., Glasgow, tél. : 0141/226 3868, www.rsno.org.uk)*, formé en 1891, est l'un des meilleurs orchestres symphoniques d'Europe. Il a joué lors de l'inauguration du Parlement écossais, en 1999. Le Scottish Chamber Orchestra *(4 Royal Terrace, Édimbourg, tél. : 0131/557 6800, www.sco.org.uk)* n'a été créé qu'en 1974 mais est déjà très bien coté.

La plus grande institution demeure le Scottish Opera (voir Informations pratiques, p. 308), établi au Theatre Royal à Glasgow, le plus ancien théâtre du pays. Le Scottish Ballet (voir Informations pratiques, p. 308) a pour sa part emménagé en 2009 au Tramway, à Glasgow, et son travail a trouvé dans ce lieu spectaculaire une nouvelle inspiration. La compagnie est toutefois sans cesse en tournée ; depuis ses débuts, en 1974, elle s'est produite partout à travers le pays. Le National Theatre of Scotland *(www.nationaltheatrescotland.com)* a vu le jour après la Dévolution. Manifestant à la fois un intérêt renouvelé pour les arts et le désir du Parlement de promouvoir la culture écossaise, ce nouveau venu s'est vu attribuer la mission d'amener les arts à la population, ce qu'il fait à travers ses tournées et en révélant les jeunes talents locaux.

Si ces institutions officielles sont les plus renommées, pléthore de groupes de tailles et de formes diverses, ainsi que de nombreux artistes contribuent à la multitude d'événements organisés dans le pays, des salles prestigieuses des grandes villes aux simples salles des fêtes des villages. Vous l'aurez compris, quelle que soit la forme d'art qui vous intéresse, vous trouverez votre bonheur en Écosse, surtout si vous avez la chance d'assister au Festival international d'Édimbourg. ■

La capitale de l'Écosse se dresse fièrement sur un piton volcanique dominant les Lothians. Bouillonnante et cosmopolite, elle demeure toutefois enracinée dans son histoire et sa culture.

Édimbourg et les Lothians

Introduction et carte 56-57

Édimbourg 58-73

Promenade le long du Royal Mile 62-63

À découvrir – L'ascension d'Arthur's Seat 64

Les festivals d'été d'Édimbourg 68-69

Leith et les docks 74-75

Aux abords de la capitale 76-77

À découvrir – Un chemin de traverse 77

Les ponts du Forth 78-79

Les Lothians 80-87

Hôtels et restaurants 277-280

Le festival de fanfares militaires se déroule dans le cadre exceptionnel du château d'Édimbourg.

Édimbourg et les Lothians

La capitale écossaise fleure bon les guerres claniques, les complots moyenâgeux et les intrigues de palais. La riche histoire d'Édimbourg dépasse largement les limites de la ville et reste palpable dans les Lothians, la région environnante réputée pour ses parcours de golf, ses villages pittoresques et ses époustouflants paysages naturels.

De tout temps, Édimbourg s'est trouvée au cœur de l'histoire mouvementée de l'Écosse – quand son château résiste aux assauts de Charles Édouard Stuart, le prétendant au trône britannique, ou lorsqu'elle s'affirme comme le berceau des Lumières écossaises, par exemple.

Aujourd'hui, c'est une Édimbourg métamorphosée qui se dévoile. La ville s'orne d'une kyrielle de jolies boutiques et d'hôtels raffinés et semble s'être enfin forgé une identité solide et contemporaine, digne d'une capitale abritant désormais le siège du nouveau Parlement écossais. Car Édimbourg a toujours présidé aux destinées de l'Écosse, mais s'est vue privée d'un Parlement pendant trois cents ans. Ce nouveau statut lui confère une confiance accrue qui s'ajoute avec bonheur à ses charmes traditionnels.

Certains surnomment Édimbourg « l'Athènes du Nord », hommage à sa situation géographique privilégiée et à son

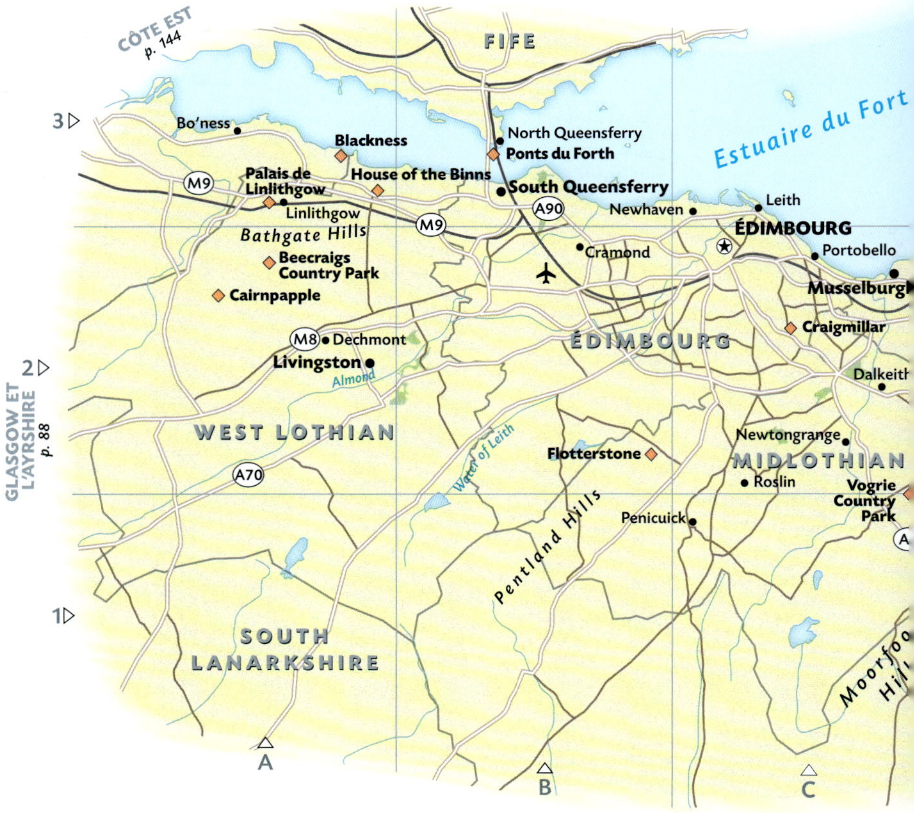

architecture exceptionnellement préservée. La ville s'est en effet développée sur des reliefs volcaniques et des collines, en bordure de l'estuaire du Forth. En 1995, l'Unesco a inscrit sur la liste du patrimoine mondial la vieille ville et la nouvelle ville d'Édimbourg.

D'autres surprises attendent le touriste à l'extérieur du centre-ville, dans le port de Leith, nouveau rendez-vous des gastronomes, et dans le charmant faubourg de South Queensferry qui s'enorgueillit d'abriter deux des plus célèbres ponts du monde.

Enfin, les trois régions entourant la capitale se partagent de formidables attraits : l'East Lothian, ses stations balnéaires et ses parcours de golf ; les collines verdoyantes et les vieilles églises du Midlothian, les châteaux et palais du West Lothian... ■

À NE PAS MANQUER

Le château d'Édimbourg, dominant la capitale écossaise 60-64

Arthur's Seat, sur les cendres d'un volcan éteint 64

Le National Museum of Scotland, une oasis culturelle au cœur de l'Écosse historique 65

Une promenade enchantée dans le Royal Botanic Garden, ses serres et son restaurant 73

Les célèbres ponts de South Queensferry, ses restaurants « cosy » et ses somptueuses demeures 76-77

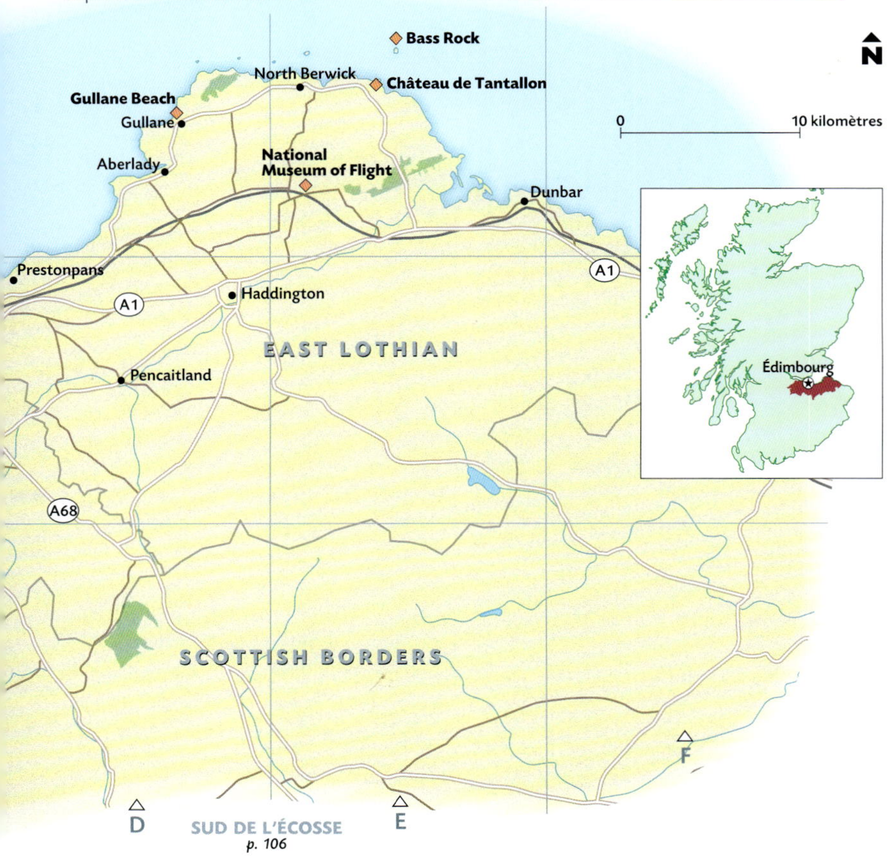

Édimbourg

Un château fantastique perché sur les restes d'un volcan éteint, une vieille cité au charme médiéval adossée à une flamboyante ville neuve (qui a pourtant plus de deux siècles d'existence...) : Édimbourg ne peut laisser indifférent. La capitale écossaise enchante les sens et séduit les âmes.

Édimbourg
Carte p. 56 C2 et plan p. 59, 62-63
Office de tourisme
3 Princes St.
(0845) 225 5121
www.edinburgh.org

Greyfriars Kirkyard
Greyfriars Place
(0131) 226 5429
€
www.greyfriarskirk.com

Le passé

L'histoire d'Édimbourg débute à Castle Rock (le « château du roc »), sur le piton volcanique occupant le centre de la ville moderne. Les tribus celtes qui investissent cette région sauvage baptisent la cité Dunedin, signifiant « le fort d'Eidyn » en gaélique. D'après les historiens, ce sont les envahisseurs de Northumbrie qui anglicisent son nom en « Édimbourg ».

D'autres incursions anglaises suivent. Plusieurs rois écossais tentent d'asseoir leur autorité sur ce qui est devenu, au fil du temps, une forteresse éminemment stratégique. Un village se développe le long de l'arête rocheuse menant au château (aujourd'hui, le Royal Mile). Au XIIe siècle, Édimbourg frappe monnaie et s'impose comme un interlocuteur sérieux. Deux siècles plus tard, le roi écossais Robert Bruce promulgue une nouvelle charte pour la ville, laquelle englobe désormais le port de Leith.

En 1707, Édimbourg perd son statut de capitale de nation indépendante du fait de l'Acte d'union réunissant les royaumes d'Écosse et d'Angleterre. Londres restera à jamais la capitale britannique. Pourtant, la perte du pouvoir politique est compensée par la montée en puissance de l'Empire britannique, car l'Écosse profite de cette grande période de prospérité et s'affirme comme un centre financier, un vivier d'inventeurs, un foyer d'érudits et de philosophes – des sommités comme David Hume ou Adam Smith.

Très vite, de nouveaux citoyens, fort riches, refusent de s'installer dans la vieille ville où règne la misère. Ils sont à l'origine de la naissance d'un

Greyfriars Bobby

L'histoire du plus célèbre chien du monde après Snoopy est délicieuse : ce chien a réellement existé et son destin est à la fois tragique et romanesque. Greyfriars Bobby est le nom d'un fidèle toutou devenu résident permanent du cimetière de Greyfriars (Greyfriars Kirkyard) pendant les années qui suivirent la mort de son maître en 1858. Figure locale, le chien eut droit à une statue lorsqu'il mourut à son tour et en 1961, Disney s'inspira de la vie de Bobby pour réaliser un film.

À SAVOIR

Holyrood Park, proche du centre-ville, rappelle l'Écosse sauvage qui forgea la destinée de John Muir, grand conservateur et fondateur du Sierre Club.

nouveau quartier, New Town, plus au nord, sur l'autre rive du Nor Loch asséché. De larges artères, des squares verdoyants et d'élégantes demeures aux façades de grès voient ainsi le jour, œuvres des architectes James Craig (1739-795), Robert Adams (1728-1792) et William Henry (1790-1857). Le style résolument georgien de New Town contraste avec celui d'Old Town, l'insalubre, la délabrée. C'est ainsi qu'Édimbourg acquiert le double visage qui la caractérise aujourd'hui.

Les deux conflits mondiaux saignent Édimbourg de sa population, mais son manque d'équipements industriels lui épargne les bombardements de la Seconde Guerre mondiale. Dans les années suivantes, elle trouve un moyen sensationnel de se propulser sur le devant de la scène internationale grâce à la création, en 1947, de son festival.

Tandis que le terroir écossais injecte, tout au long du xxe siècle, des milliards de livres sterling dans l'économie britannique, la nouvelle source de revenus que constitue le festival attise les velléités d'indépendance

Holyrood Park

Plan p. 59

Holyrood Park Road

(0131) 652 8150

€

www.historic-scotland.gov.uk

Château
Plan p. 59
Castlehill
(0131) 225 9846
€€€

www.edinburgh castle.gov.uk

National War Museum
Plan p. 62
Edinburgh Castle, Castlehill
(0131) 247 4413
€€€

www.nms.ac.uk/our_museums/war_museum.aspx

restées en sommeil, mais jamais oubliées. Ce désir d'autonomie se matérialise en 1997 avec le référendum aboutissant à la création du nouveau Parlement écossais, qui siège pour la première fois en 1999 et s'installe en 2004 dans un superbe bâtiment à Holyrood.

Comme beaucoup d'autres villes, Édimbourg a souffert de la crise. Le tourisme représente donc une force vitale et, fort heureusement, les visiteurs continuent d'y affluer.

Old Town

La vieille ville a conservé son caractère médiéval, et le passé d'Édimbourg se découvre au rythme d'un dédale d'étroites ruelles pavées (les *wynds* et les *closes*). Ses venelles, bordées de pubs et de restaurants, attirent les touristes.

Le château Au sommet du volcan éteint, la haute silhouette du château domine Édimbourg et sa visite est incontournable pour qui veut appréhender l'histoire de la cité et admirer un panorama prodigieux sur la ville. La résidence de Marie Stuart, reine d'Écosse, est merveilleusement préservée. Elle réunit un bel ensemble de dispositifs défensifs et conserve entre ses murs des trésors qui éclairent magistralement

Symbole absolu de la ville, le château offre un panorama grandiose sur le centre d'Édimbourg.

l'histoire d'une nation. Pourtant, depuis son édification, le monument le plus visité d'Écosse a eu peu de temps à consacrer aux touristes, tout occupé à repousser l'ennemi. Pour percer les secrets de la forteresse, n'hésitez pas à participer à une visite guidée ou à louer un audioguide.

En pénétrant dans l'enceinte, vous voici sur la grande **esplanade** où se déroule la Military Tattoo (voir encadré ci-contre). Commencez par le **National War Museum** qui retrace l'histoire militaire du pays depuis l'Acte d'union, à grands renforts d'armes, de médailles et de beaux uniformes. Des portraits très émouvants de soldats écossais en mission en Afghanistan ont récemment rejoint la collection.

Dans la **Crown House** sont réunis les joyaux de la Couronne d'Écosse et la pierre de la Destinée *(Stone of Destiny)*, bloc de grès sur lequel étaient couronnés les souverains écossais. Ce symbole fut rapatrié de l'abbaye de Westminster, à Londres, en 1996.

Le **Great Hall**, servant jadis de cadre à de somptueux banquets et autres royales réjouissances, fut réalisé sous le règne de Jacques IV. Siège du Parlement, il fit également office d'hôpital et de caserne avant d'être somptueusement rénové au XIXe siècle.

La **chapelle Ste Margaret**, le plus ancien élément de la forteresse, date du XIIe siècle et du règne de David Ier.

Fantaisies militaires

Le festival de fanfares militaires – Edinburgh Military Tattoo – se déroule au château (voir p. 60-61 et p. 69) chaque année au mois d'août. Le spectacle offert par les cornemuses et les tambours des régiments d'Écosse paradant fièrement sous les remparts inondés de lumières de la citadelle est tout simplement inoubliable. Réservez bien à l'avance, les quelque 200 000 places sont prises d'assaut *(tél. : 0131/225 1188 ou www.edintattoo.co.uk/ billets €€€€-€€€€€)*. Depuis plusieurs années, des chameaux et des éléphants se joignent à la parade, ainsi que des danseurs. Préparez-vous à l'inattendu.

Les amateurs de frisson descendront dans les entrailles du château pour visiter les prisons. Observez bien les murs et déchiffrez, çà et là, les graffitis laissés par les pauvres bougres qui y finirent leurs jours.

Le palais de Holyroodhouse

Situé au pied du Royal Mile, ce palais sert de résidence à la famille royale britannique. À proximité se trouvent les vestiges de l'abbaye de Holyrood, autorité puissante au XIIe siècle, sous le règne de David Ier, saccagée par les armées anglaises.

Le palais date du règne de Jacques Ier et, malgré son statut de résidence royale, il est possible de le visiter lorsque aucun membre de la famille royale n'y séjourne. Ses aménagements intérieurs déclinent étoffes précieuses, toiles exquises et mobilier

(suite p. 64)

Palais de Holyroodhouse

Plan p. 59

End of Royal Mile

(0131) 556 5100

€€€

www.royal.gov.uk/TheRoyalResidences

Promenade le long du Royal Mile

L'écrivain anglais Daniel Defoe a décrit le Royal Mile comme «la rue la plus enchanteresse du monde». Aujourd'hui encombrée d'une nuée de boutiques de souvenirs, la voie royale a pourtant conservé son cachet. Le Royal Mile débute sur les altitudes rocheuses du château et descend au rythme de ses pavés – et de trois noms différents – jusqu'aux pelouses de Holyrood Park où trône le palais de Holyroodhouse, résidence édimbourgeoise de la reine.

Descendant du **château** 1 (voir p. 60-61), le Royal Mile débute sur Castlehill et offre une vue inédite sur la ville. Arrêtez-vous un peu plus loin, à la **Camera Obscura** 2 *(549 Castlehill, tél. : 0131/226 3709)* pour d'autres panoramas prodigieux : il s'agit cette fois d'images projetées au sommet d'une tour par un système de miroirs qui fait le bonheur des petits et des grands. La suite de l'exposition de ce paradis de l'illusion d'optique est tout aussi réjouissante.

De l'autre côté de la rue, **The Scotch Whisky Experience** *(354 Castlehill, tél. : 0131/220 0441, www.whisky-heritage.co.uk)* est une attraction immanquable pour les amateurs de whisky. La visite commence par une promenade sur un tonneau et révèle tous les secrets de fabrication. Profitez du bar et du restaurant (très réputé) avant de poursuivre votre balade sur le Royal Mile.

Le parcours prend ici le nom de Lawnmarket puis de High Street. Au carrefour marquant la fin de Lawnmarket, vous verrez l'ancien siège de la **Bank of Scotland** 3 *(The Mound)* : autrefois toute-puissante, elle frôle la banqueroute et perd définitivement son indépendance lors de la crise mondiale de 2008. La **cathédrale St. Giles'** 4 *(High Street, tél. : 0131/225*

9442) se dresse fièrement à l'entrée de High Street. Depuis l'an 854, le site a toujours été occupé par un édifice religieux. L'église, dont les plus anciens éléments datent de 1120, fut consacrée en tant que cathédrale par Charles Ier en 1633.

Si vous en avez le courage, partez à la rencontre des fantômes d'Édimbourg au **Real Mary King's Close** 5 *(2 Warriston's Close, tél. 0845/070 6244, www.realmarykingsclose.com).* Tandis que la nouvelle ville georgienne prenait corps, les habitants frappés par l'épidémie de peste étaient placés en quarantaine dans ce quartier, recouvert ensuite par les fondations de la Bourse royale. Des visites des ruelles enfouies sont organisées, mais âmes sensibles s'abstenir.

En quittant High Street, jetez un coup d'œil vers le sud et la **Tron Church** 6, *(122 High Street),* malheureusement fermée au public. Cette église était autrefois l'épicentre de Hogmanay, festivités populaires du Nouvel An désormais plus organisées et délocalisées sur Princes Street.

Si vous souhaitez vous rafraîchir, le **Bank Hotel** *(1-3 South Bridge, tél. : 0131/556 9940, www.bankhoteledinburgh.co.uk),* démonstration magistrale d'une rénovation qui conserve au bâtiment son caractère grandiose, met à votre disposition son bar sympathique. L'ambiance est très différente à la **John Knox House** 7 *(43 High Street, tél. : 0131/556 9579),* un peu plus loin dans High Street, la demeure du grand réformateur écossais du XVIe siècle étant aussi austère que son célèbre occupant.

L'avant-dernière étape s'effectue au **Parlement écossais** 8 *(Holyrood, tél. : 0800/092 7600 pour les visites guidées, réservation obligatoire).* L'architecture de cette construction ultramoderne, inaugurée en 2004, ne laisse personne indifférent. Ainsi s'achève la promenade qui vous aura conduit du plus ancien siège du pouvoir écossais – le château – au plus récent, le Parlement. Rendez maintenant visite à la famille royale, au **palais de Holyroodhouse** 9 *(Holyrood, tél. : 0131/556 5100; voir p. 61).*

d'époque, mais sa pièce maîtresse est sans conteste le lit de Marie Stuart, où la reine faillit perdre l'enfant qu'elle portait (le futur roi Jacques VI) après avoir été témoin de l'assassinat odieux de son supposé favori, meurtre commandité par son époux, lord Darnley.

Au sud du Royal Mile

Voici l'endroit idéal pour prendre toute la mesure d'Old Town et de son caractère médiéval : parcourir **Victoria Street**, c'est feuilleter un livre d'histoire poussiéreux. Cette venelle pavée et tortueuse regorge de boutiques d'antiquaires, de librairies et d'échoppes de créateurs. Les pubs et les restaurants y ont également un cachet fou.

Victoria Street débouche sur **Grassmarket**, une charmante place pavée où se tenait jadis un marché. La foule s'y réunissait également pour assister aux pendaisons publiques. La décoration des pubs environnants rappelle ces épisodes macabres : c'est le cas à **The Last Drop** *(74-78 Grassmarket, tél. : 0131/225 4851)* ou à **Maggie Dickinson's Pub** *(92 Grassmarket, tél. : 0131/ 225 6601)*, du nom d'une femme pendue pour sorcellerie, revenue à la vie, bringuebalée dans la carriole qui tressautait sur les pavés et emportait son corps à la fosse commune. Las ! Après cet événement, il y eut encore plus de monde pour être persuadé qu'elle était bel et bien une sorcière. Robert Burns – le Shakespeare écossais – écrivit ses plus beaux vers un peu plus loin, sur la table du **White Hart Inn** *(34 Grassmarket, tél. : 0131 /226 2806)*.

Depuis Grassmarket, en rejoignant George VI Bridge puis Chambers Street, vous parvenez au pied de l'édifice anciennement baptisé Museum of Scotland : étonnamment, son architecture moderne et élégante se marie à la perfection avec celle du vieux Royal

À SAVOIR

Visitez le Real Mary King's Close [voir p. 63]. Ce voyage dans le temps vous fait réaliser combien il était difficile de vivre au XVIe siècle dans de tels quartiers.

À DÉCOUVRIR

Gravir Arthur's Seat

Comme un vrai Édimbourgeois, défiez les 251 m d'altitude de ce volcan éteint dressé, toujours triomphant, au cœur de la ville. Débutez votre ascension par le raidillon s'élevant depuis St. Margaret's Loch (sachez qu'il existe plusieurs autres voies d'accès). Soyez vigilants et évitez la face ouest, résolument trop dangereuse (certains y ont perdu la vie). Au sommet, la vue sur Édimbourg et ses faubourgs est imprenable. Redescendez par le versant sud et par Duddingston – la banlieue a ici des airs de village – où vous attendent la célèbre Sheep Heid Inn et son terrain de jeu de quilles.

Les vieux pubs de Grassmarket, au cœur d'Old Town

Museum. Après un vaste chantier de restauration, les deux musées ne font désormais plus qu'un – le **National Museum of Scotland**. L'exposition permanente dans le bâtiment moderne est consacrée à l'histoire de l'Écosse depuis ses tout premiers peuplements, la naissance d'une nation face à l'oppresseur anglais, le rôle de l'Écosse dans l'avènement et la chute de l'Empire britannique et, enfin, l'Écosse dite « moderne ».

Dans ce musée est exposée la Cramond Lioness, une sculpture de l'époque romaine abandonnée à Édimbourg par les envahisseurs, de même que 11 des 78 figurines de Lewis, pièces d'un échiquier du XIIe siècle délicatement sculptées dans l'ivoire et mises au jour en 1831 sur l'île de Lewis. Tous les autres pions sont conservés à Londres, au British Museum.

Plus proche de nous, l'extraordinaire vélo de Graeme Obree « l'Écossais volant », détenteur en son temps d'un incroyable record de l'heure cycliste sur piste puisqu'il avait lui-même confectionné son engin à l'aide de pièces d'un vieux lave-linge. Ne ratez pas non plus les animaux automates et les admirables maquettes de navires et de trains à vapeur. Véritable chef-d'œuvre architectural, le **Great Hall** vaut à lui seul la visite. Arrêtez-vous également devant les céramiques grecques et romaines, les momies égyptiennes ainsi que le surprenant totem.

Arthur's Seat

Plan p. 59

walking.visitscotland.com/walks/centralscotland/holyrood_park_arthurs_seat

National Museum of Scotland

Plan p. 59

Chambers Street

(0131) 225 7534

www.nms.ac.uk/our_museums/national_museum.aspx

Princes Street, dans la nouvelle ville d'Édimbourg

Our Dynamic Earth
116-118 Holyrood Road
(0131) 550 7800
€€€
www.dynamicearth.co.uk

Après la visite, faites une pause au café du musée, profitez de la vue depuis le jardin aménagé sur le toit ou offrez-vous un déjeuner gastronomique au restaurant typiquement écossais (réservez une table près de la fenêtre pour jouir d'un beau panorama sur Old Town).

En repartant vers l'est et Holyrood Park, prenez le temps de découvrir l'histoire de l'Écosse du point de vue scientifique et géologique à **Our Dynamic Earth**, à l'ombre d'Arthur's Seat (voir encadré p. 64). Cette attraction géniale est installée dans un bâtiment en forme d'aile, une prouesse architecturale à couper le souffle. On y apprend en famille les dangers d'une explosion volcanique, on plonge sous les vagues pour approcher une barrière de corail. Et pourquoi ne pas survoler les glaciers de Norvège et de Suède ? Ou arpenter la forêt vierge ? Parents, n'envisagez pas une seule seconde de faire l'impasse sur Our Dynamic Earth.

New Town

La nouvelle ville d'Édimbourg n'est plus si nouvelle... Le quartier a maintenant plus de deux siècles d'âge. Il vit le jour grâce aux citoyens les plus riches. Ceux-ci engagèrent des architectes visionnaires missionnés pour créer un espace de vie agréable et prospère, loin de l'insalubrité et de l'insécurité d'Old Town. Depuis, New Town a su conserver son élégance classique, ses espaces verts, ses artères rectilignes se croisant à la perpendiculaire. Le quartier abonde en belles demeures et abrite les plus remarquables galeries d'art de Grande-Bretagne.

Découvrez New Town en descendant le Royal Mile *via* **The Mound**, artère ainsi baptisée (« le tertre »), car construite – pour rallier Old Town et New Town – avec la terre déblayée du Nor Loch. Aujourd'hui, le château se dresse fièrement à l'ouest, tandis que les hauts immeubles de New Town culminent au sud. Entre les deux, de vastes espaces verts, les Princes Street Gardens.

Princes Street Gardens

Les jardins, aménagés en deux espaces distincts, regorgent de bancs et de pelouses épaisses, l'idéal pour un pique-nique. Dans **West Princes Street Gardens** se dresse le Ross Bandstand, où se déroulent les concerts de Hogmanay (voir encadré p. 17), mais aussi la fabuleuse Ross Fountain, toute dorée, et l'**église St. John**, une splendeur renommée pour ses superbes intérieurs et pour la vue extraordinaire qu'elle ménage sur la ville depuis son balcon. Ne ratez pas le **Scottish-American War Memorial**, dont la construction fut commanditée pour honorer la mémoire des Écossais qui combattirent pendant la Première Guerre mondiale. Œuvre du sculpteur écosso-canadien R. Tait McKenzie (1867-1938), il fut inauguré en 1927 par l'ambassadeur des États-Unis en Grande-Bretagne, Alanson B. Houghton.

Les **East Princes Street Gardens** sont moins vastes, mais à Noël, l'ambiance autour de la patinoire et de la grande roue y est formidable. Il y a aussi un marché de Noël de produits allemands. Atmosphère de fête garantie, les enfants sont ravis.

La **National Gallery of Scotland** et la **Royal Scottish Academy** se situent le long du Mound. William Henry Playfair (1790-1857) a conçu ces deux temples georgiens – style dorique pour l'Académie, ionique pour la galerie. Depuis 2004, les deux bâtiments sont reliés par une allée souterraine, la **Weston Link**, un joyau architectural à elle seule. Arrêtez-vous ici pour prendre un café ou un déjeuner sur le pouce et apprécier la vue qui s'étend des jardins jusqu'à l'hôtel Balmoral et Princes Street.

À SAVOIR

Réservez au Ramsay's B&B pour un séjour mémorable au cœur de la capitale. Sharon Ramsay vous accueillera comme le ferait une amie.

Prenez tout votre temps pour découvrir ces musées recélant les plus grands trésors artistiques nationaux et internationaux, exposés ici dans des conditions optimales. Impossible de faire l'impasse sur le *Skating Minister*, portrait du révérend Robert Walker patinant sur le lac de Duddingtson, immortalisé par le peintre écossais sir Henry Raeburn (1756-1823); *Le Festin d'Hérode* de Rubens (1577-1640); la

(suite p. 70)

Église St. John
Plan p. 62
West Princes Street Gardens, Princes Street
(0131) 229 7565
www.stjohns-edinburgh.org.uk

National Gallery of Scotland
Plan p. 62
The Mound
(0131) 624 6200
www.nationalgalleries.org

Royal Scottish Academy
Plan p. 62
The Mound
(0131) 225 6671
www.royalscottishacademy.org

Ramsay's Bed & Breakfast
25 East London St.
(0131) 557 5917
€
www.ramsaysbedandbreakfastedinburgh.com

Les festivals d'été d'Édimbourg

L'été, la vie à Édimbourg explose sous l'effet d'une myriade de festivals – dont le plus grand festival artistique du monde. La ville vibre d'une folle ambiance, avec ses stars, ses artistes et sa nuée de festivaliers qui se pressent dans les théâtres, les salles de concerts... puis dans les pubs, histoire d'étancher sa soif de culture et de divertissement.

Spectacle de rue d'acrobates, près de Princes Street, en marge du Festival international d'Édimbourg

Chaque année, un nombre croissant de villes d'Europe se vante d'organiser le plus important et le meilleur des festivals artistiques. Édimbourg n'est pas de celles-là. Son festival est effectivement le plus important et – les festivaliers le confirment – le meilleur. Depuis sa première édition en 1947, cet énorme événement a su constamment s'adapter au goût du jour et susciter la création d'autres manifestations parallèles. De fin juillet à début septembre, c'est tout une ville qui vibre à l'unisson.

Le **Festival international d'Édimbourg** *(mi-août/début sept., www.eif.co.uk)* est le festival « officiel » – le happening incontournable de l'été édimbourgeois. Au programme : musique classique, théâtre et danse dans des lieux dédiés, le Festival Theatre ou l'Usher Hall par exemple. On se souviendra longtemps des performances du Scottish Ballet et de l'Orchestre du Festival de Budapest. Un feu d'artifice fantastique et un concert géant dans Princes Street Gardens clôturent les réjouissances.

Innovations permanentes

Depuis soixante ans, l'**Edinburgh Festival Fringe** *(en août, www.edfringe.com)* n'a cessé de croître en notoriété. Cet événement colossal (plus d'un million de billets sont vendus chaque année et le nombre de spectacles ne cesse de grimper) propose pléthore de divertissements, depuis le one-man-show (fabuleux Rick Gervais...) jusqu'aux productions amateurs très... pointues. Lancez-vous : choisissez une salle au hasard, vous y serez peut-être seul, mais c'est ça, le frisson du Fringe !

Le festival de fanfares militaires – **Edinburgh Military Tattoo** – *(août, www.edintattoo.co.uk; voir encadré p. 61)* attire également les foules au château. Des milliers de spectateurs convergent vers la grande esplanade pour admirer des régiments d'Écossais en kilt et des fanfares militaires venues du monde entier défiler et jouer dans ce lieu absolument féerique.

Pendant ce temps, les amateurs de musique pop participent à l'**Edge Festival** *(août, www.theedgefestival.com),* lequel produit autant de stars (Faith No More, Kanye West...) que d'artistes régionaux, dans toutes les salles de la ville.

La première édition du **Festival international du livre** *(en août, www.edbookfest.co.uk)* s'est déroulée en 1983 à Charlotte Square Gardens. Il attire aujourd'hui plus de 200 000 visiteurs au rythme de rencontres avec des auteurs, des poètes, des journalistes et des étudiants du monde entier. La venue d'Ian Rankin et de J.K. Rowling a durablement marqué le festival.

Ne faites pas l'impasse sur l'**Edinburgh Jazz and Blues Festival** *(fin juil./début août, www.edinburghjazzfestival.co.uk),* et surtout pas sur sa grande parade qui met le feu trois heures durant à Grassmarket. Autre point d'orgue de la manifestation : le « Jazz on a summer's day », en plein air, dans les jardins de Princes Street. **Edinburgh Mela** *(août, www.edinburgh-mela.co.uk)* est une autre explosion de danses, de théâtre et de musique célébrant la diversité culturelle et ethnique de l'Écosse.

Le fin du fin de l'art visuel est arrivé dans les galeries et les musées de la ville grâce à l'**Art Festival** *(fin juil./début août, www.edinburghartfestival.com),* organisé depuis peu en marge du Festival international – la première édition a eu lieu en 2004 – mais qui s'est rapidement imposé comme une référence. À cette occasion sont exposées les œuvres de grands maîtres – Picasso, Warhol... – et d'artistes locaux.

Une artiste de rue, pendant l'un des festivals d'été d'Édimbourg

Un jardin de délices

Dernier événement en date : le **Foodies Festival** *(août, www.foodiesfestival.com)* investit Holyrood Park pendant trois jours et laisse carte blanche aux plus grands chefs du pays – Tom Kitchin et Jeff Bland, dont les restaurants sont étoilés au Guide Michelin, y ont déjà fait démonstration de leur talent. Les amateurs de gastronomie peuvent suivre des cours de cuisine, goûter et acheter les meilleurs produits du terroir écossais.

À Édimbourg, les festivals n'investissent pas uniquement les théâtres et les espaces verts : le spectacle est aussi dans la rue. Le centre-ville est envahi par des cracheurs de feu, des acrobates, des mimes, des sosies... Prenez une table à la terrasse d'un café du Royal Mile et profitez du show !

Scott Monument
Plan p. 62
East Princes Street Gardens
(0131) 529 4068
€
www.edinburgh.gov.uk

Waverley Station
Plan p. 62-63
(08457) 114 141
www.networkrail.co.uk/aspx/807.aspx

Vierge à l'Enfant de Raphaël (1483-1520) et *Les Trois Tahitiens* de Gauguin (1848-1903).

Les East Princes Street Gardens accueillent le très controversé **Scott Monument**, érigé à la mémoire du grand écrivain écossais Walter Scott (1771-1832) et réalisé en 1840 par George Meikle Kemp (1795-1844). Les uns s'extasient devant cette immense réalisation à la hauteur du talent du grand homme, les autres n'y voient qu'une pompe toute victorienne. Quelle que soit votre opinion, grimpez les marches jusqu'au sommet de cet édifice dont la flèche culmine à 61 m. La vue sur le centre-ville y est spectaculaire.

D'autres panoramas vous attendent à l'extrémité de Princes Street, de l'autre côté du Balmoral, le meilleur hôtel de la ville (voir Hôtels et Restaurants p. 277), impressionnant témoignage de l'architecture victorienne. Il fut bâti à l'origine pour héberger les voyageurs transitant par **Waverley Station**, une gare du XIXe siècle coiffée d'un dôme ouvragé qui connaît son apogée à l'âge d'or du chemin de fer. Non loin de l'hôtel, voici Calton Hill – empruntez l'escalier sur le côté nord de Waterloo Place.

Calton Hill L'écrivain écossais Robert Louis Stevenson (1850-1894) disait de cette colline qu'elle offrait la plus belle vue qui soit sur Édimbourg. Du sommet, vous embrassez le château, Arthur's Seat,

La montée jusqu'au sommet de Calton Hill vaut vraiment la peine : la vue y est stupéfiante.

l'estuaire du Forth rejoignant la mer. Au loin, Ochil Hills et autres collines.

National Monument, dressé sur Calton Hill, aurait dû être « le Parthénon de l'Écosse ». Mais, par manque de budget, seules quelques colonnes doriques virent le jour. La colline héberge également le **Nelson's Monument**, l'**observatoire** de la ville ainsi qu'un énorme canon portugais. L'endroit est idéal pour une séance de prises de vues mémorable.

À SAVOIR

Le Beltane Fire Festival est magique : à minuit, le 30 avril, tambours et porteurs de flambeaux descendent de Calton Hill et escortent la Reine de Mai dans le cadre du rituel païen de la renaissance.

George Street Redescendu de Calton Hill, à deux pâtés de maisons au nord de Princes Street, passée l'étroite mais piétonnière **Rose Street** (une pause est de rigueur dans l'un de ses pubs ou restaurants), vous voici sur **George Street**. Il y avait ici autrefois pléthore de banques et d'établissements financiers. La rue est enfin sortie de l'oubli après de gros efforts de rénovation sur ses splendides habitations georgiennes où logent désormais bars à la mode, restaurants chics et boutiques de créateurs. À ses deux extrémités, George Street débouche sur un espace vert. À l'est, **St. Andrew Square**, très apprécié des Édimbourgeois et des touristes qui profitent de ses bancs pour savourer leur café, sous le regard de la **statue de lord Melville** (1742-1811), lord de l'Amirauté sous le gouvernement du Premier ministre britannique William Pitt le Jeune (1759-1806).

La grâce de ce square victorien fut sacrifiée dans les années 1960 et 1970 sur l'autel du fonctionnalisme, mais on peut aujourd'hui louer les efforts des architectes contemporains, comme en témoigne le grand magasin **Harvey Nichols** *(30-31 St. Andrew Sq.)*, le premier de la marque inauguré hors Londres. Les fans de shopping se rendront forcément sur la plus récente des artères de la ville, **Multress Walk** (elle longe Harvey Nichols), regorgeant de divines boutiques de créateurs.

À un pâté de maisons de St. Andrew Square, la **Scottish National Portrait Gallery** s'affranchit résolument du style georgien qui prévaut dans New Town en affichant un gothisme triomphant sublimé par l'emploi du grès rose. Ce musée, qui présente les portraits d'Écossais célèbres, est un pur joyau historique et artistique. Parmi ses chef-d'œuvres, on retiendra les portraits de Marie Stuart

National Monument
Plan p. 63
Calton Hill
(0131) 556 9536
www.edinburgh.gov.uk

Nelson's Monument
Plan p. 63
32 Calton Hill
(0131) 529 3993
Fermé dim.
€
www.edinburgh.gov.uk

Observatoire
Plan p. 63
Calton Hill
www.astronomyedinburgh.org

Scottish National Portrait Gallery
1 Queen St.
(0131) 624 6200
Fermé jusqu'à nov. 2011
www.nationalgalleries.org

Georgian House
7 Charlotte Sq.
(0131) 226 3318
€

www.nts.org.uk/property/56/

Scottish National Gallery of Modern Art
75 Belford Rd.
(0131) 624 6200

www.nationalgalleries.org

Dean Gallery
3 Belford Rd.
(0131) 624 6200

www.nationalgalleries.org

Royal Botanic Garden
Plan p. 59
Inverleith Row
(0131) 552 7171
Jardin : gratuit ; Serres €

www.rbge.org.uk/the-gardens/edinburgh

et Charles Édouard Stuart et, plus proche de nous, de Sean Connery. Le bâtiment vient de faire l'objet d'une rénovation.

Adresse recherchée, **Charlotte Square** s'étend à l'extrémité ouest de George Street. Dessiné par Robert Adam (1728-1792 ; voir encadré p. 105) un an avant sa mort, il est aujourd'hui un « must » de la ville – le Premier ministre d'Écosse réside au n° 6. La demeure de ce dernier, **Bute House**, se situe sur le côté nord du square et jouxte **Georgian House**, ouvert au public : propriété du National Trust for Scotland, l'édifice témoigne de la splendeur édimbourgeoise de la première moitié du XIXe siècle – ne ratez pas les toiles d'Henry Raeburn et d'Allan Ramsay (1713-1784).

En traversant Dean Bridge Sur l'autre rive de la Water of Leith, le modeste cours d'eau traversant Édimbourg, se dressent d'autres immeubles georgiens, nombre d'hôtels et la **Scottish National Gallery of Modern Art**. Ce musée d'une qualité exceptionnelle est aménagé dans un cadre remarquablement cossu et spacieux. Avant d'y pénétrer, arrêtez-vous devant les magnifiques sculptures d'Henry Moore (1898-1986) et de Barbara Hepworth (1903-1975). À l'intérieur, des chef-d'œuvres de l'américain Andy Warhol (1928-1987) et du Britannique Damien Hirst (né en 1965) cohabitent avec les travaux, plus confidentiels, d'artistes écossais.

Toute proche, la **Dean Gallery**, d'architecture néoclassique, est réputée pour sa collection de sculptures signées Eduardo Paolozzi (voir encadré ci-dessous), lequel a légué au musée des milliers de ses créations. On peut également découvrir une reconstitution de l'atelier du maître. Au rez-de-chaussée, la Roland Penrose Gallery et la Gabriel Keiller Library exposent une collection de réalisations dadaïstes et surréalistes signées Picasso

À l'origine du pop art

Eduardo Paolozzi est né en 1924 à Édimbourg, de parents italiens, glaciers à Leith. Lorsque éclate la Seconde Guerre mondiale, toute la famille est emprisonnée. Eduardo est libéré au bout de trois mois, mais son père, son grand-père et son oncle trouvent la mort dans le naufrage du navire transportant des prisonniers vers le Canada, pilonné par l'aviation allemande. En 1943, Paolozzi quitte Édimbourg pour étudier la sculpture à Londres.

Il devient rapidement un sculpteur renommé – notamment pour ses œuvres à base de pièces recyclées et de ferraille – et travaille beaucoup pour les établissements publics. Dans les années 1960, sa technique et son style innovants en font l'un des précurseurs du pop art.

Dans ce pub édimbourgeois, la fête bat son plein.

(1881-1973), Miró (1893-1983) et Salvador Dalí (1904-1989).

Royal Botanic Garden

Au sud de New Town, ce jardin magnifique offre des panoramas grandioses sur la nouvelle et la vieille ville, avec le château pour point d'orgue. Il abrite également une quantité d'arbres et de buissons, essences originaires du monde entier. À la fin du printemps, à l'apogée de la floraison, l'endroit est vraiment stupéfiant.

Le modeste prix d'entrée en vaut la peine. Il vous donne accès aux dix immenses serres, chauffées à des températures différentes afin d'acclimater une flore variée. De pont en pont, flânez entre les bassins où se sont réfugiées des carpes. Le **jardin chinois** est exquis, mais ne ratez pas l'**Inverleith House**, où sont organisées les expositions temporaires.

La très onéreuse **John Hope Gateway** a été aménagée à la porte ouest du jardin : vous y trouverez des informations sur les jardins, des écrans interactifs, une boutique, une jardinerie et surtout un **restaurant** *(John Hope Gateway Centre, Arboretum Place, tél. 0131/552 2674, www.gatewayrestaurant.net)* doté d'une fabuleuse terrasse. ■

Leith et les docks

Autrefois, Leith n'était pas rattachée administrativement à Édimbourg, et certains de ses habitants revendiquent aujourd'hui encore leur indépendance. Les touristes évitent, à tort, ce quartier qui, il y a quelques années, a su se réinventer en une formidable oasis de la gastronomie et un centre de la vie nocturne.

Péniches, bars et restaurants à la mode bordent les quais du Shore, face au port aménagé dans l'estuaire du Forth.

Leith

Carte p. 56 C3

Office de tourisme

Leith Mills, 70-74 Bangor Rd., Édimbourg

(0131) 555 5225

www.edinburgh.org

Situé hors des limites de la ville, le port médiéval de Leith, très animé, a pourtant joué un rôle prépondérant dans l'histoire de la capitale écossaise.
Au XVIe siècle, la régente Marie de Guise (1515-1587) gouverne le royaume depuis Leith au nom de sa fille Marie Stuart (1542-1587). Lorsque les hommes d'Oliver Cromwell (1599-1658) investissent la ville, ils établissent leur camp de base à Leith. Jusqu'à la Seconde Guerre mondiale, Leith, porte d'accès vers l'arrière-pays, est un port très actif, qui vit naître Sean Connery et Irvine Welsh.

Après la guerre, Leith connaît une longue période de déclin ; dans les années 1980, le quartier, abandonné, est laissé aux mains des trafiquants de drogue et des proxénètes, ainsi que l'a parfaitement décrit Irvine Welsh dans *Trainspotting* (1993).

Depuis l'an 2000, des financements publics et privés ont rendu son âme à ce quartier, désormais métamorphosé grâce à la rénovation des bâtiments des quais et à l'implantation d'attractions touristiques et de centres commerciaux.

Visiter Leith

Leith se révèle sous son meilleur jour lors d'une promenade sur **Leith Walk** – une large artère menant au tramway.

« The Walk » a également subi une réhabilitation totale et s'enorgueillit d'une kyrielle de nouveaux magasins, pubs et restaurants. L'interdiction de fumer dans les lieux publics a rendu la fréquentation des pubs plus agréable et l'implantation de cafés chinois et de magasins d'alimentation polonais témoigne des évolutions démographiques.

Au bout de Leith Walk, vous rejoignez **Leith Links**, un modeste jardin public qui ne paie pas de mine... Pourtant, les habitants vous diront que l'endroit, bien plus que Saint Andrews, mérite le surnom de « berceau du golf ». Des documents suggèrent en effet que le roi Jacques IV (1473-1513) avait interdit la pratique du golf sur ses pelouses et que les règles du jeu furent codifiées ici même, dix ans avant qu'elles ne fussent rédigées noir sur blanc à Saint Andrews.

En bordure de la Water of Leith, **The Shore**, la zone portuaire entièrement pavée, est charmante. Elle aussi a connu une transformation complète et accueille maintenant, en lieu et place de bâtiments dégradés, des pubs et des restaurants (installés sur la berge ou sur l'eau), dont celui du chef Martin Wishart, étoilé au Michelin (voir Hôtels et restaurants p. 278).

À l'ouest du Shore, voici **Commercial Quay**, autrefois encombré de hangars à bateaux et de grues et désormais haut lieu de la gastronomie de Leith grâce au Kitchin (voir Hôtels et restaurants p. 278) – également étoilé au Michelin. L'édifice massif qui s'élève sur l'autre rive n'est autre que le siège du **gouvernement écossais**.

Toujours plus à l'ouest, dans le gigantesque centre commercial d'**Ocean Terminal** *(Ocean Drive, tél. 0131/555 8888, www.oceanterminal.com)* se sont installés quelque 70 boutiques et une multitude de points de restauration, un cinéma, un spa, un skatepark couvert. D'ici, la vue sur le front de mer et l'estuaire est imprenable. Vous en voulez encore ? La plus célèbre attraction de Leith, le *Britannia,* mouille juste à côté (voir encadré ci-dessus).

À cause de la crise, la métamorphose de Leith a pris un peu de retard. Cependant, les autorités locales et les promoteurs privés sont déterminés à mener à bien ce projet titanesque dans lequel ils ont largement investi. La mutation n'est donc pas terminée, loin de là. ■

Le *Britannia*, prince des mers

Le yacht royal a pris sa retraite et a jeté l'ancre dans le port de Leith. Belle victoire pour Édimbourg qui marque ici un point face à Glasgow, la ville où fut construit le navire, en 1953. Le *Britannia* se visite et dévoile une succession d'appartements luxueusement décorés. Pendant des années, la famille royale effectua à son bord des voyages officiels et reçut des dignitaires étrangers, des rois et des reines. Pour que la croisière soit parfaite, sacrifiez à la tradition britannique et prenez une tasse de thé au café.

Royal Yacht *Britannia*

✉ Ocean Terminal, Leith

☎ (0131) 555 5566

€ €€€

www.royalyachtbritannia.co.uk

Aux abords de la capitale

Si le centre d'Édimbourg n'est pas très étendu, la capitale écossaise est en revanche sertie d'une foule de petites villes charmantes – Cramond, South Queensferry et Portobello pour ne citer qu'elles – et d'une ligne de collines offrant des vues magnifiques.

Le 1er janvier, à South Queensferry, des courageux (ou fous ?) plongent dans les eaux glacées de l'estuaire du Forth : c'est le Loony Dook !

Cramond
Carte p. 56 B2

South Queensferry
Carte p. 56 B3

Queensferry Museum
53 High St., South Queensferry
(0131) 331 5545
Fermé mar. et mercr.

www.gnws.co.uk/edinburgh/queensferry.htm

Cramond

À l'ouest d'Édimbourg, Cramond exhale une atmosphère désuète. Ce faubourg balnéaire était autrefois une place forte romaine dont on distingue encore les vestiges. Les maisons sont absolument délicieuses, toutes blanches et sagement alignées sur les berges de la rivière Almond. Un petit club de voile s'est implanté à l'endroit précis où la rivière rejoint l'estuaire. Le pub et le restaurant ont un attrait indéniable.

Marchez jusqu'à **Cramond Island**, mais vérifiez bien les horaires de marée, affichés au début de la chaussée menant jusqu'à l'île à marée basse. Cramond Island est un paradis pour les ornithologues... mais la mer remonte vite.

South Queensferry

Sans conteste l'une des plus jolies bourgades côtières du pays, South Queensferry est circonscrite par des paysages verdoyant sur trois de ses côtés et bordée par l'estuaire du Forth sur le quatrième : d'un point de vue administratif, elle fait partie d'Édimbourg, pourtant la capitale semble bien loin. South Queensferry est célèbre pour ses deux ponts : le Forth Bridge (trafic ferroviaire) et le Forth Road Bridge (voir p. 78-79).

La ville tient son nom de la reine Marguerite (1045-1093) qui la première ordonna la mise en œuvre d'un service régulier pour franchir l'estuaire. Certains de ses habitants disent vivre dans le « Royal Burgh of Queensferry », mais la plupart utilisent l'appellation de « South Queensferry » pour distinguer leur ville de North Queensferry, sur l'autre rive du Forth.

High Street, l'artère principale à la chaussée pavée, est bordée d'anciens bâtiments de pierre – le plus vieux, **Black Castle**, date de 1626 – fort bien préservés. Çà et là, des façades aux teintes pastel. Arpentez aussi **Queensferry Museum** pour découvrir histoire et traditions, depuis les rites païens du Burry Man Festival jusqu'au Loony Dook qui consiste, le jour de l'An, à piquer une tête dans les eaux gelées du Forth.

Trois vastes domaines circonscrivent South Queensferry. Sur chacun d'eux s'élève une bâtisse magnifique. Dundas Castle n'est pas ouvert au public, mais **Dalmeny House**, riche de somptueuses œuvres d'art, l'est désormais (nombre limité de visiteurs). La vedette reste toutefois **Hopetoun**, le « Versailles » écossais au vu de son faste et de ses jardins (panorama superbe sur le Forth, essences rares, chevreuils...). Ne partez pas sans avoir fait une pause gourmande et royale au salon de thé.

Portobello

Ce nom aux influences méditerranéennes tient toutes ses promesses : à 5 km à l'est du centre-ville d'Édimbourg, Portobello est une ville qui fleure bon la romance. Avant la démocratisation des voyages aériens, dès le premier rayon de soleil, ses habitants convergeaient vers la plage. Aujourd'hui, la ville est un peu laissée pour compte, mais le point de vue sur l'estuaire est ravissant, la plage est toujours aussi accueillante et les promenades délicieusement dépaysantes. Portobello est destinée à connaître des jours meilleurs. ■

À DÉCOUVRIR

Un chemin de traverse

Cette agréable randonnée de 12 km est un secret bien gardé. Depuis Édimbourg, prenez le train jusqu'à Dalmeny, la gare la plus proche de South Queensferry, puis marchez jusqu'au Forth Bridge. Suivez le sentier menant au domaine de Dalmeny. En chemin, vous verrez la superbe Dalmney House (voir ci-contre), des vues remarquables du Forth Bridge, d'Édimbourg et de la côte, sans oublier l'Eagle Rock orné d'un graffiti gravé par un légionnaire romain. La liaison en ferry vers Cramond est actuellement suspendue, ce qui vous oblige à un détour bienvenu par Cramond Brig jusqu'au sentier qui longe la rivière Almond et conduit au village. Pour de plus amples informations : *walking.visitscotland.com/walks/centralscotland/south_queensferry_dalmeny.*

Dalmeny House

✉ 3,2 km depuis la garde de Dalmeny ; suivre les indications depuis l'A90 Forth Bridge Rd.
☎ (0131) 331 1888
🕒 Fermé août-mai
€ €€

www.dalmeny.co.uk

Hopetoun

✉ 16 km à l'ouest d'Édimbourg *via* A904
☎ (0131) 331 2451
🕒 Fermé oct.-Pâques
€ Résidence et parc : €€; accès au parc : €

www.hopetoun.co.uk

Les ponts du Forth

Prouesses technologiques à l'époque de leur construction, les deux ponts enjambant l'estuaire du Forth *(Firth of Forth)* témoignent de l'audace des ingénieurs d'antan. Empruntez le Forth Bridge à bord d'un train ; pédalez, conduisez ou marchez sur le Forth Road Bridge ; ou contentez-vous d'admirer ces deux merveilles depuis South Queensferry.

À la nuit tombée, la vue sur les ponts du Forth est féerique.

Depuis la nuit des temps, l'estuaire du Forth a constitué un obstacle au déplacement des hommes. Au XIe siècle, la reine Marguerite demande à ce que l'on mette en place un service régulier de franchissement du *firth* par bateau, afin d'emmener les pèlerins jusqu'aux abbayes de Dunfermline et Saint Andrews. Des ferries ont circulé jusqu'en 1964, année où est inauguré le pont routier.

Forth Bridge

Le Forth Bridge est un pont destiné au trafic ferroviaire. Il est inauguré en 1890 et tout le monde l'adore, car il prouve aux yeux du monde la supériorité incontestée du génie mécanique victorien. Ce monstre d'acier, rutilant sous son vernis rouge, s'étire sur 2,5 km au-dessus de l'estuaire. À l'époque de son édification, son design – c'est un pont de type cantilever, doté de trois travées – est une première mondiale. Sa réalisation est l'œuvre de deux ingénieurs des chemins de fer, John Fowler (1817-1898) et Benjamin Baker (1840-1907), qui ont su tirer les leçons de la catastrophe du pont de la Tay, en 1879.

Les chiffres parlent d'eux-mêmes : 60 000 tonnes d'acier, 18 000 m^3 de granit, et plus de 8 millions de rivets. L'effort humain est également saisissant, puisque 4 000 hommes ont participé au chantier et que 98 d'entre eux y ont trouvé la mort.

Après une apparition remarquée dans le film *Les 39 Marches,* d'Alfred Hitchcock (1935), la pression s'accentue depuis quelques années pour que le pont figure enfin sur la liste du patrimoine mondial de l'Unesco. Une étude récente a souligné la robustesse et le faible taux d'usure de l'acier. Même le fameux vernis rouge est d'une qualité indiscutable, puisque la structure n'est repeinte en moyenne que tous les quarts de siècle.

Forth Road Bridge

Le pont autoroutier du Forth, si extraordinaire soit-il, fait, reconnaissons-le, pâle figure à côté de son illustre voisin. Cependant, ce gigantesque pont suspendu – le plus grand du monde à la date de son inauguration, en 1964 – est très semblable à son cousin de San Francisco, le célèbre Golden Gate. Il a lui aussi été immortalisé sous la plume d'Iain Banks, dans son roman *The Bridge* (1986).

Un nouveau pont ?

Aujourd'hui, le Forth Road Bridge supporte un trafic largement supérieur à celui pour lequel il a été conçu à l'origine. Certaines études ont démontré que cet état de fait pouvait être à l'origine d'une usure précoce. Depuis le début des années 2000, la FETA (organisme en charge de l'exploitation du pont autoroutier) ne cesse d'arguer que l'usure du pont existant nécessite l'aménagement d'un nouvel axe autoroutier, suscitant un débat enflammé. Le gouvernement écossais a récemment envisagé la mise en œuvre d'un nouveau pont routier, mais le projet reste en suspens – tout comme la question du financement de cette hypothétique structure.

À SAVOIR

Au sud des ponts, South Queensferry est enchâssée dans une couronne verdoyante : après avoir profité des ponts, faites en sorte de garder encore un peu de temps pour vous promener dans l'arrière-pays.

Un site a d'ores et déjà été choisi, à l'ouest de la structure existante. Le projet envisagé prévoit un axe de 2,2 km au-dessus du Forth, un pont à haubans doté d'une portée de 1 375 m, ce qui le classerait parmi les dix ponts les plus longs du monde.

Les ponts et vous

Scotrail *(www.scotrail.co.uk)* exploite nombre de liaisons empruntant le pont ferroviaire sur le Forth, depuis Dalmeny (South Queensferry) et North Queensferry. Le Maid of the Forth *(www.maidoftheforth.co.uk)* et le Forth Belle *(www.forth-tours.com)* organisent des promenades en bateau permettant de découvrir les structures sous un angle pittoresque. Cependant, sachez que tout le monde peut emprunter le pont-route, à pied ou à vélo, depuis South Queensferry ou North Queensferry.

À South Queensferry, Orocco Pier *(www.oroccopier.co.uk)* et The Boat House *(www.theboathouse-sq.co.uk),* deux excellents restaurants-bars, sont équipés d'une terrasse avec vue sur les ponts. La décoration du Railbridge Bistro *(www.therailbridgebistro.com)* est entièrement inspirée du pont ferroviaire, avec maquettes et affichettes – la cuisine, écossaise contemporaine, y est par ailleurs excellente.

Les Lothians

Parmi les touristes qui affluent à Édimbourg, très peu prennent la peine de s'aventurer en dehors du centre-ville pour aller à la découverte de la région des Lothians, domaine des collines, de l'estuaire du Forth et de la mer du Nord. Pourtant, d'anciens palais, de mystérieuses églises et une pittoresque petite ville vous y attendent.

Bass Rock, près de North Berwick, dans l'East Lothian, abrite une colonie de 80 000 fous de Bassan.

East Lothian
Carte p. 57 D2-D3, E2-E3, F2-F3
Office de tourisme
31 Court St., Haddington
(01620) 827 422
www.edinburgh.org

North Berwick
Carte p. 57 E3
Office de tourisme
1 Quality St., North Berwick
(01620) 892 197
www.edinburgh.org

L'East Lothian

À l'est d'Édimbourg, **Musselburgh** et son célèbre hippodrome méritent votre visite, surtout si vous êtes amoureux des chevaux. Les fans de glaces s'intéresseront quant à eux au légendaire **Luca's** *(32-38 High St., tél. : 0131/665 2237, www.s-luca.co.uk)*. Enfin, les amateurs de golf ne seront pas en reste puisqu'ils découvriront **Musselburgh Links** *(Balcarres Road, tél. : 0131/653 5200, www.musselburgholdlinks.co.uk ; voir p. 166)*, le plus vieux parcours du monde : officiellement reconnu en 1672, mais Marie Stuart y aurait joué dès 1567.

Laissez derrière vous la bien vilaine centrale électrique de Cockenzie pour flâner sur les plages de sable de l'East Lothian, et particulièrement **Gullane Beach**, frangée de dunes. Prise d'assaut en été, Gullane est déserte le reste de l'année. Les golfeurs iront taper la balle sur le beau parcours de **Muirfield** *(Duncur Road, Muirfield, tél. : 01620/842 123, www.muirfield.org.uk ; voir p. 166)*, où s'est déjà déroulé le British Open.

North Berwick, la plus charmante bourgade de la région, connaît son âge d'or sous le règne de Victoria. Les Londoniens stressés y débarquaient pour respirer le bon air et s'adonner aux plaisirs de la baignade. Pour jouir d'une vue extraordinaire sur la ville et sur l'ensemble de l'East Lothian, grimpez au sommet de l'éperon rocheux de **North Berwick Law** (1 heure de marche).

La réputation de North Berwick s'est forgée sur son admirable plage de sable et ses trois parcours de golf, sans oublier l'excellent **Scottish Seabird Center**. Ce centre ornithologique permet d'observer les oiseaux de **Bass Rock**, l'île volcanique émergeant au large des eaux glacées de l'estuaire du Forth, tel un énorme sous-marin. Ce monstre qui culmine à 107 m d'altitude est le royaume des oiseaux de mer, et particulièrement des fous de Bassan et des macareux, locataires très bruyants ! L'île n'est pas accessible au public, mais le réseau de caméras du centre filme en continu ses colonies d'oiseaux et, en été, des croisières organisées peuvent vous emmener au plus près du caillou géant. Bass Rock constitue un rouage essentiel pour les recherches menées au centre scientifique.

L'arrière-pays

En poursuivant vers l'est, la côte se fait plus sauvage et plus rocailleuse. Seules les ruines du **château de Tantallon** *(3,2 km à l'est de North Berwick, tél. : 01620/892 727, www.historic-scotland.gov.uk, €)*, dominant la mer, trahissent la présence de l'homme. Cette citadelle spectaculaire du XIVe siècle abrita autrefois l'une des plus célèbres familles de l'histoire de l'Écosse : les Douglas, comtes d'Angus.

Cap maintenant vers le sud et **Dunbar**, un séduisant petit port qui se distingue par d'imposants bâtiments de grès.

Plus à l'intérieur des terres, le **National Museum of Flight**, aménagé sur l'aérodrome militaire désaffecté d'East Fortune, attire des visiteurs des quatre coins de la planète. On y admire les carlingues – remarquablement préservées – d'appareils de toutes les époques, exposées dans de gigantesques hangars ou posées sur le tarmac. Ici le bon vieux Spitfire, qui joua un rôle déterminant dans les combats aériens de la Bataille d'Angleterre en 1940, là le bombardier Vulcan qui provoqua un grave incident diplomatique en effectuant un atterrissage d'urgence au Brésil en pleine guerre des Malouines opposant

À bord du Concorde

Il n'est désormais plus possible de connaître le frisson d'un vol à bord du Concorde, un appareil supersonique, mais le National Museum of Flight (voir ci-dessus) vous offre toutefois une géniale « Concorde Experience ». Après avoir reçu votre carte d'embarquement, vous entamez une visite commentée vous entraînant dans chaque recoin de l'avion, au rythme des témoignages de personnel de bord et de pilotes qui ont eu la chance de voler à bord de cette merveille. La visite s'achève par la découverte de la cabine de pilotage.

Scottish Seabird Centre
✉ The Harbour, North Berwick
☎ (01620) 890 202
€ €€
www.seabird.org

Dunbar
Carte p. 57 E3
Office de tourisme
✉ 143 High St., Dunbar
☎ (01368) 863 353
Fermé nov.-mars

National Museum of Flight
Carte p. 57 E3
✉ East Fortune Airfield, East Lothian
☎ (0131) 247 4238
€ €€
www.nms.ac.uk/flight/our_museums/museum_of_flight.aspx

Randonnée dans les Pentland Hills du Midlothian

Lennoxlove House
Lennoxlove Estate, Haddington
(01620) 828 614
€€
www.lennoxlove.com

Distillerie Glenkinchie
Pencaitland, Tranent, East Lothian
(01875) 342 004
€€
www.discovering-distilleries. com/glenkinchie

Midlothian Snow Sports Centre
Biggar Road, Hillend
(0131) 445 4433
€€
www.midlothian.gov.uk
glenkinchiemidlothian.gov.uk

le Royaume-Uni et l'Argentine. Point d'orgue de la visite : le Concorde de British Airways, dévoilant ici tous les secrets du seul appareil commercial supersonique que le monde ait connu, retiré du service en 2003 (voir encadré p. 81).

À quelques kilomètres du musée, le petit bourg d'**Haddington** fut reconnu par le roi David Ier au XIIe siècle. C'est aujourd'hui un lieu de balade fort agréable. Ne ratez pas **Church Street** et son architecture des XVIIIe et XIXe siècles. À 1 km au sud de la ville, **Lennoxlove House** est un édifice remarquable, érigé au XIVe siècle. On peut y voir un masque mortuaire de Marie Stuart, qui trouva ici l'hospitalité. Surtout, n'hésitez pas à profiter de la visite guidée, passionnante.

L'East Lothian n'est pas réputé pour son whisky, pourtant la **distillerie Glenkinchie** s'enorgueillit de ne pas produire du « malt d'Édimbourg », mais un malt particulièrement doux, très apprécié à l'apéritif. Ouverte au public, cette distillerie locale propose une visite guidée qui fait toute la lumière sur le miracle de la transformation de l'eau en whisky.

Le Midlothian

Large guirlande de collines, les **Pentland Hills** matérialisent la frontière du Midlothian (ou Edinburgshire). Cette zone naturelle protégée est toutefois ouverte au public. À l'est des reliefs, passé la route d'Edinburgh Pass, Hillend accueille le **Midlothian Snow Sports Center** et la plus longue piste artificielle de ski – on peut même s'y offrir une descente en nocturne, la piste est éclairée. À mesure que l'on progresse au cœur des Pentlands, le relief devient plus tourmenté, et la vie urbaine n'est plus qu'un lointain souvenir. Débutez votre randonnée à **Flotterstone** : il y a une aire de stationnement gratuit, un bureau d'information (où vous trouverez une carte des sentiers balisés) et une auberge. Les collines culminent à 579 m d'altitude – alternative raisonnable aux autres reliefs plus élevés de l'Écosse. On peut également randonner du côté des **Moorfoot Hills**, au sud du Midlothian, près de la frontière avec les Borders.

La perle du Midlothian est la **chapelle de Rosslyn** à Roslin, révélée au monde entier en 2003 dans les pages du best-seller international signé Dan Brown, *Da Vinci code* (voir encadré ci-dessous), adapté au cinéma en 2006. William St. Clair (1404-1482) réalisa son rêve en édifiant cette chapelle en 1446. Sa récente célébrité a permis de financer sa restauration ; même l'acteur Tom Hanks, la vedette du film, a fait un don sur ses propres deniers. Toutefois, l'afflux de visiteurs pose certains problèmes.

L'extérieur de cet édifice aérien conjugue étonnamment fins arc-boutants et effrayantes gargouilles. À l'intérieur, le génie de l'architecte se révèle par l'emploi assidu de symboles et d'images allégoriques. Les murs de cette église sont entièrement recouverts de gravures représentant ici des chevaliers, là une païenne, plus loin une scène de la Nativité, là encore un Lucifer pendu par les pieds.

L'ambiance qui règne dans le chœur de la chapelle de Rosslyn est tout à fait particulière, et c'est sans surprise que les légendes liées à la franc-maçonnerie et aux Templiers enflamment l'imagination des visiteurs. Sans oublier ces dessins de plantes nord-américaines parfaitement inconnues à la période de construction, laquelle a précédé la découverte de l'Amérique en 1492 par Christophe Colomb (1451-1506). Des fouilles récentes ont mené à la découverte d'une crypte souterraine ; les esprits se sont échauffés encore un peu plus : et si le Saint-Graal avait été caché dans les entrailles de Rosslyn ? Cerise sur le gâteau, les théoriciens du complot vous feront remarquer que ce n'est pas un hasard si Dolly, la brebis clonée, a vu le jour tout près de la chapelle, au Roslin Institute.

En plein cœur de la révolution industrielle, on a extrait beaucoup de charbon dans le Midlothian, afin de produire l'énergie nécessaire à la capitale écossaise. Le déclin économique a été difficile à vivre, mais le formidable **Scottish Mining Museum** fait revivre cette industrie autrefois florissante. Installé dans une houillère désaffectée – la mieux préservée d'Europe –, le musée propose deux expositions permanentes. Coiffez-vous d'un casque, munissez-vous de l'audioguide et descendez dans la mine. Les enfants en raffolent.

Depuis Roslin, découvrez **Roslin Glen**, une vallée bucolique rythmée de sentiers balisés et de châteaux en ruine. Attention, il y a souvent du monde. Une autre oasis de verdure ? **Vogrie Country Park**

Da Vinci Code

Rosslyn joue un rôle clé dans le roman de Dan Brown, *Da Vinci code*. L'auteur suggère que l'édifice aurait abrité le Saint-Graal. Les personnages principaux du livre, Robert Langdon et Sophie Neveu, explorent la chapelle, mais découvrent bien vite que l'objet mythique a été emporté en France par la société secrète du Prieuré de Sion. Pendant son séjour écossais, Sophie Neveu évoque avec sa grand-mère son histoire familiale et apprend qu'elle pourrait descendre du supposé lignage de Jésus et de Marie Madeleine.

Chapelle de Rosslyn

✉ Chapel Loan, Roslin

☎ (0131) 440 2159

www.rosslynchapel.org.uk

Scottish Mining Museum

✉ Lady Victoria Colliery, Newtongrange

☎ (0131) 663 7519

€ €€

www.scottishminingmuseum.com

Roslin Glen Country Park

✉ Entre le village de Roslin et Rosewell sur la B7003

☎ (01875) 821 990

Vogrie Country Park

Carte p. 56 C1-C2

À 19 km d'Édimbourg ; prendre l'A68 vers le sud puis tourner à droite sur la B6372, l'entrée du parc est à 2 km

(01875) 821 990

€

www.midlothian.gov.uk

Almond Valley Heritage Trust

Millfield, Livingston

(01506) 414 957

€€€

www.almondvalley.co.uk

n'est qu'à quelques kilomètres de là : un parcours de golf sensationnel, de jolies sculptures et des chemins de randonnées. Au centre du parc, une demeure époustouflante... et un café.

Le West Lothian

À l'écart des sentiers battus, le West Lothian est une région méconnue et mésestimée. On la surnomme « le berceau du pétrole » à juste titre, car c'est ici que le chimiste écossais James « Paraffin » Young (1811-1883) parvint le premier à distiller du pétrole à partir de schistes bitumeux.

Plus de 13 000 ouvriers furent employés dans son entreprise de distillation. Il n'en reste aujourd'hui qu'un vaste domaine au sous-sol plus troué qu'un gruyère et jalonné de terrils (les *bings*) qui évoquent à la nuit tombée les paysages d'Ayers Rock, en Australie.

D'autres témoignages de la grande époque de l'extraction de schistes bitumeux sont rassemblés à l'**Almond Valley Heritage Trust**, dans la ville nouvelle de **Livingstone**. Un puits de mine y a été recréé, à grands renforts de wagonnets et de tunnels où règne une obscurité totale. Des cartes montrent l'extension de ces tunnels, tentaculaires, sur l'ensemble de la région. Avant de partir, faites un détour par la ferme pour enfants, aménagée sur le versant de la colline dominant le cours de l'**Almond**. Les jeunes voyageurs passeront ici un joli moment, d'étables en enclos, et feront plus ample connaissance avec une kyrielle d'animaux. Le clou du spectacle sera une promenade à bord d'un petit train ou d'un tracteur !

À la lisière du poumon vert de Livingstone s'étend le village de **Dechmont**. Ici s'est produite – nous vivons une époque formidable – une célèbre rencontre du troisième type... En 1979 en effet, un homme et son chien furent retrouvés inconscients et victimes de brûlures sévères infligées par un objet non identifié de forme sphérique, provoquant le déferlement de scientifiques et de journalistes venus du monde entier. Aucun ovni ne fut retrouvé à Dechmont Hill, entre Dechmont et Livingstone. Seule une petite plaque témoigne aujourd'hui de cet incident.

La plupart des bourgades du West Lothian ne brillent pas

Beecraigs Country Park

Quelle parenthèse bucolique que les collines de Beecraigs ! Il vous faudra toutefois une voiture ou un vélo pour atteindre Beecraigs Country Park *(Park Centre, à proximité de Linlithgow, tél. : 01505/844 516, www.beecraigs.com)*. Quittez Linlithgow et piquez au sud dans l'épaisse forêt abritant une ferme aux chevreuils, un restaurant et un lac artificiel (location d'embarcations et de matériel de pêche). Il est possible de camper pour la nuit dans une clairière.

L'hôtel de ville de Linlithgow et son austère façade de grès

par leur architecture, exception faite de Linlithgow (à l'arrière des **Bathgate Hills** en venant de Dechmont), ville natale de Marie Stuart, riche d'un fabuleux patrimoine bâti. De plus, **Linlithgow** se situe de façon tout à fait appropriée sur la ligne de chemin de fer reliant Édimbourg à Glasgow. Sa rue principale, High Street, pavée, est bordée de boutiques et de restaurants. Programmez votre venue le quatrième samedi du mois, quand la place s'anime des étals des producteurs du terroir.

L'office de tourisme *(en cas de fermeture, consultez le site Internet, en français : http://www.linlithgow.com/france.htm)* se trouve sous la grande arche de pierre. On vous y remettra la brochure *Linlithgow Heritage Trail* qui vous guidera à travers la ville et ses trésors historiques. Les noms des rois et des reines d'Écosse sont gravés sur l'arche, par ordre chronologique ; suivez cette auguste lignée sur votre droite, elle vous mènera au palais.

Merveille du XVe siècle, le **palais de Linlithgow** est fièrement assis sur une butte herbeuse surplombant les eaux du Linlithgow Loch. La reine Marie Stuart y naquit en 1542. Le château est aujourd'hui partiellement détruit, mais sa visite vaut vraiment la peine, rien que pour la vue sur la ville royale et le lac. Contrairement à beaucoup de châteaux écossais, les intérieurs de Linlithgow sont restés très dépouillés, ce qui n'est pas sans ajouter un certain charme à l'ensemble. D'après la

Linlithgow

Carte p. 56 A3

Office de tourisme

County Buildings, High Street, Linlithgow

(01506) 775 320

Palais de Linlithgow

Carte p. 56 A3

Boghall, Linlithgow

(01506) 842 896

€€

www.historic-scotland.gov.uk

Église St. Michael

Cross House, The Cross, Linlithgow

(01506) 842 188

€

www.stmichaelsparish.org.uk

Linlithgow Canal Centre

Canal Basin, Manse Road, Linlithgow

(01506) 671 215

Fermé oct.-mars

€

www.lucs.org.uk

légende, à l'occasion de la visite de Charles Ier (1600-1649), du vin aurait jailli de la fontaine de la cour, aménagée sous le règne de Jacques Ier (1566-1625).

Le cœur du palais, le **Great Hall** aux impressionnants volumes, résonne encore des cris de ce nouveau-né, une toute petite fille dont la naissance allait bouleverser la destinée d'une nation.

Si vous visitez le palais, ne manquez pas de vous rendre à l'église **St. Michael**. L'édifice date du XIIIe siècle, mais l'église est couronnée d'une flèche en aluminium qui a suscité bien des controverses lorsqu'elle fut ajoutée peu après la Seconde Guerre mondiale. De retour sur High Street, passez devant la gare pour rejoindre **Union Canal**, artère vitale pour le transport de marchandises entre Édimbourg et Glasgow. Un petit musée a été aménagé dans **Linlithgow Canal Centre**, au bord de l'eau. Réservez-y une promenade au fil de l'eau jusqu'à l'aqueduc Avon.

Si vous préférez rester sur la terre ferme, marchez jusqu'au Linlithgow Loch et débutez votre promenade face au palais, là où vous ferez connaissance avec des canards et des cygnes. Le centre-ville s'éloigne à mesure que vous découvrez de somptueuses demeures, avec vue sur l'eau et le château. Tout au long de la balade, des panneaux informatifs vous en disent plus sur le patrimoine naturel et historique du lac. Bientôt apparaît un crannog, une habitation lacustre où se réfugiait, voilà des siècles,

Au palais de Linlithgow, où naquit Marie Stuart, les tournois remportent un vif succès.

Le destin tragique de Marie Stuart

La vie de Marie Stuart est émaillée de drames que les plus audacieux des scénaristes n'oseraient imaginer. Née au palais de Linlithgow en décembre 1542, Marie devient reine d'Écosse à... six jours. Elle passe la majeure partie de son enfance en France, où elle occupe brièvement le trône, puis rentre en Écosse en 1561. Fervente catholique, Marie tente en vain de faire échouer la réforme protestante et doit abdiquer. Elle fuit en Angleterre pour trouver refuge auprès de sa cousine, la reine Élisabeth Ire, mais se retrouve emprisonnée, accusée de tremper dans divers complots. Elle est exécutée en 1587.

la population locale lorsqu'elle craignait pour sa sécurité. Le chemin rejoint à ce point la route principale menant au centre-ville, mais restez sur le sentier balisé longeant le lac et poursuivez jusqu'au château.

En revenant vers le centre de Linlithgow, offrez-vous – pourquoi pas ? – une pause « grand luxe » au **Champany Inn**, étoilé au Michelin (voir Hôtels et restaurants p. 279), mais ne manquez pas les deux autres grands sites de la région.

La **House of the Binns** est la propriété de la famille Dalyell depuis plus de quatre siècles. Tam Dalyell y réside. Ce politicien très controversé, ancien membre du Parlement pour le Labour Party, s'est distingué en faisant souvent cavalier seul et en suscitant des polémiques stériles.

Souvent ignoré, mais jamais égalé, **Blackness Castle** veille sur la rive de l'estuaire du Forth. Dans cette forteresse furent tournées des scènes du film *Hamlet,* avec Mel Gibson (1990). Un joli sentier forestier part de la citadelle et conduit à South Queensferry (voir p. 76-77), où vous pourrez visiter Hopetoun, le « Versailles de l'Écosse ». Comptez environ 3 heures pour cette randonnée relativement sportive. À votre arrivée, prenez un taxi ou un bus pour retrouver votre véhicule, le centre-ville de South Queensferry ou Linlithgow.

Le chemin de fer et la gare de **Bo'ness**, un pur trésor, réjouissent petits et grands. Longtemps resté en sommeil, le projet a vu le jour grâce à la détermination d'une poignée de bénévoles. Le **Scottish Railway Museum** est aménagé dans la gare et offre la plus grande exposition consacrée au chemin de fer de tout le pays. En été, montez à bord du train à vapeur, le Bo'ness and Kinneil Railway *(www.srps.org.uk/railway),* pour un voyage inoubliable. Sur le trajet du retour, il est possible de s'arrêter pour visiter une mine.

Dans les collines, prenez la route au sud de Linlithgow et traversez **Beecraigs Country Park** (voir encadré p. 84) pour rejoindre **Cairnpapple**. Vous jouirez ici du plus beau panorama qui soit sur le West Lothian. Vous pourrez également y découvrir un tumulus funéraire. ■

House of the Binns
Carte p. 56 A3
Linlithgow, West Lothian
(01506) 834 255
€€
www.nts.org.uk/Property/33/

Blackness Castle
Carte p. 56 A3
Blackness
(01506) 834 807
€
www.historic-scotland.gov.uk

Bo'ness
Carte p. 56 A3
Office de tourisme
Bo'ness Station, Union Street, Bo'ness
(08452) 255 1996

Scottish Railway Museum
Bo'ness Station, Union Street, Bo'ness
(01506) 822 298
€€
www.srps.org.uk/railway

PIZZA
BIRRA

Ville tentaculaire et cosmopolite située dans la vallée de la Clyde, avec en toile de fond les collines de l'Ayrshire

Glasgow et l'Ayrshire

Introduction et carte 90-91

Le centre de Glasgow 92-101

À découvrir – Dans les pas de Mackintosh 93

Promenade dans Glasgow 94-95

À découvrir – Le football dans la ville 96

Les chantiers navals de la Clyde 98-99

À découvrir – Glasgow en hydravion 100

En dehors du centre 102-103

L'Ayrshire 104-105

Hôtels et restaurants 280-282

Le centre animé de Glasgow

Glasgow et l'Ayrshire

Depuis une vingtaine d'années, la plus grande agglomération de l'Écosse a radicalement changé de visage. L'ancien centre industriel décrépi est désormais l'une des cités d'Europe les plus dynamiques et séduisantes, forte du titre de capitale européenne de la culture en 1990. Ses environs, la vallée de la Clyde et l'Ayrshire, réservent aussi de belles surprises.

Glasgow – « cher espace vert » en gaélique – est une ville animée, pétrie d'histoire et de culture. Jusqu'à la Seconde Guerre mondiale, elle fut la deuxième métropole de l'Empire britannique, après Londres, et l'un des grands centres de la construction navale dans le monde. Ses habitants, passionnés et enthousiastes, se sont mobilisés pour ne pas laisser sombrer leur ville dans un inexorable déclin, lui donnant un nouveau

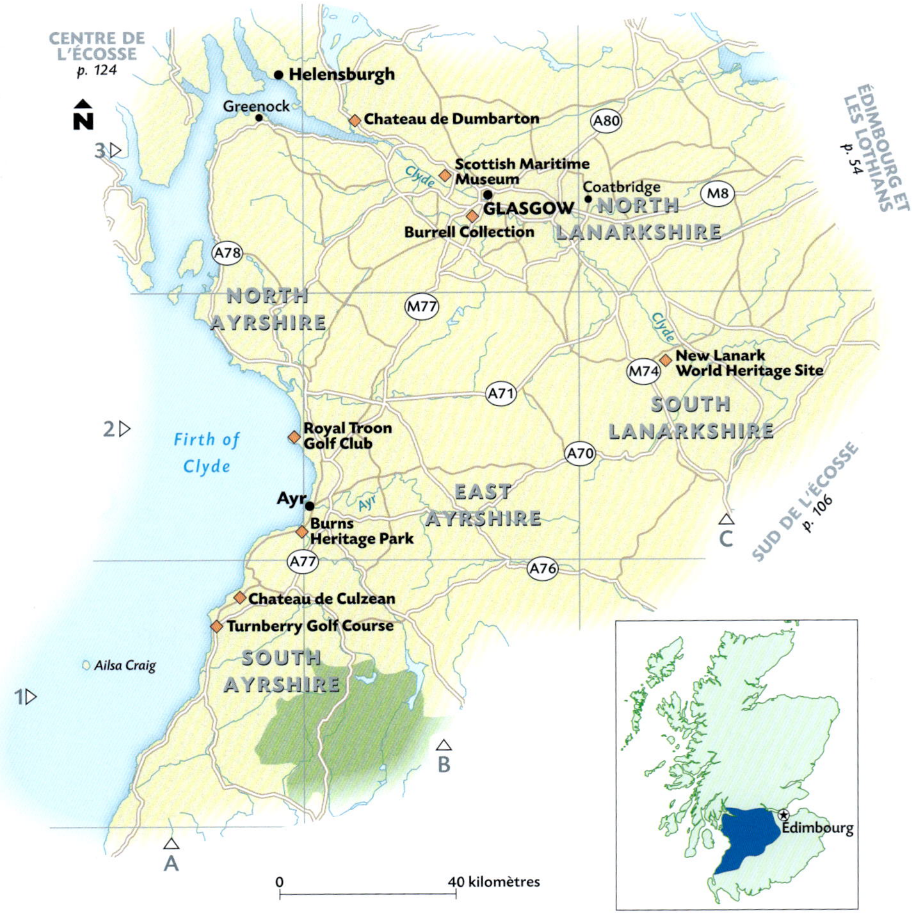

visage que le monde a découvert dans les années 1980. Depuis, Glasgow a été nommée capitale européenne de la culture et ville d'architecture et de design. Une renaissance spectaculaire qui devrait atteindre son apogée avec l'organisation des Jeux du Commonwealth en 2014.

Une ville transformée

Le centre-ville a beaucoup changé ces dernières années. Buchanan Street, autrefois dévolue à des activités... libertines, a gagné le surnom de « Style Mile » grâce aux boutiques de créateurs et aux bars à la mode qui y ont élu domicile. Glasgow ne compte peut-être aucun restaurant étoilé par le guide Michelin mais elle n'en possède pas moins un grand nombre d'établissements excellents où se côtoient les derniers ouvriers des chantiers navals, artistes, vedettes et joueurs de foot.

La cité ne se livre pas au premier regard, elle se mérite, et ceux qui se donneront la peine de découvrir son vrai visage seront amplement récompensés. Comment ne pas être charmé par la ville natale de Charles

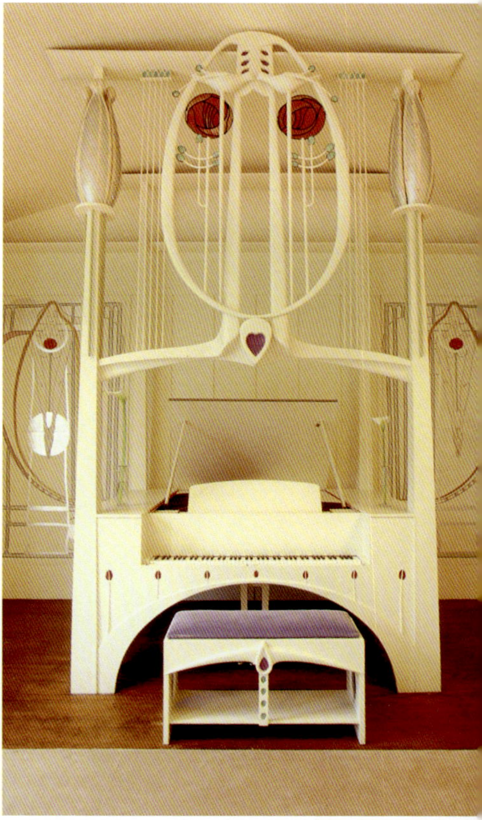

Le piano dans le salon de musique de la House for an Art Lover, à Bellahouston Park

Rennie Mackintosh (1868-1928), architecte et designer, principal porte-parole de l'Art nouveau en Écosse, à l'origine des plus beaux édifices de Glasgow ?

Hors du centre, la vallée de la Clyde est l'occasion de sortir des sentiers battus et de visiter New Lanark, site inscrit au patrimoine mondial de l'humanité par l'Unesco. Au sud de Glasgow, la région agricole de l'Ayrshire aux paysages de douces collines est la patrie de Robert Burns (1759-1796), le « fils préféré de l'Écosse », l'un des précurseurs du romantisme et véritable icône de la culture écossaise. ■

À NE PAS MANQUER

Kevingrove Art Gallery and Museum, le musée le plus visité du Royaume-Uni hors de Londres 96-97

Glasgow Science Centre, l'univers de la *high tech* dans un bâtiment ultramoderne 101

Burrell Collection, un ensemble artistique de premier ordre dans un cadre splendide 103

New Lanark, « ville nouvelle » du XIXe siècle construite pour offrir des conditions de vie décentes aux ouvriers 103

Burns Heritage Park, à Alloway, patrie de Robert « Rabbie » Burns 105

Le centre de Glasgow

Il est facile de se déplacer dans le centre-ville. Le plan en damier permet de ne pas se perdre, et les principales attractions sont accessibles à pied. Depuis le remodelage des quartiers centraux, de nombreux bars, cafés et restaurants sont apparus tout comme les boutiques branchées.

Les magnifiques vitraux de la cathédrale de Glasgow

Glasgow
Carte p. 90 B3
Office de tourisme
City Marketing Bureau, 11 George Square, Glasgow G2 1DY
(0141) 566 0800
www.seeglasgow.com

Le centre-ville

George Square constitue un excellent point de départ pour se lancer à la découverte de la ville. Située entre **Central Station** et **Queen St. Station**, les deux gares ferroviaires de Glasgow, cette place se trouve au cœur des rues organisées en damier, bordées de beaux édifices georgiens et victoriens, témoignages de la prospérité de la cité. Prenez place sur un banc pour admirer le superbe bâtiment des **City Chambers** *(George Square, tél. : 0141/287 2000, www.glasgow.gov.uk)*, remarquable exemple d'architecture victorienne (1888), qui fut inauguré par la reine Victoria en personne. Une visite guidée du lieu équivaut à un voyage dans le temps, à l'époque où l'Empire britannique dominait le monde ; admirez la décoration opulente et les frises figurant les différentes entités qui constituaient alors la première puissance mondiale. Ne quittez pas la place sans être allé à l'office du tourisme (angle sud-ouest). Vous pourrez y acheter des billets pour les bus à ciel ouvert qui sillonnent la ville *(www.citysightseeingglasgow.co.uk)*, y prendre cartes et brochures, dont l'une sur Merchant City, prochaine étape de la visite.

Le quartier de **Merchant City** s'étend au sud-est de George Square. Il compte un grand nombre d'élégants immeubles en grès, construits au XIXe siècle par les riches négociants de coton et de tabac et les entrepreneurs en construction navale, une activité alors florissante. Ils sont aujourd'hui occupés par des appartements, des boutiques, des bars, des restaurants.

À SAVOIR
Évitez toute conversation sur les mérites respectifs des Glasgow Rangers et du Celtic. Les équipes de football, qui incarnent aussi des préférences religieuses, sont un sujet sensible qui provoque des réactions épidermiques !

L'une des réhabilitations les plus réussies est sans doute celle des **City Halls** *(Candleriggs, tél. : 0141/353 8000, www.glasgowconcerthalls.com)*, transformées en salle de concerts en 2006 après de gigantesques travaux. Une visite guidée gratuite permet de découvrir **Trades Hall**, un bel édifice de style néoclassique surmonté d'un dôme de cuivre vert, œuvre de Robert Adams (1794).

Buchanan Street se trouve à un pâté de maisons à l'ouest de George Square. Le « Style Mile » de Glasgow, devenu en grande partie une artère piétonne, est désormais l'un des hauts lieux du shopping de Grande-Bretagne. À l'extrémité sud de la rue, **St. Enoch Shopping Centre** est un autre exemple d'heureuse réhabilitation, symbole du renouveau de la cité. L'entrée de **Princes Square** se trouve en face ; cette magnifique galerie marchande abrite des boutiques de créateurs, des magasins branchés et des restaurants.

La fièvre du shopping continue de sévir en direction du nord. À droite de l'imposant bâtiment des **Buchanan Galleries**, autre centre commercial élégant, se dresse la statue d'un homme qui ne paie pas spécialement de mine. Il s'agit de Donald Dewar (1937-2000), premier Premier ministre écossais après la dévolution des pouvoirs en 1999 qui se concrétisa par la création d'un Parlement en Écosse, le premier à siéger depuis trois siècles.

Le **Royal Concert Hall** *(2 Sauchiehall St., tél. : 0141/353 8000, www.glasgowcon certhalls.com)*, marque l'extrémité nord de Buchanan Street. Un grand nombre de manifestations culturelles s'y déroulent tout

(suite p. 96)

Trades Hall
✉ 85 Glassford St.
☎ (0141) 552 2418
www.tradeshallglasgow.co.uk

St. Enoch Shopping Centre
✉ St. Enoch Square
☎ (0141) 204 3900
www.st-enoch.co.uk

Princes Square
✉ Buchanan Street
☎ (0141) 221 0324
www.princessquare.co.uk

Buchanan Galleries
✉ 220 Buchanan St.
☎ (0141) 333 9898
www.buchanangalleries.co.uk

À DÉCOUVRIR
Dans les pas de Mackintosh

Le nom de Charles Rennie Mackintosh (1868-1928) est indissociable de celui de Glasgow où il a laissé de nombreux témoignages. Un guide gratuit édité par l'office du tourisme (à prendre au bureau de George Square) permet de suivre les traces de l'architecte à travers la ville. Dans le centre, on ne manquera pas la **Glasgow School of Art** *(168 Renfrew St.)*, les **Willow Tea Rooms** *(217 Sauchiehall St.)*, le **Daily Record Building** *(Mitchell St.)* et dans West End, l'**Hunterian Gallery** *(University Ave.)*. À la périphérie de la ville, il faut voir le **Scotland Street School Museum** *(225 Scotland St.)*, **Ruchill Church Hall** *(15-17 Shakespeare St.)*, et l'**église Mackintosh** *(870 Garscube Rd.)*. Pour plus d'informations *www.glasgowmackintosh.com*.

Promenade dans Glasgow

Avec ses nombreux centres commerciaux et sa profusion de nouvelles constructions, le centre-ville ne séduit pas immédiatement. Il suffit pourtant d'y regarder d'un peu plus près. Voici un itinéraire au cœur d'une cité qui fut l'un des phares de l'Empire britannique : les témoignages architecturaux de ce glorieux passé ne manquent pas.

Au centre de Glasgow, George Square sous la pluie

Quittez **George Square** par North Hanover Street, prenez à l'ouest Cathedral Street : vous voici devant la **cathédrale de Glasgow** ❶ *(Cathedral Square, tél. : 0141/552 8198, www.glasgowcathedral.org.uk)*, l'un des symboles de la ville. Cet édifice du XVe siècle qui se dresse à l'emplacement d'une église du XIIe inspire respect et humilité par ses proportions imposantes.

Voisin de la cathédrale, **St. Mungo's Museum** ❷ *(2 Castle St., tél. : 0141/276 1625)* présente sur trois niveaux une passionnante exposition sur six des grandes religions du monde. Le musée propose également des visites guidées de la **nécropole** ❸ qui s'étend jusqu'à Wishart Street à l'est ; l'immense cimetière abrite les sépultures de quelque 50 000 personnes.

À NE PAS MANQUER

La cathédrale • La nécropole • Le palais du Peuple • La Gallery of Modern Art

Descendez High Street vers le sud et vous verrez se profiler la silhouette du **Tolbooth** ❹. Autrefois au cœur de la vie municipale, l'édifice abritait l'hôtel de ville et une prison. Le centre-ville s'est déplacé vers l'ouest et seule demeure cette grande tour (38,50 m) surmontée d'une horloge qui semble veiller sur la circulation qui l'entoure.

Poursuivez vers le sud sur Saltmarket pour rejoindre **Glasgow Green**, véritable poumon vert de la ville qui s'étend sur votre gauche. Ne manquez pas de visiter le **palais du Peuple** 5 *(Glasgow Green, tél. : 0141/276 0788)*, pour son intéressante exposition sur l'histoire de Glasgow et de ses habitants.

Revenez vers Saltmarket et prenez cette fois à gauche du Tolbooth. Vous suivez Trongate en direction de l'ouest et atteignez bientôt le **Tron Theatre** 6 *(63 Trongate, tél. : 0141/552 4267, www.tron.co.uk)* installé dans une ancienne église couronnée d'un clocher du XVIe siècle, transformée à la fin des années 1990 en un centre dédié à l'art contemporain. Prenez un verre au bar et profitez de ce que ce lieu original peut offrir. Continuez votre route vers l'ouest. Trongate débouche dans Argyle Street où vous passerez sous l'imposant bâtiment victorien de **Central Station** 7. Tournez à droite dans Hope Street puis de nouveau à droite dans Gordon Street pour rejoindre l'entrée principale de la gare. Pénétrez à l'intérieur et essayez d'imaginer le temps révolu des locomotives à vapeur.

De la gare, descendez deux pâtés de maisons à l'est jusqu'à Buchanan Street et baladez-vous dans **Merchant City** (voir p. 92). De Royal Exchange Square, gagnez la **Gallery of Modern Art** 8 *(Royal Exchange Square, tél. : 0141/287 3050)*. Ce musée qui a ouvert ses portes en 1996 est le plus visité du pays après la Tate Modern de Londres. Vous y découvrirez de nombreuses expositions, des activités pour les enfants et un agréable café.

- Voir aussi carte p. 90
- George Square
- 6,4 km
- 1 demi-journée
- George Square

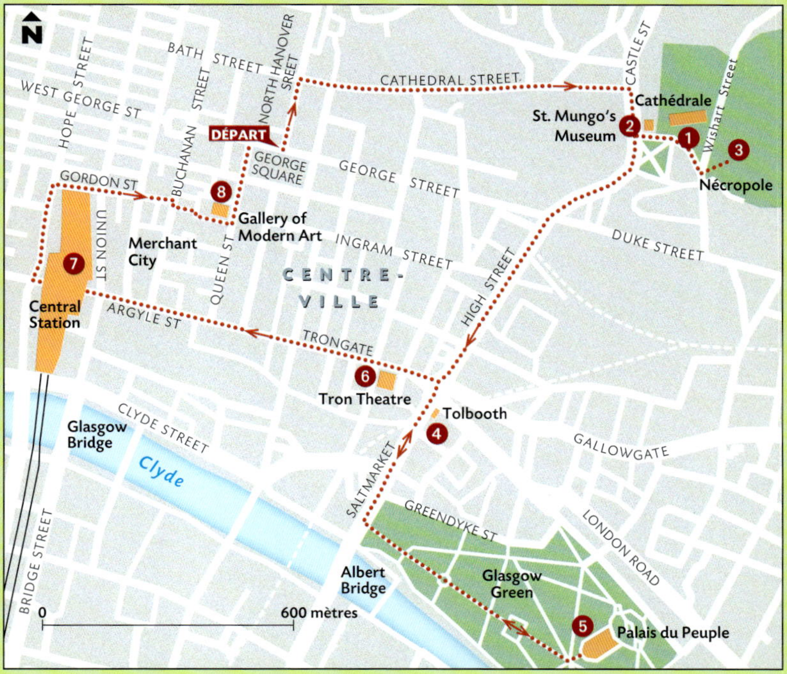

À DÉCOUVRIR Le football dans la ville

Les Rangers et le Celtic, les deux principales équipes de football de la ville qui s'opposent dans le derby de Glasgow, affectueusement surnommé « Old Firm », sont sans doute aussi populaires à l'étranger qu'à domicile. Il n'est pas facile de les voir jouer car les billets s'arrachent mais vous pouvez éventuellement essayer d'en acheter sur Internet ou vous rendre directement aux guichets des équipes. Quoi qu'il en soit, l'expérience vaut la peine : voir la « Tartan Army » formée par les supporters est un spectacle à part entière et écouter leurs chansons patriotiques, une leçon d'histoire ! Les Rangers *(www.rangers.co.uk)* proposent des visites guidées d'Ibrox Stadium, les Celtic *(www.celticfc.co.uk)* en font de même à Celtic Park. Voyez aussi le National Museum of Football à Hampden Stadium *(www.scottishfootballmuseum.org.uk)*.

Kelvingrove Art Gallery & Museum
Argyle Street
(0141) 276 9599
www.glasgowmuseums.com

au long de l'année, parmi lesquelles le festival de musique **Celtic Connections** en janvier. **Sauchiehall Street**, qui s'étend à l'ouest, donne à voir ce qu'était la ville avant le vaste programme de réhabilitation.

En 2008, Glasgow a été distinguée par l'Unesco au titre de Ville musicale. La capitale économique de l'Écosse a de fait une politique active en la matière. C'est le berceau de nombreux artistes parmi lesquels Lulu, Lonnie Donnegan, Franz Ferdinand ou encore Glasvegas. Le festival Celtic Connections est l'un des temps forts du calendrier musical, mais d'autres concerts de qualité se tiennent toute l'année aux Barrowlands *(www.glasgow-barrowland.com)* et à l'O_2 Academy *(www.o2academyglasgow.co.uk)*.

West End

Beaucoup plus calme et plus verte que le centre, cette partie de la ville tend à rappeler l'étymologie de Glasgow : « cher espace vert ». Aménagé au XIXe siècle, West End fut conçu comme un quartier résidentiel pour les classes aisées à la recherche d'air pur et de verdure. On y trouve aujourd'hui plusieurs musées passionnants ainsi que l'université de Glasgow.

Kelvingrove Park

C'est au cœur de West End que se dresse **Kelvingrove Art Gallery & Museum**, remarquable ensemble qui a fait l'objet d'une récente rénovation. C'est peu de dire que les collections sont éclectiques puisque, entre les murs de ce palais victorien, vous pourrez voir un avion de chasse Spitfire, approcher au plus près un éléphant, admirer le *Christ de saint Jean de la Croix (1951)* de Salvador Dalí, ou encore appréhender les secrets des momies égyptiennes...

Plus de 8 000 pièces sont magistralement exposées dans ce beau bâtiment inondé de lumière naturelle. Les passionnés d'histoire ne manqueront les salles consacrées à l'histoire de l'Écosse à travers l'art.

L'exposition autour de l'archipel de Saint-Kilda mérite aussi une visite... surtout si vous ne comptez pas vous y rendre. Une place de choix est réservée à Charles Rennie Mackintosh (voir encadré p. 93), fils prodige de Glasgow, dont vous découvrirez ici un bel ensemble de mobilier. Les visiteurs les plus jeunes ne sont pas en reste : des activités interactives permettent de les occuper utilement !

Le **Transport Museum** se trouve sur Argyle Street, face à Kelvingrove Art Gallery & Museum. Il devrait déménager dans un nouveau bâtiment moderne sur les rives de la Clyde avant fin 2011. L'édifice actuel est organisé autour de l'immense **Kelvin Hall** où sont exposés bus, trains à vapeur, tramways, autant de moyens de transport qui ont fait partie du quotidien des habitants de Glasgow. La reconstitution d'une station de métro victorienne est très réussie, avec ses trains d'époque. Les collections d'automobiles et de motos anciennes valent aussi le détour.

L'université de Glasgow

Au nord de Kelvingore Park, sur Kelvin Way, l'université de Glasgow apparaît dans un écrin de verdure. Avec ses bâtiments majestueux, l'ensemble tient plus du château que de l'institution scolaire, mais les étudiants qui parcourent ses allées, comme leurs prédécesseurs depuis 1870, confirment bien la vocation des lieux. Un centre d'information pour les visiteurs permet d'en savoir plus sur les différents édifices ; c'est là qu'il faut

(suite p. 100)

Transport Museum

✉ 1 Bunhouse Rd.

☎ (0141) 287 2720

www.glasgowmuseums.com

Université de Glasgow

☎ (0141) 330 2000

www.gla.ac.uk/visitors

Ry Cooder et les Chieftains sur la scène du Glasgow Royal Concert Hall lors de l'édition 2010 des Celtic Connections

Les chantiers navals de la Clyde

La construction navale fit de Glasgow l'une des villes les plus puissantes de l'Empire britannique. Il est pourtant difficile aujourd'hui d'imaginer l'époque où plus de la moitié des navires construits dans le monde sortaient des chantiers navals de la Clyde. Les ateliers grouillants d'ouvriers et les voies d'eau encombrées de navires ont fait place à des entrepôts abandonnés et à des docks délabrés.

L'entrée du tunnel du port et l'immense grue de Finnieston, conçue pour tracter des locomotives sur les navires

La rivière Clyde a fortement contribué à façonner le visage de Glasgow. Lorsque, en 1707, l'Acte d'union unit l'Écosse et l'Angleterre dans le Royaume-Uni de Grande-Bretagne, la ville devient une véritable plaque tournante du commerce mondial. Les négociants en coton et en tabac, les financiers font des affaires avec l'Afrique, l'Inde, les Antilles, et la cité ne tarde pas à se développer grâce à l'argent généré par ces activités.

Alors que les besoins en navires ne cessent de croître, les entrepreneurs anglais voient rapidement le potentiel de Glasgow : une main-d'œuvre bon marché, du fer et du charbon en abondance, un débouché direct sur l'Atlantique, le tout servi par l'esprit d'entreprise et l'ingéniosité des Écossais.

La machine à vapeur, invention déterminante de l'Écossais James Watt (1736-1819), arrive à point nommé pour révolutionner l'univers de la construction navale. Entre 1812 et 1820, pas moins de 42 navires à vapeur sont construits à Glasgow.

Bientôt, les grues se dressent sur les quais de Ruthergien, à l'est de la ville, jusque dans le centre et au-delà, à l'ouest, jusqu'à l'embouchure de la Clyde à Greenock. La « deuxième ville de l'Empire » se dote d'innombrables cales sèches, de kilomètres de quais tandis qu'affluent des milliers d'ouvriers.

Les progrès réalisés dans les aciéries permettent de fabriquer des navires toujours en plus grand nombre et toujours plus immenses. Glasgow est dans la course pour la deuxième vague de construction navale. Le boom des années 1860-1920 place la ville au premier rang mondial, avec un pic de production en 1913.

À SAVOIR

Revivez les grandes heures des chantiers navals de la Clyde en faisant un tour à bord du *Waverley* (*www.waverleyexcursions.co.uk*), un bateau à roues à aubes au charme suranné.

En 1934, le lancement du *Queen Mary* est sans doute l'un des derniers grands succès des chantiers de Glasgow, mais l'événement, malgré son ampleur, ne peut masquer l'inexorable déclin dans lequel l'activité s'enfonce. La crise des années 1930, la concurrence des chantiers étrangers après la Seconde Guerre mondiale et le développement de transports aériens abordables se combinent pour faire plonger

Des fresques d'un réalisme saisissant évoquent l'époque des chantiers navals au Scottish Maritime Museum de Braehead.

l'industrie qui a fait la prospérité de la ville. Lancé en 1967, le *Queen Elizabeth 2* est le dernier grand navire *made in Glasgow*.

Le renouveau d'une industrie

Les derniers chantiers navals de la Clyde ont dû faire de gros efforts d'adaptation pour faire face à la nouvelle donne mondiale. Fort heureusement, la mondialisation est aussi synonyme d'opportunités qui ont permis de gagner de nouveaux marchés et d'obtenir des contrats en Grande-Bretagne comme à l'étranger. Aujourd'hui, les grues se sont remises au travail à l'ouest de la ville où plusieurs navires de guerre sont en cours de construction.

Pour vous plonger dans l'histoire passionnante des chantiers navals de Glasgow et toute l'histoire sociale qui l'accompagne – en 1930, les 39 sites de construction navale de la ville employaient 100 000 personnes – visitez le Scottish Maritime Museum (*Kings Inch Road, Braehead, tél. : 0141/886 1013, www.scottishmaritimemuseum.org, €*), situé sur la rive sud de la rivière Clyde. Vous y découvrirez de manière vivante et originale les témoignages des acteurs, ouvriers et ingénieurs, de cette grande époque.

Hunterian Museum and Art Gallery
✉ University Avenue
☎ (0141) 330 5431
www.hunterian.gla.ac.uk

Armadillo
✉ Scottish Exhibition and Conference Center, Exhibition Way
☎ (0141) 248 3000
www.secc.co.uk

s'adresser pour monter dans l'imposante tour d'où la vue sur la ville est époustouflante.

Traversez la rue pour rejoindre l'**Hunterian Museum and Art Gallery**. Le musée abrite la plus grande collection d'œuvres de James Abbott McNeill Whistler (1834-1903), hors de Washington : 80 huiles, des dessins et des aquarelles, plus de 2000 gravures. Les « Glasgow Boys » sont également très bien représentés à travers des œuvres de James Guthrie (1859-1930) et Edward Hornel (1864-1933), tout comme les « Scottish Colorists », avec notamment John Duncan Fergusson (1874-1961), chef de file du mouvement. Là encore, Charles Rennie Mackintosh (voir encadré p. 93) est à l'honneur puisqu'une aile lui est consacrée ; on découvre entre autres la reconstitution de plusieurs pièces de son domicile.

À DÉCOUVRIR
Glasgow en hydravion

La rivière Clyde a toujours servi de voie de communication dans la ville. Pourquoi ne pas essayer de la parcourir par les airs ? Loch Lomond Seaplanes *(50 Pacific Quay, à côté du Glasgow Science Center, tél. : 01436/675 030, www.lochlomondseaplanes.com)* **dessert la rivière en hydravion, un moyen original et spectaculaire de découvrir Glasgow ! La compagnie va aussi jusqu'au Loch Lomond et à Oban. Il est également possible d'organiser un vol privé.**

Il faut marcher 5 minutes à pied depuis le musée, au-delà d'University Avenue, pour découvrir l'un des secrets les mieux gardés de Glasgow : **Aston Lane**, charmante ruelle pavée bordée de jolies maisons de pierre aménagées en cafés et restaurants. Au bout de la rue s'ouvre la « bohème » **Byres Road** où s'alignent boutiques, bars et restaurants branchés.

Autour de la Clyde

Longtemps laissés à l'abandon, les bords de la Clyde ont aussi fait partie des projets de réhabilitation de Glasgow. Les immenses chantiers navals (voir p. 98-99) ont laissé place à toute une gamme d'attractions touristiques. Une balade en bateau ou en hydravion (voir encadré ci-dessous) permet de découvrir les lieux d'une façon originale.

La rive nord La partie qui a fait l'objet des travaux les plus impressionnants s'étire à l'ouest de **Clyde Arc**, immense ouvrage construit en 2006 et affectueusement surnommé « le pont bigle » en raison de l'angle inhabituel avec lequel il coupe la rivière. Plus loin se dresse l'imposante silhouette du **Scottish Exhibition and Conference Centre** (SECC), formé de deux bâtiments qui accueillent toutes sortes de manifestations. L'ensemble abrite **The Armadillo**, salle de spectacle construite selon les plans de Norman Foster (1995). Foster a également conçu les plans d'une nouvelle salle, actuellement en construction, d'une capacité de quelque 12 500 spectateurs. Autre chantier à proximité : le futur musée des transports (voir p. 97), dû à Zaha Hadid, architecte d'origine irakienne. Tous ces nouveaux projets voient le jour sous l'œil vigilant de la **grue de Finnieston**, témoignage de l'ancienne présence des chantiers navals.

Plus à l'ouest, un autre témoignage de ce passé attend le promeneur : l'exposition **Tall Ship at Glasgow Harbour** *(100 Stobcross Rd., tél. : 0141/ 222 2513, www.glenlee.co.uk)* est l'occasion de voir de près un impressionnant voilier, le *Glenlee,* l'un des rares « survivants » de ceux sortis des chantiers navals de la Clyde. Lancé en 1896, il fut l'un des derniers voiliers à coque métallique, avant l'avènement des navires à vapeur. Ce beau vaisseau a effectué quatre tours du monde et franchi quinze fois le cap Horn. À partir de la fin 2011, il devrait être exposé au Scottish Maritime Museum de Braehead (voir p. 99).

La rive sud Une passerelle piétonne face au SECC permet de rejoindre l'autre rive. Elle débouche sur les bâtiments de la télévision écossaise (STV) et de la BBC. L'imposante structure de métal et de verre abrite également le **Glasgow Science Centre**. Le **Science Mall**, au cœur du musée, compte trois niveaux d'attractions plus intéressantes les unes que les autres, très souvent interactives, ce qui ne manque pas de séduire les enfants. Vous voulez observer des cafards siffleurs de Madagascar ? Construire vous-même un ballon à l'hélium, voir un planétarium, assister au lancement d'une fusée ? Vous êtes au bon endroit !

Glasgow Science Centre
✉ 50 Pacific Quay
☎ (0141) 420 5000
€ €€€
www.glasgowsciencecentre.org

Le Scottish Exhibition and Conference Center, conçu par l'architecte Norman Foster

L'étonnante **Glasgow Tower** fait partie du même complexe. Pour bâtir la tour autonome la plus haute d'Écosse (127 m), il a fallu creuser des fondations de 20 m de profondeur, sécurisées par 3 000 tonnes de béton. Lorsque les conditions météorologiques le permettent, il est possible de monter jusqu'à la plate-forme d'observation : la vue sur la ville est incomparable ! Le complexe abrite aussi un **cinéma IMAX** *(tél. : 0141/420 5 000)*, le meilleur en Écosse. ■

Glasgow Tower
✉ 50 Pacific Quay
☎ (0141) 420 5000
€ €€
www.glasgowsciencecentre.org

En dehors du centre

Les faubourgs de la tentaculaire Glasgow atteignent la campagne environnante. Ils se prolongent en un réseau de bourgades qui s'égrènent sur les rives de la Clyde et, plus au sud, dans le Lanarkshire. C'est là que se trouve New Lanark, l'un des sites les plus visités d'Écosse.

New Lanark : la filature de coton du XVIIIe siècle sur les bords de la Clyde

Dumbarton

Office de tourisme

✉ Information Centre, 7 Alexandra Parade, Milton

☎ (08452) 255 121

Château de Dumbarton

Carte p. 90 B3

✉ Castle Road, Dumbarton

☎ (01389) 732 167

€ €€

Helensburgh

Carte p. 90 A3

Office de tourisme

✉ The Clock Tower, East Clyde St.

☎ (01436) 672 642

Dumbarton est l'une des étapes les plus intéressantes des environs de Glasgow, même si avec ses bâtiments postérieurs à la Seconde Guerre mondiale, la petite ville n'offre pas beaucoup d'intérêt sur le plan architectural. Le majestueux **château** qui se dresse au sommet d'un escarpement rocheux dominant la Clyde comme pour protéger Glasgow des envahisseurs venus de l'océan, mérite, lui, le voyage. Ironie de l'histoire, c'est d'ici qu'en 1548 Marie Stuart, reine d'Écosse, quitta son pays pour gagner la France où elle devait épouser François II.

Si votre curiosité pour l'histoire des chantiers navals n'a pas encore été assouvie, rendez-vous à **Denny Tank** *(Castle Street, Dumbarton, tél. : 01389/763 444, www.scottishmaritimemuseum.org/dumbarton, €)*. Ce site, rattaché au Scottish Maritime Museum, est le bassin d'essai de carène le plus ancien au monde. Plus d'un millier de bateaux y ont été testés.

Un peu plus au nord sur la ligne de chemin de fer de Glasgow, **Helensburgh** est la ville natale de John Logie Baird (1888-1946), l'ingénieur qui le premier produisit une image télévisée d'objets en mouvement. La bourgade a cessé d'être une destination balnéaire de choix pour les habitants de Glasgow, mais elle conserve un charme un peu suranné des plus agréables.

À SAVOIR

Glasgow et la vallée de la Clyde sont desservies par le meilleur réseau ferroviaire d'Écosse : une bonne manière de se déplacer !

Visitez **The Hill House**, étonnante maison blanche construite en 1904 sur les plans de Charles Rennie Mackintosh (voir encadré p. 93), pour en savoir plus sur l'histoire locale.

New Lanark

En direction du sud-est, la Clyde se fait plus étroite et sillonne une vallée où se sont multipliés les lotissements. Il faut dépasser la charmante ville de Lanark pour atteindre **New Lanark**, site inscrit au patrimoine mondial de l'humanité par l'Unesco. Pour tirer le meilleur parti de votre visite dans ce lieu hors du commun, commencez par vous rendre au centre d'informations pour les visiteurs. Une exposition permet d'en savoir plus sur David Dale (1739-1806) et Richard Arkwright (1733-1792), les deux entrepreneurs à l'origine de cette filature de coton qui tirait parti de la force motrice de la rivière. C'est à Robert Owen (1771-1858), plus tard directeur de l'usine, que l'on doit toutes sortes de mesures sociales alors très novatrices : une crèche pour les nourrissons – la première en son genre – et une école pour instruire les enfants jusqu'à l'âge de 12 ans. Ce patron philanthrope avait réalisé avant les autres tout ce qu'il avait à gagner à travailler avec des ouvriers instruits et mieux formés.

À ne pas manquer : « Annie McLeod Experience », la visite guidée de New Lanark par le fantôme d'une fillette qui vous fait partager la vie quotidienne dans les années 1820, et la projection du film dans l'ancienne école, autre occasion de faire un voyage dans le temps. Pour finir, longer la rivière jusqu'aux **chutes *(falls)* de Clyde**, trois cascades très impressionnantes. ■

The Hill House
✉ Upper Colquhoun Street, Helensburgh
☎ (0844) 493 2208
€ €€€
www.nts.org.uk/Property/58

New Lanark World Heritage Site
Carte p. 90 C2
✉ New Lanark Road, Lanark
☎ (01555) 661 345
€ €€€
www.newlanark.org

Falls of Clyde
☎ (01555) 665 262
www.newlanark.org/fallsofclyde.shtml

La Burrell Collection

Cette galerie *(Pollock Country Park, 2060 Pollockshaw Rd., tél. : 0141/287 2550, www.glasgowmuseums.com ;* voir carte 90 B3) abrite les très nombreuses œuvres rassemblées par sir William Burrell (1861-1958), richissime armateur féru d'art. *Le Penseur,* d'Auguste Rodin (1840-1917) et *Le Château de Médan,* de Paul Cézanne (1839) sont parmi les pièces maîtresses de cette collection qui compte 8 000 pièces dont des Manet, des Boudin et des Sisley. Pour les amateurs d'art, cette visite justifie à elle seule le voyage à Glasgow. L'endroit, oasis de verdure et de calme à 5 km du centre-ville, est vraiment charmant. Ne manquez pas de faire une pause à l'excellent café-restaurant.

L'Ayrshire

Cette région qui s'étend des derniers chantiers navals de la Clyde jusqu'au Firth of Clyde et à la mer d'Irlande est réputée pour ses belles plages de sable et ses parcours de golf. C'est la patrie du poète Robert Burns, le « fils préféré de l'Écosse ».

Les superbes jardins du château de Culzean

Turnberry Golf Course

Carte p. 90 A1

Maidens Road, Turnberry

(01655) 334 032

www.turnberry.co.uk

Royal Troon Golf Club

Carte p. 90 A2

Craigend Road, Troon

(01292) 311 555

www.royaltroon.co.uk

Spécial golfeurs

Cette région agricole est surtout connue des amateurs de golf pour les superbes parcours qui s'y trouvent, en particulier Turnberry et Royal Troon dont la réputation a franchi les frontières du pays. **Turnberry** compte trois parcours différents : Ailsa, Kyntire et Arran ; tous surplombent le phare que ceux qui ont suivi la retransmission télévisée de l'Open d'Angleterre ont pu découvrir sur le petit écran.

Un peu plus au nord, **Royal Troon** – « Royal » depuis 1978 – s'enorgueillit également de trois parcours : Royal Troon, Portland et Craig. Celui de Royal Troon possède un deuxième neuf réputé à juste titre comme l'un des plus difficiles qui soient. Tout l'Ayrshire abrite un grand nombre de parcours, publics et privés, qui ont en commun d'offrir de beaux points de vue sur les plages de sable en direction d'Arran et d'Ailsa Craig.

Alloway

Mais la région est avant tout la patrie de Robert Burns, « le barde de l'Ayrshire », célébré comme il se doit à Alloway, petit village entre Turnberry et Royal Troon, où il vit le jour en 1759. Le complexe de **Burns Heritage Park** lui est dédié et permet de découvrir un ensemble de lieux qui évoquent sa vie, son œuvre et son immense influence.

Commencez la visite par **Burns Cottage**, où le poète qui a donné au monde une multitude de chefs-d'œuvre, parmi lesquels *Auld Land Syne*, passa son enfance. La maison construite par son père abrite une exposition. Le **musée** qui lui est consacré se trouve à côté de la maison, tandis que le mémorial, imposant édifice en pierre construit entre 1820 et 1823, n'est qu'à une courte distance à pied. Ne manquez pas **Tam O'Shanter Experience**, baptisée en hommage à un poème de Burns, un excellent montage audiovisuel qui fait revivre l'homme de lettres, ni les différentes manifestations régulièrement organisées autour de son œuvre et de sa personne.

Le château de Culzean

Situé à 19 km d'Ayr, sur la côte, cette demeure est sans doute l'une des constructions les plus impressionnantes de la région et l'un des plus beaux châteaux d'Écosse. Bâtie au XVe siècle, cette imposante structure, à l'origine propriété du marquis d'Ailsa, n'a cessé d'être remodelée et embellie au fil des siècles, perdant son allure de forteresse. Elle présente aujourd'hui l'aspect d'une superbe demeure nobiliaire. Commencez la visite par le bureau d'accueil où un montage audiovisuel permet d'en savoir plus sur l'histoire du lieu.

Le grand château renferme des trésors, à commencer par une vaste collection d'armes achetée à la famille royale et transférée depuis la Tour de Londres en 1812. Ne manquez pas l'escalier ovale, réalisé par Robert Adams (voir encadré ci-dessous), à l'origine de la vaste campagne de travaux de la fin du XVIIIe siècle. Vous pourrez voir des modèles de meubles conçus par ses soins. Une promenade dans les jardins complète agréablement la visite. ■

Le style Adam

Né à Fife, en Écosse, Robert Adam (1728-1792), lui-même fils d'architecte, fut très influencé par un voyage qu'il fit en Italie, au cours duquel il étudia l'art classique. En opposition au style palladien alors en vogue, il développa un style très personnel, certes toujours influencé par les canons classiques, mais plus léger et très élégant dans les proportions comme dans l'ornementation. Entre 1772 et 1790, il fut chargé de remodeler le château de Culzon, son dernier projet, et donna à l'édifice son apparence d'aujourd'hui.

Alloway

Carte p. 90 A2

Burns Heritage Park

Carte p. 90 A2
Murdoch's Lane, Alloway
(01292) 443 700
Cottage : €€; Tam O'Shanter Experience : €; musée et monument : gratuit

www.burnsheritagepark.com

Château de Culzean

Carte p. 90 A1
Près de Maybole, Ayrshire
(0844) 493 2149
€€

www.culzeanexperience.org

Coteaux vallonnés du Dumfries, côtes déchiquetées du Galloway, prairies verdoyantes et collines ponctuées de bruyères de la région des Borders

Le sud de l'Écosse

Introduction et carte 108-109

Le Dumfries and Galloway 110-115

Balade sur la côte du Galloway 112-113

À découvrir – À vélo dans Galloway Forest Park 115

Les Borders 116-123

À découvrir – À vélo dans la forêt de Glentress 117

Les abbayes des Borders 118-119

À découvrir – Partie de pêche dans la Tweed 120

Hôtels et restaurants 282-285

Les sous-bois de Galloway Forest Park

Le sud de l'Écosse

Souvent négligée par les visiteurs qui se rendent volontiers plus au nord, à Édimbourg et Glasgow, ou dans les Highlands, cette partie de l'Écosse a pourtant beaucoup à offrir : denses forêts et littoral déchiqueté dans le Dumfries and Galloway, abbayes en ruine dans les Borders qui témoignent de l'histoire tumultueuse de la région.

À NE PAS MANQUER

Les spécialités de poissons et de fruits de mer de Portpatrick, charmante petite villégiature **111, 112**

Promenade sur les collines de Galloway Forest Park **115**

Melrose, une ville ravissante sur les bords de la Tweed, dans un paysage de collines vallonnées **117-120**

Les témoignages de la vie monastique dans les abbayes des Borders **118-119**

Des *fish and chips* ultra-frais dans le port d'Eyemouth **123**

Le Dumfries and Galloway

Créé en 1975 après la fusion des comtés du Dumfriesshire et du Galloway, ce district compte nombre de centres d'intérêt, des jolies villes côtières comme Kirkcudbright et Portpatrick au parcours qui conduit sur les traces de Robert Burns dans la cité animée de Dumfries. La campagne est ponctuée de

charmants villages et de beaux châteaux. Parmi ceux à ne pas manquer : ceux de Kennedy et de Caerlaverock. Quant aux abbayes du Dumfries and Galloway, si elles sont moins connues que celles des Borders, elles n'en sont pas moins intéressantes.

La « Riviera écossaise », qui se déploie du Solway Firth, au sud, au Rhinns of Galloway, péninsule battue par les vents de la mer d'Irlande, mérite d'être découverte, tout comme Galloway Forest Park, que traverse en partie le chemin de randonnée du Southern Upland Way, lequel passe par le cœur du district et se poursuit dans les Borders.

Les Borders

Pendant des siècles, l'Écosse et l'Angleterre se sont disputé la région des Borders (« frontières »), une zone de 4 600 km^2 qui présente d'ouest en est des paysages de collines et de landes, de vallées et de plaines cultivées, de côtes rocheuses. Ajoutez-y de jolies bourgades, des abbayes en ruine et de splendides maisons de campagne et vous saurez pourquoi tant de visiteurs tombent sous le charme de cette région.

Les vestiges des abbayes des Borders, où vécurent des communautés monastiques cisterciennes et augustiniennes du XIIe au XVIe siècle, sont incontestablement la grande attraction touristique locale. Les environs de la Tweed, rivière au cours sinueux, ne manquent pas de charme non plus. Melrose concentre le meilleur des Borders : une superbe abbaye, de jolies boutiques, des hôtels et des restaurants abordables et une histoire littéraire passionnante puisque c'est la patrie de l'écrivain Walter Scott. La région, qui compte ce que l'Écosse a de mieux à offrir en matière de randonnée et de VTT, séduit les amateurs d'activités en plein air.

Les Borders abritent un nombre incalculable de demeures et de châteaux qui illustrent l'importance stratégique de la région. Ne manquez pas de visiter au moins le château de Floors, près de Kelso, Traquair House, près de Peebles, et Abbatsford, l'étonnante demeure de Walter Scott. ■

Le Dumfries and Galloway

Des plages de la Riviera écossaise aux collines vallonnées du Dumfriesshire, l'extrême sud-ouest de l'Écosse vous entraîne bien loin des âpres montagnes des Highlands. Les amateurs d'art et de littérature seront comblés par la découverte des villes de cette région où vécut Robert Burns.

Le centre piétonnier de Dumfries

Dumfries
Carte p. 108 C2
Office de tourisme
64 Whitesands, Dumfries
(01387) 245 555
www.visitdumfriesandgalloway.co.uk

Burns House
Burns Street, Dumfries
(01387) 255 297
Fermé dim. et lun.
www.burnsscotland.com

Dumfries

Robert Burns (1759-1796, voir p. 48) est certes né dans l'Ayrshire, mais la ville de Dumfries possède aussi des liens très forts avec le poète national qui y passa les cinq dernières années de sa vie ; une magnifique statue en marbre honore sa mémoire sur High Street. Homme du peuple, Burns n'aurait sans doute eu cure d'être mis sur un piédestal. Il préférait de loin l'ambiance animée des auberges traditionnelles comme le **Globe Inn** *(56 High St., tél. : 01387/252 355, www.globeinndumfries.co.uk)*, qu'il fréquenta assidûment... au point d'avoir un enfant avec l'une des serveuses ! **Burns House**, où notre séducteur invétéré s'éteignit précocement à l'âge de 37 ans, est un lieu de pèlerinage plus conventionnel. Jean Armour, sa veuve, y vécut encore trente ans après sa disparition ; les lettres et les notes de Burns constituent la partie la plus intéressante des collections. Sur la même rive de la Nith, vous pourrez voir

À SAVOIR

Le château de Threave se trouve sur une île minuscule au milieu d'une rivière. Sonnez la cloche et on viendra vous chercher en bateau pour le visiter.

le **mausolée** de style néoclassique où il repose. Situé de l'autre côté de la rivière, le **Robert Burns Center**, installé dans un ancien moulin, met en lumière les liens de l'artiste avec Dumfries. Ne manquez pas la présentation audiovisuelle qui a lieu au cinéma, également accessible en dehors des heures d'ouverture du centre.

Le Galloway

Charmante villégiature et port de pêche actif, **Kirkcudbright**, à 37 km au sud-ouest de Dumfries, est sans conteste la perle de la Riviera écossaise. Aujourd'hui, l'endroit attire sans doute moins les pêcheurs que les artistes qui apprécient sa lumière exceptionnelle.

Le puissant **château de MacLennan** et **Broughton House**, ravissante demeure du XVIIIe siècle qui abrite un musée consacré à l'histoire littéraire de la bourgade, méritent une visite. Autre site à ne pas manquer : le **château de Threave** dont les ruines se dressent sur une île au milieu de la Dee à une quinzaine de kilomètres de Kirkcudbright.

Portpatrick, sur la côte ouest, est la dernière étape avant d'arriver à la mer d'Irlande. Niché à l'abri d'une baie, le petit port se déploie sur une colline et présente de charmantes maisons blanches et pastel dont certaines sont aujourd'hui des hôtels ou d'excellents restaurants de fruits de mer. Portpatrick a perdu sa vocation de port de pêche actif et coule des jours tranquilles, se contentant d'être le débouché ouest du **Southern Upland Way**, chemin de randonnée de 340 km qui relie la mer d'Irlande à la mer du Nord (voir p. 112-113), et de constituer une bonne base pour explorer à pied la partie ouest de la région.

(suite p. 114)

Robert Burns Centre
Mill Rd., Dumfries
(01387) 264 808
Fermé dim.
€
www.rbcft.co.uk

Kirkcudbright
Carte p. 108 C1

Château de MacLennan
Castle Street, Kirkcudbright
(01557) 331 856
€€

Broughton House
12 High St., Kirkcudbright
(01557) 330 437
€€

Château de Threave
Threave Castle, Castle Douglas
(07711) 223 101
€

Portpatrick
Carte p. 108 A1

Se marier à Gretna Green

Cette petite ville du sud du Dumfriesshire possède une longue tradition en matière d'unions secrètes. En 1753, le Parlement anglais interdit à toute personne âgée de moins de 16 ans de se marier sans consentement parental. La loi ne s'applique pas en Écosse : dès lors, Gretna Green, située juste après la frontière sur la route de Glasgow, attire les jeunes couples anglais désireux de légitimer leur union. Dans ce pays où n'importe qui ou presque peut célébrer un mariage, les « prêtres forgerons » officient couramment. En 1940, une loi a réglementé la pratique de la célébration, mais Gretna Green est resté un lieu privilégié pour ceux qui veulent se passer la bague au doigt.

Balade sur la côte du Galloway

Cette marche qui couvre une portion du Southern Upland Way vous entraîne à la découverte des paysages spectaculaires du Rhinns of Galloway. Difficile de croire que l'on est à quelques kilomètres seulement de la civilisation ! Sur les hautes falaises balayées par les vents du Mull of Galloway, vous aurez l'impression d'être au bout du monde...

Le phare de Killantringan, près de Portpatrick

La petite ville côtière de **Portpatrick**, qui compte nombre d'hôtels, de pubs et de restaurants de qualité, constitue le point de départ idéal pour explorer la côte du Rhinns of Galloway. C'est ici que se trouve l'extrémité ouest du Southern Upland Way, un chemin de randonnée de 340 km qui permet de rejoindre le littoral de la mer du Nord. Mais vous n'aurez pas besoin de parcourir de grandes distances pour profiter des joies d'une promenade revigorante, ni de sacrifier au confort d'un bon hôtel à Portpatrick pour la nuit.

Cette balade débute sur le parking du **port de Portpatrick** ❶ où vous découvrirez un panneau d'informations sur le Southern Upland Way. Empruntez l'escalier qui grimpe raide à travers la falaise rocheuse. Marquez une pause en chemin et retournez-vous pour voir les ruines désolées du **château de Dunskey**, une tour du XIVe siècle bâtie en hauteur sur les falaises au sud de Portpatrick. Vous venez de parcourir les tout premiers kilomètres du Southern Upland Way : ne soyez pas effrayé par les panneaux qui vous en annoncent encore plus de 330 !

Au sommet de l'escalier, le sentier longe la falaise et le parcours de golf de Portpatrick. Après environ 1,5 km, vous atteindrez **Sandeel Bay** ❷. Cette jolie plage était jadis très fréquentée par les baigneurs, mais ils sont peu nombreux aujourd'hui à vouloir goûter à ces eaux glaciales ; les grottes et les cascades visibles aux extrémités de la plage ont désormais leur préférence.

À NE PAS MANQUER

Portpatrick • Sandeel Bay • Phare de Killantringan

Poursuivez vers le nord en prenant un autre escalier creusé dans la falaise. Soyez prudent : il est plus étroit et plus difficile que le précédent. Même conseil en ce qui concerne le chemin sur lequel vous déboucherez et qui suit la falaise jusqu'à **Port Kale** 3. Vous y découvrirez deux curieuses constructions hexagonales, seuls témoignages du premier télégraphe en service entre l'Écosse et l'Irlande. Ici, l'escalier est encore plus abrupt que celui que vous venez de quitter, mais il y a une rampe.

Le parcours se poursuit sur 2,4 km à travers le promontoire qui surplombe les falaises jusqu'au phare de Killantrigan. Vous pourrez apercevoir l'édifice depuis ce point élevé, et par temps clair, vous verrez même les ferries qui relient Stranraer et Belfast. À marée basse, il est aussi possible de distinguer l'épave du Craigantlet, un navire qui fit naufrage en 1982.

Toujours en service, le joli **phare de Killantringan** 4, aux couleurs jaune et blanc, n'est pas ouvert au public. Son emplacement sur le promontoire de Black Head permet toutefois de jouir d'un superbe panorama sur le littoral, et notamment sur les belles plages de sable de Knock Bay, vers le nord.

De là, vous pouvez rebrousser chemin pour regagner votre point de départ, ou, si vous préférez effectuer une boucle, suivre la route vers l'intérieur des terres. Après 2 km, vous déboucherez sur la B738 qui mène à Portpatrick Turn ; continuez en direction du sud. La B738 est plus fréquentée que les chemins que vous avez empruntés précédemment, mais des espaces ont été aménagés sur les côtés pour les piétons. Après 3,2 km, tournez à droite au niveau de l'A77 : vous voilà dans les faubourgs de Portpatrick. Poursuivez encore 1 km, passez le monument qui commémore les deux guerres mondiales et l'église, puis tournez à droite dans Dinvin Street : vous êtes presque arrivé au parking du port.

Robert Burns, le « barde de l'Écosse », passa les trois dernières années de sa vie dans cette demeure de Dumfries.

Château de Drumlanrig
Carte p. 108 C2
(01848) 331 555
Château : €€ ; jardins : €€
www.drumlanrig.com

Château de Caerlaverock
Carte p. 108 C1
Church Street, Glencaple
(01387) 770 244
€€
www.historic-scotland.co.uk

Abbaye de Sweetheart
Carte p. 108 C1
New Abbey, Dumfries
(01387) 850 397
€
www.historic-scotland.co.uk

Châteaux et abbayes

Les environs de Dumfries comptent un certain nombre d'abbayes, de châteaux et de demeures du plus grand intérêt. Au nord de la ville l'imposant **château de Drumlanrig**, de style Renaissance, fut construit en 1691 par le premier duc de Queensberry, qui dessina également les plans de ce bel édifice de grès rose. Le domaine de 32 000 ha abrite aussi un parc et un jardin victorien. La visite du château est l'occasion de découvrir la Buccleuch Collection, l'une des plus belles collections d'Écosse, qui compte notamment des œuvres de Gainsborough (1727-1788), de Rembrandt (1606-1669) et d'Aert van der Neer (1603-1677). Les pièces de réception, admirablement décorées, permettent de rêver au cadre de vie des anciens propriétaires des lieux.

Il faut se rendre à 11 km au sud de Dumfries pour admirer les vestiges du **château de Caerlaverock** et leur décor romantique. Construit au XIIIe siècle, le bâtiment présente un plan triangulaire unique en son genre en Écosse et un double réseau de douves. Une promenade autour des ruines donne à voir la structure du château, largement démoli après un siège au XVIIe siècle. Un petit centre d'information retrace l'histoire tumultueuse de Caerlaverock. Promenez-vous sur les chemins du domaine ; l'un d'entre eux permet de découvrir les fondations d'une construction antérieure.

Plus à l'est, vous pourrez voir les vestiges de trois abbayes cisterciennes. Fondée au XIIIe siècle par lady Devorgilla en mémoire de son défunt mari, celle de **Sweetheart**, à 8 km au sud de Dumfries, est la mieux conservée.

À moins de 2 km à l'intérieur du Solway Firth, plus à l'ouest, se trouve l'**abbaye de Dundrennan**, construite en cinquante ans par deux moines anglais du XIIe siècle. C'est ici, à la veille de son départ forcé pour l'Angleterre, que la reine Marie Ire d'Écosse passa sa dernière nuit sur le sol de sa chère patrie qu'elle ne devait jamais revoir.

Située bien plus à l'ouest, l'**abbaye de Glenluce** (XIIe siècle) est aujourd'hui quasi en ruine, à l'exception de la salle capitulaire, demeurée intacte ; ne manquez pas d'admirer les sculptures qui ornent les voûtes et les encorbellements.

À l'entrée, un petit musée présente carreaux décoratifs et poteries retrouvés sur place.

À 88 km à l'ouest de Dumfries, le Rhinns of Galloway, étroite péninsule aux paysages pittoresques, est l'occasion de découvrir deux châteaux... pour le prix d'un ! Le **château de Kennedy**, ravagé par les flammes en 1716, n'est plus que ruines... tandis que, tout proche, le **château de Lochinch** surplombe le loch White.

Curiosités naturelles

Le vaste Solway Firth constitue la plus grande attraction naturelle du sud du Dumfries and Galloway. Les côtes de ce grand bras de mer sont ponctuées d'anses et de baies sablonneuses qui n'attendent que d'être découvertes en vélo ou en voiture. Les endroits où faire étape ou bien camper ne manquent pas sur la **Riviera écossaise**, région que fréquentent les locaux comme les touristes venus de plus loin.

Le **Southern Upland Way** (voir p. 112-113) traverse le centre du district et donne à apprécier tous les attraits de **Galloway Forest Park** (voir encadré ci-contre). Dans le plus grand domaine forestier du Royaume-Uni (776 km^2) se succèdent paysages de collines et lochs aux reflets argentés ; les connaisseurs estiment que c'est un endroit de choix pour observer les étoiles... Les lieux sont marqués par d'innombrables mythes et légendes ; Robert Bruce se cacha dans la région avant de réussir à unifier l'Écosse contre son vieil ennemi, l'Angleterre. Si le temps vous est compté, visitez en priorité **Glentrool**, où se trouve le magnifique loch Trool. Vous y trouverez un grand nombre de pistes cyclables et piétonnières.

Située à l'extrémité sud-est de la région, la péninsule de **Rhinns of Galloway** est baignée par la mer d'Irlande. Rendez-vous à la pointe sud pour apprécier toute sa beauté : vous voilà au point le plus méridional de l'Écosse, le **Mull of Galloway**. Il y a fort à parier que vous y serez seul avec les oiseaux et le phare isolé qui signale aux navires les côtes dangereuses de ce bout du monde. ■

Abbaye de Dundrennan
Carte p. 108 C1
(01557) 500 262
€

Abbaye de Glenluce
Carte p. 108 A1
Glenluce
(01581) 300 541
€

www.historic-scotland.gov.uk

Château de Kennedy
Carte p. 108 A1
Stair Estate, Rephad
(01776) 702 024
€€

castlekennedygardens.co.uk

À DÉCOUVRIR

À vélo dans Galloway Forest Park

Plusieurs pistes permettent de découvrir la nature en majesté de Galloway Forest Park et des environs *(tél. : 01776/702 024, www.forestry.gov.uk/gallowayforestpark, €€)*. Sans difficulté, « Round the Loch » suit le loch Clatteringshaws sur 22,5 km. La piste la plus fréquentée est « Palgowan », qui part du centre d'information de Glentrool et suit 12,9 km de chemins forestiers tranquilles et de petites collines. Il est possible de louer des vélos auprès de HDI Ltd. *(80 Victoria St., tél. : 01671/404 002, www.hdi-online.biz/bike-sales.asp)* à Newton Stewart. Le parc compte trois centres d'information pour les visiteurs : Kirroughtree *(tél. : 01671/402 165)* et Glentrool *(tél. : 01671/840 302)*, tous deux proches de Newton Stewart, Clatteringshaws à proximité de New Galloway.

Les Borders

Il y a longtemps que l'Écosse et l'Angleterre ne se disputent plus les Borders, mais de son passé troublé, la région, qui compte quantité de petites villes pleines de charme, a conservé un grand nombre de témoignages – abbayes, châteaux, belles demeures...

Kelso, pittoresque cité sur les bords de la Tweed

Peebles

Carte p. 109 D3

Office de tourisme

23 High Street, Peebles

(01721) 723 159

www.peebles.info

Kailzie Gardens

Kailzie, Peebles

(01721) 720 007

€€

www.kailzie gardens.com

Peebles

Cette bourgade, l'une des plus intéressantes de la région, se trouve à moins de 1 heure de route d'Édimbourg. Sertie de collines et traversée par la Tweed, elle constitue une excellente base pour explorer la région. Flânez sur **High Street** : sur cette belle rue aux allures victoriennes se succèdent petits restaurants et jolies boutiques, alternative bienvenue aux grands centres commerciaux que l'on trouve si souvent. Il suffit de remonter quelques minutes en suivant le cours de la rivière pour découvrir des paysages déjà sauvages.

La Tweed est bordée de parcs et de terrains paysagés. Un petit chemin suit le cours d'eau et conduit à l'imposant **château de Neidpath** ; l'édifice est fermé au public, mais il mérite d'être vu de l'extérieur. Observez-le en tournant le dos à la rivière : les dommages infligés par les armées de Cromwell pendant la guerre civile (1642-1651) sont encore visibles.

Dans la direction opposée, à quelque 5 km de Peebles, sur la B7062, vous pourrez visiter **Kalizie Gardens**, une belle propriété construite à l'emplacement d'un château du XIIe siècle depuis longtemps

À SAVOIR

Pendant les Common Ridings de Hawick et de Selkirk (voir encadré p. 122), qui se déroulent depuis plus de cinq siècles, des centaines de cavaliers patrouillent autour des villages qu'ils représentent.

disparu. Ces superbes jardins sont le fruit d'un patient travail qui a consisté à sélectionner les espèces les mieux à même de résister aux durs hivers écossais.

Après Kalizie, à 8 km au sud de Kelso, se dresse **Traquair House**, une demeure qui pourrait bien être la plus anciennement habitée d'Écosse : elle est occupée par la même famille depuis le XVe siècle. Le bâtiment, aux allures de forteresse, possède une belle façade blanche. À l'intérieur, on découvre des pièces aux dimensions imposantes – ne manquez pas le lit où la reine Marie Ire d'Écosse aurait dormi – et de beaux plafonds voûtés. Promenez-vous dans le parc parmi les paons en liberté ; plusieurs balades sont possibles.

La vallée de la Tweed

Cette rivière qui caractérise les Borders marque la frontière orientale entre l'Écosse et l'Angleterre. Elle s'écoule des collines des environs de Peebles jusqu'à la ville de Berwick-upon-Tweed, en territoire anglais.

Melrose Cette charmante bourgade située sur les rives de la Tweed est entourée de collines. Particulièrement bien préservé, son centre, avec ses rues pavées et ses robustes bâtisses de pierre, témoigne

(suite p. 120)

Traquair House
Innerleithen
(01896) 830 323
Ouvert tous les jours d'avril-oct., seulement le week-end en nov. ; fermé déc.-mars
Maison et parc : €€ ; parc seulement : €
www.traquair.co.uk

Melrose
Carte p. 109 E3
Office de tourisme
Abbey House, Abbey Street, Melrose
(01896) 822 283
www.melrose.bordernet.co.uk

À DÉCOUVRIR À vélo dans la forêt de Glentress

Située à 3 km à l'est de Peebles, sur l'A72, cette forêt est un paradis pour les amateurs de VTT qui y trouveront près de 80 km de pistes. Il est possible de louer des vélos et de glaner des renseignements à la boutique à l'entrée de la forêt **The Hub in the Forest** *(tél. : 01721/721 736, www.thehubintheforest.co.uk)*, tenue par deux cyclistes professionnels. Le magasin possède beaucoup de matériel, mais il est plus prudent de réserver.

Les collines boisées qui s'étagent au-dessus de la Tweed sont un terrain idéal pour la pratique de ce sport et vous aurez l'embarras du choix entre les chemins forestiers, les pistes de descente et les parcours d'obstacles. Le parcours vert convient aux familles et aux cyclistes les moins expérimentés, le rouge (19 km) est plus difficile, le noir (30 km), assorti de plusieurs replats et de descentes abruptes, est à réserver aux sportifs de l'extrême. Ceux qui veulent s'entraîner à faire des doubles sauts périlleux disposent aussi d'une aire de free-ride.

La forêt attire également les marcheurs et les randonneurs. Renseignements : *tél. : 01750/721 120, www.glentressforest.com ou www.forestry.gov.uk/glentressforest.*

Les abbayes des Borders

Les Borders ont longtemps été une terre en proie aux passions et aux querelles. Une terre d'intense activité spirituelle aussi, comme en témoignent de nombreuses abbayes. La plupart sont aujourd'hui en ruine, jamais reconstruites depuis leur mise à sac par les envahisseurs anglais des siècles passés. Ces vestiges, qui laissent deviner de grandes heures de gloire, sont empreints d'un charme auquel il est difficile de ne pas être sensible...

La majestueuse église de l'abbaye de Melrose, construite en pierres aux teintes roses et rouges

Les abbayes des Borders furent fondées au XIIe siècle sous le règne de David Ier, lequel invita plusieurs ordres monastiques à venir s'installer dans le royaume ; le souverain entendait ainsi montrer que son pouvoir s'étendait jusqu'aux confins méridionaux de l'Écosse. Les communautés religieuses prospérèrent au fil des ans, exerçant bientôt un pouvoir propre et une influence réelle.

L'**abbaye de Kelso** *(Abbey Row, www.historic-scotland.gov.uk)*, l'une des plus puissantes des Borders, fut dévastée au cours des conflits qui virent s'affronter l'Écosse et l'Angleterre dans la région. L'ancienne construction de style roman est aujourd'hui en ruine, mais sa visite permet de se faire une idée de la vie que menaient les moines bénédictins. On peut encore voir la tour ouest et le transept de l'église conçue selon un plan inhabituel en double croix.

L'**abbaye de Jedburgh** *(Abbey Bridge End, Jedburgh, tél. : 01835/863 925, www.historic-scotland.gov.uk, €€)* n'a pas été épargnée non plus par les luttes avec le vieil ennemi anglais.

Elle constitue néanmoins un témoignage du message de David Ier qui voulait faire savoir à ses belliqueux voisins que l'Écosse tenait les Borders ! Construite à l'emplacement d'une église du VIIIe siècle, l'abbaye fut entourée de fortifications, puis intentionnellement démantelée par les Écossais qui ne voulaient pas qu'elle tombât aux mains des Anglais. Les ruines que l'on découvre aujourd'hui dominent encore la ville. N'hésitez pas à visiter Jedburgh un jour de pluie... Le centre d'informations pour les visiteurs est bien fait et présente un programme audiovisuel sur les lieux. C'est également là que vous pourrez admirer le peigne de Jedburgh, une pièce rare puisqu'il s'agit d'un peigne en ivoire vieux de plus de mille ans.

Les vestiges de l'abbaye de Kelso

À SAVOIR

Visitez l'abbaye de Melrose, un après-midi d'automne : c'est au soleil déclinant que les couleurs de ses pierres sont les plus belles.

C'est dans une boucle de la Tweed que vous découvrirez, enfouis sous la végétation, les vestiges de l'**abbaye de Druyburgh** *(tél. : 01835/822381, www.historic-scotland.gov.uk, €€)*. Moins bien préservée que les autres, elle donne toutefois à imaginer la manière dont vivait la communauté religieuse. L'église a disparu depuis longtemps, mais il reste çà et là des pans entiers des quartiers d'habitation des moines. Druyburgh est un lieu de pèlerinage pour les admirateurs de Walter Scott : la tombe de l'écrivain, élégant monument de granit, se trouve en effet dans la chapelle de l'abbaye. Détruite en 1544, l'abbaye de Druyburgh fut achetée à la fin du XVIIIe siècle par le comte de Buchanan, lequel s'attacha à préserver les vestiges et fit aménager des jardins sur le domaine.

La plus romantique des abbayes des Borders est sans doute celle de **Melrose** *(Abbey Street, tél. : 01896/822 562, www.historic-scotland.gov.uk, €€)*. Selon la légende, elle serait hantée par le fantôme du plus grand guerrier écossais de tous les temps, Robert Bruce, dont le cœur aurait été enterré dans l'abbaye. Le souverain, qui voulait expier l'assassinat d'un rival qu'il avait ordonné quelques années auparavant, aurait demandé que son cœur soit transporté en Terre sainte au cours d'une croisade... mais son vœu n'aurait pas été exaucé. En 1997, la découverte d'un coffret renfermant les restes d'un cœur est venue accréditer cette histoire romanesque.

N'hésitez pas à gravir l'escalier qui conduit au sommet du clocher : la vue sur Melrose et les collines environnantes est magnifique. Fondée par des cisterciens venus de Clairvaux, l'abbaye présente des éléments d'architecture gothique que l'on retrouve notamment dans la riche statuaire – les gargouilles figurant des cochons jouant de la cornemuse sont particulièrement remarquables. La visite du musée vous permettra d'en savoir plus sur la construction de l'édifice.

À DÉCOUVRIR

Partie de pêche dans la Tweed

La Tweed fait le bonheur des amateurs de pêche. Le plus simple est de passer par votre hôtel, mais vous pourrez aussi obtenir un permis par le biais d'un magasin d'appâts comme Tweedside Tackle *(36-38 Bridge St., Kelso, tél. : 01573/225 306, www.tweedsidetackle.co.uk)* ou Orvis *(11 The Square, Kelso, tél. : 01573/225 810, www.orvis.co.uk)*. La rivière est réputée dans le monde entier pour les saumons qui remontent son cours à l'automne ; on y pêche également quantité de truites. Certains hôtels, parmi lesquels Burt's à Melrose *(www.burtshotel.co.uk; voir p. 283)*, ne se contentent pas d'organiser des sorties pour les pêcheurs : leur personnel peut aussi préparer le produit de la pêche pour le dîner !

Abbotsford

3 km à l'ouest de Melrose

(01896) 752 043

Fermé nov.-mi-mars

Maison et parc : €€; parc seulement : €

www.scottsabbotsford.co.uk

d'un goût des traditions que l'on retrouve dans la vie culturelle locale. La cité possède pourtant une histoire très mouvementée puisque, des siècles durant, elle a été le théâtre des conflits entre l'Écosse et l'Angleterre pour le contrôle des Borders. Les terres battues par les vents des environs de Melrose sont également associées au souvenir des *Border Reivers*, pillards qui écumèrent la frontière anglo-écossaise de la fin du XIIIe siècle à la fin du XVIe siècle.

La petite ville compte de belles boutiques traditionnelles : boucheries, poissonnerie, caviste, traiteur. On y trouve aussi plusieurs cafés, salons de thé et restaurants où déguster des produits locaux.

Pour ce qui est du sport, oubliez le football, vous êtes en terre de rugby ! Melrose possède une longue histoire en la matière et s'enorgueillit d'être le berceau du rugby à sept. Vous pourrez sans doute assister à un match entre Melrose et une équipe adverse. Les amateurs ne manqueront pas d'être là en avril à l'occasion des grands tournois : l'événement met la ville en transe !

Incursion en Angleterre

L'abbaye de Melrose (voir p. 119), au centre de la ville, est le point de départ du **St. Cuthbert's Way** *(www.stcuthbertsway.fsnet.co.uk)*, l'un des nombreux chemins de randonnée qui sillonne la ville et ses environs. Cette voie longue de 100 km se poursuit de l'autre côté de la frontière jusqu'au monastère de Lindisfarne, en Angleterre. Suivez St. Cuthbert's Way depuis le sud de Melrose, et vous vous trouverez sur Eildon Hills, des collines faciles à gravir d'où se révèle un superbe panorama sur la vallée de la Tweed et les Borders. Faites une pause au sommet ; vous aurez sans doute pour seule compagnie une famille de tétras !

Abbotsford Cette demeure située à 3 km de Melrose a été construite à l'initiative du grand Walter Scott, l'un des écrivains écossais les plus renommés et les plus prolifiques (voir p. 49). L'homme de lettres né à Édimbourg en 1771 passa les dernières années de sa vie à travailler à ce projet, véritable

gouffre financier. C'est ici qu'il s'éteignit prématurément en 1832. Scott vécut à Abbotsford dès 1812, alors même que les travaux devaient se poursuivre encore de longues années.
Le style de la maison emprunte à plusieurs répertoires parmi lesquels le *baronial* écossais l'emporte. Plusieurs pièces sont ouvertes au public ; la visite permet d'en savoir plus sur la vie de l'écrivain et sur son époque. Les objets exposés sont aussi variés qu'inattendus : mèche de la chevelure de Rob Roy, le Robin des bois écossais, ou encore croix que Marie Ire d'Écosse portait lors de son exécution. Comme on peut s'y attendre, Scott possédait une impressionnante bibliothèque.

À 4,5 km à l'est de la ville, **Scott's View** mérite le détour. C'est ici que l'écrivain aimait venir profiter de la vue sur Eildon Hills, que l'on voit se dresser au-dessus d'un coude formé par la Tweed ; à l'ouest, d'épaisses forêts viennent compléter ce panorama qui forme le plus beau des tableaux. On raconte que les chevaux de Scott, sans doute sensibles au fait que leur maître appréciait tellement l'endroit, s'y arrêtaient toujours de manière spontanée... Son cortège funéraire passa aussi par ici, comme pour qu'il puisse faire un dernier adieu à ce paysage adoré.

Kelso Dotée d'un riche passé, cette ville se trouve à 24 km à l'est de Melrose. La grande attraction locale est le **château de Floors**, vaste domaine situé non loin du centre sur les rives de la Tweed. Malgré son nom, Floors tient plus de la demeure campagnarde que du château. Il est très possible qu'une tour fortifiée se soit dressée à cet emplacement au Moyen Âge,

Kelso
Carte p. 109 E3
Office de tourisme
Town Hall, The Square, Kelso
(01573) 228 055
www.kelso.bordernet.co.uk

Château de Floors
Roxburghe Estates, Kelso
(01573) 223 333
Château et parc : €€; parc seulement : €
www.roxburghe.net

On pense que Traquair House est la plus ancienne demeure habitée d'Écosse.

Mellerstain House

Gordon, Berwickshire

(01573) 410 225

Ouvert seulement l'après-midi ; dim., mer. et jours fériés en mai, juin, sept ; dim., lun. mer., jeu en juill.-août ; dim. en oct. ; fermé de nov. au vendredi Saint

Maison et jardins : €€; jardins seulement : €

www.mellerstain.com

mais il n'est reste aucune trace aujourd'hui. Pendant des siècles, Floors a été la résidence de campagne des puissants ducs de Roxburghe. Le premier duc de Roxburghe, John Ker (1680-1741), demanda à l'architecte écossais William Playfair (1790-1841) de dessiner les plans de la demeure qui fut achevée en 1721. Le château de Floors est imprégné d'histoire et de romantisme. Au début du XXe siècle, Henry John Innes-Ker (1876-1932), huitième duc de Roxburghe, épousa Mary Goelet, une jeune Américaine. La riche héritière apporta dans ses bagages une superbe collection artistique et de précieuses tapisseries. Beaucoup de ces trésors se trouvent encore au château, parmi les innombrables portraits de famille. La salle de bal a été rénovée dans l'entre-deux-guerres et possède depuis un style années 1930.

Les Common Ridings

Chaque année, au début de l'été, les Common Ridings, ou Marches, commémorent l'histoire tumultueuse des Borders *(www.returntotheridings.co.uk)*. On dénombre onze manifestations qui sont autant d'évocations de l'époque lointaine (XIIIe-XIVe siècle) où les habitants d'une ville organisaient des patrouilles à cheval pour assurer la sécurité de leur cité et protéger ses abords. À Kelso, pendant la Civic Week, la « dame de Kelso » *(Kelsae Laddie)* et sa suite se rendent à cheval dans les villages des environs *(www.kelso.bordernet.co.uk)* ; à Selkirk, en juin, la chevauchée de centaines de cavaliers constitue le temps fort de la manifestation.

Le château est entouré d'un magnifique parc de plusieurs hectares. Les jardins à la française ont été dessinés par William Adam (1689-1748) au XVIIIe siècle. Ne manquez pas de vous promener dans le jardin clos et dans le jardin à l'anglaise qui sont un véritable enchantement. Vous trouverez sur place une aire de jeux pour enfants, un restaurant, un café, une boutique, une jardinerie et même un parcours de golf. Les produits fabriqués dans le domaine sont en vente dans différents magasins.

Quant à Kelso même, la ville, située à la confluence de la Tweed et de la Teviot que traversent trois ponts, compte de superbes édifices georgiens. Du fait de son importance stratégique, elle a été saccagée et reconstruite plusieurs fois au cours de son histoire. Commencez votre visite par la place principale sur laquelle se dresse l'**hôtel de ville** ; l'imposante construction flanquée d'une tour surmontée d'une horloge domine les alentours. De là, vous pouvez suivre le chemin qui débute sur Roxburghe Street et longe la rivière pour rejoindre le château de Floors.

Mellerstain House, à 8 km au nord-ouest de Kelso, est une autre propriété à ne pas manquer. L'architecte William Adam (1689-1748) conçut la demeure et son fils Robert (1728-1792, voir encadré p. 105) supervisa la fin des travaux après sa mort.

La côte déchiquetée et les eaux tumultueuses de St. Abbs Head National Nature Reserve

La côte des Borders

Le littoral n'est pas très étendu, néanmoins les Borders comptent des plages magnifiques. Essayez de vous arrêter au moins à Eyemouth et à St Abbs. Le petit village de pêcheurs d'Eyemouth est l'endroit idéal pour déguster un succulent *fish and chips* en compagnie des mouettes tandis que les chalutiers partent en mer.

Installé dans l'ancien marché aux poissons, l'**Eyemouth Maritime Centre** retrace l'histoire du village ; vous y verrez entre autres une collection de bateaux anciens. L'**Eyemouth Museum**, qui a pour cadre une église désaffectée, présente pour sa part la tapisserie d'Eyemouth ; l'œuvre évoque la terrible tempête qui en 1881 décima la flotte de pêche, provoquant la disparition de plus de cent hommes. Elle a été réalisée par une vingtaine d'habitantes du village dans les années 1980.

Situé à 6 km au nord d'Eyemouth, **St. Abbs** est aussi un charmant village de pêcheurs. Un chemin longe les falaises et relie les deux municipalités.

Dans les environs, **St. Abbs Head National Nature Reserve** *(tél. : 0844/493 2256, www.nnr-scotland.org.uk)* occupe un promontoire rocheux. De nombreux oiseaux y élisent domicile : des milliers de guillemots, de pingouins torda et de mouettes tridactyles y nichent au printemps et au début de l'été, suivis par les puffins et les grands labbes. Renseignez-vous au centre d'informations pour les visiteurs pour savoir quelle est la meilleure balade à faire en fonction de la saison. L'imposant **phare Stevenson**, construit par David et Thomas Stevenson, se trouve au bout d'une piste signalisée : c'est sans doute le meilleur endroit pour embrasser d'un coup d'œil toute la côte. ■

Eyemouth Maritime Centre

- ✉ Harbour Road, Eyemouth
- ☎ (01890) 751 020
- € Centre d'informations pour les visiteurs : € ; musée : gratuit

www.worldofboats.org

Eyemouth Museum et Centre d'informations

- ✉ Auld Kirk, Market Place, Eyemouth
- ☎ (01890) 750 678
- € Musée : € ; centre d'informations pour les visiteurs : gratuit

www.eyemouthmuseum.org.uk

XALONA

Cœur battant de l'Écosse rurale, trait d'union entre les basses terres du Sud et les montagnes des Highlands

Le centre de l'Écosse

Introduction et carte 126-127

Stirling 128-129

Les Trossachs et le loch Lomond 130-133

À découvrir – Les Trossachs à vélo 131

À découvrir – À l'assaut du Ben Lomond 133

L'Argyll 134-137

À découvrir – Les fruits de mer d'Oban 137

Circuit autour de la péninsule de Cowal 138-139

Le Perthshire 140-143

À découvrir – T in the Park 141

Hôtels et restaurants 285-290

Des beaux voiliers mouillent sur la rive du Crinan Canal, dans l'Argyll.

Le centre de l'Écosse

Des versants tapissés de bruyère, des lacs aux eaux sombres, des châteaux romantiques et un passé épique : le centre – pays des merveilles – est un microcosme, véritable quintessence de l'Écosse.

Le centre-ville d'Inveraray sur la rive ouest du loch Fyne

Le centre de l'Écosse a connu une histoire tourmentée, marquée par les prouesses de William Wallace – *Braveheart,* c'est lui – et des héros nationaux, tels le roi Robert Bruce et Rob Roy. La région est bénie des dieux qui lui ont offert de superbes paysages : un littoral séduisant et des lacs aux eaux argentées adossés à des reliefs vigoureux.

La ville de Stirling abrite le plus emblématique des châteaux d'Écosse, orgueilleuse bâtisse défendant depuis des siècles l'accès aux hautes terres du Nord – les Highlands. La forteresse stratégique résonne encore du souffle des fantômes de William Wallace et de Robert Bruce. Non loin de là, à Bannockburn, la nation remporta en 1314 sa plus belle victoire contre son *Auld Enemy.* Un bureau d'information fait revivre cette mémorable bataille, tandis que le Wallace Monument se dresse, fier témoignage de l'attachement viscéral liant les Écossais à leur plus grand martyr et patriote.

D'une superficie remarquable, le Loch Lomond and the Trossachs National Park, premier parc national d'Écosse, fut établi en 2002. Le lac, oasis délicieuse, est l'un des plus vastes du Royaume-Uni ; tandis que les Trossachs, semblables aux reliefs des Highlands à une plus petite échelle, déroulent leurs versants à l'attention des randonneurs et des cyclistes. Tout est fait ici pour accueillir les touristes dans des conditions optimales.

Oban et l'ouest

À l'ouest, l'Argyll et la péninsule de Cowall s'avancent témérairement dans la mer d'Irlande. La région fourmille de sites d'intérêt et est aisément accessible depuis Glasgow. Elle demeure cependant à l'écart des sentiers battus. Sur la côte ouest

À NE PAS MANQUER

Plonger dans l'histoire du château de Stirling, le plus impressionnant d'Écosse 128

Les reliefs âpres et les spectaculaires lacs des Trossachs 130-132

À la découverte des environs du loch Lomond 132-133

Un court séjour à Inveraray, ville historique des bords du loch Fyne 135

Une visite à Scone Palace, lieu de couronnement des rois d'Écosse 142

pourtant, les gracieux bâtiments de grès, la distillerie et les exquis fruits de mer d'Oban, premier port du pays en termes de liaisons par ferry, sont très attrayants. Loch Awe est également le secret le mieux gardé de l'arrière-pays : on y croise très peu de touristes comparé au loch Lomond et au loch Ness.

La péninsule du Kintyre, avec ses airs de bout du monde, est infiniment romantique. Face à l'Irlande, elle égrène ses petites routes, ses villes désertées et ses plages mélancoliques. Au nord de cette langue de terre, la pimpante ville d'Inveraray anime la rive du loch Fyne. Établissez-y votre camp de base pour partir à la découverte de la région.

Le Perthshire

En progressant vers l'est – piqué de lacs – vous arrivez dans le Perthshire. Sa capitale, Perth, est une ville largement mésestimée, injustice criante pour ce foyer culturel grouillant de restaurants animés.
La campagne environnante est le domaine de *munros* (reliefs dépassant les 3 000 pieds – 914 m d'altitude), de lacs splendides et de châteaux triomphants. Elle accueille également le Scone Palace, autrefois l'écrin du Stone of Destiny, le bloc de grès sur lequel étaient couronnés les souverains écossais. Avec un tel passé et de tels paysages, le centre de l'Écosse – région excellemment bien desservie – est une étape obligée. ■

Stirling

Les quartiers récents de Stirling ne doivent pas faire oublier son riche passé historique. Sous la bonne garde des cours de la Clyde et du Forth et des collines environnantes, la ville est séduisante et mérite toute votre attention.

Circonscrit par des falaises, le château de Stirling occupait une position stratégique.

Stirling

Carte p. 127 C2

Office de tourisme

Castle Esplanade, Stirling

(01786) 479 901

www.instirling.com/sight/visitor.htm

Château de Stirling

Castle Wynd, Stirling

(01786) 450 000

€€€

www.stirlingcastle.gov.uk

Depuis l'époque romaine, les Écossais et les Anglais n'ont eu de cesse de se disputer Stirling, une cité éminemment stratégique. Cette rivalité a laissé des traces indélébiles.

Le château

Témoignage historique majeur de Stirling, le château fut une résidence royale sous Jacques IV (règne : 1488-1513), Jacques V (règne : 1513-1542) et Marie Stuart (règne : 1542-1567). On peut y admirer d'impressionnantes sculptures de style Renaissance ainsi que le Great Hall récemment rénové – les souverains écossais y recevaient avec faste leurs invités. L'exposition permanente est très bien renseignée et resitue le contexte historique.

Le panorama depuis le château est absolument sublime. D'un côté, la vue plonge dans la gorge du Forth, de l'autre, le regard accroche les reliefs des Trossachs et des Ochils, et court jusqu'aux Pentland Hills. Vous découvrez également le **Stirling Bridge**, le fameux pont où, en 1297, William Wallace remporta sur les Anglais une victoire aussi écrasante qu'inattendue.

La vieille ville

En descendant du château, prenez le temps de visiter **Old Town Jail**. Vous y ferez la connaissance du « plus méchant gardien de la prison de Stirling » (un acteur en costume !) et en apprendrez long sur les conditions de détention sous l'ère victorienne. Les enfants apprécient beaucoup cette attraction. Plus loin, voici **Argyll's Lodging**, un délicat hôtel particulier du XVIIe siècle merveilleusement préservé, puis la **Church of the Holy Rude**, ou église de la Sainte-Croix, *(St. John Street, tél. : 01786/475 275, www.holyrude.org)*, une église coiffée de l'un des derniers toits de bois datant de l'époque médiévale visibles dans le pays (visites guidées exclusivement, à réserver à l'avance).

L'ambiance de la **vieille ville** de Stirling rappelle celle des quartiers historiques et du Royal Mile d'Édimbourg. La plupart des bâtiments datent des XVIe et XVIIe siècles, de l'âge d'or de Stirling, alors bourg royal. Une promenade au clair de lune s'impose : la vieille ville est magique à la nuit tombée.

Bannockburn

Le célèbre champ de bataille de Bannockburn s'étend à 3 km au sud de Stirling. Ici, les Écossais, conduits par leur roi Robert Bruce mais pourtant bien inférieurs en nombre, remportèrent en 1314 une victoire décisive sur l'armée professionnelle des Anglais bien décidée à écraser toute velléité d'indépendance. Les hommes de Robert ne se contentèrent pas de gagner la bataille, ils écrasèrent littéralement « l'armée du fier Édouard et l'ont renvoyé chez lui pour qu'il y réfléchisse à deux fois », comme le rappelle encore et toujours *Flower of Scotland*, l'hymne national écossais.

Une statue équestre représentant Robert, le regard sombre et résolu, symbolise tout l'attachement que le peuple écossais porte encore à son héros. Sur le site également, un bureau d'information propose une exposition très bien faite. Coiffé d'un casque en cotte de mailles, vous prendrez conscience du poids d'une armure de l'époque.

Tous les 23 et 24 juin, Bannockburn célèbre la belle victoire remportée sur l'*Auld Enemy* ; à cette occasion, des bénévoles costumés reconstituent la bataille. ■

Le Wallace Monument

Du château de Stirling, le regard est immanquablement attiré par l'immense tour de pierre du Wallace Monument *(Hillfoots Rd., à la sortie de Stirling, tél. 01786/472 140, www.nationalwallacemonument.com, €€)*. Ce remarquable témoignage de l'architecture victorienne mérite votre visite. Attention : il faut grimper 246 marches pour atteindre le sommet (67 m) et apprécier un panorama prodigieux que William Wallace en personne n'aurait pas renié. Ne vous privez surtout pas de l'audioguide.

Les Trossachs et le loch Lomond

Relief accidenté, lacs aux eaux cristallines et villes attrayantes : les Trossachs ont tout des Highlands en miniature... une aubaine pour ceux qui manquent de temps ou limitent leur séjour au centre de l'Écosse.

Le Ben Ledi surplombe les eaux du loch Lubnaig, près de Callander.

Loch Lomond and the Trossachs National Park

Carte p. 127 B2-B3

National Park Gateway Centre, Loch Lomond Shores, Balloch

(0845) 345 4878

www.lochlomondtrossachs.org

Pour simplifier, présentons les Trossachs comme une région de vallées boisées et de collines qui s'étend à l'ouest des villes jumelles de Callander et d'Aberfoyle et se déroule jusqu'aux rives du loch Lomond (voir p. 132-133). Celui-ci matérialise la frontière occidentale de cette région et fait partie intégrante du **Loch Lomond and the Trossachs National Park**. Les Trossachs se dévoilent magnifiquement tout au long de la route panoramique qui relie Stirling à Aberfoyle, passe par la plaine de Stirling et longe le **lac de Menteith**. Ce dernier est l'un des rares plans d'eau d'Écosse à ne pas être qualifiés de « loch ». Profitez d'une journée ensoleillée pour y naviguer et rejoindre les vestiges du **prieuré d'Inchmahome** (XIIIe siècle), avant de vous offrir un déjeuner au **Lake of Menteith Hotel** surplombant la rive du lac *(Port de Menteith, Perthshire, tél. 01877/385 258, www.lake-hotel.com, €€€).*

Découvrir la région

Explorez les Trossachs en voiture, à vélo ou en car en empruntant la route vertigineuse reliant Aberfoyle à Callander et passant par le col du Duke's Pass. Ce parcours sinueux vous entraîne au cœur de reliefs ondulés piqués d'épaisses forêts et de spectaculaires lochs d'origine glaciaire. En hiver, avant de vous lancer dans l'aventure, vérifiez que la route est bien ouverte à la circulation : elle ferme souvent pour cause de chutes de neige et de verglas.

Deux collines des alentours méritent votre attention : **Ben A'an** (454 m d'altitude) est à moins de 1 heure de marche de l'aire de stationnement sur l'A821 (à l'extrémité du loch Achray) et offre le meilleur ratio « effort à fournir/panorama stupéfiant » de toute l'Écosse ! Plus sportive, l'ascension du **Ben Ledi** (879 m), un sombre massif dominant la rive du loch Lubnaig, vous conduit à travers un dense bouquet forestier puis sur une corniche dénudée grimpant jusqu'au sommet pour vous offrir un paysage que vous n'êtes pas près d'oublier.

Si vous êtes peu enclin à la randonnée, embarquez à bord du **SS *Sir Walter Scott*** pour une traversée du loch Katrine. Partant de l'aire de stationnement du Ben A'an, un sentier conduit à une petite jetée : ce charmant bateau à vapeur vous y attend pour une promenade aux accents délicieusement surannés.

À SAVOIR

Les Trossachs offrent parmi les meilleurs sentiers de randonnées d'Écosse et, cerise sur le gâteau, ces chemins ne sont pas trop fréquentés.

La petite ville de **Callander** est plus populaire que Aberfoyle, peut-être en raison de l'attrait de sa rue principale, frangée de boutiques de vêtements et d'hôtels. On y fait de formidables balades. Tout proche, l'exceptionnel **Monachyle Mhor Hotel** *(Balquhidder, Lochearnhead, tél. : 01877/384 622, www.mhor.net, €€€€)*. Son propriétaire exploite également en ville la délicieuse boulangerie **Mhor Bakery** *(8 Main St., tél. : 01877/339 518)* et le non moins divin restaurant de fruits de mer **Mhor Fish** *(75-77 Main St., tél. : 01877/330 213)*.

À DÉCOUVRIR

Les Trossachs à vélo

À deux roues, les Trossachs s'apprécient encore plus, puisqu'une longue portion du réseau national de pistes cyclables relie le loch Lomond à Killin. Wheels Cycling Centre *(Invertrossachs Road, Callander, tél. : 01877/331 100, www.scottish-cycling.com)* propose à la location un choix particulièrement pointu de VTT, tout comme Trossachs Cycles *(Trossachs Holiday Park, Aberfoyle, tél. : 01877/382 614)*, à 3 km au sud d'Aberfoyle sur l'A81.

Prieuré d'Inchmahome

✉ Sur une île du lac de Menteith. Accès par bateau depuis la jetée du port de Menteith
☎ (01877) 385 294
€ €€

www.historic-scotland.gov.uk

Callander

Carte p. 127 B2

Office de tourisme

✉ 10 Ancaster Square, Callander
☎ (08452) 255 121

www.incallander.co.uk

SS *Sir Walter Scott*

✉ Trossachs Pier, Loch Katrine, près de Callander
☎ (01877) 332 000
🕒 Fermé dim.
€ €€€

www.lochkatrine.com

Loch Lomond
Carte p. 127 B2

Le restaurant du Monachyle Mhor est situé au nord des Trossachs, en bordure d'un lac, au milieu des collines proches de Balquhidder, à quelques kilomètres de Callander. Les fans de Rob Roy pousseront jusqu'ici pour se recueillir sur la tombe du tristement célèbre hors-la-loi.

Il faut une sacrée endurance pour rejoindre le sommet du Ben Lomond. Au second plan, le loch Lomond.

Le loch Lomond

Avec 37 km de long et jusqu'à 8 km de large, le loch Lomond est de loin la plus vaste étendue d'eau douce de Grande-Bretagne. Paisible oasis piquée de 37 îles, le loch, sans conteste l'un des plus beaux du pays, attire de nombreux visiteurs.

Depuis 2002, cette zone protégée est intégrée au **Loch Lomond and the Trossachs National Park** (voir p. 130-131) – fantastique mosaïque naturelle criblée de collines, de lacs et de sites d'un grand intérêt. Le loch Lomond étant relativement proche de Glasgow, les Glaswégiens fréquentent en été assidûment les rives de celui qu'ils appellent d'ailleurs « le loch de Glasgow ».

Débutez votre promenade au **Loch Lomond Shores** de Balloch, un grand bureau touristique abritant le Gateway Centre où vous trouverez toutes les informations possibles sur le lac, son patrimoine naturel et le rôle qu'il joue dans la région. Emmenez les enfants visiter le **Loch Lomond Aquarium**, faire un tour en canoë, manger un morceau ou... acheter un petit quelque chose à la boutique de souvenirs. Les plus courageux loueront un VTT pour découvrir un peu mieux les environs.

La rive occidentale du loch est la moins sauvage. Son plus charmant village se nomme **Luss** – parenthèse enchantée qui servit de décor au feuilleton écossais *Take the High Road*, un titre faisant référence à une chanson traditionnelle évoquant

À DÉCOUVRIR À l'assaut du Ben Lomond

Des montagnes d'Australie, de Nouvelle-Zélande et des États-Unis tiennent leur nom du Ben Lomond. Du haut de ses 974 m d'altitude, la silhouette de ce majestueux *munro* (nom donné à un relief dépassant les 3 000 pieds, soit 914 m d'altitude) est immédiatement reconnaissable. Le Ben Lomond est le plus méridional et le plus célèbre des *munros*. Aisément accessible depuis la Central Belt (la zone la plus peuplée d'Écosse), il constitue la meilleure approche possible pour qui désire pratiquer l'alpinisme en Écosse (à condition de posséder le matériel adéquat).

L'ascension débute à Rowardennan, sur la rive du loch Lomond. La voie d'accès principale (comprendre « touristique ») est signalée sur l'aire de stationnement. Munissez-vous absolument d'une carte de la zone (cartes de l'Ordnance Survey n° 347 et 364), car le tracé est assez ardu. Les beaux contreforts boisés débouchent sur une longue corniche, mais la voie est facile à suivre car semée de gros pavés.

Au sommet, vous découvrez un panorama prodigieux. Le loch Lomond s'étire en contrebas, tapis d'un bleu profond orné d'un chapelet d'îles et enchâssé dans une guirlande de collines et de montagnes. Par beau temps, la randonnée est tout simplement fantastique. Comptez de 3 à 4 heures pour parcourir les 11 km. Si vous souhaitez un accompagnateur, contactez C-N-Do Scotland *(33 Stirling Enterprise Park, Stirling, tél. : 01786/445 703, www.cndoscotland.com)*.

la révolte jacobite du XVIIIe siècle (« prends la grand-route, j'emprunterai les petits chemins et serai en Écosse avant toi »).

En partant de la jolie bourgade de **Drymen** (rive orientale), après les aires de stationnement réservées aux caravanes, rejoignez le sentier longeant la berge qui s'incurve çà et là en de ravissantes criques et plages tranquilles.

La plupart des îles boisées du loch Lomond sont des propriétés privées, et peu sont accessibles au public. Le plus simple est, au départ de **Balmaha**, sur la rive est, de vous rendre sur l'île d'**Inchcailloch**, propriété du Scottish Natural Heritage : l'accès est libre pour les groupes de moins de 12 personnes, en utilisant le ferry mis à disposition *(The Boatyard, tél. : 01360/870 214, www.balmahaboatyard.co.uk, €€)*.

Une fois le pied posé sur cette île pittoresque, vous aurez le choix entre deux sentiers balisés – le Low Path et le Summit Path. Le second déroule un tracé plus ardu mais réserve, au sommet, un spectacle fantastique. L'île dispose d'une aire de pique-nique et d'un modeste terrain de camping.

Balmaha possède un certain cachet. Non loin du lac, vers le nord, Millarochy Bay est l'endroit idéal où se reposer et embrasser du regard la splendeur du loch Lomond. La route se rétrécit ensuite et vient mourir aux abords de Rowardennan. Si vous souhaitez poursuivre, empruntez le sentier pédestre de **West Highland Way** *(www.west-highland-way.co.uk)*. ■

Loch Lomond Shores

✉ Ben Lomond Way, Balloch
☎ (01389) 751 035

www.lochlomondshores.com

Loch Lomond Aquarium

✉ Loch Lomond Shores, Balloch
☎ (0871) 423 2110
€ €€€

www.sealifeeurope.com

L'Argyll

Entre le Mull of Kintyre et Oban, l'Argyll est une région également chère au cœur des Écossais. Elle n'a, paradoxalement, pas encore ravi l'âme des touristes qui s'y font rares et se privent d'une riche histoire, de la beauté de sa côte atlantique, de ses lacs grandioses et de ses nombreuses villes attachantes.

Le littoral déchiqueté du Kintyre abrite une faune abondante.

Argyll
Carte p. 127 A1-A3, B2-B3

Inveraray
Carte p. 126 B2
Office de tourisme
Front Street, Inveraray
(08707) 200 616
www.visitscottishheartlands.omscottishheartlands.com.uk/index.php

Le loch Fyne et le Kintyre

Laissez derrière vous le loch Lomond et abordez l'Argyll par l'ouest, en empruntant cette route vertigineuse et mythique ironiquement baptisée *Rest and be thankful* (« repose-toi et sois reconnaissant »). Vous découvrez alors un panorama époustouflant sur des reliefs abrupts et déchiquetés que dévalent de fougueuses cascades, entre deux épais bosquets. La route traverse **Argyll Forest Park**, longe le loch Goil aux airs de fjord et le Cobbler – lequel, avec ses 880 m d'altitude, n'est pas le point culminant de l'Argyll mais son sommet le plus célèbre, fort apprécié des alpinistes de niveau moyen.

Le **Loch Fyne Restaurant** *(Clachan, Cairndow, tel 01499/600 236, www.lochfyne.com/Restaurants/Locations/Cairndow, €€€€)* est situé à Cairndow, à la pointe nord du **loch Fyne**, vaste loch marin. L'établissement compte plusieurs filiales dans le Royaume-Uni ; il est réputé pour servir les meilleurs fruits de mer de Grande-Bretagne, cuisinés à la perfection.

Inveraray En poursuivant vers le sud, faites étape à Inveraray, également en bordure du loch. La ville est hérissée des flèches de ses églises, et les façades blanches de ses édifices réfléchissent les eaux argentées du loch. Main Street descend jusqu'à la rive et regorge d'échoppes qui font la joie des touristes – certaines boutiques de souvenirs proposent des produits de qualité et vous trouverez sur votre chemin des cafés, un marchand de bonbons à l'ancienne, sans oublier **Loch Fyne Whiskies**, réservé aux connaisseurs. Cet excellent magasin de spiritueux – où les dégustations sont toujours généreuses – propose des malts rares : il faudra débourser... 53 000 euros pour acquérir le plus onéreux. Vous êtes rétif au whisky ? On vous fera goûter la liqueur maison – un breuvage d'oranges douces et de chocolat censé éduquer les palais à la saveur du whisky.

Il pleut ? Réfugiez-vous à la **prison d'Inveraray**. Grâce aux effigies de cire et aux acteurs en costume, saisissez toute l'infamie des conditions des détenus d'autrefois... dont certains n'étaient que des enfants.

L'attraction la plus populaire demeure cependant le **château**, résidence historique de la famille d'Argyll, surplombant depuis sa construction en 1789 la ville et le lac. L'actuel duc est un personnage très apprécié dans la région pour ses idées progressistes. Plutôt que de vivre enfermé dans son palais, il travaille aux côtés de la communauté à la promotion de la ville. Vous pouvez visiter son château et ses superbes appartements. Au sous-sol, un café sert des en-cas et de délicieux gâteaux.

La péninsule du Kintyre

En suivant la rive du loch Fyne jusqu'à ses confins méridionaux, vous parvenez sur la péninsule du Kintyre. Au nord, voici **Tarbert**. Avec ses maisonnettes multicolores, ce ravissant petit village de pêcheurs est sans conteste le joyau de cette langue de terre. Ne ratez pas la galerie d'art jouxtant le club nautique : les pâtisseries maison du salon de thé permettent d'apprécier mieux encore les paysages fabuleux sur les murs.

Le Kintyre accueille de jolies plages, en particulier celle de **Machrihanish** au sable ourlant

Loch Fyne Whiskies
✉ Top of Main St., Inveraray
☎ (01499) 302 219
www.lfw.co.uk

Prison d'Inveraray
✉ Church Square, Inveraray
☎ (01499) 302 381
€ €€
www.inverarayjail.co.uk

Château d'Inveraray
✉ Cherrypark, Inveraray
☎ (01499) 302 203
€ €€€
www.inveraray-castle.com

Le Mull of Kintyre

Célébré en chanson par l'ex-Beatle Paul McCartney et son groupe les Wings en 1977, le Mull of Kintyre désigne la pointe sud de la péninsule du Kintyre. Le site, avec ses paysages environnants à perte de vue, se découvre à pied. Là, aux confins occidentaux de l'Écosse, on croit toucher du doigt l'île émeraude de l'Irlande, distante de 20 km seulement, et l'on comprend pourquoi sir McCartney a souhaité immortaliser par les mots l'infinie beauté de ces lieux. Le phare à la pointe du cap fut conçu par Robert Stevenson (voir encadré p. 205).

Ses coquillages et crustacés valent à Oban le surnom de « capitale écossaise des fruits de mer ».

Tarbert
Carte p. 127 A2

Campbeltown
Carte p. 127 A1

Château de Kilchurn
Carte p. 127 B3
Lochawe
(01838) 200 440
€€

www.historic-scotland.gov.uk

la côte déchiquetée face à une mer sans fin. Il semble que tous les oiseaux de mer se soient donné rendez-vous, et les fous de Bassan, ici plus qu'ailleurs, paraissent prendre un malin plaisir à exécuter d'impressionnants plongeons.

Avant d'arriver au **Mull of Kintyre** (voir encadré p. 135), arrêtez-vous à **Campbeltown**. L'agglomération est aujourd'hui un peu défraîchie, mais elle a conservé ses belles demeures et son front de mer frangé de palmiers. Nichée au creux d'une baie, elle fait face à l'île de **Davaar** que vous rallierez facilement à pied à marée basse, ou en bateau à marée haute (liaisons régulières). Les habitants mettent beaucoup d'espoir dans l'éventuel rétablissement d'une liaison par ferry pour l'Irlande, mais en attendant, Campbeltown se contente de vivre au rythme de sa splendeur passée.

Vers le nord

La côte ouest de la péninsule du Kintyre est bordée par une route panoramique. Aux abords de Crinan, elle rejoint le **Crinan Canal**, un raccourci évitant aux bateaux le long détour par la pointe de la péninsule. Ce canal témoigne du génie de l'ingénierie écossaise. Arrêtez-vous et profitez du ballet incessant des bateaux, modernes ou anciens.

Un peu plus au nord, vous arrivez à **Kilmartin**. Dans un périmètre de 9 km, ce village n'accueille pas moins de 350 pierres sculptées, fabuleux trésor dont l'origine remonte à la préhistoire. Non loin de là, un musée retrace l'extraordinaire héritage archéologique de la région.

En quittant Kilmartin, deux possibilités s'offrent à vous : rester sur la route panoramique littorale ou pénétrer dans les terres pour rallier le **loch Awe**. Le plus long lac d'eau douce du pays n'est peut-être pas aussi célèbre que le loch Ness et le loch Lomond, mais il réserve quantité de choses à voir et à faire aux visiteurs de tous âges. Les pêcheurs à la truite l'apprécient tout particulièrement.

Le **château de Kilchurn** est le monument historique le plus connu des environs. Grimpez jusqu'au sommet du

À SAVOIR

Près d'Oban, Seafreedom Kayak [www.seafreedom kayak.co.uk] propose des sorties en kayak de mer. Pagayer avec, pour décor, des châteaux médiévaux et des distilleries, est une expérience assez incroyable.

donjon pour savourer une vue imprenable sur le loch Awe.

En cas de pluie, dirigez-vous aux confins septentrionaux du loch, vers le **Ben Cruachan**, que l'on appelle aussi la Montagne Creuse, car il accueille, à la faveur d'une immense cavité, une gigantesque centrale hydroélectrique *(Dalmally, tél. 01866/822 618, www. visitcruachan.co.uk, €€)*. Montez à bord d'un bus électrique pour ne plus rien ignorer des énergies durables de l'Écosse !

Oban

Premier port de l'Écosse en termes de liaisons par ferry, Oban s'est développé sur une vaste baie émaillée d'une guirlande de collines. La ville abrite d'admirables bâtisses victoriennes – maisons et hôtels. La vieille **distillerie d'Oban** attire les curieux, et le **Scottish Sealife Sanctuary** constitue une étape incontournable pour qui souhaite apprendre à sauver les bébés phoques. La fière silhouette du **château Stalker**, rarement ouvert au public, se dessine au nord d'Oban. La visite du village paisible de **Port Appin** mérite aussi un détour. Lieu de retraite fort apprécié des Écossais, c'est l'endroit idéal pour déguster les fruits de mer, avant de poursuivre votre route vers le nord. ■

Oban

Carte p. 127 A3

Office de tourisme

Argyll Square, Oban

(01631) 563 122

www.oban.org .uk/index.php

Distillerie d'Oban

Stafford Street, Oban

(01631) 572 004

€€€

www.discovering -distilleries.com/ oban

Scottish Sealife Sanctuary

Barcaldine, Oban

(01631) 720 386

€€

www.sealsanctuary .co.uk/oban1.html

À DÉCOUVRIR Les fruits de mer d'Oban

La ville côtière d'Oban est désormais considérée comme une véritable oasis par les amateurs de fruits de mer. À l'entrée de la ville, une banderole souhaite aux visiteurs la bienvenue dans la « Capitale écossaise des fruits de mer ». Faites vos achats parmi les étals dressés sur la jetée, puis asseyez-vous sur un banc pour grignoter les langoustines fraîchement pêchées et cuites sur place, ou la galathée (sorte de petit homard) achetée pour le tiers du prix que vous facturerait un restaurant. Tandis que vous vous régalez, profitez du ballet des bateaux de pêche et des ferries dans la superbe baie d'Oban. Ne boudez pas pour autant les restaurants chics de la ville. Les chefs du **Ee-usk** (poisson en gaélique ; *North Pier, tél. : 01632/565 666, www.eeusk.com*) sont les plus créatifs. **Coast** *(104 George St., tél. : 01631/569 900, www.coastoban. co.uk)* l'est également, n'hésitant pas à marier pétoncles poêlés et poitrine de porc. Établissement plus récent, le **Seafood Temple** *(Gallanach Road, tél. : 01631/566 000, www.templeseafood. co.uk)* est l'une des meilleures adresses d'Oban : réservation indispensable.

Circuit autour de la péninsule de Cowal

La péninsule de Cowal est un joyau bien caché à l'écart des sentiers battus. Profitez de paysages éblouissants – les routes sinueuses et les traversées en ferry font partie du jeu. Un jour suffirait pour ce circuit, mais offrez-vous-en trois...

Tarbert, sur les rives du loch Fyne, près du Kintyre

Le plus simple pour rallier la péninsule de Cowal consiste à emprunter le car-ferry reliant le port de Gourock (sur la Clyde) à Dunoon soit avec Caledonian MacBrayne *(www.calmac.co.uk)*, soit avec Western Ferries *(www.western-ferries.co.uk)*. La traversée est brève mais déjà très dépaysante.

Dunoon 1, la plus grande ville de l'Argyll, a beaucoup vieilli et ne figure plus parmi les destinations favorites des Glaswégiens. Venez de préférence en août, lorsque le **Cowal Highland Festival** bat son plein – une gigantesque fête qui célèbre les chants et les danses traditionnels d'Écosse. Tout au long de l'année, **Castle Hill** est un must. Jouxtant le tertre, un musée *(Castle Gardens, tél. : 01369/701 422, fermé nov.-Pâques)* fait revivre l'épopée des steamers sur lesquels embarquaient les Glaswégiens pour gagner le bord de mer.

Filez vers le nord-est sur l'A815 ; à votre droite, **Holy Loch** 2. Jusqu'au début des années 1990, le lieu suscita la polémique, car ce vaste lac hébergeait une base pour les sous-marins nucléaires américains. Coupez vers l'ouest par la B836 : doucement, la ruralité reprend tous ses droits.

Poursuivez sur l'A836 puis l'A886 et bifurquez sur l'A8003 jusqu'au **point de vue de Tighnabruaich** 3, où le panorama sur le **Kyles of Bute** est exceptionnel. En gaélique, le mot *kyle* signifie « étroit » et désigne ici le mince bras de mer – piqué de voiliers – séparant le Cowal de l'île de Bute. Plus au sud, vous attend le charmant village de **Tighnabruaich** 4, « la maison sur la colline » en gaélique, ce qui décrit avec justesse cet ensemble de maisonnettes accrochées aux versants. Avec ses nombreux

À NE PAS MANQUER

• Tighnabruaich • Ardkinglas • Argyll Forest Park • Benmore Gardens

hôtels, auberges et restaurants, c'est l'endroit idéal pour passer la nuit ou faire une pause et déguster les inoubliables fruits de mer locaux.

Contournez l'extrémité de la péninsule pour rejoindre **Portavadie** 5, un site plus que modeste mais incontournable pour qui voudrait poursuivre jusqu'au Kintyre – en prenant le ferry pour Tarbert. Remontez vers le nord sur la B8000, retrouvez l'A886 et vous voici à **Strachur** 6, foyer de la **Creggans Inn** *(www.creggans-inn.co.uk)*, une adresse délicieuse où déguster des fruits de mer tout en profitant de la vue sur le loch.

Plus au nord sur l'A815, **Ardkinglas Woodland Garden** 7 *(Cairndow, tél. : 01499/600 261, www.ardkinglas.com, €)* est le site le plus pittoresque de la région : des sentiers quadrillent cette oasis verdoyante de 10 hectares riche d'une incroyable variété d'essences d'arbres, certains ayant été plantés au XVIIIe siècle. La végétation profite merveilleusement de la conjugaison de précipitations généreuses et de l'influence modérée du Gulf Stream : c'est d'ailleurs ici que pousse le plus grand sapin de Grande-Bretagne – 61 m de haut.

De retour à Strachur, progressez cette fois vers l'intérieur des terres sur l'A815, au cœur du Cowal et de l'**Argyll Forest Park** 8 *(tél. : 01877/382 383, www.forestry.gov.uk)*, un paradis pour les cyclistes et les randonneurs.

Effectuez votre dernière étape au **Benmore Botanic Garden** 9 *(Benmore, Dunoon, tél. : 01369/706 261, www.rbge.org.uk/the-gardens/benmore, €€)* où quelque 300 espèces s'épanouissent sur près de 50 hectares – saisissant spectacle des bouquets de rhododendrons et d'une extraordinaire allée de séquoias géants. Enfin, l'A815 vous raccompagne à Dunoon pour une nouvelle traversée de la Clyde.

Voir aussi carte p. 127
Gourock
162 km
De 1 à 3 jours
Gourock

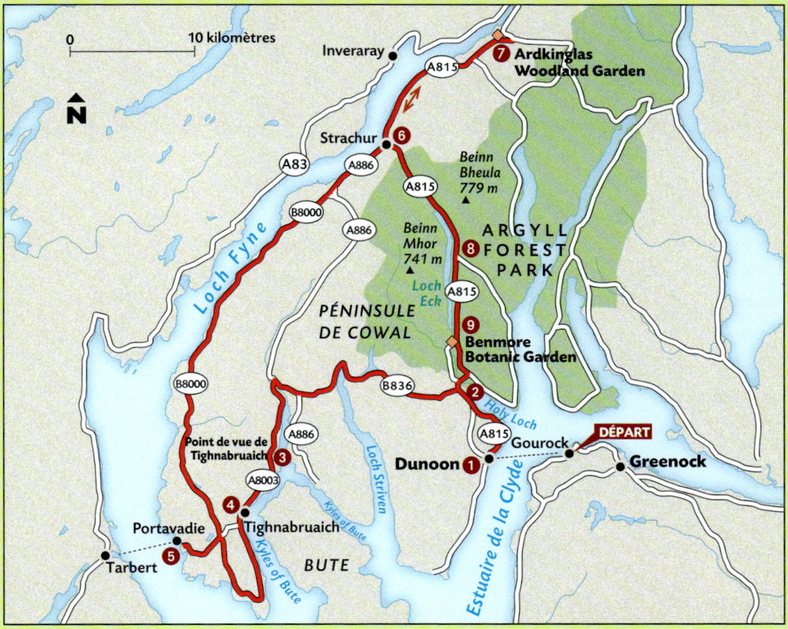

Le Perthshire

Tapissée d'arbres immenses, la région du Perthshire est un véritable don de la nature : forêts épaisses, lacs somptueux, chaînes de montagnes majestueuses. La capitale, quant à elle, recèle de vrais trésors historiques.

Le château de Blair, résidence des ducs d'Atholl, au cœur des hautes terres du Perthshire

Perthshire

Office de tourisme

Lower City Mills, West Mill Street, Perth

(01738) 450 600

www.perthshire.co.uk

Loch Tay

Carte p. 127 B3-C3

Du loch Tay à Pitlochry

La silhouette des puissants *munros* du Perthshire se reflète à la surface du loch Tay...
Le plus élevé, le **Ben Lawers**, culmine à 1 214 m d'altitude. Les marcheurs entraînés peuvent s'attaquer à ces reliefs, auxquels ils devront consacrer au moins une journée. À la pointe orientale du lac, le **Scottish Crannog Centre** *(Kenmore, loch Tay, tél. : 01887/830 583, www.crannog.co.uk, €€)* dévoile tous les secrets des crannogs, ces habitations lacustres où se réfugiait, voilà plus de deux mille ans, la population locale lorsqu'elle craignait pour sa sécurité. Elles étaient reliées à la rive par une jetée que l'on escamotait en cas d'attaque. Un musée retrace cette époque. Vous pouvez louer les services d'un guide pour visiter le site.

Un peu plus à l'est, voilà **Aberfeldy**. Cette gracieuse petite ville est quadrillée de larges rues bordées d'augustes bâtiments. L'Écosse est célèbre pour ses innombrables distilleries, mais **Dewar's World of Whisky** *(Aberfeldy Distillery, Aberfeldy, tél. : 01887/822 010, www.scotland whisky.com/ distilleries/highlands/Dewars, €€ la visite)* propose les visites les plus informatives... sans oublier le petit verre de dégustation à la sortie !

À SAVOIR

Ses fruits rouges font la réputation du Perthshire. L'été, dans les fermes, cueillez vous-même des fraises et des framboises d'une absolue fraîcheur.

Le **Schiehallion**, aisément reconnaissable à sa silhouette massive et conique, vous suit tout au long des routes remontant vers le nord, qui conduisent au **loch Tummel**, enchâssé dans un écrin de collines. Ce lac avait les faveurs de la reine Victoria ; le meilleur point de vue porte ainsi le nom de **Queen's View**. Sur place se trouve un office de tourisme.

Sur l'A9

Vous filez maintenant vers le sud, sur l'A9. Prochaine étape : **Blair Atholl**, un village paisible abritant un joyau, le **château de Blair** *(tél. : 01796/481 207, www.blair-castle.co.uk, €€)*, un pur trésor sis au cœur d'un domaine de 58 679 hectares ! **Killiecrankie** est tout proche : le site doit sa célébrité à... un saut. En 1689 en effet, lorsque les jacobites écrasèrent l'armée anglaise à l'issue de la bataille de Killiecrankie, un Anglais courageux et extrêmement chanceux sauva sa peau en sautant par-dessus la gorge – un bond si prodigieux qu'il pourrait bien ne s'être jamais produit. Un bureau d'information témoigne cependant de cette anecdote.

Toujours vers le sud, arrêtez-vous à **Pitlochry**, station balnéaire de l'époque victorienne regorgeant, sur High Street, de boutiques de souvenirs d'assez mauvais goût. La **distillerie Edradour** est la plus petite d'Écosse, mais le whisky y est bon et les visites particulièrement divertissantes. Restez à Pitlochry pour découvrir le **Scottish Hydro**

Aberfeldy
Carte p. 127 C3

Queen's View
Strathtummel, Pitlochry
(01350) 727 284

Killiecrankie
5 km au nord de Pitlochry
Office de tourisme : (0844) 493 2194
www.nts.org.uk/ Property/39

Pitlochry
Carte p. 127 C3

Distillerie Edradour
A924, Pitlochry
(01796) 472 095
Fermé dim.
€€€
www.edradour.co.uk

À DÉCOUVRIR

T in the Park

T in the Park *(www.tinthepark.com)* est un gigantesque festival qui se tenait depuis 1994 au Strathclyde Country Park avant d'être délocalisé dans le parc de Balado, à la sortie de l'A9, dans le Perthshire. Tous les ans en juillet, le rock, la pop et la musique alternative du monde entier se donnent rendez-vous. Le succès est indiscutable ; pour certains groupes, T in the Park est le meilleur festival du monde, béni d'un public extraordinaire. Attention, les billets pour cette odyssée musicale de trois jours partent comme des petits pains.

Perth
Carte p. 127 C3

Office de tourisme
Lower City Mills, West Mill Street, Perth
(01738) 450 600
www.perthshire.co.uk

Perth Concert Hall
Mill Street, Perth
(01738) 621 031
www.horsecross.co.uk

Perth Museum and Art Gallery
78 George Street, Perth
(01738) 632 488
Fermé dim.
www.pkc.gov.uk/museums

Comrie
Carte p. 127 C3

Comrie Croft
Braincroft, Crieff
(01764) 670 140
www.comriecroft.com

Electric Visitor Centre, Dam and Fish Pass *(centrale électrique de Pitlochry, tél. : 01796/473 152, www.aboutbritain.com/HydroElectricVisitorCentre.htm, €)*, surtout si vous êtes fan de poissons. Vous y verrez fonctionner une échelle à saumons : le saumon sauvage peut descendre et remonter le cours de la rivière grâce à ce système innovant mis en place après la construction du barrage qui menaçait d'arrêter le périple qu'effectue le poisson en amont pour frayer.

Perth

Ville pimpante en bordure de la Tay, Perth est délaissée, à tort, par les Écossais. Le centre-ville est circonscrit par deux parcs – North et South Inch – ainsi que par le cours de la Tay, bordée d'une très agréable promenade.

La culture et la nouveauté vous attendent au **Perth Concert Hall**, une salle qui ne désemplit pas. N'hésitez pas à passer 1 ou 2 heures en famille juste à côté, au **Perth Museum and Art Gallery** : des expositions temporaires s'y succèdent et le département des sciences naturelles abrite une remarquable collection d'animaux empaillés.

Scone Palace

Ce magnifique palais *(Perth, tél. : 01738/552 300, www.scone-palace.co.uk, €€€)* renferme de remarquables collections d'antiquités et de mobilier d'époque. Autrefois, cette retraite bucolique servait de décor à la cérémonie de couronnement des rois d'Écosse. La légendaire *Stone of Destiny* (« pierre de la Destinée ») n'est plus là, mais la grandeur du passé y est toujours palpable. Sur ce rocher, le premier roi d'Écosse, Kenneth MacAlpin, fut couronné en l'an 843. Le palais se situe à 10 minutes en voiture du nord de Perth, par l'A93. Prenez le temps de flâner dans le parc.

Comrie et ses environs

À l'ouest de Perth, Comrie est une réplique de Perth. Ses bâtiments victoriens extrêmement raffinés témoignent de l'époque révolue où la ville, si fréquentée, possédait sa propre gare ferroviaire. Le charme de Comrie doit beaucoup à ce parfum de splendeur déchue que revendiquent fièrement ses habitants.

La bourgade est également reconnue pour être la capitale écossaise des tremblements de terre. On enregistre ici le plus grand nombre de secousses sismiques de Grande-Bretagne : rien d'étonnant à cela, Comrie se situant sur la ligne de faille des Highlands. La ville abrite d'ailleurs **Earthquake House** *(The Ross, www.strathearn.com/pl/earthquake.htm)*. Ici fut installé en 1874 le premier sismographe du monde. Vous en verrez une réplique et découvrirez des

South Inch Park, poumon vert du centre-ville de Perth

équipements plus modernes. Si vous comptez passer ici quelques jours, vous aurez de quoi faire – un parcours de golf, des promenades le long de la rivière Earn, une kyrielle d'événements culturels...

Il y a deux moments privilégiés dans l'année pour séjourner à **Comrie**. Le premier : Comrie Fortnight, le festival culturel – qui présente des danses, un grand défilé (dernière semaine d'août et première semaine de septembre) ; le second : **Hogmanay** (voir encadré p. 17) et ses « Flambeaux », le clou de l'année. À cette occasion, les habitants envahissent le cœur historique du centre-ville. En agitant leurs flambeaux, ils font fuir les mauvais esprits pour le restant de l'année, le tout au son des cornemuses.

Faites un saut sur l'autoroute, piquez vers le sud de Perth pour rejoindre les rives du **loch Leven**. Au centre du plan d'eau, une île accueille le château où Marie Stuart fut emprisonnée pendant près d'une année. Un petit bateau vous conduira de la rive au château.

Le loch et ses environs font partie du **Loch Leven National Nature Reserve**, où la faune avicole abonde. La plus grande colonie de canards d'élevage du Royaume-Uni se rassemble ici en automne et en hiver, en compagnie de milliers d'oies migratrices, de canards et de cygnes. Points d'observation et café chaud disponibles à la **Vane Farm**. ■

Château du loch Leven
☎ (01577) 862 670
🕒 Fermé nov.-mars
€ €

www.historic-scotland.gov.uk

Loch Leven National Nature Reserve
✉ The Pier, Kinross
☎ (01577) 864 439

www.snh.org.uk/scottish/taysclack/nnr.asp

Vane Farm
✉ Kinross
☎ (01577) 862 355
€ €

Vallées boisées, montagnes imposantes, châteaux captivants, vestiges pictes et une kyrielle de distilleries où siroter un verre... ou deux

La côte est

Introduction et carte 146-147

Le Fife 148-151

À découvrir – Le sentier littoral du Fife 149

À la découverte des villages de pêcheurs de l'East Neuk du Fife 152-153

Dundee et l'Angus 154-157

À découvrir – Balade dans les vallées de l'Angus 157

Le Deeside 158-162

Le tartan 160-161

À découvrir – Jouer de la cornemuse 161

À découvrir – Les jeux de Braemar 163

Aberdeen 164-167

À découvrir – Choisir un parcours de golf 166

Villages de pêcheurs 168-169

Hôtels et restaurants 290-294

Joueur de cornemuse, sur les collines dominant Braemar

La côte est

Le littoral oriental de l'Écosse est privé des puissants reliefs montagneux dont jouit la côte ouest. Toutefois, la région s'enorgueillit d'un riche passé et ne compte plus ses trésors naturels. Elle accueille en outre une population – concentrée autour d'Aberdeen et de Dundee – beaucoup plus importante que celle de la côte ouest.

La beauté brute de la côte orientale de l'Écosse est à elle seule remarquable. Ajoutez-y des châteaux spectaculaires, de superbes manoirs, d'immenses abbayes et des villes séduisantes : le tableau est magique. Sans oublier que les confins méridionaux de la région abritent Saint Andrews, universellement considéré comme le « berceau du golf ».

Le « Royaume de Fife » s'étire au nord d'Édimbourg, sur l'autre rive de l'estuaire du Forth. Il fut dans le passé une région puissante, sous la domination des rois d'Écosse, comme en témoignent le palais de Falkland et l'abbaye de Dunfermline. Dans la ville côtière de Saint Andrews, la silhouette massive des ruines de la cathédrale rappelle une splendeur passée. Mais aujourd'hui, bien entendu, Saint Andrews est avant tout la maison du golf, écrin de l'Old Course, son célébrissime parcours.

Sur l'autre rive de la Tay, voici la région de l'Angus et Dundee, injustement sous-estimée. Ce qui fut à l'origine un modeste port de pêche s'est métamorphosé au fil des siècles en un carrefour industriel dynamique. La ville moderne est remarquable par l'abondance de ses sites d'intérêt historique et culturel – elle doit d'ailleurs largement son renouveau à ces derniers.

Dans les environs de Dundee, ne ratez pas le château de Glamis – l'un des plus majestueux d'Écosse –, ni les vallées de l'Angus, splendides. Celles-ci se prêtent idéalement à des randonnées de tous niveaux, du marcheur débutant à l'athlète capable d'affronter les *munros* sur des tracés qui s'avèrent, par endroits et selon le climat, mortellement dangereux. Sur le littoral, savourez de fabuleux fruits de mer dans la cité historique d'Arbroath et poussez jusqu'à Broughty Ferry, la plage préférée des habitants de Dundee.

La chaîne des Cairngorms sépare l'Angus du Royal Deeside – une région charmante de vallées verdoyantes et de collines boisées. Ici, dans les années 1840, la reine Victoria goûtait un repos estival, dans son domaine de Balmoral. Aujourd'hui, les touristes affluent au royaume du tartan et des Highland Games et profitent de ses villes et villages si pimpants – Braemar et Ballater, pour ne citer qu'eux.

Aberdeen s'étend sur la côte est du Royal Deeside. La troisième plus grande ville d'Écosse mérite ses surnoms de « cité de granit » et de « capitale pétrolière de

À NE PAS MANQUER

Culross, un village extraordinairement préservé 149

Saint Andrews, « berceau du golf » 151

Ballater Royal Station la victorienne, rénovée pour réparer les outrages du temps 162

Aberdeen, une ville historique, son port et ses plages sablonneuses 164-167

Un circuit à votre rythme le long de la côte, au gré des sublimes petits villages de pêcheurs de l'Aberdeenshire 168-169

l'Europe », car on devine derrière la grandeur de ses bâtiments gris toute la richesse de l'industrie du pétrole. Son histoire est foisonnante, elle se décline à travers de nombreux monuments, mais parmi ses atouts figurent également sa plage de sable et le nombre surprenant de ses espaces verts. Son port ouvre la voie des îles du Nord : des liaisons régulières par ferry relient Aberdeen aux îles Shetland et aux Orcades.

Le littoral de l'Aberdeenshire est prodigieux, admirable inventaire de plages sablonneuses, de falaises déchiquetées et de précieux villages de pêcheurs – Cullen et Portsoy en tête – venus se nicher au creux d'anses et de baies. Viennent ensuite des ports plus actifs – Petershead et Fraserburgh – foyers des bateaux partis pêcher en mer du Nord. Les amoureux des fruits de mer adoreront la côte est de l'Écosse – le paradis du poisson à chair blanche – et ses innombrables restaurants. ■

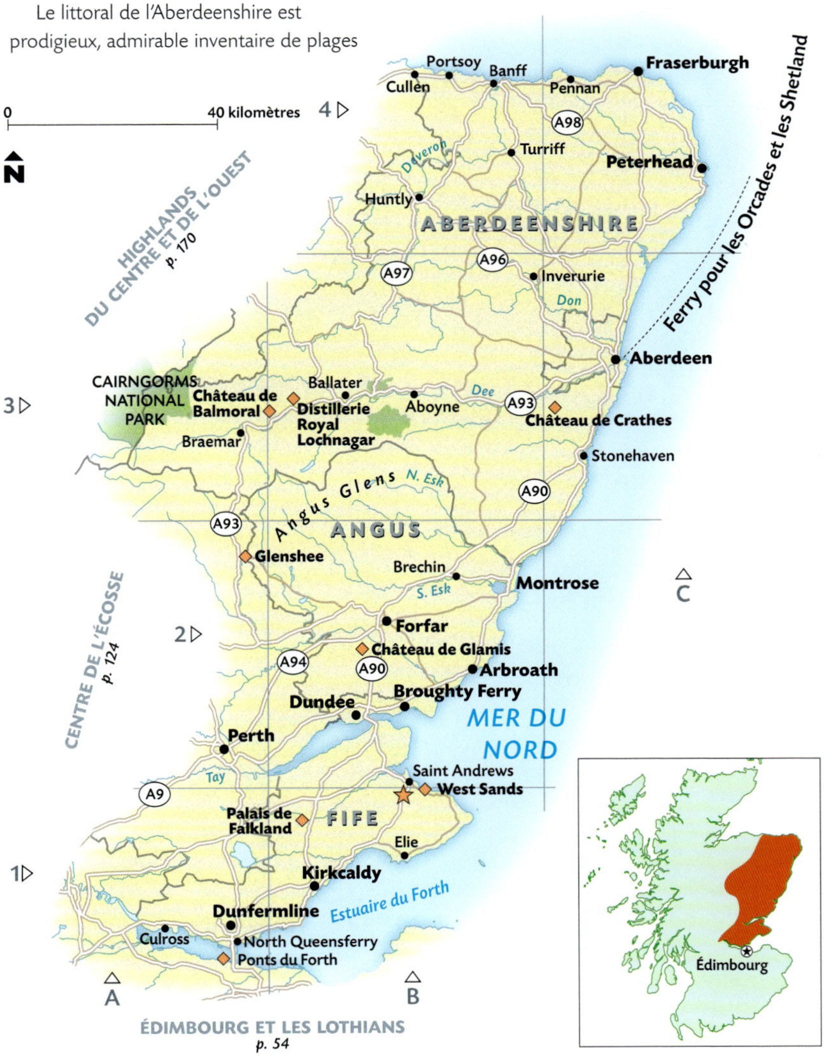

Le Fife

Presque entièrement encerclé par les eaux – l'estuaire du Forth au sud, la mer du Nord à l'est et la Tay au nord – le « Royaume de Fife » dégage une ambiance tout insulaire. Une impression renforcée par une très forte identité, d'exquis panoramas et une exceptionnelle mosaïque de paysages.

À Elie, un pêcheur répare son filet.

Fife

Carte p. 147 A1, B1

Office de tourisme

The Merchant's House, 339 High Street, Kirkcaldy

(01592) 267 775

Fermé dim.

www.visitfife.com

Ponts du Forth

Carte p. 147 A1

www.forthbridges.org.uk

Le littoral sud

Les deux ponts du Forth (voir p. 78-79), ode au génie écossais, constituent deux vertigineuses voies d'accès au « Royaume de Fife » depuis Édimbourg et ses environs. Aussitôt les ponts franchis, vous voici dans le Fife et à **North Queensferry**, bourgade natale de l'ex-Premier ministre Gordon Brown. Une atmosphère décontractée règne dans cette agglomération sise sur la rive du Forth – le vieux port et sa kyrielle de pubs et de restaurants vous y attendent.

À North Queensferry, ne ratez pas **Deep Sea World**, *(Battery Quarry, tél. : 01383/411 880, www.deepseaworld.com, €€€€)*, l'aquarium le plus impressionnant d'Écosse. Étape incontournable pour les enfants – mais également passionnante pour les parents. Vous arpenterez l'un des plus longs tunnels à requins du monde et ferez connaissance avec une myriade de raies ondulantes et de poissons tropicaux (dont le féroce piranha), tandis qu'à l'extérieur, des phoques attendent votre visite.

La cité historique de **Dunfermline** s'étend au nord de North Queensferry. Ne vous laissez pas décourager par les affreuses constructions modernes et les boutiques sans âme : Dunfermline abrite la plus importante des abbayes écossaises *(18 St. Margaret St., tél. : 01383/724 586, www.dunfermlineabbey.co.uk, fermé nov.-mars, €)*. L'édifice fut inauguré en 1072, consacré en tant que prieuré par la reine Marguerite (1045-1093). C'est elle qui ordonna la mise en place d'une liaison par bateau au départ de South Queensferry pour faciliter les déplacements des pèlerins. Son fils, le roi David Ier (1085-1153), éleva le prieuré en abbaye en mémoire de sa mère. C'est toujours un lieu de pèlerinage très fréquenté. Sept rois d'Écosse y sont enterrés, dont Robert Bruce (1274-1329).

En quittant l'abbaye, dirigez-vous vers **Pittencrieff Park**, très apprécié des habitants (entrée sur High Street). Ce poumon vert de plus de 30 hectares fut offert à la ville par l'un de ses plus glorieux enfants, Andrew Carnegie (1835-1919). En son temps l'homme le plus riche du monde, il fit beaucoup pour l'Amérique du Nord, sa terre d'accueil, et pour l'Écosse, sa terre natale. Visitez **Andrew Carnegie Birthplace** *(Moodie Street, tél. : 01383/724 302, www.carnegiebirthplace.com, fermé mi-déc.-mars, €)*, un espace créé à sa mémoire par son épouse. On y apprend beaucoup sur l'homme... et sur le Fife.

Voyagez dans le temps en vous rendant à **Culross**, à l'ouest de Dunfermline, jadis un port très actif qui assit sa prospérité sur le commerce du sel et du charbon avant de connaître un déclin inéluctable au XXe siècle. Le National Trust for Scotland a décidé de financer la conservation de cette bourgade du XVIIe siècle, et la réussite est totale. Vous visiterez le **château** (1597) annoncé de loin par sa façade moutarde, l'**hôtel de ville** (1626) et l'**église**

Dunfermline

Carte p. 147 A1

Office de tourisme

1 High St., Dunfermline

(01383) 720 999

www.dunfermline.info

Château de Culross

Culross

(0844) 493 2189

Fermé nov.-mars

€€

www.nts.org.uk/Property/22

À DÉCOUVRIR Le sentier littoral du Fife

Le Fife Coastal Path est un sentier littoral comme les Écossais les adorent. Il s'étire sur plus de 150 km à partir de North Queensferry – à l'ombre des hautes silhouettes des ponts du Forth. Il longe l'estuaire plein est jusqu'à Fife Ness, à l'extrémité de la péninsule, puis suit la mer du Nord, traverse Saint Andrews et la rivière Tay pour s'achever au Tay Bridge, qui surplombe Dundee. Le circuit est rythmé par des villages de pêcheurs, des châteaux et des églises, des réserves naturelles, sans oublier la base aérienne militaire de Leuchars.

L'itinéraire est fractionné en sept tronçons (consultez le site Internet *www.fifecoastalpath.co.uk* pour tous les détails pratiques). Si vous devez n'en choisir qu'un à parcourir en une journée, choisissez la portion qui court du joli village de Pittenweem jusqu'à Fife Ness (le point le plus à l'est du Fife). Cette promenade de 12,5 km vous entraînera à la découverte de charmants villages et de baies secrètes avant de vous dévoiler le panorama grandiose de la pointe de la péninsule.

Kirkcaldy Museum and Art Gallery

Abbotshall Road, Kirkcaldy
(01592) 412 860
€

www.fife.gov.uk

Palais de Falkland

Carte p. 147 B1
Falkland, Cupar
(0844) 4932 186
€€€

www.nts.org.uk/Property/93

Secret Bunker

Troywood, St. Andrews
(01333) 310 301
Fermé nov.-févr.
€€€

www.secretbunker.co.uk

de l'abbaye dont certains éléments datent de 1217.

Une guirlande de villes et de villages littoraux s'égrène à l'est de Dunfermline : **Aberdour** (ses belles demeures, sa motte castrale et sa plage de sable), **Kinghorn** (un port de pêche très pittoresque) et Kirkcaldy – où naquit le grand penseur du XVIIIe siècle Adam Smith (1723-1790). Le **Kirkcaldy Museum and Art Gallery** abrite des œuvres remarquables, dont plusieurs sont signées des Glasgow Boys (voir p. 100).

À l'intérieur des terres

L'arrière-pays du Fife est une oasis peu fréquentée, peuplée de champs impeccablement tenus, de vallons paisibles et de charmants villages. La perle de la région est le **palais de Falkland**, à 18 km au nord de Kirkcaldy. Bâti entre 1450 et 1541 sur un versant des Lomond Hills, il sert de refuge aux Stuart lorsque les souverains d'Écosse se posent en sérieux rivaux pour la dynastie des Hanovre (laquelle occupe aujourd'hui encore le trône britannique). Les somptueux jardins, les extraordinaires tapisseries flamandes du XVIIe siècle et les portraits royaux constitueront le point d'orgue de votre visite.

Restez dans le passé en vous rendant dans le **Secret Bunker**. En cas d'attaque nucléaire de l'ex-Union soviétique, l'Écosse aurait dû être gouvernée de cet endroit situé sur la B540, à 30 m sous terre, non loin de Saint Andrews. Dans cet espace de la taille de deux terrains de football, sur deux étages, on touche du doigt l'atmosphère étrange qui régnait durant la guerre froide.

Des golfeurs rentrent au club-house après avoir bouclé leur parcours sur l'Old Course.

Le berceau du golf

Les habitants de Leith revendiquent la paternité du jeu, mais Saint Andrews s'est autoproclamé « berceau du golf », un titre que le monde entier lui reconnaît. Les Écossais tapent la petite balle depuis le xve siècle : en 1457 le roi Jacques II interdit cette pratique, laquelle empêche ses archers de se concentrer sur leur travail. The Royal and Ancient Golf Club of St. Andrews, le plus ancien club du monde, fut fondé en 1754 lorsque 22 habitants se mirent en tête de codifier les règles du jeu. Le R&A *(tél. : 01334/ 460 000, www.randa.org)* gère encore les parcours de la ville, dont l'Old Course, le plus illustre, et organise également le British Open. Voir l'encadré p. 166 pour tous les détails sur le golf en Écosse.

Saint Andrews

Si vous ne devez visiter qu'une seule ville du Fife, choisissez Saint Andrews. Le « berceau du golf » a beaucoup plus à offrir qu'une petite balle blanche. Cette belle cité historique regorge de sites d'intérêt et sa vaste population estudiantine lui donne une énergie incroyable. En bordure de la mer du Nord, enchâssé dans un écrin de plages, le cadre est sublime.

Saint Andrews porte le nom du saint patron de l'Écosse, car la légende veut que la ville ait été fondée à la suite du naufrage, au large, du navire transportant les reliques du martyr. La **cathédrale**, proche du centre-ville, lui est consacrée. Elle fut autrefois un bel édifice religieux, mais les ravages du temps et les intempéries ont eu raison de sa splendeur. La **St. Rule's Church** est également fort abîmée, mais si vous voulez profiter de vues imprenables sur la mer du Nord, ses 157 marches vous mèneront au sommet de sa tour.

L'autre monument historique d'importance de Saint Andrews est son **château**. Érigé au XIIe siècle, sa destinée est intrinsèquement liée à celle de la cathédrale, car il fut aussi l'un des sièges de l'autorité religieuse écossaise. Les expositions organisées dans ses murs sont remarquables, mais rien ne vaut une promenade parmi ses ruines, pour s'enivrer de l'atmosphère de l'Écosse.

La tentaculaire **université de Saint Andrews** a investi nombre de bâtiments de la ville. Les étudiants sont partout, et toujours prêts à engager la conversation.

Le littoral est magnifique. Il réjouit à la fois les golfeurs (voir encadré ci-dessus) et les amateurs de plage. Allez à **West Sands**, à 15 minutes à pied du centre-ville : ici fut tournée la fameuse scène des *Chariots de feu*. Des coureurs arpentent encore le sable blond à grandes foulées, mais si vous n'êtes pas un athlète, vous pourrez toujours pagayer sur la mer du Nord ou observer les innombrables oiseaux de mer. Faites toutefois attention aux marées : la « plage » est en fait un banc de sable vite recouvert par la mer. ■

Saint Andrews
Carte p. 147 B1, B2

Office de tourisme
70 Market St., St. Andrews
(01334) 472 021
www.visitfife.com

Cathédrale de Saint Andrews
(01334) 472 563
€€
www.historic-scotland.gov.uk

Château de Saint Andrews
North Street, St. Andrews
(01334) 477 196
€€
www.historic-scotland.gov.uk

Université de Saint Andrews
College Gate, St. Andrews
(01334) 476 161
€€
www.historic-scotland.gov.uk

À la découverte des villages de pêcheurs de l'East Neuk du Fife

L'East Neuk est une région du Fife géographiquement proche d'Édimbourg, de Glasgow et de Dundee. Pourtant, le dépaysement y est total. La vie semble comme ralentie, elle s'écoule à son propre rythme. Sachez qu'ici, les villages de pêcheurs, si pittoresques avec leurs maisons toutes blanches, rassemblent les meilleurs *fish and chips* de l'Écosse.

Des maisonnettes toutes blanches s'alignent sur le port de St. Monans.

S'organiser

Le circuit se boucle en une seule journée, au départ de Saint Andrews et retour. Toutefois, pour en tirer le meilleur parti, prévoyez de passer une nuit sur place : si tous les villages vous paraissent un peu identiques au premier abord, ils ont en réalité leur propre personnalité et vous aurez forcément envie de passer un peu de temps dans chacun d'eux.

Vous pouvez aussi choisir d'effectuer à pied le tronçon Elie/Crail, en suivant le sentier littoral du Fife (voir encadré p. 149)... à moins d'effectuer l'intégralité du circuit à vélo (comptez alors plusieurs jours).

À NE PAS MANQUER

Elie • Seafood Restaurant à St. Monans • Scottish Fisheries Museum • Crail

De village en village

Saint Andrews 1 (voir p. 151) est le point de départ idéal de ce circuit. Laissez les plages derrière vous et piquez vers le sud sur l'A915, dans l'arrière-pays verdoyant. Passé Largoward, prenez la B941, toujours en direction du sud. Vous avez désormais l'estuaire du Forth en ligne de mire, tandis qu'Édimbourg se dessine au-delà du bras de mer.

À l'approche de l'estuaire, rejoignez l'A917 et le premier des villages, **Elie** ❷. Allez au **Ship Inn** (voir Hôtels et restaurants, p. 291) pour être au plus près de la vie locale, déguster de délicieux crustacés ou vous rafraîchir avec une bonne pinte. En été, le week-end, ne ratez pas le légendaire barbecue de fruits de mer. Le port, bordé de maisonnettes toutes blanches coiffées de tuiles ocre, est charmant. Les plages sont grandioses.

- Voir aussi carte p. 147
- Saint Andrews
- De 1 à 3 jours
- 53 km
- Saint Andrews

Un peu plus loin sur l'A917, à l'écart des sentiers battus, **Saint Monans** ❸ est le plus petit des villages de l'East Neuk. Les produits de la mer y sont également sublimes, particulièrement ceux que cuisine le bien nommé **Seafood Restaurant** *(16 West End, tél. : 01333/730 327, www.theseafoodrestaurant.com).*

Un petit saut supplémentaire et vous voici à **Anstruther** ❹, port de pêche actif qui respire l'authenticité et où les *fish and chips* de qualité abondent. Visitez le **Scottish Fisheries Museum** *(St. Ayles, Harbourhead, tél. : 01333/310 628, www.scotfishmuseum.org),* aménagé dans les maisons anciennes du front de mer, pour tout apprendre des secrets de la pêche... y compris la pêche à la baleine, activité désormais révolue. Les meilleures adresses de *chippies* sont le mythique **Anstruther Fish Bar** (voir Hôtels et restaurants p. 291) et **The Wee Chippy** (voir p. 291), récemment proclamé par *The Observer* « meilleur *fish and chips* du monde ».

Votre circuit s'achève lorsque vous parvenez, toujours sur l'A917, au village de **Crail** ❺, avec ses maisons de pierre accrochées au versant de la colline. La communauté attire de nombreux artistes, inspirés par l'architecture, la population pittoresque et la lumière ambiante. Vous les retrouverez à la **Jerdan Gallery** *(42 Marketgate South, tél. : 01333/450 797, www.thejerdangallery.com),* ou au cabanon de bois installé sur la plage où vous dégusterez du homard en regardant les pêcheurs s'affairer. Il est maintenant temps de regagner l'A917, qui vous raccompagne jusqu'à Saint Andrews.

Dundee et l'Angus

Modeste port de pêche à l'origine, Dundee s'est métamorphosée au fil des siècles et est aujourd'hui la quatrième plus grande ville d'Écosse. Cette émancipation est largement due à sa situation stratégique sur les rives légendaire de la Tay, idéale pour commercer avec le monde entier. L'Angus, la région environnante, a beaucoup à offrir : vallons bucoliques et littoral saisissant.

Amarré à Dundee, le RSS *Discovery* emmena Robert Falcon Scott dans son expédition vers l'Antarctique.

Dundee

L'âge d'or de Dundee débute au XIVe siècle lorsque la ville s'impose en tant que carrefour commercial. Elle connaît la prospérité pendant deux cents ans grâce à l'industrie de la laine, puis le destin aura raison de sa bonne fortune. En 1548, les Anglais, *the Auld Enemy,* mettent le feu à Dundee, puis en 1607-1608, la ville est dévastée par une épidémie de peste et des assauts anglais récurrents.

En 1878, l'inauguration du **Tay Railway Bridge** désenclave Dundee, désormais très accessible depuis le Fife. Ce pont ferroviaire de 3 km était à son époque la plus longue structure à portée simple, et la structure actuelle est, aujourd'hui encore, le pont-rail le plus long d'Europe… car le triomphe a rapidement laissé la place à la tragédie lorsque le pont d'origine s'est effondré le 28 décembre 1879, un drame qui coûta la vie à 75 personnes. Pour profiter des meilleures vues possibles sur les deux ponts de la Tay (un pont routier a été construit en 1966), sur la rivière et sur la côte, dirigez-vous vers le **Mills Observatory** qui surplombe Dundee, culminant à 174 m au sommet de Law Hill,

À SAVOIR

Le *dundonian* est un dialecte local. Toujours pratiqué et fascinant à entendre, il demeure pourtant un mystère pour la plupart des Écossais.

un volcan éteint. L'observatoire possède un petit musée et propose régulièrement de passionnantes expositions.

L'architecture essentiellement moderne de Dundee se pique çà et là de quelques merveilles du passé : l'**église St. Andrews** *(2 King St., tél. : 01382/224 860)*, érigée en 1722 ; plus récent (début du XXe siècle), le **Caird Hall Theatre** *(City Square, tél. : 01382/434 451, www.cairdhall.co.uk)* ; les hôtels particuliers de **South Tay Street** ; le **Tay Hotel** (actuellement fermé) ; sans oublier le bâtiment le plus ancien de la ville (1480), **St. Mary's Tower**, situé sur Nethergate. Ni la **galerie McManus**, spécialisée dans les arts des XIXe et XXe siècles, une construction néogothique remarquable datant de 1867. Rénovée il y a peu, elle confère à Dundee un cachet indéniable.

L'économie locale ne saurait plus se passer des revenus du tourisme. Depuis 1986, année du retour du **RSS *Discovery*** dans les eaux du port, les visiteurs affluent pour admirer le navire qui emporta le capitaine Robert Falcon Scott dans son expédition en Antarctique en 1910-1913. Parvenu au pôle Sud, Scott s'aperçut que Roald Amundsen l'avait devancé ; il mourut pendant le voyage du retour. Avant d'embarquer, faites un détour par le **Discovery Point Visitor Centre** pour ne plus rien ignorer de cette incroyable épopée.

L'autre trésor maritime de Dundee s'appelle le **HM Frigate *Unicorn***. Amarrée au Victoria Dock, cette frégate de 1824 – l'un des plus anciens navires de guerre – est un mémorable témoignage de la splendeur passée de l'Empire britannique. Notez la figure de proue – une gracieuse licorne – et l'énorme canon.

Le jute de Dundee

L'industrie de la toile de jute se développe à Dundee dès 1833. Au XIXe siècle, la ville s'affirme comme la capitale européenne du jute – on la surnomme d'ailleurs Juteopolis. Cette fibre épaisse se prête à de nombreux emplois, elle est idéale pour fabriquer des sacs d'une solidité à toute épreuve, très utilisés par l'Empire britannique. La concurrence de l'Inde a eu raison de cette activité locale, mais revivez l'aventure du jute au Verdant Works Museum (voir p. 156).

Dundee
Carte p. 147 B2
Office de tourisme
Discovery Point, Discovery Quay, Dundee
(01382) 527 527
www.angusanddundee.co.uk

Mills Observatory
Glamis Road, Balgay Park, Dundee
(01382) 435 967
€
www.dundeecity.gov.uk

The McManus
Albert Square, Meadowside, Dundee
(01382) 307 200
€
www.mcmanus.co.uk

RRS *Discovery*
Discovery Point, Discovery Quay, Dundee
(01382) 309 060
€€€
www.rrsdiscovery.com

HM Frigate *Unicorn*
Victoria Dock, Dundee
(01382) 200 900
€€
www.frigateunicorn.org

Verdant Works Museum
✉ West Henderson's Wynd, Dundee
☎ (01382) 309 060
€ €€€
www.undiscoveredscotland.co.uk/dundee/verdantworks

Dundee Rep Theatre
✉ Tay Square, Dundee
☎ (01382) 223 530
www.dundeereptheatre.co.uk

Dundee Contemporary Arts
✉ 152 Nethergate, Dundee
☎ (01382) 909 900
www.dca.org.uk

Le **Verdant Works Museum** fait quant à lui revivre l'âge d'or industriel de Dundee. Dans les années 1860 et 1870, l'industrie du jute est à son apogée : elle emploie 50 000 ouvriers dans quelque 60 usines (la ville compte alors un total de 90 000 habitants). Cette usine faisait travailler à elle seule 500 personnes. Vous y découvrirez tous les aspects de la production et de l'utilisation de cette fibre. Une visite passionnante et interactive.

Une ville à l'avant-garde

Façonnée par un passé dont elle a su habilement s'affranchir, Dundee se place à l'avant-garde de toutes les tendances ; une position qui s'illustre dans des investissements colossaux, de l'**Overgate Shopping Centre** *(entre West Marketgait, High St. et Reform St.)* jusqu'aux nouveaux aménagements des quais. La ville est fermement décidée à tourner la page du déclin industriel qui la bride depuis la Seconde Guerre mondiale.

Le réveil artistique de Dundee a joué un rôle crucial dans cette nouvelle évolution. À l'ouest du centre-ville, High Street prend le nom de Nethergate et rejoint le quartier culturel. Là, le **Dundee Rep Theatre** accueille un café branché, une résidence d'acteurs et une compagnie de danse contemporaine. La salle – considérée comme l'une des plus « hypes » du pays – propose des productions très pointues. Dans ce même quartier, le **DCA (Dundee Contemporary Arts)** offre une programmation très variée : expos d'art moderne, films d'art et d'essai...

Le City Square piétonnier – point de départ idéal d'une virée shopping ou de la découverte de Dundee

À DÉCOUVRIR Balade dans les vallées de l'Angus

Sur les contreforts de la chaîne des Cairngorms, les Angus Glens sont une série de vallons – Glen Esk, Glen Prosen, Glen Clova, Glen Doll et Glen Lethnot – offrant parmi les plus belles randonnées d'Écosse. Ces vallées accidentées s'ouvrent sur de spectaculaires reliefs, des torrents fougueux et des forêts d'un vert profond.

Très aisément accessible depuis Dundee, cette région admirable est le domaine réservé de la bruyère, des cerfs sauvages et d'une myriade d'oiseaux. Et quel plaisir d'admirer le ballet des libellules ! En rejoignant le sommet d'un *munro*, vous pourrez peut-être observer une flore alpine rare. Et si vous êtes réellement chanceux, vous repérerez un aigle royal jaillissant de son aire rocheuse.

Les Angus Glens se prêtent idéalement à la pratique de nombreux loisirs de plein air : pêche, chasse, mais aussi – pour les plus téméraires – canoë, descente en rappel et escalade. L'activité la plus populaire demeure la randonnée, car la zone est striée de sentiers balisés (itinéraires sur *www.walkingstories.com/original/angus.htm*) que vous parcourrez seul, accompagné d'un guide ou même à vélo (circuits proposés par Glentrek, *100 East High St., Forfar, Angus, tél. : 01307/469 536, www.glentrek.com*).

Les randonneurs qui n'aiment pas marcher seuls préféreront la période de l'Angus Glens Walking Festival *(www.angusahead.com/walkingfestival)* qui se déroule chaque année en juin et propose plus de vingt randonnées accompagnées, pour tous les âges et tous les niveaux, sous la conduite de guides de montagne et de gardes forestiers locaux, qui connaissent la région par cœur. Le soir venu, rendez-vous à un *ceilidh* ou à un concert de musique traditionnelle.

Allez flâner dans les allées des **jardins botaniques de l'université de Dundee**, véritable « poumon » de la ville... Ou offrez-vous une parenthèse enchantée au **Yu Spa**, le club de sport de l'APEX Hotel (voir Hôtels et restaurants p. 293).

Les environs de Dundee

Longée par de très belles plages, Dundee s'entoure d'une campagne luxuriante rythmée par les **vallées de l'Angus** et de formidables châteaux. **Broughty Ferry**, une ville à 6,5 km à l'est de Dundee, cumule les atouts : un château aux ruines imposantes et une plage balayée par les vents. Faites étape ici pour déjeuner, dans un pub traditionnel ou au Glass Pavilion, un établissement très contemporain, en bordure de la Tay.

À 27 km au nord-est de Dundee, voici **Arbroath** : ici, en 1320, Robert Bruce signa la déclaration d'indépendance d'Arbroath (voir p. 40). Ne manquez pas l'abbaye, tout en ruine et tout en grès ; ni les mythiques *smokies*, du haddock fumé à la saveur très forte.

Ultime étape incontournable : le **château de Glamis**, à 19 km au nord de Dundee. Shakespeare situa dans ce cadre l'assassinat du roi Duncan par Macbeth. On dit que ce château abriterait le plus grand nombre de fantômes de toute l'Écosse ! ■

Jardins botaniques de l'université de Dundee
✉ Riverside Drive
☎ (01382) 381 190
€ €
www.dundee.ac.uk/botanic

Abbaye d'Arbroath
☎ (01241) 878 756
€ €€
www.historic-scotland.gov.uk

Château de Glamis
✉ Glamis, Angus
☎ (01307) 840 393
€ €€€
www.glamis-castle.co.uk

Le Deeside

Jusqu'au XIXe siècle, la région du Deeside – qui tient son nom de la rivière Dee – était très isolée, prisonnière de ses montagnes, de ses fougueux cours d'eau et ses villages retirés. Tout changea lorsque la reine Victoria (1819-1901), tombée amoureuse de l'Écosse, acheta le domaine de Balmoral : le Deeside devint ainsi le « Royal Deeside », un lieu de retraite toujours apprécié par la famille royale.

Le château de Braemar, reconnaissable à ses tourelles, date du XVIIe siècle.

Glenshee
Carte p. 147 A2

Glenshee Ski Centre
Cairnwell, Braemar
(01339) 741 320
€€€€
www.ski-glenshee.co.uk

Le Royal Deeside se découvre depuis les hauteurs du **Glenshee** – paradis des skieurs en hiver, éden des randonneurs en été. En dévalant les versants de cette vallée sauvage et brute, on parvient tout d'abord à **Braemar**, où les édifices de granit – hôtels désuets, salons de thé douillets – semblent avoir miraculeusement apprivoisé la nature.

À Braemar, tous les regards convergent vers le **château**. Très défraîchi, celui-ci fait l'objet de l'attention de la communauté locale, bien décidée à lui restituer son allure d'antan, malgré les coûts colossaux d'une telle entreprise.

Le tourisme est une affaire rondement menée, à grands renforts de boutiques de matériel de cyclisme, de ski et de randonnée, sans compter la kyrielle de restaurants et de salons de thé : après l'effort, le réconfort !

À SAVOIR

Évitez les sujets sensibles, surtout en politique. Même si l'ambiance vous semble *a priori* pro-Union, il ne faut jamais présumer qu'un tel débat puisse faire l'unanimité.

Chaque année, la ville vibre lors du **Braemar Gathering** (voir encadré p. 163). Ces célèbres Highland Games attirent autant de membres de la famille royale que de « people ». Féru de randonnée ? Grimpez le **Morrone** (859 m), au sud de Braemar. Au sommet, la vue panoramique est époustouflante et porte jusqu'aux reliefs des Cairngorms, au nord. Fermez les yeux et imaginez-vous en 1715, quand les monts résonnaient des cris vengeurs des clans jacobites qui se réunissaient ici, décidés à en découdre avec l'autorité britannique.

Balmoral

De Braemar, en partant vers l'est, l'A93 franchit le cours de la **Dee** pour rallier Ballater (voir p. 162) – une autre bourgade aux accointances royales. En chemin apparaît le **château** de Balmoral, où la famille royale s'octroie une parenthèse estivale. Seuls quelques visiteurs sont admis, et seuls les appartements de réception leur sont ouverts. Pour découvrir le domaine, embarquez à bord du bus pour une promenade guidée... digne des meilleurs safaris ! Très vite vous laissez la civilisation derrière vous pour vous enfoncer dans cette nature à l'état brut qu'aimait tant la reine Victoria. Possibilité de débuter l'excursion à Ballater ou Braemar.

Le pays du whisky

Bienvenue dans le Deeside, où l'on ne badine pas avec le whisky (le Speyside est tout proche, juste derrière les montagnes). Pour rester dans l'ambiance « famille royale », sachez que la boisson favorite du prince Charles est le malt produit par **Royal Lochnagar**, à Ballater. Si vous préférez éliminer les calories plutôt que de les boire, attaquez-vous au *munro* de **Lochnagar** (1 115 m d'altitude)... la montagne favorite du prince Charles.

Ballater chouchoute tant ses têtes couronnées que ses boulangers, et ses autobus ont reçu la mention si convoitée de « fournisseur officiel » et arborent avec une fierté non dissimulée le blason royal.

Étape obligatoire à la Ballater Royal Station (voir encadré p. 162), mais le Royal Deeside

(suite p. 162)

Braemar
Carte p. 147 A3

Office de tourisme
The Mews, Mar Road, Braemar
(01339) 741 600
guide.visitscotland.com

Château de Braemar
Braemar
(01339) 741 219
€€
www.braemarcastle.co.uk

Morrone
www.walkhighlands.co.uk/cairngorms/morrone.shtml

Château de Balmoral
Carte p. 147 B3
(01339) 742 534
Fermé août.-mars
€€; Balmoral Safari : €€€€€€
www.balmoralcastle.com

Distillerie Royal Lochnagar
Craithie, Ballater
(01339) 742 700
Tours : €€
www.discovering-distilleries.com/royallochnagar

Lochnagar Munro
www.walkhighlands.co.uk/munros/lochnagar

Le tartan

Symbole de l'Écosse, le tartan est une étoffe au motif de lignes horizontales et verticales entrecroisées, créant ainsi des carreaux de couleurs au design superbe et unique. L'alternance des coloris et l'entrecroisement des fils de chaîne (longueur) et de trame (largeur) forment un motif de lignes et de carreaux que l'on appelle le *sett*.

Les premiers tartans écossais sont vraisemblablement apparus dans les Highlands vers 600-500 av. J.-C. Ils n'étaient, bien entendu, pas aussi colorés que ceux que nous connaissons aujourd'hui. L'étoffe la plus ancienne, connue sous le nom de « tartan de Falkirk », date des environs de l'an 300 de notre ère et est conservée à Édimbourg, au National Museum of Scotland.

Fabrication artisanale d'un kilt véritable

Le tartan est parfois appelé « plaid », ce qui n'est pas du tout du goût des Écossais. Pour ces derniers, le « plaid » est le mot ancien désignant la large étoffe dont les hommes s'enveloppaient ou qu'ils utilisaient comme couverture, pour se tenir chaud. Ce n'est que bien plus tard que le kilt que nous connaissons aujourd'hui est apparu – effectivement appelé « plaid » dans sa version de cérémonie, combinant la jupe et l'étole.

Aux yeux des Écossais, le tartan est bien plus qu'un motif ou une étoffe. C'est un élément essentiel qui a forgé leur identité en tant que nation. Nombreux sont ceux qui associent tartan et clans (dans un souci d'individualisme), pourtant ce ne fut pas toujours le cas. Par le passé, les couleurs et les motifs étaient attachés à une région géographique spécifique, le choix des couleurs étant dicté par les colorants naturels alors à la disposition des tisserands.

Afficher ses couleurs

Lorsqu'ils se jetaient dans la bataille pour soutenir les patriotes écossais – William Wallace, Robert Bruce –, les clans arboraient leur tartan, portant kilts et plaids. Parfois, un soldat pouvait arborer plusieurs motifs de tartan : cela n'arriva plus après la désastreuse défaite de Culloden, lorsque les troupes du gouvernement britannique décimèrent l'armée écossaise. À la suite de cette boucherie, les Anglais promulguèrent, en 1746, le *Dress Act,* bannissant effectivement le port du tartan. Cette interdiction fut finalement levée en 1782. Au cours du siècle

À DÉCOUVRIR Jouer de la cornemuse

Autre symbole absolu de l'Écosse, la cornemuse est un instrument de musique à vent. Elle est constituée d'un réservoir qui doit rester constamment gonflé (le musicien souffle dedans par un tuyau appelé chalumeau) ; l'air s'échappe ensuite par des tuyaux de bois – les bourdons ou drones – terminés par une anche. L'origine de la cornemuse fait l'objet de bien des débats puisqu'il existe des instruments similaires en Irlande et en Espagne. Il est pourtant avéré que l'on joue de la cornemuse en Écosse depuis le XVe siècle, et la légende veut qu'on ait soufflé dans cet instrument à la bataille de Bannockburn en 1314. Aujourd'hui, les Highland Games et les grandes rencontres sportives se disputent au son de cet instrument folklorique que l'on entend également durant les festivals. Pourquoi ne pas apprendre à souffler dans le chalumeau ? Matériel et cours (leçons particulières ou stages) disponibles auprès du National Piping Centre de Glasgow *(30-34 McPhater St., tél. : 0141/353 0220, www.thepipingcentre.co.uk)*. Un musée a été aménagé dans ce centre décidément très complet. L'instrument national d'Écosse n'aura plus aucun secret pour vous.

suivant, le tartan connut un regain de popularité – non plus comme une tenue de tous les jours, mais comme un moyen d'afficher ses origines, son appartenance à un clan. Il devint ainsi le symbole national qu'il est encore aujourd'hui. Les teintures naturelles furent supplantées par des colorants plus vifs, francs et variés. La tendance connut son apogée lors de la visite de George IV à Édimbourg en 1822 : afin d'impressionner le monarque britannique, tous les Écossais avaient été encouragés par sir Walter Scott à arborer leurs plus beaux tartans.

Les tartans contemporains

Aujourd'hui, on estime à environ 7 000 le nombre de tartans différents. Chaque année, de nouveaux motifs sont imaginés. La plupart sont encore liés à un clan ou à une région. Les autres sont le fruit d'une pure inspiration, comme le Flower of Scotland ou le motif spécialement créé pour l'Armée du Tartan – nom des supporters de l'équipe d'Écosse de football (bien que nombre d'entre eux affichent sur les gradins le tartan de leur clan ou de leur région, comme l'auraient fait leurs ancêtres). Deux des plus célèbres tartans sont

À SAVOIR

Ne vous laissez pas tenter par un kilt bon marché dans les boutiques du Royal Mile d'Édimbourg, allez plutôt chez un véritable fabricant de kilts qui prendra vos mesures et vous vendra un modèle de qualité qui durera des années.

baptisés Black Watch et Royal Stuart. Le motif « officiel » de la famille royale, le Balmoral, fut imaginé en 1853 par le prince consort Albert et approuvé par son épouse, la reine Victoria, la souveraine britannique tombée amoureuse des Highlands.

Aujourd'hui, le tartan a conquis le monde. En franchissant les frontières, les carreaux ne se contentent plus de coloniser les kilts ou les plaids, ils s'affichent désormais partout. Les créateurs de mode et les « people » se l'arrachent et tous, depuis les punkissimes Sex Pistols dans les années 1970, jusqu'à la princière Lady Diana, ont un jour porté l'étoffe traditionnelle écossaise.

Ballater
Carte p. 147 B3
Office de tourisme
The Old Railway Station, Station Square, Ballater
(01339) 755 306
www.ballaterscotland.com

Banchory Museum
Bridge Street, Banchory
(01330) 823 367
€
www.aberdeenshire.gov.uk

Château de Crathes
Carte p. 147 C3
Près de Banchory
(0844) 493 2166
€€€
www.nts.org.uk/Property/20

se dévoile également à l'occasion d'une promenade en centre-ville. Si Ballater « surfe » sur la vague royale, elle est avant tout une pimpante bourgade aux jolies maisons en pierre et aux cafés qui semblent s'être pomponnés pour accueillir les visiteurs. Et tout est à disposition pour qui souhaite s'adonner aux loisirs de plein air.

Car Ballater s'impose comme la base idéale pour les amateurs de sports d'aventure venus goûter au grand frisson dans une nature austère et tourmentée : si vous ne concevez pas la montagne hérissée de télésièges, venez ici pour marcher ou faire du VTT. Vous louerez tout le matériel nécessaire chez The Bike Shop *(Station Square, tél. : 01339/754 004, www.bikestationballater.co.uk)* ou chez Cycle Highlands *(The Pavilion, Victoria Rd., tél. : 01339/755 864, www.cyclehighlands.com)*. Tous les sentiers – de tous les niveaux – sont balisés.

Plus à l'est encore, l'A93 suit le cours de la Dee jusqu'à **Banchory**, porte d'accès à la région d'Aberdeen. Insensiblement, la civilisation urbaine se rapproche, comme le laissent supposer les enseignes commerciales ; mais ce serait renier l'élégance des édifices et les beaux espaces verts striés d'agréables sentiers. Le **Banchory Museum** fait revivre l'histoire de cette jolie ville, et la famille royale est, bien entendu, représentée... sur des porcelaines commémoratives.

Le Deeside foisonne aussi de fantastiques manoirs et de châteaux sensationnels. Si vous ne disposez que de peu de temps, filez directement au **château de Crathes**. Dans le Great Hall est exposé le Horn of Leys : ce cor d'ivoire orné de pierres précieuses fut offert par Robert Bruce pour entériner le don de terres qu'il fit en 1323 à la famille Burnett, terres sur lesquelles le château fut érigé. Le terrain encerclant Crathes est aménagé de fort beaux jardins et dans la forêt vous trouverez **Skytrek**, un parcours d'accrobranche génial – en haut des arbres, vue imprenable ! ■

Le Ballater Royal Station

Un long coup de sifflet, un panache de fumée... le premier train de passagers fait son entrée dans la gare de Ballater en 1866. Cette dernière ne désemplira pas pendant le siècle à venir : elle est le terminus de la Deeside Line, la ligne de chemin de fer qui traverse les paysages les plus sauvages de l'Écosse et qu'empruntait la reine Victoria.

Aujourd'hui désaffectée, la gare, parfaitement rénovée, restitue la légende des têtes couronnées et des tsars de Russie. À la suite du chantier de réhabilitation (plus de 1 million d'euros), un musée a vu le jour *(Station Sq., tél. : 01339/755 306, €)* : on peut y voir un wagon destiné au transport de la famille royale, ainsi que la salle d'attente réservée à la reine Victoria.

À DÉCOUVRIR Les jeux de Braemar

Les Highland Games seraient nés dans le Royal Deeside sous le règne de Malcolm Canmore. Il n'est donc guère étonnant que la plus célèbre de ces manifestations se déroule à Braemar. Ces jeux constituent une plongée fascinante dans le patrimoine et le faste écossais.

Des danseurs virevoltent au son des cornemuses durant les Braemar Gathering Royal Highland Games.

En 1866, la reine Victoria, fervente adepte des jeux des Highlands, octroie son parrainage à la Braemar Royal Highland Society, qui organise depuis 1815 ce qu'il convient désormais d'appeler le Braemar Royal Highland Gathering.

Le Braemar Gathering n'est pas l'événement le plus important en termes de participants, mais il est si populaire que, chaque année, il faut limiter le nombre de spectateurs – un cas unique dans les annales des Highland Games (voir p. 22-23). Il se déroule le premier samedi de septembre et fait revivre tout le folklore des Highlands – les habitués ne s'en lassent pas. Si vous ne devez assister qu'à une seule édition des Highland Games, choisissez Braemar.

Le point d'orgue de l'événement est le rassemblement spectaculaire des tambours et des cornemuses – les notes jaillissant des instruments semblent rebondir sur les reliefs alentour. La compétition en elle-même se décompose en épreuves de force – épreuves traditionnelles telles le *toss the caber* ou lancer de tronc – et en disciplines plus modernes (des courses le plus souvent). Ne ratez sous aucun prétexte le gigantesque tir à la corde opposant différents corps de l'armée britannique.

Et aussi...

La fête continue avec les danses traditionnelles des Highlands. Les danseurs, tout de tartan vêtus, virevoltent avec grâce. Un peu plus loin, des enfants participent à grands cris à une formidable course en sacs, tandis que les parents les plus affûtés (ou les plus inconscients) montent et descendent les versants du Morrone !

Si vous ne pouvez vous rendre à Braemar, optez pour la March of the Lonach Highlanders *(www.lonach.org)*, dans l'Aberdeenshire.

Billets

Seul un tour de magie vous permettra d'obtenir un billet d'accès à la tribune, mais consultez tout de même le site *(www.braemargathering.org)* dès la mise en vente en février dans l'espoir de décrocher votre ticket d'entrée pour des zones au tarif moins élevé (le *ringside*). Si vous êtes bredouille, il ne vous reste qu'à prendre un billet pour la pelouse, le moins cher de tous, mais il vous faudra jouer des coudes pour être bien placé.

Aberdeen

Avec 210 400 habitants, Aberdeen – la « capitale pétrolière de l'Europe » – est la troisième ville d'Écosse. Située à l'embouchure de la Don et de la Dee, la cité la plus « verte » du royaume possède aussi un riche patrimoine architectural sur lequel le granit règne en maître.

Le port d'Aberdeen, pièce maîtresse de son industrie pétrolière et gazière

Aberdeen
Carte p. 147 C3
Office de tourisme
23 Union St.
(01224) 288 828
www.aberdeen-grampian.com

Aberdeen doit beaucoup à une situation hautement stratégique qui la place au centre de la côte orientale de l'Écosse. Dès le XIIIe siècle, la ville s'affirme comme un carrefour commercial d'importance, un rôle qu'elle assume parfaitement jusqu'au XIXe siècle, quand l'industrie du pétrole prend le pas sur les échanges. Aujourd'hui, Aberdeen est toujours la base terrestre du forage pétrolier en mer du Nord.

Les Écossais surnomment Aberdeen la « cité de granit », un surnom qui lui sied à merveille : la roche grise est omniprésente, elle habille les principaux édifices – les grandes artères dessinent de longs canyons de granit dans lesquels s'engouffre le vent du nord.

Tout au long d'**Union Street**, vous sentirez battre le cœur de la ville. Et n'allez pas croire que ce nom est un hommage à l'Acte d'union de 1707 : la devise d'Aberdeen, « Bon Accord » fait référence à une certaine nuit de 1306 qui vit la garnison anglaise massacrée par les Aberdoniens.

Débutez votre visite à **Castlegate**, la place située à l'extrémité est d'Union Street.

Aberdeen et l'industrie pétrolière

À la faveur de la découverte de pétrole dans la mer du Nord dans les années 1970, l'industrie du gaz et du pétrole se développe à Aberdeen, la ville littorale la plus proche des sites de forage. La « capitale pétrolière de l'Europe » accueille aujourd'hui l'héliport le plus actif de la planète et ses installations portuaires desservent une myriade de plates-formes offshore.

Tout ici n'est pas rose pour autant, les fluctuations de la demande résonnant fortement sur l'économie de la ville. Sans oublier les drames que l'on n'aura pas su éviter : en 1988, 167 hommes trouvent la mort dans l'incendie de la plate-forme Piper Alpha. Pour assurer son avenir économique, Aberdeen effectue actuellement un gros travail sur le développement des énergies durables.

À SAVOIR

En août, ne ratez pas la March of the Lonach Highlanders, une parade de plusieurs clans défilant sur les routes sinueuses de l'Aberdeenshire… et s'arrêtant dans chaque village pour déguster un petit verre de whisky.

Ici se dressait jadis le majestueux château d'Aberdeen. Admirez **Mercat Cross**, une croix du XVIIe siècle magnifiquement ouvragée. Un peu plus loin, au début d'Union Street, voici **Town House**, un édifice du XIXe siècle d'inspiration résolument gothique à la façade rythmée de tourelles. Town House servit de prison aux XVIIIe et XIXe siècles et abrite désormais le **Tolbooth Museum** qui retrace son histoire.

À un pâté de maisons d'Union Street s'élève le **Marischal College**, le deuxième plus grand bâtiment de granit au monde, tout hérissé de flèches néogothiques, siège de l'université d'Aberdeen. Faites-en le tour avant de pénétrer à l'intérieur pour visiter le **Marischal Museum**, lequel abrite une belle collection d'objets rapportés des quatre coins du monde par les explorateurs de l'ère victorienne. Attention, les horaires d'ouverture varient selon les rénovations en cours.

Vous trouverez **Aberdeen Art Gallery** plus à l'ouest sur Union Street (entrée sur Belmont Street). C'est un lieu riche en collections éclectiques : beaux arts des XIXe et XXe siècles, archéologie (Grèce et Rome antiques), histoire maritime… La galerie organise de nombreuses expositions temporaires ainsi que des concerts très variés – du *ceilidh* traditionnel écossais au *gamelan* indonésien.

Depuis Castlegate, piquez vers le sud pour rejoindre directement le **vieux port**, extraordinairement animé avec son décor de ruelles

Tolbooth Museum
✉ Castle Street
☎ (01224) 621 167
🕒 Fermé oct.-juill.
€ €
www.aagm.co.uk

Marischal Museum
✉ Marischal College, Broad Street
☎ (01224) 274 301
€ €
www.abdn.ac.uk/marischal_museum

Aberdeen Art Gallery
✉ Schoolhill
☎ (01224) 523 700
🕒 Fermé lun.
www.aagm.co.uk

Lonach Highland Gathering and Games
✉ Bellabeg Park, Strathdon, Aberdeenshire
☎ (01975) 651 297
€ €
www.lonach.org

À DÉCOUVRIR Choisir un parcours de golf

Avec plus de 500 parcours disséminés sur l'ensemble du territoire, l'Écosse est une destination privilégiée pour les amateurs de la petite balle blanche. Vous n'avez jamais joué ? Lancez-vous ! Pratiquer ce sport, même pour quelques trous, c'est un peu sonder l'âme des Écossais… et savourer des paysages exceptionnels.

Face aux monts Grampians, les golfeurs frappent la balle sur le parcours du Pitlochry Gold Club – l'un des plus beaux d'Écosse.

Le plus ancien parcours du monde s'étend à Musselburg, non loin d'Édimbourg (voir p. 80). Des documents attestent que l'on jouait au golf là-bas en 1672… mais on dit aussi que la reine Marie Stuart tapait déjà la balle en 1567.

En Écosse, la pratique du golf est en constante évolution : on améliore des tracés anciens, tandis que l'on inaugure partout de nouveaux parcours, à l'image du projet titanesque envisagé par Donald Trump au nord d'Aberdeen (voir encadré p. 169).

Le pays est réputé pour ses parcours aménagés sur le littoral, le long des dunes de sable. Les bons golfeurs n'hésitent pas à se mesurer sur les terrains ayant accueilli le British Open, tel que **Muirfield** dans l'East Lothian (voir p. 80), **Royal Troon** et **Turnberry** en Ayrshire (voir p. 104), **Saint Andrews** dans le Fife (voir p. 151) ou **Carnoustie** *(tél. : 01241/802 270, www.carnoustiegolfclub.com)* dans l'Angus. Réservez suffisamment à l'avance dans ces clubs extrêmement prisés.

Les parcours situés à l'intérieur des terres méritent également que l'on s'y intéresse. C'est le cas de **Pitlochry** *(tél. : 01796/472 792, www.pitlochrygolf.co.uk)* dans le Tayside : le tracé est prestigieux et le panorama, inoubliable. Le plus impressionnant parcours est bien loin de la mer : doté d'un hôtel grand luxe, **Gleneagles** (voir rubrique Hôtels et restaurants p. 285) couvre plus de 340 hectares de la campagne du Perthshire, enchâssé dans une couronne de collines boisées. Il comprend trois parcours différents – le King's Course, le Queen's Course et le PGA Centenary Course, un terrain conçu par Jack Nicklaus, qui accueillera la Ryder Cup en 2014.

En Écosse, le golf est plus démocratisé qu'en France, ce n'est pas un sport réservé à l'élite : que vous souhaitiez réserver auprès de l'un des nombreux tour-opérateurs spécialisés en golf pour rallier en hélicoptère les parcours les plus prestigieux, ou simplement taper la balle sur un terrain municipal, connectez-vous sur *golf.visitscotland.com*. Qu'importe le parcours, vous connaîtrez de toute façon l'ivresse de golfer dans le pays où tout a commencé.

pavées, d'entrepôts et de maisonnettes aux vieilles pierres. Les installations portuaires modernes sont situées plus loin, mais ici, la frénésie de l'industrie pétrolière et gazière est déjà perceptible. L'**Aberdeen Maritime Museum** raconte la ville et la mer, à l'époque où Aberdeen n'était qu'un modeste port de pêche. Vous dénicherez aussi beaucoup d'informations sur la construction navale. Dans la continuité du musée, visitez la **Provost Ross's House**, une bâtisse du XVIe siècle offrant un panorama fantastique sur le port.

Aux premiers rayons du soleil, tous les habitants d'Aberdeen convergent vers la longue plage de sable située au nord du port. L'endroit est idéal pour une grande sortie en famille, même lorsque le vent frisquet venu de la mer souffle fort. La belle promenade aménagée est ourlée de cafés, de restaurants, de galeries de jeux d'arcade... sans oublier la fête foraine ! Faites-vous plaisir au **Beach Leisure Centre** (*Beach Promenade, tél. : 01224/655 401, €€€*) avec sa piscine à vagues et son mur d'escalade – vous y passerez un moment formidable en famille si jamais la journée s'annonce pluvieuse ou venteuse.

Aberdeen a été récompensée à plusieurs reprises dans le cadre de Britain in Bloom, un concours honorant les villes et les villages les plus fleuris du Royaume-Uni : même si le granit règne ici en maître, il masque son apparente austérité en s'habillant autant qu'il le peut de beaux massifs de fleurs.

La ville réserve enfin une immense place aux espaces verts, le plus agréable d'entre eux étant sans conteste **Duthie Park**, ses 18 hectares et sa « Rose Mountain » particulièrement spectaculaire en été. En hiver, visitez les bien nommés **Winter Gardens**, où des essences exotiques (parmi lesquelles la plus grande collection britannique de cactus) s'épanouissent dans des serres surchauffées. Aux beaux jours, canotez sur le lac... autour de vous, le silence se fait et soudain, le granit et le pétrole semblent bien loin. ■

Aberdeen Maritime Museum
✉ 52-56 Shiprow
☎ (01224) 337 700
€ €
www.aagm.co.uk

Duthie Park
✉ Polmuir Road
☎ (01224) 585 310
€ €
www.aberdeencity.gov.uk

Détente et vitraux au programme du Soul Bar (333 Union Street)

Villages de pêcheurs

Le nord-est du littoral est réputé pour ses villages de pêcheurs très animés où s'alignent de ravissantes maisonnettes de pierre. La pêche est aujourd'hui sur le déclin, pourtant, les ports de ces villages restent actifs. Venez savourer du homard à l'abri de murs épais bâtis pour protéger les habitants des vents froids de la mer du Nord.

Toutes blanches, les maisonnettes traditionnelles du village de Pennan sont sagement alignées.

Stonehaven
Carte p. 147 C3
Office de tourisme
66 Allardice St.
(01569) 762 806

Tolbooth Museum
The Harbour, Stonehaven
(01771) 622 906
Fermé nov.-mai
€€

L'excursion idéale débute à **Stonehaven**, au sud d'Aberdeen. Ne ratez ni le *fish and chips*, ni le vieux port et encore moins son plus ancien bâtiment, le **Tolbooth**, qui abrite un musée consacré à l'histoire locale. Des promenades en mer sont organisées en été et un festival folklorique a lieu début juillet.

Au nord d'Aberdeen, le paysage est plus sauvage. Les villages sont nichés au creux de dunes de sable ou adossés à de vertigineuses falaises. Peterhead est l'un des ports les plus actifs d'Europe, spécialisé dans la pêche aux poissons à chair blanche. À Zanres *(35 Queen St., tél. : 01779/477 128, www.zanres.co.uk)*, régalez-vous d'une belle tranche de cabillaud fraîchement pêché.

À la pointe nord-est de l'Aberdeenshire, **Fraserhead** mérite le détour pour son **Museum of Scottish Lighthouses** détaillant l'histoire de la famille Stevenson (celle de Robert Louis Stevenson, auteur de *L'Île au trésor*), qui a conçu la plupart des phares du pays.

Plus à l'ouest, **Pennan** est la quintessence même du

À SAVOIR

La force des vents provoque parfois une hausse du niveau de la mer : à Pennan, les voitures ont les roues dans l'eau. Le village est aussi connu pour avoir servi de décor au film *Local Hero*, avec Burt Lancaster.

village de pêcheurs : alignées sur le front de mer, ses maisons s'adossent à une falaise. La plupart font aujourd'hui office de résidence secondaire, et la vie à Pennan est loin d'être trépidante, mais le cadre est si idyllique que Hollywood est venu y poser ses caméras pour le film *Local Hero*. Sur les murs de **The Pennan Inn**, de vieilles coupures de journaux rappellent que Burt Lancaster séjourna ici pour les besoins du tournage.

Toujours plus à l'ouest, vous parvenez à **Crovie** et **Gardenstown** (2 km les séparent) : il y a ici encore moins de touristes qu'à Pennan, mais le cadre est ravissant. Goûtez les fruits de mer de Gardenstown, un pur délice.

Continuez votre route et voilà **Portsoy**. L'activité de pêche est en berne aujourd'hui, mais vous pourrez y voir les deux bassins portuaires et les gigantesques entrepôts. Le modeste **Portsoy Maritime Museum** fait la lumière sur son « âge d'or » du XVIIe siècle (autres informations disponibles au bureau d'informations touristiques). Prêtez l'oreille aux anecdotes des gens du cru tout en savourant une bonne bière à **The Shore Inn**.

Quittant l'Aberdeenshire pour le Moray, vous rejoignez **Cullen**, célèbre pour le *cullen skink*, une soupe délicieuse de haddock fumé. Le quartier moderne, doté de bâtiments remarquables, se situe en hauteur et déroule une kyrielle de cafés (et un appétissant marchand de glaces !). En contrebas, passé le vieil aqueduc ferroviaire qui traverse la ville, vous découvrez le port, balayé par les vents. ■

Donald Trump se met au golf

Le dossier qui suscite actuellement en Écosse la plus grande controverse est l'œuvre du milliardaire américain Donald Trump. Ce dernier souhaite mettre la main sur une zone vierge du littoral, au nord d'Aberdeen, pour y aménager un parcours de golf et un hôtel de luxe. Son projet sur 607 hectares de côtes (*www.trumpgolfscotland.com*) est absolument tentaculaire. Les habitants se divisent : les uns sont soucieux de préserver l'environnement, les autres misent sur cet investissement colossal, source d'emplois futurs.

Peterhead
Carte p. 147 C4

Fraserburgh
Carte p. 147 C4

Museum of Scottish Lighthouses
Kinnaird Head, Stevenson Rd., Fraserburgh
(01346) 511 022
€€
www.lighthousemuseum.org.uk

Pennan
Carte p. 147 C4

The Pennan Inn
Pennan
(01346) 561 201
www.thepennaninn.co.uk

Portsoy Maritime Museum
Portsoy Harbour
€

The Shore Inn
49 Church St., Portsoy
(01261) 842 831

Hautes montagnes, collines couvertes de fougères, lochs profonds (à l'occasion peuplés de monstres), sports d'hiver et whisky à volonté

Les Highlands du Centre et de l'Ouest

Introduction et carte 172-173

Inverness 174-177

À découvrir – Les îles de la Ness 175

Aviemore et les Cairngorms 178-185

À découvrir – Les joies des sports d'hiver 179

Randonnée dans les Cairngorms – Cairn Gorm et Ben Macdui 180-181

À découvrir – Partie de *shinty* à Kingussie 185

Le Great Glen 186-189

L'Ouest 190-197

À découvrir – La beauté sauvage de Glen Affric 191

À découvrir – Le Knoydart 195

À découvrir – Plongée sous-marine dans le détroit de Mull 197

Hôtels et restaurants 294-297

Le loch Insh, un lieu magnifique à l'atmosphère paisible

Les Highlands du Centre et de l'Ouest

Cette magnifique région encore très sauvage séduit d'emblée les visiteurs qui se promettent toujours d'y revenir. C'est une terre de superlatifs : les plus beaux lochs, les plus hauts sommets du Royaume-Uni, les meilleures offres en termes de loisirs sportifs se trouvent ici. Ajoutez-y une histoire mouvementée : la légende est conforme à la réalité.

Les Highlands du Centre et de l'Ouest incarnent la quintessence de l'Écosse. Cette région qui s'étend entre le littoral de la mer d'Irlande et celui de l'Atlantique offre des paysages spectaculaires et un passé riche en événements historiques. On y découvre de hautes montagnes entrecoupées de cols et des *glens* (vallées) au relief tourmenté, des lochs aux couleurs profondes qui se succèdent tels des fjords jusqu'à l'Atlantique.

Capitale régionale et seule ville des Highlands, Inverness, sur la côte nord-est, connaît depuis plusieurs années une croissance rapide. Il était temps que les Highlands en aient fini avec la désastreuse bataille de Culloden (1746) dont les répercussions ont si longtemps contribué à façonner l'existence des habitants de ce territoire. La cité, aujourd'hui très dynamique, attire de plus en plus de visiteurs qui choisissent désormais d'y passer quelques nuits et ne se contentent plus de la traverser.

Au sud d'Inverness, Aviemore est la plus grande station de sports d'hiver d'Écosse. Elle s'est développée à l'ombre des Cairngorms, une imposante chaîne de montagnes qui compte certains des sommets les plus élevés du Royaume-Uni, parmi lesquels l'impressionnant Ben Macdui. La région accueille en été les fans d'escalade et de randonnée, lesquels cèdent la place, l'hiver venu, aux skieurs et aux amateurs de curling, un sport très populaire en Écosse.

Le domaine de Rothiermurchus s'étend sur les contreforts des Cairngorms. Dans ce sanctuaire forestier, chacun trouvera quelque chose à faire : pêche, VTT, observation de la nature, randonnées avec des chiens de traîneau...

Situé un peu plus à l'est, le Speyside compte certaines des distilleries de whisky les plus renommées, parmi lesquelles Glenfiddich et Glenlivet. Grantown-on-Spey, la charmante capitale régionale, constitue une bonne base de départ. La vallée du Spey

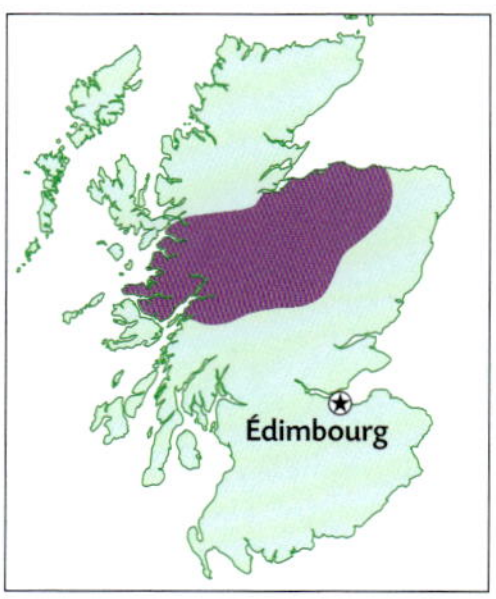

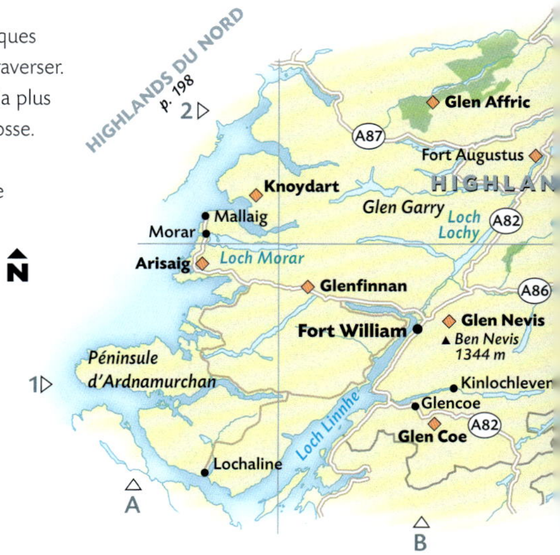

est aussi l'occasion de pratiquer la marche, le vélo ou encore le canoë.

Fort Williams se trouve à une centaine de kilomètres au sud d'Inverness, au débouché d'une série de *glens* connue sous le nom de Glen Coe. Le Great Glen ne comprend pas moins de quatre lochs, dont le loch Ness, patrie du célèbre monstre Nessie. Entre les deux côtes, il est possible de marcher, de faire du vélo, du canoë ou encore de prendre un bateau. Le canal calédonien, remarquable ouvrage du XIXe siècle, relie la mer du Nord à l'océan Atlantique en passant par les quatre lochs.

Fort Williams est devenu une destination de choix pour les amateurs de vacances sportives. C'est le point de départ pour ceux qui veulent faire l'ascension du sommet du Royaume-Uni, le Ben Nevis, ou pratiquer toutes sortes d'activités, du ski au VTT, sur les montagnes de la chaîne des Grampians. Cette partie des Highlands attire aussi les randonneurs de bon niveau qui trouvent ici de quoi mettre leurs forces à l'épreuve.

À NE PAS MANQUER

La bataille de Culloden et le centre d'informations aménagé sur les lieux du drame 177

Le loch Ness, le plus grand des lochs intérieurs d'Écosse, et Nessie, son célèbre monstre 187-188

Glen Coe, le plus beau de tous les lochs, théâtre d'une véritable tragédie 192-193

Glenfinnan, un village magnifique, haut lieu de l'histoire de l'Écosse 194, 196

Glen Coe, au sud de Fort Williams, est incontestablement l'un des plus beaux *glens* d'Écosse, mais le nom est aussi attaché à une véritable tragédie nationale. La « route des îles », qui s'ouvre vers le nord et rejoint la côte atlantique, peut être parcourue en train ou en voiture. Elle permet de découvrir des *glens* plus impressionnants les uns que les autres et des plages de sable blanc qui s'étirent autour des paisibles villages de Morar et d'Arisaig. Au bout de la route, le port de pêche de Mallaig permet de rejoindre les îles ; celle de Skye est visible depuis le rivage. Au nord de Mallaig et du Knoydart s'étend la région la plus sauvage et préservée que l'on trouve en Écosse. Elle a été marquée par la bataille de Culloden, une défaite écossaise qui a eu pour conséquence de faire disparaître le mode de vie traditionnel des Highlands, lequel est néanmoins demeuré toujours vivant dans le cœur des habitants de la région et dans l'imaginaire des visiteurs d'aujourd'hui. ■

Inverness

Inverness se trouve à la pointe nord du Great Glen, à l'embouchure de la Ness, là où la rivière se jette dans le Beauly Firth. Située au carrefour des Highlands et des Lowlands, la cité n'a pas été épargnée par les conflits, des guerres des clans de l'époque médiévale au carnage de Culloden en 1746. Le centre administratif des Highlands est aujourd'hui une ville dynamique et animée, qui compte de plus de 70 000 habitants.

Un pont piétonnier suspendu relie le centre animé d'Inverness à un quartier plus tranquille de la ville, sur l'autre rive de la Ness.

Inverness

Carte p. 172-173 C2

Office de tourisme

Castle Wynd, Inverness

(08452) 255 121

www.visithighlands.com

La population d'Inverness s'est fortement accrue au cours des dix dernières années. Inverness doit beaucoup à l'essor spectaculaire du tourisme et à sa position de « porte d'entrée des Highlands ». Aujourd'hui, les visiteurs sont de plus en plus nombreux à mettre Inverness à leur programme de découverte de l'Écosse, et les Écossais, à choisir d'y travailler et d'y vivre.

Bien qu'il soit fermé au public, le **château d'Inverness** *(Castle St.)*, qui abrite aujourd'hui le palais de justice, fait partie des principales curiosités de la ville. Détruite plusieurs fois au cours de son histoire tumultueuse, la construction actuelle, en grès rouge, n'a pas grand-chose à voir avec celle des débuts. Les fantômes de Marie Ire et de Robert Bruce, deux Highlanders célèbres, ne sont toutefois pas très loin... N'hésitez pas à vous promener autour du bâtiment pour admirer notamment la statue qui rend hommage à Flora MacDonald, laquelle aida Charles Édouard Stuart à s'enfuir après la défaite de Culloden.

À SAVOIR

Situé à quelques minutes à pied du centre-ville, Moyness House, le B & B tenu par Richard et Jenny, offre à ses hôtes l'hospitalité légendaire des Highlands.

Le centre

Inverness Museum and Art Gallery se trouve à un pâté de maisons du château en direction du nord. Rénové depuis peu et d'accès libre, ce beau musée permet d'en savoir plus sur l'histoire de la ville et des Highlands. Vous y découvrirez de vastes collections – armes, cornemuses... – et des espaces interactifs qui apportent un bon éclairage sur le mode de vie traditionnel dans la région. De nombreux tableaux évoquent aussi des épisodes de l'histoire locale. L'un des objets les plus émouvants du musée reste sans doute cette pièce de monnaie sculptée en forme de cœur par un pilote de la Royal Air Force pour sa fiancée...

L'**hôtel de ville** se trouve un peu plus au nord. De style gothique, cette construction de 1878 contraste avec le reste du centre-ville. C'est ici que se déroula, en 1921, la seule réunion du cabinet ministériel du Royaume-Uni à avoir jamais eu lieu hors de Londres et qui devait déboucher sur la création de l'État libre d'Irlande.

À deux pas, vous pourrez jeter un œil au monument (**Mercat Cross**) et à la pierre (**Stone of Tubs**), où les femmes revenant de la rivière où elles lavaient leur linge marquaient autrefois une pause avec leurs paniers. Une légende veut qu'Inverness continuera de prospérer tant que la pierre restera en place...

Traversez Bridge Street en direction du nord pour atteindre la zone commerçante piétonnière de la ville qui s'ouvre sur votre gauche. Vous y trouverez tout ce dont vous pourriez avoir besoin pour vos incursions dans les Highlands mais aussi nombre de boutiques « d'articles écossais » pour touristes. Si vous avez toujours rêvé d'acheter un kilt, une cornemuse ou un *sporran* en fourrure, vous êtes au bon endroit ! Il y a de bonnes affaires mais le plus divertissant consiste à écouter les vendeurs raconter

À DÉCOUVRIR

Les îles de la Ness

Ce chapelet de petites îles, à quelques minutes au sud d'Inverness, constitue un havre de paix. Le bruit des voitures n'est plus qu'un lointain souvenir, remplacé par le clapotis de l'eau et le chant des oiseaux. Les îles sont reliées par des passerelles. Peu fréquenté par les touristes, l'endroit est un lieu de promenade apprécié des habitants de la ville qui viennent s'y aérer ou y promener leur chien. Les îles se trouvent à l'extrémité orientale d'Infirmary Bridge, le premier pont piétonnier en remontant la rivière en amont depuis le pont principal.

Moyness House
6 Bruce Gardens
(01463) 233 836
www.moyness.co.uk

Inverness Museum and Art Gallery
Castle Wynd
(01463) 237 114
Fermé dim.
inverness.highland.museum

Hôtel de ville
Castle Wynd
(01463) 702 000
Fermé nov.-mai
€€
www.highland.gov.uk

Scottish Kiltmaker Centre
4-9 Huntly St.
(01463) 222 781
Fermé dim.
€

www.highlandhouseoffraser.com

Cathédrale Saint Andrew
15 Ardross St.
(01463) 233 535
€

www.invernesscathedral.co.uk

les légendes et les histoires qui se rapportent aux articles...

Située à trois pâtés de maisons vers le nord, au 71 Church Street, **Abertaff House**, l'édifice le plus ancien de la ville, remonterait à 1593. La demeure, qui n'est pas ouverte au public, mérite toutefois un coup d'œil. À proximité, ne manquez pas le **clocher** *(2 Bridge St.)* et **Old High Church** *(angle de Church St. et Friars' Lane)*, la plus ancienne église de la ville.

Sur l'autre rive

Le pont piétonnier qui se trouve derrière Old High Church permet de gagner la rive est de la Ness qui abrite un quartier résidentiel. Tournez immédiatement au sud et vous arriverez au **Scottish Kiltmaker Center** où vous apprendrez tout ce que vous avez toujours voulu savoir sur la fabrication des kilts et des tartans. Les amateurs de septième art y découvriront certains des costumes portés dans *Braveheart* et *Rob Roy*. Ici, on fabrique des kilts depuis plus d'un demi-siècle, vous serez entre de bonnes mains ! N'hésitez pas à vous connecter au guide d'achat en ligne sur le site avant d'essayer un modèle.

Poursuivez en direction du sud en logeant la rivière jusqu'à **Ness Bridge**, le pont le plus charmant de la ville ; vous verrez bientôt apparaître l'imposante **cathédrale Saint Andrew**,

Le champ de bataille de Culloden sous la neige

construite selon les plans d'Alexander Ross entre 1866 et 1869 – en partie seulement : le manque de fonds ne permit pas d'édifier les deux grandes tours prévues à l'origine.

Proche de la cathédrale, l'**Eden Court Theatre** est l'un des derniers-nés des lieux culturels de cette ville qui monte. Aussi variée qu'éclectique – des spectacles interactifs pour enfants aux concerts de musique classique – la programmation a tout pour séduire un large public.

Poussez à 5 km à l'est d'Inverness en prenant l'A862 pour arriver à **Craig Phadrig Hill**, ancien camp fortifié du roi picte Brude : vous y verrez un fort datant de l'âge du fer tout en jouissant d'une vue magnifique sur le Moray Firth.

Les dauphins du Moray

Les dauphins souffleurs *(Tursiops truncatus)* qui s'ébattent dans le Moray Firth, ce bras de mer qui relie Inverness à la mer du Nord, ou suivent les bateaux dans leur sillage, font partie des delphinidés qui vivent dans les zones les plus septentrionales du globe. Vous en verrez peut-être depuis le rivage, en compagnie de marsouins et de petits rorquals, mais rien ne vaut une sortie en mer pour les observer de plus près. Renseignez-vous par exemple auprès d'Inverness Dolphin Cruises *(Shore Street Quay, tél. : 01463/717 900, www.inverness-dolphin-cruises.co.uk)*.

La lande de Culloden

Quel que soit votre intérêt pour l'histoire, vous ne pouvez pas manquer de visiter ce site à l'est de la ville. Dites Culloden et n'importe quel Écossais réagira ! Lointains souvenirs de cours d'histoire à l'école ou récits vibrants d'émotion comme si la bataille s'était déroulée la veille, le nom de Culloden est indissociable de l'histoire et des traditions des Highlands.

De fait, ce vaste espace de lande aux allures désolées revêt une importance particulière dans l'histoire écossaise. C'est ici, qu'en 1746 les jacobites, partisans de Bonnie Prince Charlie, affrontèrent les armées du duc de Cumberland. Après seulement une heure de combat, les Highlanders furent décimés et les révoltes jacobites enterrées à jamais (voir p. 42). Les hommes de Cumberland marchèrent ensuite vers le nord des Highlands, pillant et saccageant tout sur leur passage, mettant un terme au mode de vie traditionnel de la région.

Pendant longtemps, seuls un petit tumulus de pierre et quelques vieilles armes rouillées marquèrent l'emplacement du champ de bataille. Un **centre d'informations** ultra-moderne a récemment été aménagé sur les lieux. Les événements y sont retracés du point de vue tant des jacobites que du gouvernement loyaliste, grâce à des témoignages historiques et des trouvailles archéologiques ; une salle permet aux visiteurs de replonger dans la bataille et d'en deviner toute l'horreur. L'audioguide vous permettra de profiter au mieux de la visite des lieux du drame. ■

Eden Court Theatre

- Bishops Road
- (01463) 234 234
- €-€€€€€€

www.eden-court.co.uk

Lande de Culloden

- À environ 6,5 km à l'est d'Inverness sur la B9006 (Culloden Moor)
- (0844) 493 2159
- Centre d'informations fermé en janv.
- €€€€

www.nts.org.uk/culloden

Aviemore et les Cairngorms

La station de sports d'hiver d'Aviemore se trouve à 45 km au sud-ouest d'Inverness, à la lisière des Cairngorms et à presque 1 000 m d'altitude. Les hivers écossais sont longs mais la neige n'est pas toujours au rendez-vous et la station s'est efforcée de développer une gamme d'activités diversifiées. Les pistes et les téléskis sont prêts au cas où mais il y a bien d'autres manières de s'occuper : golf, VTT, spa.

Les Cairngorms offrent des pistes accessibles, mais la neige n'est pas toujours au rendez-vous.

Aviemore
Carte p. 173 C2
Office de tourisme
Unit 7, Grampian Rd., Aviemore
(0845) 225 121
www.visithighlands.com

Cairngorm Mountain Funicular
Aviemore
(01479) 861 261
Fermé 10 jours en nov.
€€€
www.cairngormmountain.co.uk

Aviemore

La station a fait de gros efforts pour développer de nouvelles activités et rajeunir son image. Elle s'est donné pour mission de faire d'Aviemore le pendant écossais de la station canadienne de Whistler. L'ouverture du Cairngorms National Park, le plus grand du Royaume-Uni, a également beaucoup servi la cause de la région, tant au niveau de la protection de la nature qu'à celui du développement d'un tourisme respectueux de l'environnement.

Commencez par prendre place à bord du **Cairngorm Mountain Funicular** pour une première prise de contact avec Aviemore et ses environs. Le funiculaire vous conduira au sommet où vous pourrez faire une pause au café-restaurant tout en observant les randonneurs partis explorer la montagne ; en hiver, ils cèdent la place aux skieurs et aux amateurs de snowboard.

À Aviemore même, ne manquez pas de vous arrêter à la **gare** *(Dalfaber Road)*, un joyau d'architecture victorienne qui rappelle l'époque révolue des grandes épopées ferroviaires. Si vous êtes tenté par un voyage dans le temps, embarquez donc à bord d'un des trains de la

Strathspey Steam Railway ; la ligne de chemin de fer traverse les magnifiques paysages du parc national, sillonnant la région d'Aviemore à Broomhill en passant par Boat of Garden.

Le parcours de golf situé au nord d'Aviemore est l'un des plus réputés du pays. Couvert de zones d'épaisses bruyères et comprenant des allées étroites, le **Spey Valley Golf Course** a la réputation d'être difficile, mais la vue sur le Spey, les collines et les montagnes environnantes est vraiment magnifique. N'hésitez pas à louer un caddie, car les distances entre certains greens peuvent être importantes. Le parcours est en passe de devenir l'un des plus prisés en Écosse : profitez-en tant qu'il est encore facile d'y jouer !

Les amateurs de VTT pourront se rendre à Lagan, à quelques kilomètres au sud d'Aviemore, où les attend le **Wolftrax** *(tél. : 01463/791 575, www.forestry.gov.uk/wolftrax)* l'un des meilleurs parcours du pays sur lequel ont été aménagées des pistes bleues, rouges et noires. Les pistes rouges, qui descendent à pic à travers la forêt, parmi les rochers, et se

(suite p. 182)

Strathspey Steam Railway

✉ Aviemore Station, Dalfaber Road

☎ (01479) 810 725

€ €€€

🕒 Fermé nov.-mars

www.strathspeyrailway.net

Spey Valley Golf Course

✉ Aviemore

☎ (0844) 879 9152

www.macdonaldhotels.co.uk

À DÉCOUVRIR Les joies des sports d'hiver

Chaque année, des milliers de Britanniques quittent leur pays pour dévaler les pentes enneigées d'Europe, semblant ignorer qu'ils peuvent trouver chez eux de quoi satisfaire leurs envies ! Les stations écossaises ne sont certes pas aussi prestigieuses que celles des Alpes mais elles offrent largement de quoi profiter des joies des sports d'hiver.

Le curling est sans doute le sport d'hiver le plus populaire en Écosse. Cette discipline olympique dans laquelle des sportifs écossais hommes et femmes se sont distingués à plusieurs reprises se pratique dans une patinoire ou en extérieur lors d'hivers très rigoureux. Les lourdes pierres de granit poli (18 kg) utilisées partout à travers le monde proviennent d'un seul et unique endroit : l'île d'Alisa Craig, sur la côte ouest de l'Écosse. Le but de ce jeu de tactique est de placer les pierres le plus près possible d'une cible dessinée sur la glace. Chaque équipe compte quatre joueurs ; l'un d'entre eux tire une pierre tandis que les trois autres, munis d'un balai, ralentissent, accélèrent ou encore modifient le cours de sa trajectoire. Contactez le **Royal Caledonian Curling Club** (*tél. : 0131/333 3003, www.royalcaledoniancurlingclub.org*) pour connaître le calendrier des manifestations. Le **Grand Match** est l'une des compétitions en extérieur les plus réputées ; organisée sur le lac de Menteith (voir p. 130), elle a lieu très irrégulièrement et, conséquence du réchauffement climatique, ne s'est pas tenue... depuis 1979.

Le ski et le snowboard se pratiquent dans les cinq stations que compte l'Écosse (voir p. 313). La neige n'est pas toujours au rendez-vous, et la plupart des pistes s'adressent aux skieurs débutants ou de niveau intermédiaire. Ceux qui ne veulent pas trop se fatiguer pourront opter pour une sortie avec des chiens de traîneau comme celles qu'organise le **Cairngorm Dog Sledding Centre** *(Moormore Cottage, Rothiemurchus Estate, Aviemore, tél. : 07767/270 526, www.sled-dogs.co.uk)*.

Randonnée dans les Cairngorms – Cairn Gorm et Ben Macdui

Jusqu'au début du xxe siècle, on pensait que le Ben Macdui était le plus haut sommet d'Écosse. Avec ses 1 309 m, c'est effectivement une bien grande montagne qui se dresse sur le plateau du Cairn Gorm, au cœur des Cairngorms, et le point culminant de ce massif à la nature préservée. Ces lieux d'une beauté à couper le souffle se prêtent à des randonnées bien préparées qui séduiront les amateurs de solitude.

Randonnée dans les Cairngorms, près d'Aviemore

Au printemps et en été, Aviemore constitue un bon point de départ pour qui veut gravir le Ben Macdui. Mais attention, le plateau des Cairngorms n'est pas pour les débutants. Il est déconseillé de s'y attaquer en hiver – sauf en sortie accompagnée. Si vous décidez de vous lancer, il vous faudra être bien préparé : vêtements adaptés, provisions en quantité suffisante, carte et boussole.

Le point de départ est le **parking de la station de ski** ❶. Vous serez peut-être tenté de couper par les ravins pentus qui entourent le plateau. Suivez plutôt le chemin plus sûr et plus facile qui s'ouvre au sud-ouest.

Avancez sous le regard menaçant des monstres de pierre des Cairngorms est tout

À NE PAS MANQUER

Miadan Creag an Leth-Choin • Lochan Buidhe • Ben Macdui • Cairn Gorm

à la fois une expérience qui rend humble et qui relève du défi. La traversée des petits ruisseaux de montagne vous sera au moins épargnée puisqu'il est possible de passer **à gué** ❷ en prenant appui sur des pierres du Coire an t-Sneachda ; le cirque glaciaire, encadré d'imposantes parois rocheuses, est particulièrement impressionnant.

Vous accéderez au plateau des Cairgorms en longeant la longue arête de **Miadan Creag an Leth-Choin** ❸. Économisez vos forces en marchant lentement. À l'est, si les nuages ne sont pas trop denses, vous verrez les eaux glaciales de la gorge de **Coire an Lochan**. Les épaisses forêts qui entouraient Aviemore ont cédé la place à des tourbières et des marais. Vous aurez peut-être la chance d'apercevoir des grouses quoique leur plumage, blanc comme neige en hiver et brun à la belle saison, leur permette de bien se camoufler. À mesure que vous vous enfoncez dans le plateau, la nature apparaît plus hostile et désolée. Seuls de rares arbustes sont visibles à l'approche de **Lochan Buide**. Le sommet du **Ben Macdui** ❹ (1 309 m) est occupé par des éboulements de pierre et compte un petit refuge où vous pourrez faire une pause à l'abri des intempéries qui peuvent arriver sans prévenir.

Revenez sur vos pas jusqu'à Lochan **Buidhe** 5. Vous pouvez reprendre le même chemin qu'à l'aller ou, plus intéressant, couper par le nord-est depuis le loch à travers le Cairn Gorm même. Ne vous approchez pas trop près du bord du plateau, car la visibilité n'est pas toujours bonne.

Le **Cairn Gorm** 6 (1 244 m) est encore plus impressionnant que le Ben Macdui. Si le **funiculaire** situé juste avant le sommet fonctionne, vous pourrez redescendre rapidement *(€€)*. Sinon, suivez la piste de ski de **Corrie Cas** 7 ou le chemin plus long et plus pittoresque de **Fiacaill a Choire Chais**.

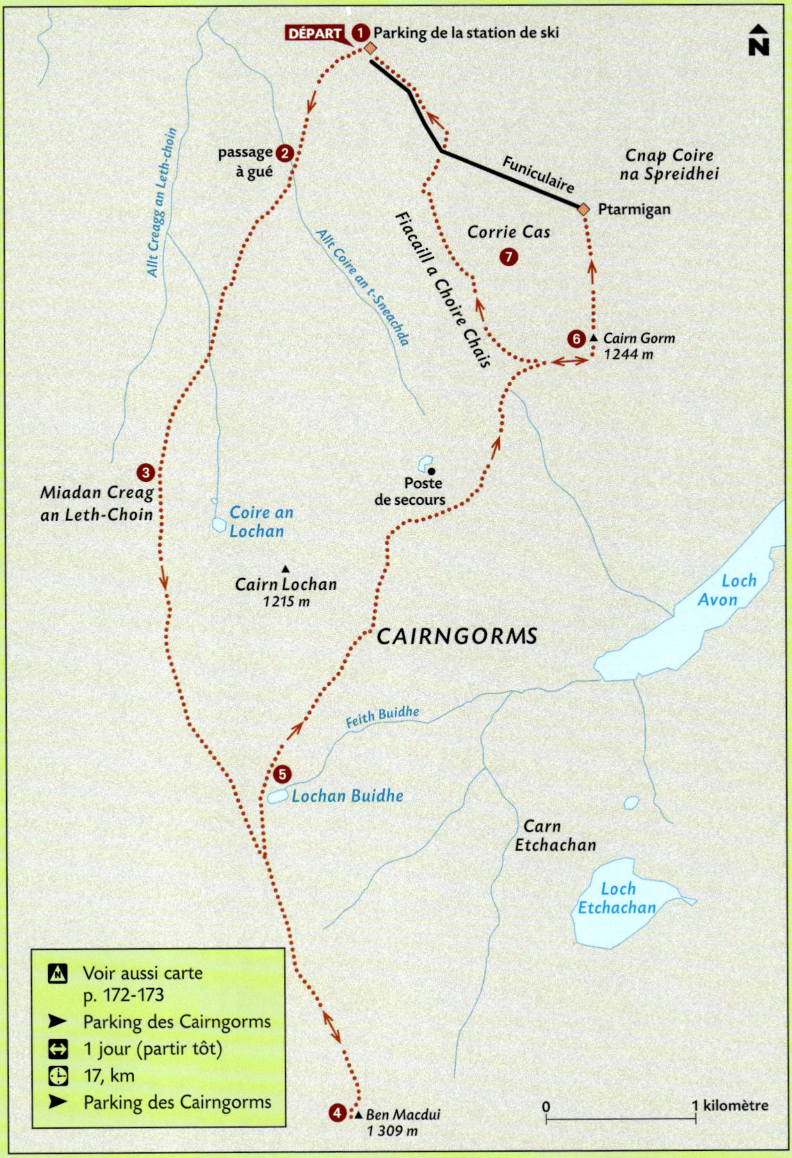

Les balbuzards pêcheurs d'Abernethy

Dans les années 1950, on pensait que le balbuzard pêcheur avait disparu du Royaume-Uni. Et puis un beau jour, un couple apparut dans le loch Garten. Les associations de protection de la nature créèrent alors Abernethy Forest RSPB Reserve (*Aviemore, tél. : 01479/831 476, www.rspb.org.uk*), un espace protégé qui comprend le loch et les forêts alentour. Ces efforts ont porté leurs fruits et aujourd'hui, on estime qu'une centaine de couples de ces gracieux rapaces nichent à travers toute l'Écosse. La meilleure période pour les observer se situe entre avril et fin août ; le centre d'informations pour les visiteurs est alors ouvert, mettant à disposition des télescopes et organisant des visites guidées de la réserve.

BaseCamp Mountain Bikes
- Laggan Wolftrax, Strathmashie Forest, Laggan
- (01528) 544 786
- €€€€
- Fermé mar.

www.basecampmtb.com

Loch Insh Watersports and Outdoor Activity Centre
- Kincraig
- (01549) 651 272

www.lochinsh.com

Domaine de Rothiemurchus
- Carte p. 173 C2
- Sur la B970 près d'Aviemore
- (01479) 812 345
- €

www.rothiemurchus.net

Hermitage Guest House
- Spey Street, Kingussie
- (01540) 662 137
- €€

www.thehermitage.clara.net

caractérisent par leur étroitesse, mettront leur habileté et leurs nerfs à l'épreuve ! Moins difficile : la « wilderness trail » qui suit des sentiers qu'empruntaient autrefois les bergers au cœur de la nature. Il est possible de louer des VTT à la boutique **BaseCamp Mountain Bikes**, qui se double d'un centre d'informations.

Les amateurs de sports aquatiques, eux, prendront la direction du **loch Insh** (1,6 km sur 2,5 km), au sud d'Aviemore, un ravissant lac d'eau douce bordé de collines et de bruyères où il est possible d'observer des balbuzards. On trouve à louer différents types de canoës et de kayaks, des dériveurs et des VTT, au **Loch Insh Watersports and Outdoor Activity Centre**, une affaire familiale. L'endroit est parfait pour ceux qui voyagent avec des enfants : il y a des cours pour tous niveaux et tous âges.

De là, il est possible de revenir à Aviemore en canoë ou en kayak sur le Spey ; une bonne manière de découvrir la beauté de la région et d'admirer les Cairngorms sous un autre angle.

Le domaine de Rothiemurchus

Ce parc de 9 000 hectares se trouve à la lisière du massif des Cairngorms, à l'extérieur d'Aviemore. C'est un endroit privilégié pour découvrir la forêt calédonienne dans toute sa beauté, pins sylvestres, bouleaux, genévriers se déployant autour de deux lochs. La faune sauvage est abondante, et il n'est pas rare d'y apercevoir des écureuils roux, des becs-croisés, des grouses, des martres...

Sur le parking principal, un **centre d'informations pour les visiteurs** loue des vélos. C'est la meilleure façon de visiter les lieux si vous disposez de peu de temps. Si vous passez plus de temps à Rothiemurchus, n'hésitez pas à louer un vélo pour une journée, puis revenez le lendemain à pied sur les sites que vous aurez préférés. Le domaine se découvre aussi en poney, un moyen de transport qui séduit beaucoup de grands enfants !

Le **loch an Eilein** est l'un des plus beaux coins du domaine. Le « loch de l'île » doit son nom à l'îlot qui repose sur ses eaux argentées et que domine un beau château abandonné. Plus fréquenté, le **loch Morlich**, à la limite du domaine, abrite une base nautique, une plage, un terrain de camping ; par temps clair, la vue sur les Cairngorms est splendide.

Si vous aimez la pêche, vous trouverez également votre bonheur, que vous décidiez de taquiner gentiment les truites arc-en-ciel et les truites farios ou que vous vous lanciez dans une partie de pêche sportive au saumon sauvage sur le **Spey**.

Pour vous remettre de toutes ces activités, arrêtez-vous au café-restaurant où vous pourrez goûter aux produits cultivés sur place. À la boutique, faites provision de bonnes choses et notamment de l'excellente viande de bœuf des Highlands.

Kingussie et Newtonmore

Si vous recherchez un point de chute plus authentique et décontracté pour partir à la découverte des Cairgorms, poursuivez en amont de la vallée du Spey, au-delà d'Aviemore et de Rothiemurchus. Avec leur atmosphère chaleureuse, les villages de Kingussie et Newtonmore, peu touchés par le développement qui affecte Aviemore, sont faits pour vous. Vous y trouverez plusieurs jolies chambres d'hôtes, parmi lesquelles **Hermitage Guest House** à Kingussie, **Coig na Shee Guest House** à Newtonmore, **Ruthven Steadings**, un établissement situé sur l'autre rive du Spey, face à Kingussie.

Mais Kingussie et Newtonmore ne sont pas seulement de bonnes étapes : vous y visiterez plusieurs sites intéressants comme le passionnant **Highlands Folk Museum**, dont les collections sont réparties entre les deux villages. Cet écomusée vous permettra de découvrir une ferme traditionnelle, un moulin à eau en état de fonctionnement, des ateliers de fabrication artisanale d'objets de la région. Depuis la colline sur laquelle elle a été bâtie, la caserne de Ruthven *(sur la B970, à 16 km au sud de Kingussie)* domine de sa haute silhouette les deux villages. Il s'agit de l'un des rares exemples encore visibles de poste militaire établi au milieu du XVIIIe siècle par les Anglais pour mâter les Highlanders et éradiquer leur culture.

VTT sur les rives du loch an Eilein à Rothiemurchus

Coig na Shee Guest House
✉ Fort William Road, Newtonmore
☎ (01540) 670 109
€ €€
www.coignashee.co.uk

Ruthven Steadings
✉ Ruthven, Kingussie
☎ (01540) 662 328
€ €€
www.bedandbreakfastcairngorms.co.uk

Highland Folk Museum
✉ Duke Street, Kingussie et Aultlarie Croft, Kingussie Road, Newtonmore
☎ (01540) 661 307
www.highlandfolk.com

Grand choix de single malts dans un bar de Grantown

Speyside Way Centre

✉ Old Station Building, Aberlour

☎ (01340) 881 266

€

www.speysideway.org

Grantown-on-Spey

Carte p. 173 D2

Office de tourisme

✉ 54 High St.

☎ (01479) 872 773

Walkers Shortbread

✉ Aberlour House, Aberlour

☎ (01340) 871 555

Fermé sam.-dim.

www.walkersshortbread.com

Le Speyside

Cette région des Highlands concentre le plus grand nombre de distilleries de whisky en Écosse. Les eaux limpides et fraîches du Spey, un fleuve saumoneux qui alimente une cinquantaine de distilleries, y sont pour quelque chose. Avec ses paysages pittoresques et ses breuvages réputés, le Speyside est incontestablement à découvrir, en voiture, à vélo ou même à pied.

Depuis Aviemore, l'A95 se révèle être une jolie route qui permet de passer par **Grantown-on-Spey**, une charmante petite ville aux beaux édifices georgiens. Allez vous balader sur les bords du Spey ou traînez dans les cafés de la rue principale où règne une ambiance animée. Si vous êtes là en août, vous aurez l'occasion d'assister aux Grantown-on-Spey Highland Games.

Plus loin vers le nord-est, l'A95 suit le cours du fleuve jusqu'à son embouchure. Plusieurs distilleries sont installées sur les bords du Spey et font partie de la **« Malt Whisky Trail »** (*www.maltwhiskytrail.com*), un itinéraire de 112 km, au fil duquel il est possible de visiter neuf distilleries.

Charleston of Aberlour est située sur la Malt Whisky Trail. La cité est réputée pour son whisky, l'Aberlour, et pour les *shortbread* de la marque **Walkers**, de délicieux sablés inventés ici par Joseph Walkers en 1898 – on peut en acheter au magasin de la fabrique. N'hésitez pas à vous promener en ville pour découvrir les opulents édifices de granit et le parc qui descend en pente douce vers le fleuve.

L'ancienne gare ferroviaire abrite aujourd'hui un centre d'informations consacré au **Speyside Way**, un chemin de randonnée qui passe à proximité. Si vous n'êtes pas pressé, cette route de 105 km est un moyen des plus agréables de découvrir le pays du whisky.

À quelques kilomètres de là, à l'est, sur le Speyside Way, vous pourrez faire étape à **Craigellachie**, un village plein de charme qui, comme il se doit, compte une distillerie. Arrêt obligé : Craigellachie Hotel *(Victoria Street, tél. : 01340/881 204, www.oxfordhotelsandinns.com)*. un bâtiment historique qui abrite l'un des meilleurs bars à whisky du pays, le **Quaich Bar** (voir p. 294). L'endroit regorge de toutes sortes de whisky dont les plus rares peuvent atteindre des prix exorbitants. Le personnel est

À SAVOIR

Avec ses fûts centenaires qui vieillissent patiemment sur leurs étagères en bois, Strathisla est sans doute l'une des distilleries les plus typiques d'Écosse.

très calé en la matière et vous aidera à vous y retrouver dans les méandres de l'interminable carte.

Autre visite obligée : le **pont** en fonte construit au début du XIXe siècle selon les plans du célèbre ingénieur écossais Thomas Telford.

Moins de 8 km au sud, après avoir traversé un paysage de montagnes escarpées, vous arriverez à **Dufftown**, « capitale mondiale du whisky ». En chemin, vous pourrez voir la **tonnellerie de Speyside** (**Speyside Cooperage**) et apprendre comment on fabrique les tonneaux destinés à contenir le précieux breuvage. Un dicton l'affirme : « Rome a été construite sur sept collines, Dufftown repose sur sept distilleries. » De fait, cette imposante cité aux rues bordées de belles demeures de granit semble tout entière tournée vers la production de whisky.

Impossible de découvrir le Speyside sans visiter au moins une distillerie, donc. Celle de **Strathisla** *(Seafield Ave., Keith, tél. : 01542/783 044, www.maltwhiskydistilleries.com, visite : €)*, est sans doute l'une des plus intéressantes à voir. En été, un train ancien parcourt la ligne du **Keith and Dufftown Railway**, une façon amusante de relier Keith depuis Dufftown. Fondée en 1786, la distillerie de Strathisla se vante d'être la plus ancienne des Highlands ; c'est ici que sont produits plusieurs des whiskys qui entrent dans la composition du fameux Chivas Regal.

Au cours de cette visite, vous aurez l'occasion de goûter au Chivas 12 ans d'âge et au 18 ans d'âge, servi, comme il se doit, sans glace et avec un trait d'eau. Tous les whiskies sont en vente à la boutique avec possibilité de personnaliser les étiquettes. ■

Dufftown

Carte p. 173 D2

Office de tourisme

2 The Square, Dufftown

(01340) 820 501

Fermé nov.-Pâques

Speyside Cooperage

Dufftown Road, Craigellachie, Dufftown

(01340) 871 108

€

Fermé sam.-dim.

www.speysidecooperage.co.uk

Keith and Dufftown Railway

Dufftown Station, Dufftown

(01340) 821 181

Fermé lun. et mar. et janv.-mars

€€€

www.keith-dufftown-railway.co.uk

À DÉCOUVRIR Partie de *shinty* à Kingussie

Dans la vallée du Spey, loin des visites organisées de distilleries et des pistes de ski, les traditions des Highlands perdurent, notamment à travers un sport, considéré autrefois comme « l'exercice idéal pour un peuple de guerriers ». Le *shinty*, jeu apparenté au hockey, plus rapide et plus brutal, est toujours pratiqué à Newtonmore et à Kingussie, deux cités dont les équipes respectives sont en tête dans les Highlands. En été, il est possible d'assister à des matchs dans les deux villes, mais le temps fort de la saison arrive avec les matchs qui les opposent et déchaînent les passions de leurs supporters respectifs. Ambiance garantie ! Renseignements sur le calendrier des matchs *www.shinty.com*.

Le Great Glen

Le Great Glen suit une importante faille géologique qui s'étire sur 97 km de la mer du Nord à l'océan Atlantique en une série de vallées, de montagnes et de lochs, reliant deux des grands sites touristiques des Highlands : Inverness et Fort William.

Les ruines du château d'Urquhart dominent le célèbre loch Ness.

Canal calédonien
Carte p. 172 C2

Boat Laggan
Laggan Locks
(01809) 501 234
Fermé dim.
€€€€€
www.leboat.co.uk

Le canal calédonien

Remarquable ouvrage, ce canal traverse les quatre lochs – Ness, Oich, Lochy, Linnhe – situés entre la mer du Nord et l'Atlantique. La voie d'eau est entièrement navigable et c'est depuis un bateau qu'on l'apprécie le mieux. Il est possible de louer des bateaux à Laggan par l'intermédiaire du **Boat Laggan** ; une semaine suffit pour naviguer sur le canal dans les deux sens. Autre possibilité : suivre le **Great Glen Way** *(tél. : 01320/366 633, www.greatglenway.com)*, une voie de 117 km qui longe le canal calédonien et qu'empruntent volontiers les cyclistes ; attention toutefois aux bouchons en haute saison !

Une autre bonne option consiste à découvrir la région en canoë. Les possibilités sont encore limitées, mais l'achèvement du **Great Glen Canoe Trail** *(Scottish Canoe Assoc., www.canoescotland.org)* permettra aux amateurs de disposer de terrains de camping gratuits et des docks spécifiques sur la longueur de l'ouvrage.

L'histoire du canal calédonien commença au début du XIXe siècle. La création d'une voie d'eau reliant les deux côtes apparut comme un bon moyen de désenclaver les Highlands et une manière efficace d'éviter le dangereux contournement maritime de l'Écosse. L'architecte et ingénieur civil Scott Thomas Telford s'attela ainsi au projet consistant à relier la mer du Nord, au niveau d'Inverness, à l'océan Atlantique, au niveau de Fort Williams, par le biais d'une série de canaux et d'écluses joignant entre eux les lochs du Great Glen. L'ouvrage, d'une ingéniosité prodigieuse, comprend 29 écluses dont certaines font passer les bateaux à plus de 100 m au-dessus du niveau de la mer.

Le loch Ness

C'est la portion la plus spectaculaire du canal calédonien. **Fort Augustus**, à la pointe sud du loch, est une petite ville à l'atmosphère sympathique avec ses bars, ses cafés et ses restaurants. Il n'y a pas grand-chose à faire si ce n'est se balader le long du canal, se promener autour du loch Ness, admirer la superbe **abbaye** transformée aujourd'hui en une luxueuse résidence de vacances *(ne se visite pas)* ou encore partir en randonnée dans les collines des environs.

De nombreux tours opérateurs proposent des sorties sur le loch Ness mais **Cruise Loch Ness**, à Fort Augustus, est sans doute le meilleur. Sur le loch intérieur le plus long d'Écosse (37 km), vous disposerez, à bord des bateaux de cette compagnie, de tout l'équipement nécessaire pour tenter d'apercevoir le monstre le plus célèbre au monde et notamment d'un système de caméra sous-marine en 3D pour sonder les profondeurs du plan d'eau à la recherche de Nessie...

Situé à l'est de Fort Augustus, le **château d'Urquhart** domine les eaux du loch Ness. Il est possible de s'y rendre en bateau à partir d'Inverness ou de Fort Augustus. Ces ruines aux allures romantiques constituent l'archétype du château écossais : des pierres du

À la recherche d'une légende

Les touristes sont toujours nombreux à se presser sur les rives du loch le plus célèbre de la planète dans l'espoir d'apercevoir Nessie, le monstre tout aussi renommé, pour essayer de prendre la photo qui fera leur fortune... Les cyniques l'affirment pourtant : il n'y a pas de monstre dans le loch Ness, il a été inventé pour attirer les curieux. Et qu'il soit hanté ou non par une mystérieuse créature, l'endroit est simplement magnifique. Le château d'Urquhart, dont les ruines surplombent les eaux glacées du loch, est impressionnant.

Fort Augustus

Carte p. 172 B2

Office de tourisme

Fort Augustus Car Park, Fort Augustus

(01320) 366 367

www.fortaugustus.org

Abbaye de Fort Augustus

St. Benedicts Abbey, Fort Augustus

Cruise Loch Ness

Fort Augustus

(01320) 366 277

Fermé oct.-mars

€€€

www.cruiselochness.com

Château d'Urquhart

Sur la rive nord du loch Ness, par l'A82 depuis Inverness

(01456) 450 551

€€

www.historic-scotland.gov.uk

EXCURSIONS EN BATEAU AU CHÂTEAU D'URQUHART : Avec la compagnie Jacobite *(Tomnahurich Bridge, Glenurquhart Rd., tél. : 01463/233 999, www.jacobite.co.uk)* depuis Inverness ; Cruis Loch Ness (voir ci-contre) depuis Fort Augustus.

Original Loch Ness Monster Visitor Centre
✉ The Village Centre, Drumnadrochit
☎ (01456) 450 342
€ €€

www.lochness-centre.com

Loch Ness Exhibition Centre
✉ Loch Ness Centre, Drumnadrochit
☎ (01456) 450 573
€ €€

www.lochness.com

Glen Nevis Visitor Centre
✉ Nevis Bridge, Fort William
☎ (01397) 705 922
€ €

www.highland.gov.uk

Sierra Club Visitor Centre

www.sierraclub.org/outings/national/brochure/10618A.asp

XIIIe siècle chargées d'histoire et de légendes, étagées sur une colline au-dessus des flots aux reflets argentés d'un loch… La vision est particulièrement saisissante la nuit, à la lumière des projecteurs. On s'attendrait presque à voir apparaître Robert Bruce sur les remparts !

La localité la plus proche du château est **Drummadrochit** où deux organismes annoncent être le centre d'information « officiel » du loch Ness : l'**Original Loch Ness Monster Visitor Centre** et le **Loch Ness Exhibition Centre**. Certains les trouveront sans doute beaucoup trop touristiques mais les fans de Nessie seront comblés.

Le Ben Nevis et les monts Grampians

Avec 1 344 m, le Ben Nevis est le plus haut sommet britannique. Familièrement baptisé « The Ben » par les Écossais, il fait partie des monts Grampians, la chaîne qui forme une séparation naturelle entre les Lowlands et les Highlands. Depuis plusieurs années, la région attire tous les amateurs de sports extrêmes du royaume.

L'ascension débute au niveau de la mer et chacun des 1 344 m qui conduit au sommet est une épreuve. Il ne faut pas se lancer à l'aventure à la légère, même si le temps est au beau fixe au départ de Fort Williams (voir p. 190-191). Le sommet peut être enneigé même au cœur de l'été et la visibilité devenir nulle en quelques minutes seulement, transformant une belle journée ensoleillée en une randonnée périlleuse. Il meurt plus d'alpinistes chaque année sur le Ben Nevis que dans l'Everest… Dans tous les cas, renseignez-vous sur les conditions météorologiques au **Glen Nevis Visitor Centre** à Fort Williams, d'où part l'itinéraire le plus fréquenté. Vous pouvez aussi vous contenter d'observer sagement la montagne…

À SAVOIR
Le Sierra Club organise des sorties dans les Highlands et au sommet du Ben Nevis, dans les pas de John Muir, natif des environs d'Édimbourg.

Cela étant dit, si vous êtes bien entrainé et correctement équipé, vous devriez pouvoir faire l'ascension du Ben Nevis sans problème particulier, comme les 100 000 personnes qui tentent l'aventure chaque année. Sachez toutefois qu'il faut compter entre 5 et 7 heures et que l'exercice est ardu. Les randonneurs les plus expérimentés, surtout s'ils n'ont pas peur du vide, peuvent redescendre par la vertigineuse arête du Càrn Mòr Dearg, une voie qui les mènera à Torlundy.

Les monts Grampians qui se déploient à l'est du Ben Nevis comptent depuis peu un système de télécabines qui part de Torlundy et permettra à tous ceux qui ne se sentent pas de grimper 600 m raides d'atteindre le **Mountain Discovery Centre**, sur l'Aonach Mhor. Le centre présente une exposition sur la formation géologique de la région et offre un grand nombre d'informations sur les activités locales.

Des activités pour l'été et pour l'hiver En été, les randonnées sur l'Aonach Mhor sont l'une des activités les plus populaires de la région. N'hésitez pas à prendre le téléphérique pour économiser vos forces et votre temps avant d'attaquer les sommets. Les chemins les plus faciles sont indiqués à partir du Montain Discovery Centre.

Les pistes raides et caillouteuses qui sillonnent les Grampians font aussi le bonheur des amateurs de VTT à la belle saison qui trouvent là l'un des meilleurs terrains d'Europe. Beaucoup de pistes sont réservées aux plus expérimentés, mais les débutants peuvent louer les services d'un guide au Montain Discovery Centre pour apprendre à manœuvrer. Le centre abrite un magasin de location de VTT, **Offbeat Bikes**. Plus de renseignements sur les activités à deux roues sur *www.ridefortwilliam.co.uk.*

Chaque année, la foule se presse pour la célèbre **Off Beat Downhill**, une course périlleuse au cours de laquelle s'affrontent des cyclistes qui dévalent quelque 550 m de pistes en moins de 5 minutes... À savoir : certaines pistes sont fermées au public pendant la compétition.

Mais les fans de VTT ne sont pas les seuls à l'honneur ici. Les marcheurs trouveront une série de chemins de randonnées plus ou moins difficiles, les *Witches Trails* (« chemins des sorcières »). L'hiver, lorsqu'il neige, seuls les randonneurs les plus expérimentés et bien équipés (chaussures à crampons, piolets) partent en montagne. Les skieurs et les snowboardeurs empruntent alors le téléphérique pour profiter des nombreuses possibilités de la station. ■

Le sommet coiffé de neige du Ben Nevis domine les paysages du loch Linnhe.

Mountain Discovery Centre and Gondola

✉ Nevis Range, Torlundy, Aonach Mhor

☎ (01397) 705 825

€ Gondola : €€€

www.nevisrange.co.uk

Offbeat Bikes

✉ Nevis Range, Torlundy

☎ (01397) 705 825

🕒 Ouvert mi-mai à mi-sept.

€ location vélo : €€€€

www.nevisrange.co.uk

L'Ouest

Les Highlands de l'Ouest forment une région aux paysages magnifiques et à l'atmosphère romantique. C'est aussi une région chargée d'histoire : c'est ici que Charles Édouard Stuart lança le mouvement de la révolte jacobite avant de quitter l'Écosse pour toujours. Superbes plages de sable blanc, *glens* pittoresques et activités en plein air sont au rendez-vous.

Fort Williams, une bonne base pour découvrir les monts Grampians

Fort William
Carte p. 172 B1
Office de tourisme
15 High Street, Fort William
(08452) 255 121
www.visitfort william.co.uk

Fort Williams

Si cette ville de 10 000 habitants ne possède aucun charme particulier, Fort Williams n'en reste pas moins un passage obligé pour les touristes en raison de son emplacement et des infrastructures dont elle dispose tant au niveau des transports – un train de nuit direct pour Londres, un vaste réseau de bus – que des possibilités d'hébergement et de restauration.

Sur **High Street**, vous trouverez une succession de boutiques de souvenirs de plus ou moins bon goût mais aussi de quoi vous équiper si vous avez décidé de gravir le Ben Nevis ou de partir en randonnée dans les Grampians. Ne manquez pas de visiter le **West Highland Museum** dont les pièces retracent l'histoire de la région ; vous y verrez entre autres une collection de décorations militaires et d'armes ainsi que des animaux naturalisés, parmi lesquels des aigles royaux.

La silhouette du **Ben Nevis** (voir p. 188) domine la bourgade. La longue montée qui conduit de la localité au pied de la montagne traverse les magnifiques paysages du

Glen Nevis, choisis pour le tournage de nombreuses scènes de *Braveheart*. Les environs de Fort Williams demeurent quasi vierges et se prêtent à toutes sortes de sports et d'activités de plein air (voir p. 189).

Fort Williams possède un autre titre de gloire : celui de constituer l'extrémité occidentale du **canal calédonien** (voir p. 186-187). À 4,5 km à l'ouest de la cité, l'**escalier de Neptune**, nom donné à huit écluses en escalier, est sans doute l'une des portions les plus impressionnantes de l'ouvrage. Le système permet aux bateaux de s'élever à 19 m au-dessus du niveau de la mer en moins de 1 h 30. N'hésitez pas à venir observer les manœuvres ou à vous balader à vélo sur le chemin de halage d'où vous pourrez aussi admirer le Ben Nevis et les monts Grampians.

Fort Williams est située à l'extrémité nord-est du loch Linnh, un loch marin particulièrement spectaculaire que ceint un chapelet de montagnes. En été, il est des plus agréable de découvrir les lieux en bateau. Avant de partir, profitez-en pour déguster un poisson d'une grande fraîcheur au **Crannog Restaurant**, un établissement dont la réputation n'est plus à faire. Les excursions proposées par **Crannog Cruises** sont parfaites pour profiter de toute la beauté du spectacle de

West Highland Museum

✉ Cameron Square, Fort William

☎ (01397) 702 169

🕒 Fermé dim., sauf juill-août

€

www.westhighlandmuseum.org.uk

Crannog Restaurant

✉ Town Centre Pier, The Waterfront, Fort William

☎ (01397) 705 589

€

www.crannog.net

À DÉCOUVRIR La beauté sauvage de Glen Affric

Glen Affric ne se trouve qu'à une courte distance de Fort Williams, mais l'endroit est déjà bien loin du monde moderne et du tourisme de masse. Une route extrêmement sinueuse conduit à l'extrémité orientale du *glen*, que ceint, sur des dizaines et des dizaines de kilomètres, une nature impénétrable.

Pour beaucoup d'Écossais, Glen Affric est le plus beau *glen* : des montagnes accidentées, un loch ponctué de jolies îles, autant d'éléments qui forment un paysage au charme puissant. Le chemin qui suit les rives du loch est tout indiqué pour les marcheurs ; les amateurs de VTT suivront plutôt la piste plus large sur la rive sud. Vous aurez peut-être à passer à gué quelques ruisseaux pour faire tout le tour (renseignez-vous au préalable pour savoir si c'est possible sans danger). Le sentier est bordé de pins sylvestres et de champs de bruyère, trésors préservés de la végétation endémique qui fut si largement décimée après les Highlands Clearances. L'endroit n'est jamais très fréquenté, même au cœur de l'été, et, en hiver, vous y croiserez sans doute plus de cerfs que d'êtres humains.

L'une des randonnées les plus impressionnantes vous fera longer le loch Affric d'est en ouest puis couper dans les montagnes pour gravir les Five Sisters of Kintail (voir p. 212) avant de redescendre jusqu'au terrain de camping de Shiel Bridge *(Inverinate, Kyle, tél. : 01599/511 221)*, sur les rives du loch Duich. L'auberge de jeunesse, perdue dans la nature, est une base idéale pour qui veut explorer la région *(Allt Beithe, Glen Affric, tél. : 0845/293 7373, www.syha.org.uk)*. Si vous êtes plus sédentaire, gagnez en voiture, depuis Cannich, la lisière orientale de Glen Affric et faites un pique-nique. Pour plus de renseignements : *www.glenaffric.org*.

Un train file à toute vitesse sur le viaduc de Glenfinnan de la West Highland Line.

Crannog Cruises
✉ Town Pier, Fort William
☎ (01397) 700 714
€ €€€
www.crannog.net

Jacobite Steam Train
✉ Fort William Railway Station, Station Square, Fort William
☎ (0845) 128 4681
🕒 Fermé nov.-avril
€ €€€€
www.westcoast railways.co.uk

la nature. Avec le Ben Nevis d'un côté et les paysages accidentés de la péninsule d'Ardnamurchan de l'autre, vous apercevrez peut-être un marsouin ou un dauphin s'ébattre dans l'eau.

La gare de Fort Williams était autrefois le terminus des trains de la West Highland Line en provenance de Glasgow. C'est aujourd'hui d'ici que partent et arrivent les trains de nuit qui relient la ville à Londres. La ligne de chemin de fer au tracé sinueux permet de parcourir le trajet de Glasgow à Mallaig, sur la côte ouest, entre *glens* et montagnes, à un rythme bien agréable. Les paysages sont d'une beauté à couper le souffle et la West Highland Line est, à juste titre, considérée comme l'une des plus belles lignes de chemin de fer en Europe.

En été, vous pourrez prendre place à bord du **Jacobite**, un train à vapeur qui circule entre Fort Williams et Mallaig, depuis soixante ans. Wagons à l'ancienne, volutes de vapeur, vous êtes convié à un véritable voyage dans le temps ! Il est possible d'ouvrir les fenêtres, et les photographes amateurs s'en donneront à cœur joie, notamment lors du passage sur le **viaduc de Glenfinnan**, remarquable ouvrage en béton non renforcé de 21 arcs.

Glen Coe

Situé à quelques minutes de route au sud de Fort Williams, ce *glen* est l'un des plus célèbres d'Écosse. Le modeste village de Glencoe paraît minuscule entouré des montagnes qui surgissent du *glen* même. Si l'on voulait tenter une comparaison audacieuse, on dirait que s'aventurer dans cette vallée s'apparente à pénétrer dans

À SAVOIR

N'hésitez pas à faire un tour à bord du Jacobite. Les fans de *Harry Potter* devront arriver tôt pour pouvoir prendre place dans la voiture où ont été tournées les scènes qui se déroulent dans le Poudlard Express.

la cathédrale Saint-Pierre de Rome... version rurale ! La vision de ces rochers incroyablement escarpés et de ses montagnes est tout simplement époustouflante. Il y a là en vérité de quoi se sentir tout petit...

Glen Coe attire autant les amateurs de marche que les randonneurs chevronnés, lesquels trouvent ici de vrais défis à relever, serait-ce parfois au prix de leur vie. Véritable plaque tournante du village, le **Clachaig Inn** *(Old Village Road, Glen Coe, tél. : 01855/811 252, www.clachaig.com)*, est une auberge à l'ambiance chaleureuse qui répond bien aux besoins des sportifs. On y sert une cuisine roborative et de bonnes bières pression locales. Les conversations tournent autour des randonnées passées ou à venir – l'endroit parfait pour faire des rencontres si vous voyagez seul.

La pancarte à l'entrée de l'auberge porte la date de 1692, une année qui évoque les pires heures de l'histoire du *glen*. On y lit l'inscription suivante : « Pas de colporteurs, ni de Campbell ». Les membres du clan Campbell commirent en effet un manquement aussi inimaginable qu'impardonnable au code d'honneur des Highlands. Des hommes qui s'étaient vu accorder l'hospitalité par des MacDonald assassinèrent froidement 38 de leurs hôtes dans leur sommeil, puis mirent à feu et à sang plusieurs villages, provoquant la mort de 40 femmes et enfants. Le **centre d'informations pour les visiteurs de Glen Coe** évoque ce dramatique épisode et l'histoire de la vallée depuis.

Glen Coe

Carte p. 172 B1

Office de tourisme

1,5 km au sud de Glencoe sur l'A82

(0844) 493 2222

Exposition : €€

www.glencoe-nts.org.uk

La fuite de Bonnie Prince Charlie

La région des Highlands de l'Ouest est le cadre parfait de la fuite de Charles Édouard Stuart, dont l'histoire possède une grande dimension romanesque. Celui que l'on appelait aussi Bonnie Prince Charlie débarqua en Écosse au loch Nan Uamh, près d'Arisaig, en 1745. Après la bataille de Culloden, sa tête mise à prix, il fut sauvé grâce à la loyauté des Highlanders qui le cachèrent. Après un séjour dans les Hébrides extérieures et une traversée vers l'île de Skye où le prétendant au trône se déguisa en femme pour échapper à ses poursuivants anglais, il quitta l'Écosse pour toujours, embarqué à Borrodale sur un navire français, traversant tel un fantôme, comme un an auparavant dans l'autre sens, le détroit d'Arisaig...

Reconstitution de l'arrivée de Charles Edouard Stuart à Glenfinnan

Highland Council Ranger Service
Glen Nevis, Fort William
(01397) 705 922
www.highland.gov.uk

Glenfinnan
Carte p. 172 A1
Office de tourisme
Glenfinnan, Lochaber
(0844) 493 2221
€
www.nts.org.uk/property/26

En remontant en direction du nord vers Fort Williams, les touristes poursuivent généralement vers la « route des îles » mais rien ne vous empêche de faire un détour par l'ouest pour découvrir le loch Lynnhe et la **péninsule d'Ardnamurchan**, le point le plus occidental de Grande-Bretagne. L'endroit n'est pas sans évoquer une île et il est possible de s'y rendre à partir du sud de Fort Williams, avec le Corran Ferry, ou depuis l'île de Mull. La population d'Ardnamurchan se concentre dans les minuscules localités de Salen, Kilchoan, Glenborrodale et Strontian d'où les visiteurs peuvent organiser leurs randonnées ou leurs promenades à vélo. Plages désertes, villages fantomatiques et collines désolées se succèdent sur cette péninsule sauvage et préservée qui ne s'est jamais remise des Highlands Clearances (voir p. 206-207).

Essayez de participer à l'une des randonnées accompagnées organisées par le **Highland Concil Ranger Service** ou partez seul à l'aventure au cœur des « Rough Bounds ».

La route des îles

Glenfinnan est une étape essentielle de la « route des îles » qui part de Port Williams et se poursuit au nord-ouest jusqu'à Mallaig et la mer. C'est dans ce charmant petit village que, le 19 août 1745, Charles Édouard Stuart déploya son étendard royal, revendiquant les trônes d'Écosse et d'Angleterre au nom de son père. Au fil de la journée, il allait être rejoint par des hommes de plus en plus nombreux appartenant aux différents clans des Highlands, désireux de finir une fois pour toutes avec la domination anglaise. L'épisode marqua le début de la révolte jacobite.

Le **Glenfinnan Monument**, qui commémore l'événement, est surmonté d'une statue qui figure non pas le prince, mais un Highlander ordinaire, un homme

À SAVOIR

Glenfinnan est l'un des endroits les plus typiques des Highlands. Le village, entouré de montagnes, est imprégné du souvenir de Bonnie Prince Charlie.

À DÉCOUVRIR Le Knoydart

Cette péninsule aux magnifiques paysages est l'un des endroits les plus sauvages d'Europe. Peu d'Écossais peuvent se vanter d'y avoir déjà mis les pieds. À mi-chemin entre ce que les Anciens appelaient *lochs of Nevis* (le paradis) et *Hourn* (l'enfer), ce bout du monde mythique qui semble à des années-lumière de la civilisation attire les plus aventureux des voyageurs.

Une maison isolée...

Le Knoydart n'est pas un endroit sauvage au sens où on l'entend communément. Si difficile à croire que cela puisse être, ces terres ont autrefois abrité une prospère communauté des pêcheurs et de fermiers. Avant la bataille de Culloden, elles comptaient plus d'un millier d'habitants, tous appartenant à un clan. Selon la légende, Bonnie Prince Charlie aurait trouvé refuge ici après sa défaite mais rien ne vient accréditer cette hypothèse. Peu importe d'ailleurs. Culloden devait marquer un tournant irréversible pour la région dont la population fut en grande partie chassée par les Highlands Clearances : il reste aujourd'hui ici une centaine d'habitants.

Sauf si vous voulez parcourir à pied les 26 km qui séparent Kinloch Hourn du Knoydart (vous pourrez même passer la nuit dans un abri rudimentaire), la seule façon de rejoindre la péninsule est de prendre, au départ de Mallaig, le **Knoydart Ferry** *(Harbour Road, Mallaig, tél. : 01687/ 462 320, www.knoydart-ferry.co.uk, €€)* qui vous déposera devant le pub, **Old Forge** *(Inverie, Knoydart, tél. : 01687/ 462 267, www.theoldforge.co.uk, €€€)*,et le seul hôtel-restaurant de la région, le **Pier House** *(Inverie, Knoydart, tél. : 01687/ 462 347, www.thepierhouseknoydart.co.uk)*.

La péninsule n'est desservie par aucun train, bus ou avion, et compte une seule petite route... La marche à pied est donc l'un des moyens de déplacement privilégiés. Vous trouverez des chemins de randonnée présentant des niveaux de difficulté divers, certains assez faciles, d'autres pour un public plus chevronné comme celui qui passe par les trois *munros*. N'oubliez pas qu'ici vous êtes bien loin des hôpitaux... Redoublez de prudence.

Depuis une dizaine d'années, la chance sourit de nouveau aux habitants de cette terre à la nature et à l'histoire tourmentées, grâce à la **Knoydart Foundation** *(tél. : 01687/462 242, www.knoydart-foundation.com)*, une association caritative qui œuvre en faveur des activités locales et de l'emploi.
En 1999, la fondation a acquis une vaste région jusqu'alors réservée à la chasse et à la pêche. Elle s'attache depuis à y développer différents projets dans le respect de l'environnement et des ressources naturelles exceptionnelles qui font la richesse du Knoydart.

The Lochaline Hotel
Lochaline, Movern
(01967) 421 657
€€

White House
Lochaline, Movern
(01967) 421 777
€€€€
www.thewhitehouserestaurant.co.uk

Land, Sea and Islands Centre
The Harbour, Arisaig
(01687) 450 263
Fermé l'hiver et sam., l'été
€
www.road-to-the-isles.org.uk/centre.html

du peuple qui se battit et périt pour la cause, ou survécut et vit le mode de vie traditionnel qu'il connaissait disparaître à jamais...

Ne ratez pas le **centre d'informations pour les visiteurs** situé de l'autre côté de la route où une exposition retrace toute cette période de l'histoire écossaise.

La **péninsule de Morven**, au relief montagneux, s'étend au sud de Glenfinnan et présente un visage bien différent de la « route des îles » que certains trouvent trop touristique. Voilà l'une des terres les moins peuplées de la région : quelque 300 personnes se partagent cet espace dont la superficie équivaut à celle de Washington (177 km^2)... L'intérieur de la péninsule est vraiment désolé mais les villages situés le long du détroit de Mull méritent une visite. **Lochaline**, le plus important, compte un hôtel agréable, un très bon centre de plongée sous-marine (voir encadré ci-contre) et l'un des meilleurs restaurants de poisson et de fruits de mer du pays, le **White House**.

Au-delà de Glenfinnan, la « route des îles » tient finalement ses promesses. En poursuivant vers le nord, vous apercevrez l'Atlantique et certaines des plus belles plages d'Écosse – sable blanc et eau cristalline – qui s'ouvrent vers les Hébrides. Faites étape à **Arisaig**, un joli petit village de bord de mer. Vous pourrez y profiter des plages puis visiter le **Land, Sea and Islands Centre**,

Les nombreux bateaux de pêche du port de Mallaig

un musée modeste mais amusant où vous saurez tout des films tournés à proximité, parmi lesquels *Local Hero*. Le lieu a été ouvert en 1999 grâce aux efforts de la population locale ; vous y trouverez aussi toute une série d'objets et d'œuvres d'art réalisés par des habitants du coin. En été, il est possible d'effectuer des balades en bateau, l'occasion de rendre visite à la colonie de phoques voisine et de découvrir les îles des environs.

Une longue plage de sable blanc s'étend sur 12 km vers le nord jusqu'au paisible village de **Morar**. Les routards trouveront plusieurs campings sur la plage, ceux qui tiennent à leur confort, des hôtels et des B & B, à Arisaig et Morar.

Situé à l'intérieur des terres, le **loch Morar** est souvent ignoré des touristes alors que les Écossais le considèrent comme l'un des plus beaux du pays. Atteignant par endroits plus de 300 m de profondeur, le loch le plus profond du Royaume-Uni abriterait aussi un monstre, Morag, la sœur de Nessie... Mais ici, à la différence du loch Ness, il n'y a pas de tours organisés, ni centres d'information ultra-moderne. Toutefois, si vous voulez tenter votre chance, rien ne vous empêche de louer un bateau... Prenez votre appareil photo pour immortaliser la Morar, la plus courte rivière d'Écosse, lorsqu'elle jaillit dans le loch, ainsi que les cinq îles qui parsèment ce grand plan d'eau.

À DÉCOUVRIR

Plongée sous-marine dans le détroit de Mull

Le centre de plongée de Lochaline (*Lochaline, Morvern, tél. : 01967 / 421 627, www.lochalinedivecentre.co.uk*) est une bonne base pour ceux qui veulent explorer les mystérieuses épaves qui gisent dans les eaux transparentes et glaciales du détroit de Mull. Un cours d'initiation avec l'un des instructeurs du club est ouvert aux débutants tandis que les plongeurs confirmés peuvent affréter un bateau parfaitement équipé. Ces eaux d'une clarté exceptionnelle abritent une grande variété des paysages sous-marins et une faune abondante, dont des dauphins et des marsouins, présents en été. Le détroit de Mull, connu pour ses écueils et ses terribles tempêtes, compte aussi un grand nombre d'épaves. Mark et Annabel Lawrence, les propriétaires du centre de plongée, ont l'autorisation d'emmener les plongeurs sur des sites protégés, comme celui du *Swan* et du *Dartmouth*, deux navires de guerre coulés lors d'une canonnade au XVIIe siècle.

La West Highland Line et la « route des îles » s'achèvent à **Mallaig**, un authentique village de pêcheurs d'où il est possible de voir l'île de Skye (voir p. 232-237) et de prendre le ferry qui dessert les îles. Le front de mer est l'endroit idéal pour savourer de succulents *fish and chips* tout en observant le va-et-vient des chalutiers en compagnie des mouettes. Vous aurez peut-être la chance d'apercevoir des phoques. Ces animaux aiment à fréquenter cette région où l'homme vit en symbiose avec la nature bien plus que nulle part ailleurs dans le pays... ■

Arisaig Boat Tours

- ✉ The Harbour, Arisaig
- ☏ (01687) 450 224
- € €€-€€€€

www.arisaig.co.uk

Mallaig

- Carte p. 172 A2

Office de tourisme

- ✉ Mallaig Heritage Centre, 15 High St., Fort William
- 🕒 Fermé nov.-Pâques

www.mallaigheritage.org/uk

Impressionnants sommets couverts de neige, plages de sable blanc, lochs aux eaux scintillantes, villages anciens pleins de charme

Les Highlands du Nord

Introduction et carte 200-201

La côte est 202-203

À découvrir – Black Isle 203

À l'extrême nord de l'Écosse 204-205

Les Highland Clearances 206-207

À découvrir – La diaspora écossaise 207

L'Ouest 208-213

Balade en voiture à travers la péninsule d'Applecross 210-211

Hôtels et restaurants 297-298

Une cascade au nord d'Ullapool

Les Highlands du Nord

Le nord de l'Écosse est une région que visitent peu les touristes, qu'ils soient écossais et a fortiori étrangers. Ceux qui osent s'aventurer dans les confins du pays sont pourtant récompensés de leurs efforts par une nature en majesté. Les paysages sont aussi splendides que variés : collines vallonnées, falaises maritimes, montagnes désolées...

Les Highlands du Nord portent toujours la trace des Highland Clearances, triste épisode durant lequel des milliers de fermiers durent quitter leurs terres qui furent transformées en pâturages à moutons... La région est en effet bien vide et tout ce qu'il y a de plus calme. Ullapool, la ville la plus peuplée, et des communes telles que Gairloch et Plockton – un village de carte postale – y apportent cependant une belle touche de vie. On y trouve des bars sympathiques et d'excellents restaurants où les produits de la mer frais du jour sont le plus souvent à l'honneur.

Dans les lochs marins autour de la baie de Guinard, on pêche le hareng et le lieu.

La péninsule de Black Isle possède d'intéressantes traces de la présence picte, une nature magnifique et de nombreuses attractions, le tout facilement accessible depuis Inverness, la capitale des Highlands.

Au nord, la petite ville côtière de Dornoch a pour elle une superbe plage et de beaux témoignages d'architecture. C'est une destination populaire au même titre que John O'Groats, le village le plus septentrional d'Écosse ; il marque le début – ou la fin, c'est selon – de la route la plus longue du pays qui se termine – ou commence – 1 407 km plus loin, à Land's End, au sud-ouest de l'Angleterre.

Loisirs sportifs

Mais ce sont surtout la nature et les activités de plein air qui attirent les visiteurs dans les Highlands du Nord. Les possibilités sont infinies, de l'observation des oiseaux aux balades le long de plages désertes, du canyoning au surf dans l'un des spots les plus réputés de la planète.

Les amateurs de montagne ne sont pas en reste ; c'est ici, sur la côte nord-ouest, que se trouvent le Suilven et le Stac Pollaich, deux « sommets » emblématiques. Quant à la chaîne des Torridon Hills, toujours à

À NE PAS MANQUER

Dornoch, avec ses élégants édifices de style édouardien, sa cathédrale et sa plage **202-203**

Les plages spectaculaires et préservées de Sandwood Bay **205**

L'impressionnante route du Bealach Na Ba **210-211**

L'adorable village de Plockton **213**

Le cadre époustouflant du château d'Eilean Donan **213**

l'ouest de la région, c'est l'un des endroits les plus sauvages du pays ; on peut y tenter l'ascension du Liathach et du Beinn Eighe. Véritable défi, l'ascension de l'An Teallach se fait, elle, à partir de Dundonnell. N'hésitez pas à prendre contact avec le National Trust for Scotland *(tél. : 0844/493 2100, www.nts.org.uk)* pour obtenir les coordonnées d'un guide qui pourra vous accompagner dans vos différentes activités.

Si vous êtes moins sportif, il vous reste de belles excursions en voiture sur des petites routes sinueuses qui longent à l'occasion le littoral, pour profiter d'amples paysages sur les flots battus par les vents... ■

La côte est

Les collines, les plaines cultivées et les petites falaises qui s'étendent au nord-est d'Inverness (voir p. 174-177) surprennent la plupart des visiteurs pour lesquels les Highlands sont plutôt synonymes de hautes montagnes et de lochs marins comme on en trouve dans l'ouest de la région. Délaissée au détriment des Orcades, cette partie de l'Écosse dispose pourtant de nombreux atouts pour séduire.

La façade de la cathédrale de Dornoch vue à travers une fontaine ouvragée de l'époque victorienne

Tain Through Time
Tower Street, Tain
(01862) 894 089
€
Fermé dim. et nov.-mars
www.tainmuseum.org.uk

Glenmorangie
Glen Morangie, Tain
(01862) 892 477
Visite : €€
www.glenmorangie.com

Black Isle et Tain

En quittant Inverness par l'A9, vous traversez la péninsule de **Black Isle** (voir ci-contre) qu'encadrent les Cromarty, Moray et Beauly Firths – malgré son nom, ce n'est pas une île !

Arrêtez-vous à **Tain**, un peu plus au nord. L'exposition **Tain Through Times**, consacrée à l'histoire de la ville, vous permettra d'en savoir plus sur ce *burgh* – entité administrative autonome écossaise – qui se targue d'être l'un des plus anciens *burghs* royaux d'Écosse. Et avis aux amateurs de whisky : Tain abrite l'une des distilleries les plus renommées du pays, celle de **Glenmorangie**. La péninsule de Fearn, à l'est de la bourgade, mérite le détour. Au programme : le joli village de pêcheurs de **Portmahomack** et les imposantes stèles pictes de **Hilton** et de **Shandwick**.

Dornoch

Poursuivez sur l'A9 pour rejoindre Dornoch, l'une des

À SAVOIR

Réservez une table au 2 *Quail*, sur Castle Street. Ce charmant petit restaurant est l'un des meilleurs de la ville et vous y serez accueilli en ami.

plus jolies petites villes du nord-est des Highlands, qui a aussi la réputation d'être l'une des plus ensoleillées d'Écosse. Parmi les centres d'intérêt locaux : la **cathédrale**, superbe édifice du XIIIe siècle, le **Royal Dornoch**, parcours de golf très réputé où les bons joueurs sont mis au défi dans un cadre splendide, la belle plage de sable blond.

Le **château de Dunrobin** *(Golspie, tél. : 01408/633 177, www.dunrobincastle.co.uk, fermé mi-oct.-mars, €€)*, est une autre étape à ne pas manquer. Avec ses toits pointus, la résidence des ducs de Sutherland semble tout droit sortie d'un conte de fées. Le château (XIVe siècle) figure parmi les demeures les plus anciennement habitées d'Écosse.

Wick

De Dunrobin, l'A9 longe le littoral jusqu'à Wick. En route, vous apercevrez l'imposant **Sutherland Monument**, construction de 30 m de haut qui rend hommage au premier duc de Sutherland et couronne le Ben Bhraggie (397 m). Faites un arrêt au **Wick Heritage Museum** ; le musée évoque l'histoire de ce village qui abrita une communauté de pêcheurs autrefois très active, mais aussi l'épisode des Highland Clearances (voir p. 206-207) durant lequel des milliers de métayers furent chassés de leurs terres et trouvèrent dans la pêche un moyen de subsistance. ■

Cathédrale de Dornoch
⊠ High Street, Dornoch
€ €
www.dornoch-cathedral.com

Royal Dornoch Golf Club
⊠ Golf Road, Dornoch
☎ (01862) 810 219
€ €€€€€
www.royaldornoch.com

Wick Heritage Museum
⊠ 18-27 Bank Row
☎ (01955) 605 393
Fermé nov.-Pâques
€ €
www.wickheritage.org

À DÉCOUVRIR Black Isle

La péninsule de Black Isle, longue de 37 km et large de 14,5 km, recèle des sites tous plus intéressants les uns que les autres. Les visiteurs qui se pressent sur l'A9 n'ont guère l'occasion de les découvrir : ne faites pas comme eux ! Prenez le temps de vous balader sur ce bout de terre oublié de la côte est. À vous, douces collines et pâturages, charmants villages, dauphins qui s'ébattent dans le Cromarty Firth, sites préhistoriques...

Arrêtez-vous d'abord au **Black Isle Wildlife and Country Park** *(The Croft, Drumsmittal, tél. : 01463/731 656, www.black-isle.info)* où vous pourrez approcher des animaux de la ferme mais aussi des créatures plus exotiques. Rendez-vous ensuite à la **brasserie de Black Isle** *(Old Allangrange, Munlochy, tél. 01463/811 871, www.blackislebrewery.com, fermé dim., oct.-mars)* ou à la distellerie **Glen Ord** *(Glen Ord, tél. : 01463/872 004, www.discovering-distilleries.com/glenord, fermé sam.-dim., d'oct. à mars et dim. d'avril à juin)*. Pour avoir un bon aperçu de la présence des Pictes dans la région, visitez le **Groam House Museum** *(High Street, tél. : 01381/620 961, www.groamhouse.org.uk, fermé janv.-mars)*, dans le joli village de bord de mer de Rosemarkie : vous y verrez 15 stèles exceptionnelles et un petit film sur l'histoire de la région.

À l'extrême nord de l'Écosse

En général, la plupart des voyageurs qui visitent la région viennent seulement pour pouvoir dire qu'ils ont mis les pieds à John O'Groats, le village situé le plus au nord sur l'île principale de la Grande-Bretagne, « au bout de la route »... Mais ils ont tort d'en rester là et de ne pas vouloir aller plus loin : la beauté brute et sauvage du littoral nord de l'Écosse mérite bien plus le voyage.

Duncasby Head : la quintessence de la beauté sauvage du littoral nord de l'Écosse

John O'Groats
Carte p. 201 201 C3

Last House in Scotland
John O'Groats
(01955) 611 250
€

John O'Groats Ferries
John O'Groats
(01955) 611 353
Fermé oct.-avril
€€€€
www.jogferry.co.uk

Le nord du Nord

En vérité, **John O'Groats** s'avère très décevant. Espérons que les grands travaux prévus au musée et à la boutique de la **Last House in Scotland** (« la dernière maison d'Écosse ») redonneront un peu d'attrait à ce village qui n'en a guère. Pour apprécier au mieux ce coin perdu, rien ne vaut une petite sortie en mer du Nord – les **ferries de John O'Groats** proposent des excursions pour découvrir la faune et la flore locales – ou une balade à pied sur le long de la côte accidentée jusqu'à **Duncasby Head**.

Dunnet Head, à 18 km à l'ouest du village, est le point le plus septentrional sur l'île principale de la Grande-Bretagne. Par temps clair, la vue sur la côte est splendide et porte de Duncasby Head, à l'est, jusqu'au **phare de Dunnet Head**, à l'ouest ; cet ouvrage construit selon les plans de Robert Stevenson mérite largement une visite (voir encadré ci-contre).

Thurso

Ne négligez pas ce petit village, 16 km à l'ouest, comme le font trop souvent ceux qui filent à Scrabster pour prendre le ferry pour les Orcades. Thurso est bien connu des amateurs de sports nautiques : **Thurso East** est un spot de surf européen très réputé *(www.wannasurf.com/spot/Europe/UK/North_Scotland/thurso_east)*. L'intéressant espace culturel **Caithness Horizons** abrite des collections relatives à l'histoire, la géographie et l'écologie régionales.

Continuez à longer la côte vers l'ouest ; vous passerez par Dounreay avant d'atteindre **Bettyhill**, où se trouvent les superbes plages de sable blanc de **Torrisdale** et de **Far**. En ville, rendez-vous au **Strathnaver Museum** : vous saurez tout sur les clans et le tragique épisode des Highland Clearances (voir p. 206-207). Poursuivez encore une vingtaine de kilomètres vers l'ouest : les ruines du **château de Varrich**, qui dominent le hameau de **Tongue**, s'inscrivent dans un cadre grandiose.

Durness et le cap Wrath

Vous traverserez le même type de paysage sauvage jusqu'à **Durness** *(www.durness.org)*. Le village situé le plus au nord-ouest de l'Écosse n'a pas grand-chose à offrir excepté une poignée de maisons (certaines sont des B & B) et une auberge. En revanche, les environs regorgent de sites impressionnants. La **grotte de Smoo**, à 1,6 km à l'est, est l'une des grandes curiosités locales, tout comme le **cap Wrath**, à 18 km, accessible de mai à septembre grâce à un ferry qui traverse le Kyle of Durness puis à un minibus *(tél. 01971/511 343 ou 511 287)*. En chemin, vous admirerez les falaises de **Clo Mor** (189 m) et le **phare du cap Wrath**, conçu par Robert Stevenson.

En prenant vers le sud à travers les Highlands du Nord-Ouest, vous aurez l'occasion de découvrir **Sandwood Bay**. Attention : la balade est réservée aux bons marcheurs, car il faut traverser plus de 6 km de lande depuis Blairmore, au nord de Kinlochbervie. Mais le jeu en vaut la chandelle : la plus belle plage britannique, encadrée d'imposantes dunes et tapissée de sable rose, se trouve au bout du chemin. ■

Thurso
Carte p. 201 C3

Caithness Horizons
Old Town Hall, Thurso
(01847) 896 508
€
www.caithnesshorizons.co.uk

Strathnaver Museum
Clachan, Bettyhill
(01641) 521 418
Fermé nov.-mars
€
www.strathnavermuseum.org.uk

Les phares de Stevenson

On retrouve fréquemment le nom de Robert Stevenson (1772-1850) lorsque l'on se balade sur le littoral écossais. L'ingénieur, natif de Glasgow, suivit les traces de Thomas Smith (1752-1815), son beau-père, qui jouissait d'une immense réputation dans la profession. Recruté en 1797 par le Northern Lighthouse Board, le bureau des phares du Nord, il allait concevoir 18 phares en Écosse au cours de sa longue carrière, parmi lesquels ceux de Dunnet Head et du cap Wrath, visibles sur cet itinéraire. La famille continua à jouer un rôle important dans la conception d'ouvrages du même genre : au total, huit Stevenson ont créé 97 phares sur une période d'un siècle et demi.

Les Highland Clearances

Les Highlands du Nord sont très peu peuplées. Le phénomène n'est pas lié à la position géographique aux confins de l'Écosse, ni au manque de perspectives d'emploi dans une région où l'industrie est inexistante, ni même aux terribles hivers qu'elle connaît. Cette faible densité a une raison historique : les Highland Clearances du XVIIIe et du XIXe siècle.

Une maisonnette toute simple, comme celle où s'installèrent les *crofters* après les Highland Clearances.

La destruction du système des clans, système semi-féodal qui reposait sur des liens familiaux élargis, et l'anéantissement des petites communautés agricoles des Highlands ne se sont pas produits du jour au lendemain. Il a fallu près d'un siècle et une série de lois, pour que ce mouvement, mené au nom du progrès agricole, s'accomplisse. Mais les Clearances furent aussi sous-tendues par la volonté de punir les révoltes jacobites et la tentative de Charles Édouard Stuart de s'emparer du trône d'Angleterre.

Expulsions sans ménagement

Particulièrement brutale, la première vague des Clearances toucha principalement les Highlands du Nord. Les propriétaires terriens firent expulser sans merci les agriculteurs qui exploitaient leurs terres, amenant ces derniers à s'installer dans les régions côtières, peu propices à l'agriculture. Ils transformèrent les terres arables en pâturages pour les moutons, tirant d'immenses bénéfices de la demande de laine liée à la révolution industrielle.

Cet exode rural vers les côtes s'accompagna de l'apparition des *crofts*, de petites parcelles de terre louées par les paysans pour un prix souvent exorbitant à un riche propriétaire. Les Highlanders se mirent donc à collecter le varech, mélange d'algues entrant notamment dans la composition du savon, et se transformèrent en pêcheurs...

Quand on y pense aujourd'hui, le déplacement de ces populations auxquelles furent donnés un endroit pour vivre et une nouvelle activité ne semble pas être un épisode si dramatique, et toute la tragédie que représentèrent les Clearances n'est pas forcément facile à appréhender. L'un des épisodes les plus connus met en scène le marquis de Stafford et la comtesse de Sutherland, futurs duc et duchesse de Sutherland. Ces grands propriétaires terriens de la région de Strathnaver firent expulser sans pitié ni préavis plus de 400 personnes en deux semaines. Ils recrutèrent des éleveurs de moutons des Borders et du Moray et leur donnèrent carte blanche pour chasser les fermiers de leurs terres : destruction des toitures, des murs, incendies... rien ne fut épargné aux malheureux qui devaient fuir. Plusieurs personnes âgées, dans l'impossibilité de se déplacer, périrent brûlées.

Patrick Sellar, l'un des émissaires des ducs, fut tout de même jugé pour homicide volontaire en 1816, mais il fut acquitté. Au total, plus de 15 000 personnes quittèrent les terres des Sutherland entre 1811 et 1821. L'épisode est relaté au Strathnaver Museum de Bettyhill (voir p. 205).

L'exode

Les agriculteurs qui se retrouvèrent sur le littoral n'avaient pour la plupart aucune expérience dans les nouveaux métiers qui s'offraient à eux et en furent souvent réduits à une existence misérable. Le peu d'argent qu'ils gagnaient suffisait à peine à payer leur loyer et ils amélioraient comme ils pouvaient leur ordinaire en pratiquant une agriculture de subsistance sur leurs modestes parcelles.

Dans un premier temps, les propriétaires terriens cherchèrent à retenir ces métayers qui leur procuraient un revenu confortable. Mais au cours de la deuxième vague des Clearances, de nombreux Highlanders préférèrent émigrer aux États-Unis, au Canada, en Australie ou en Nouvelle-Zélande.

En effet, au début du XIXe siècle, le déclin de l'usage du varech rendit l'existence des *crofters* des Highlands du Nord encore plus misérable. Leurs revenus étaient en chute libre, mais les loyers, eux, ne baissaient pas. Avec la baisse de la demande de varech, les zones littorales furent bientôt elles aussi converties en pâturages, et pour beaucoup l'émigration devint la seule solution. On estime ainsi qu'entre 1775 et 1850, près de 25 000 Écossais, en grande partie des victimes des Highland Clearances, émigrèrent sur l'île du Cap-Breton, en Nouvelle-Écosse. Ces grandes vagues de départs furent souvent présentées comme une émigration « parrainée » par les propriétaires terriens, mais sans représentation politique ni argent, les Highlanders n'avaient pas d'autre choix.

À DÉCOUVRIR La diaspora écossaise

Lors des Highland Clearances, de nombreux Écossais émigrèrent aux États-Unis et au Canada, voire encore plus loin, en Australie et en Nouvelle-Zélande. Ce mouvement, conjugué aux émigrations antérieures et postérieures, aurait poussé des millions d'Écossais à quitter leur patrie. Les noms de famille sont un bon indicateur d'origine : ceux qui commencent par Mac ou Mc (« fils de », en gaélique écossais) révèlent de toute évidence une ascendance écossaise. À Édimbourg, les bureaux de l'état civil et les archives nationales sont une mine de renseignements pour qui veut retrouver ses racines. Le site Internet *www.ancestralscotland.com* et des compagnies spécialisées comme Blue Thistle (« Chardon bleu », le chardon est la fleur symbole de l'Écosse), *www.bluethislegenealogy.com,* permettent de se lancer sur la piste d'ancêtres potentiels...

L'Ouest

Une région sauvage où se côtoient des montagnes aux sommets couverts de neige, des châteaux médiévaux surgis du brouillard, des falaises battues par les vagues mais aussi de longues plages de sable blanc, de petits villages plantés au bord des lochs et même un jardin botanique tropical.

Entouré de montagnes, le château d'Eilean Donan monte la garde sur les eaux glacées du loch Duich.

Assynt

Office de tourisme

✉ Main Street, Lochinver

☎ (01571) 844 654

🕒 Fermé dim.

www.assynt.info

Assynt

Les montagnes de la paroisse d'Assynt, tout comme de celles situées dans le voisinage de la péninsule de Coigach, ne font pas partie d'un massif ; elles se dressent seules et fières, évoquant chacune un immense guerrier assoupi dans la lande inhospitalière... Les visiteurs qui s'aventurent dans la région viennent généralement taquiner les sommets, mais il y a aussi des randonnées faciles et des plages pour ceux qui préfèrent.

Au sud de Blairmore, la plage de la **baie de Scourie**, superbe étendue de sable blanc, est parfaite pour une balade ou un pique-nique. Allez jusqu'à Tarbet d'où de petits bateaux vous conduiront au large sur l'île de **Handa** qui abrite une des plus grandes colonies d'oiseaux marins d'Europe du Nord.

Rares sont ceux à pousser jusqu'à Scourie ; **Kylesku**, un joli petit village assoupi, attire plus de visiteurs. Le **Kylesku Hotel**, pub-restaurant réputé (voir p. 298), et la colonie de phoques à proximité y sont sans doute pour beaucoup. De mars à octobre, des excursions en bateau partent depuis l'hôtel *(tél. : 01971/502 345)* jusqu'au loch Glencoul pour aller voir ces mammifères. Selon les conditions météorologiques, certains bateaux vont jusqu'à **Eas-Coul-Aulin**, la chute d'eau la plus haute de Grande-Bretagne.

De Kylesku, la B869 se poursuit vers l'ouest jusqu'à la **pointe de Stoer** et le phare du même nom, création des Stevenson (voir encadré p. 205), qui éclaire la baie de Minch depuis 1870. Sur le promontoire, un éboulis de rochers permet de gagner – prudemment ! – le bord de la falaise pour admirer l'**Old Man of Stoer**, formation rocheuse de 61 m de haut, qui se dresse dans la mer, battue par les vagues. De là, la vue porte sur le nord de l'Écosse et sur Handa, tandis que vers le sud on reconnaît les sommets d'Assynt.

Continuez vers le sud jusqu'à Lochinver mais arrêtez-vous en chemin à **Achmelvich**. Avec sa belle plage de sable blanc nichée au fond d'une jolie crique et flanquée de dunes imposantes, la bourgade fait figure de secret bien gardé. Mais dans ce coin perdu, **Lochinver** est sans doute plus adapté si vous voulez faire quelques provisions. N'hésitez pas à parcourir les sentiers de **Culag Woods** ; ils ne présentent aucune difficulté et conduisent à une petite plage de galets.

La région est bénie pour les amateurs de randonnée. Au premier coup d'œil, le **Stac Pollaidh** (ou Stac Polly) fait toujours forte impression. La montagne hérissée d'éperons rocheux semble sortie d'un roman fantastique de Tolkien. Son ascension présente des passages difficiles mais peut se faire en une demi-journée. Plus connu, le **Suilven** s'adresse aux randonneurs de très bon niveau. On peut gravir ce sommet de 731 m en une journée, mais mieux vaut être en forme : il faut déjà marcher 7 km pour atteindre le point de départ. La récompense ? Un panorama époustouflant sur Assynt et les Hébrides extérieures. Mais une fois de plus, la plus grande prudence s'impose.

Si vous poursuivez votre voyage vers le sud jusqu'à Ullapool, faites un détour par Achiltibuie. Entre montagnes et torrents, les paysages sont spectaculaires. Arrivé au croisement, prenez sur la droite pour atteindre le petit village d'**Achnahaird** où se trouve la plus belle plage de la région battue par des eaux

(suite p. 212)

Les jardins d'Inverewe

Ses contemporains trouvèrent bien curieuse l'idée de faire venir des plantes des quatre coins du globe jusqu'à Wester Ross, mais Osgood MacKenzie, le créateur des jardins d'Inverewe (*Poolewe, tél. : 0844/ 493 2225, www.nts.org.uk, fermé nov.-mars, €€;* voir p. 212), savait ce qu'il faisait. Bien qu'ils soient situés à une latitude supérieure à celle de Moscou, ses jardins bénéficient des courants chauds venus du Gulf Stream *via* le loch, lesquels créent les conditions idéales à l'épanouissement de la végétation exotique. Il est possible de découvrir ce merveilleux domaine par le biais des visites organisées ou de se balader à sa guise sur les sentiers des bois plantés d'espèces indigènes et étrangères.

Lochinver
Carte p. 201 A3

Balade en voiture à travers la péninsule d'Applecross

La traversée de la péninsule d'Applecross, des Torridon Hills à Lochcarron, offre aux voyageurs des paysages impressionnants. La route du Bealach Na Ba, la plus haute du pays, réserve, pour sa part, une succession de virages stupéfiants, mais là encore, les téméraires seront récompensés par des sites à couper le souffle et un sacré repas de fruits de mer...

Pour vous dégourdir les jambes, longez l'arête de Liatach sur le loch Torridon.

Il est possible d'effectuer cette excursion en une journée mais pour profiter pleinement de tout ce que les lieux ont à offrir, mieux vaut passer une nuit à Applecross.

De nombreux sentiers de randonnées, dont l'un permet l'ascension de l'imposant sommet du Liathach (1 055 m), sillonnent les **Torridon Hills**. Depuis le **centre d'informations du loch Torridon** ❶ *(Torridon Mains, tél. : 01445/791 221)*, à Torridon, l'A896 file vers le sud-ouest. Elle traverse le petit hameau d'Annat et se poursuit jusqu'à **The Torridon** ❷ (voir p. 297). Cette superbe demeure située sur les rives du loch Torridon abrite un bon restaurant réputé pour sa longue carte de whiskys. Depuis le domaine, la compagnie Torridon Activities *(tél. : 01445/791 242, www.thetorridon.com/activities)* propose une large gamme d'activités sportives,

À NE PAS MANQUER

Applecross • Bealach Na Ba • Kishorn Seafood Bar

notamment des randonnées sur le Beinn Damph (903 m) tout proche.

Un peu plus loin sur l'A896, un **point de vue** ❸ sur la droite, aménagé en surplomb du loch Torridon, permet de jouir d'une belle vue sur le plan d'eau et les montagnes qui l'entourent. Passé Balgy, la route arrive à **Shieldaig** ❹. Un petit creux ? Quittez l'A896 et pour rejoindre le **Tigh an Eilean Hotel** (voir p. 297), pour un repas de fruits de mer mémorable. Repartez en direction du sud vers Lochcarron puis prenez la première à droite. La route sinueuse suit les rives du loch Torridon et fait le tour de la péninsule d'Applecross. Elle oblique au sud et longe le détroit intérieur qui sépare les îles de Scalpay, de Raasay et de South Rona du « continent ».

Passé les bourgades de **Cuaig** ❺ et de Lonbain, vous saurez que vous êtes arrivé à **Applecross** ❻ quand vous apercevrez une belle crique de sable. Le village aux maisons blanches abrite de jolis *cottages*, un camping et une auberge, l'**Applecross Inn** (voir p. 297), où l'on se régale de produits de la mer dans un cadre idyllique. C'est une bonne base pour qui veut faire de la marche dans la région.

Mais le plus exhalant reste à venir. D'Applecross, la route du **Bealach Na Ba** monte en direction de l'est puis du sud-ouest pour rejoindre l'A896. Vous passerez plusieurs points de vue, dont le plus élevé se trouve à 626 m d'altitude. Puis les choses se corsent. Si vous pensiez qu'une route à une voie où se succèdent les virages en épingle à cheveux relève du défi, vous ne saurez pas déçu par la descente ! Arrivé au pied du Bealach Na Ba, prenez l'A896 sur la droite. Le village d'**Ardarroch** ❼, à la pointe nord du loch Kishorn, n'est pas loin. Remettez-vous de vos émotions autour d'un bon repas au **Kishorn Seafood Bar** (voir p. 297). Continuez jusqu'à **Lochcarron** ❼. Ce beau village qui s'étire sur la rive nord du loch Carron est propice à la détente. Au programme : balades à vélos, sorties en kayak et même golf de 9 trous. À 3 km du village, visitez la boutique des tisserands **Lochcarron Weawers** où vous pourrez voir fonctionner un métier à tisser.

Voir aussi carte p. 201
➤ Centre d'informations du loch Torridon
80 km
1 ou 2 jours au choix
➤ Lochcarron

Achiltibuie
Carte p. 201 A2

Wester Ross
Office de tourisme
Office de tourisme d'Ullapool, 20 Argyle Street, Ullapool
(08452) 255 121
www.visitwester-ross.com

The Ceilidh Place
12-14 O. d'Argyle St., Ullapool
(01854) 612 103
€
www.theceilidhplace.com

Gairloch
Carte p. 201 A2
Office de tourisme
Auchtercairn
(01445) 712 071

turquoise. D'un côté de la plage, vous découvrirez des rochers dont certains ont formé des piscines naturelles, de l'autre la montagne. À quelques kilomètres de là, se trouve dans le minuscule village d'**Achiltibuie**, le **Summer Isles Hotel** (voir p. 297), un restaurant étoilé au guide Michelin et un très bon bar à fruits de mer à l'ambiance plus informelle. Deux fois par jour en été, des bateaux permettent d'explorer la région au fil de l'eau ; renseignez-vous auprès de la compagnie **Summer Isles Cruises** *(Badentarbet Pier, tél. : 01854/622 200, www.summer-isles-cruises.co.uk, €€€).*

Le Wester Ross

Quand on pense Écosse, on imagine des lochs aux eaux scintillantes, des montagnes escarpées, des villages pleins de charme et des plages de sable... Dans le Wester Ross, le rêve devient réalité...

En dépit de sa petite taille, le village de pêcheurs d'**Ullapool**, planté sur les rives du loch Broom, est, de loin la plus grande « agglomération » de la région. C'est d'ici que partirent en exil vers le Nouveau Monde des milliers d'Écossais après les Highland Clearances. Aujourd'hui, les ferries ne vont guère plus loin que Stornoway, sur l'île de Lewis. La plupart des voyageurs ne font que traverser Ullapool, mais la localité mérite qu'on s'y attarde pour ses pubs sympathiques et pour **The Ceilidh Place**, une excellente salle de spectacles. C'est aussi un bon point de chute pour découvrir les montagnes de la paroisse d'Assynt.

L'A835 poursuit son parcours vers le sud, en passant par les Torridon Hills, chaîne de montagnes gréseuses très impressionnantes. Elle passe par les **jardins d'Inverewe** (voir encadré p. 209) et vous mènera jusqu'à **Poolewe**, un charmant village, d'où vous pourrez partir en excursion sur les rives du splendide **loch Maree**.

Situé sur les rives du loch qui lui a donné son nom, le village de **Gairloch** permet d'accéder à plusieurs belles plages de sable et constitue une base agréable

Les Cinq Sœurs du Kintail

Sur l'A87, entre Glen Shiel et le loch Duich, il est difficile de ne pas remarquer les cinq pics qui barrent l'horizon. Il s'agit des Five Sister of Kintail, ou Cinq Sœurs du Kintail, dont la réputation n'est plus à faire parmi les marcheurs chevronnés. La randonnée permet de traverser trois *munros* : Sgurr na Ciste Duibhe (1 027 m), Sgurr na Carnach (1 002 m) et Sgurr Fhuaran (1 067 m) – les deux autres « sœurs » sont un peu moins élevées. Cette sortie est fortement déconseillée aux randonneurs inexpérimentés et à ceux qui sont sujet au vertige, car il faut gravir des pentes caillouteuses et cheminer le long d'étroites arêtes. Comptez 8 à 10 heures pour faire cette randonnée qui débute sur une aire accessible à partir de l'A87 et située entre les deux portions de forêt.

pour explorer la région. Que vous soyez en voiture, à vélo ou à pied, suivez la B801 qui longe le côté nord de la baie pour atteindre le promontoire dominé par le phare de **Rua Reidh**. Vous y trouverez un petit centre d'informations ainsi que quelques chambres à louer. Vue impressionnante garantie !

En direction du sud-ouest, une route à une voie, qui passe par un beau loch et un charmant paysage vallonné, vous conduira jusqu'au village de **Balachro** ; l'endroit est réputé pour son excellent pub, le **Balachro Inn** (*www.balachroinn.com*) et sa terrasse donnant sur l'eau. **Redpoint** se trouve un peu plus loin ; le village doit sa notoriété à sa grande plage de sable rose où l'on se balade tout en observant au loin les Hébrides.

Plockton

Situé à une centaine de kilomètres au sud de Gairloch, lové sur les rives du loch Carron, ceinturé par les montagnes d'Appelcross, Plockton est un véritable village de carte postale.

C'est depuis l'eau que l'on a la plus belle vue sur ce ravissant village et ses environs. Prenez donc place à bord du bateau du sympathique Calum, propriétaire de la compagnie **Calum's Plockton Seal Trips**, pour admirer les maisonnettes chaulées et les impressionnantes collines des Cuillins, sur l'île de Skye. La sortie est aussi l'occasion d'observer à coup sûr des phoques et, parfois des dauphins, des otaries et des marsouins. Vous pourrez aussi louer un kayak à la boutique de souvenirs Landlubbers si vous préférez vous aventurer seul sur le loch. Régalez-vous de « crevettes de Plockton », autrement dit des langoustines, au délicieux restaurant du **Plockton Hotel** (voir p. 297).

À 30 min de route de Plockton, l'A87 débouche sur **Eilean Donan**. Cette forteresse du XIIIe siècle, détruite en 1719 par l'explosion de 343 barils de poudre à canon, n'a été restaurée qu'au début du XXe siècle. Le château vaut aussi pour son cadre à couper le souffle : les lochs Long, Alsh et Diun, ainsi que les Cinq Sœurs du Kintail (voir encadré ci-contre). Les cinéphiles l'auront reconnu : Eilean Donan apparaît dans *Highlander* et dans *Le monde ne suffit pas*, un James Bond. ■

Le petit village de Plockton, sur les rives du loch Carron, avec en toile de fond les montagnes d'Applecross

Rua Reidh
✉ Melvaig
☎ (01445) 771 263
€ €
www.ruareidh.co.uk

Calum's Plockton Seal Trips
✉ 32 Harbour St., Plockton
☎ (01599) 544 306
€ €€
www.calums-sealtrips.com

Eilean Donan
Carte p. 201 A1
✉ Dornie
☎ (01599) 555 202
€ €€
www.eileandonancastle.com

ISLAND BLUE
OB 560

Villages colorés et whiskies fumés font la réputation de la kyrielle d'îles qui s'étire dans l'Atlantique Nord, au large de la côte écossaise.

Les îles de la côte ouest

Introduction et carte 216-217

Les îles de l'Argyll 218-229

À découvrir – Une croisière à bord du *Waverley* 219

Islay et le whisky 222-223

À découvrir – Planche à voile à Tiree 228

Les îles Small 230-231

L'île de Skye 232-237

Circuit sur la péninsule de Trotternish : le Quiraing 234-235

À découvrir – Une croisière sur le loch Coruisk 236

Les Hébrides extérieures 238-249

Hôtels et restaurants 298-301

Les maisons colorées de Tobermory, sur l'île de Mull

Les îles de la côte ouest

Tandis que la plupart des touristes rêvent de visiter la romantique île de Skye, couronnée de reliefs embrumés, beaucoup ignorent que l'Écosse rassemble plus de 800 îles, dont près de 100 sont habitées. Celles de la côte ouest font preuve d'une belle variété, dans leur géographie, leurs paysages, leur nature et leur culture.

Bute et Arran sont les plus aisément accessibles : proches de Glasgow, leurs stations balnéaires sont fréquentées depuis l'ère victorienne. L'île d'Arran connaît actuellement une formidable renaissance : on y trouve nombre de charmants boutique-hôtels, des restaurants de qualité et des prestataires de confiance auprès desquels réserver des activités ou obtenir des informations sur l'histoire, la faune et la flore insulaires.

Les amateurs de whisky trouveront leur bonheur à Islay, dans l'archipel des Hébrides intérieures : les huit distilleries de l'île produisent le meilleur whisky du pays. Les atouts d'Islay promettent également de superbes panoramas, de magnifiques plages de sable et de gracieux villages aux maisons toutes blanches. Ne visitez pas Islay sans faire un saut sur Jura, aux reliefs spectaculaires. Cette île sauvage, domaine des cerfs – ils sont ici plus nombreux que les hommes –, est un paradis pour les randonneurs et les amoureux de la nature, ou tout simplement pour ceux qui rêvent d'une parenthèse enchantée.

Quittez la côte ouest de l'Écosse en ferry, au départ du bouillonnant port d'Oban, pour rallier l'île de Mull. Sa capitale, Tobermory, fut longtemps la destination favorite des Écossais et de nombreux vacanciers : ses plages, tout comme ses montagnes, sont idylliques. Établissez ici votre camp de base et partez à la découverte des petites îles alentour – Iona la religieuse, un très ancien lieu de pèlerinage, mais aussi Eigg, Rum, Canna et Muck.

Ceux que la solitude n'effraie pas pourront faire de la marche ou du vélo le long des plages désertes de l'île de Coll et savoureront des vues imprenables sur les archipels des Hébrides extérieures (les *Western Isles*) et intérieures. Toute proche, voici Tiree : le lieu le plus ensoleillé de Grande-Bretagne accueille tous les ans une grande compétition de planche à voile, la Tiree Wave Classic.

Au nord, l'île de Skye (Hébrides intérieures) est une pure merveille de la nature. Vous y ferez d'inoubliables randonnées (réservées aux marcheurs bien entraînés) et visiterez de ravissants villages. Les ferries du port de Uig, au nord de l'île, relient Skye aux Hébrides extérieures *via* Lochmaddy (North Uist) et Tarbert (Harris).

À NE PAS MANQUER

Les succulents produits du terroir et les sports extrêmes sur l'île d'Arran **219-221**

Une dégustation des huit whiskies fumés produits sur la superbe île d'Islay **222, 224-226**

Mull, ses hautes montagnes, ses plages immaculées, sa faune et sa flore abondantes et une capitale, Tobermory, haute en couleur **226-227**

Les randonnées et promenades dans le massif montagneux des Cuillin, sur la légendaire île de Skye **232-236**

Les paysages extraordinaires de Harris **240-242**

Des chaussées surélevées connectent les îles de North Uist, Benbecula, South Uist et Eriskay, bel ensemble de lochs azur – plus ou moins étendus – et de plages sablonneuses ourlant le fragile écosystème de *machair.* À l'extrémité méridionale de ce chapelet, on peut rallier l'île de Barra d'un court trajet en ferry, mais pourquoi ne pas la découvrir « vue du ciel », en avion, avec atterrissage sur la plage ?

Les montagnes et les plages paradisiaques de Lewis et Harris (une seule île mais deux destinations très différentes) se profilent au nord de l'archipel des Hébrides extérieures. Quelle que soit l'île de la côte ouest que vous choisirez de visiter, tout vous sera bonheur : le trajet en ferry, les longues balades à pied, en vélo ou en kayak, sans oublier les nombreuses opportunités d'escalade. ■

Les îles de l'Argyll

Prenez le ferry et aventurez-vous au large de la côte ouest de l'Écosse : les îles de l'Argyll – dont la plupart forment l'archipel des Hébrides intérieures – vous y attendent. Découvrez les charmes victoriens de Bute, les délices gastronomiques d'Arran, les paysages intacts de Jura, les distilleries d'Islay... sans oublier les châteaux et les villages colorés de Mull.

Le ferry dépose des visiteurs sur l'île de Bute.

SE RENDRE DANS LES ÎLES DE L'ARGYLL : Les îles sont accessibles par avion (Ryanair, British Airlines), voiture, train (Scotrail) ou ferry avec Caledonian MacBrayne *(tél. : 08705/650000, www.calmac.co.uk)* et Western Ferries *(tél. : 01369/704 452, www.western-ferries.co.uk).*

Îles de l'Argyll

Carte p. 217 B1-B2, C1

Office de tourisme

Argyll Square, Oban

(01631) 563 122

www.visitscottishheartlands.com

Bute

Elle a beau ne mesurer que 24 km sur 8 à son maximum, Bute a beaucoup à offrir à ses visiteurs. Située sur l'estuaire de la Clyde, Bute connaît son apogée au XIXe siècle lorsque les bateaux à vapeur (voir encadré ci-contre) y amènent en grand nombre les Glaswégiens, venus respirer le bon air.

Rothesay, la ville principale, a perdu de son lustre, mais son architecture victorienne alambiquée restitue de jolies bribes de sa splendeur passée. Elle s'enorgueillit encore d'une agréable promenade sur le front de mer, d'un joli **musée** *(7 Stuart St., tél. : 01700/505 067, www.butemuseum.org, €)* et de jardins colorés, les **Ardencraig Gardens** *(Ardencraig Lane, High Craigmore, tél. : 01700/504 644, www.garden-of-argyll.co.uk, €).* Stéphanie Hortense Bonaparte, nièce de Napoléon, est enterrée dans la **chapelle St Mary** (XIVe siècle) située sur High Street. Toutefois, ce sont des ruines vieilles de huit siècles qui attirent tous les regards : celles de l'imposant **château**, où séjournèrent plusieurs rois d'Écosse du XIIIe au XVIe siècle *(Castlehill Street, tél. : 01700/502 691, www.historic-scotland.gov.uk, €€).*

Quittez la ville vers le sud et rejoignez **Mount Stuart**,

résidence du troisième marquis de Bute, un château néogothique tout à fait baroque – certainement le plus étonnant du Royaume-Uni ! À la belle saison, lorsque la nature est en fleurs, un détour par **Ascog Hall Fernery and Garden** s'impose.

La ligne de faille des Highlands divise l'île de Bute, comme sa voisine Arran, entre hautes terres et basses terres. Au nord, l'activité sismique a fait jaillir des reliefs, à l'image du **Windy Hill** (278 m), point culminant de l'île et éden des randonneurs. Le sud appartient en revanche aux terres cultivées et aux plages de sable bordant **Kilchattan Bay** et **Scalpsie Bay** (l'endroit idéal pour observer les phoques).

À 3 km de la pointe sud de l'île, Kilchattan Bay marque le début de la **West Island Way**. Cette route de 48 km, aux vues grandioses, remonte ensuite vers Rhudobach puis redescend sur Port Bannatyne, sur la côte est. Arrêtez-vous à la **chapelle St Blane** (XIIe siècle).

Arran

Pourquoi surnomme-t-on l'île d'Arran (20 km de long) la « petite Écosse » ? Parce qu'on y trouve sept parcours de golf, des châteaux fantastiques, des villages de carte postale, une distillerie, un somptueux restaurant de fruits de mer et des produits du terroir particulièrement savoureux. Et qu'Arran est également bénie de paysages fabuleux – reliefs déchiquetés au nord, kyrielle de collines au sud et plages de sable.

Brodick, la plus grande bourgade de l'île, accueille

Bute

Carte p. 217 C1-C2

Mount Stuart

Mount Stuart Drive, Rothesay, Bute
(01700) 503 877
€€

www.mountstuart.com

Ascog Hall Fernery and Garden

Ascog, Bute
(01700) 504 555
Fermé lun.-mar.
€

www.ascoghallfernery.co.uk

À DÉCOUVRIR Une croisière à bord du *Waverley*

Pour ne rien rater des trésors de l'île de Bute, embarquez sur le PS *Waverley* (*Waverley Terminal, 36 Lancefield Quay, Glasgow, tél. : 0845/130 4647, www.waverleyexcursions.co.uk*). Chaque été, le dernier bateau à roues à aubes dans le monde à encore effectuer des traversées en mer sillonne le cours de la Clyde pour relier Glasgow à Rothesay, sur l'île de Bute. Le premier *Waverley* sombra lors de l'évacuation de Dunkerque, en 1940. Son successeur, l'un des derniers bateaux à roues à aubes construit après la Seconde Guerre mondiale, fut inauguré le 16 juin 1947.

À l'origine, le bateau devait assurer le circuit « des trois lochs » (loch Goil, loch Long, Lochgoilhead et Arrochar) mais ralliait essentiellement Craigendoran aux stations balnéaires du Firth of Clyde – dont les plages à l'époque étaient prises d'assaut.

Naviguer sur le *Waverley*, c'est un peu parcourir les pages d'un livre d'histoire et voyager dans le temps : écouter un air d'accordéon, admirer la rutilante salle des machines, sursauter lorsque se déclenche la joyeuse sirène. Si vous n'avez pas la possibilité de faire cette croisière (le bateau suit différents itinéraires de la fin juin à la fin de l'été, quelques circuits supplémentaires sont parfois organisés en octobre), guettez le navire que vous reconnaîtrez à sa coque blanc et noir et à ses deux grosses cheminées rayées de rouge, de blanc et de noir.

Arran
Carte p. 217 C1
Office de tourisme
The Pier, Brodick, Arran
(01770) 303 776
www.visitscottish heartlands.com

Isle of Arran Heritage Museum
Rosaburn
(01770) 302 636
Fermé fin oct.-avril
€
www.arranmuseum .co.uk

Brodick Castle, Gardens and Country Park
Brodick, Arran
(0844) 493 2152
Fermé jeu.-vend.
€€€
www.nts.org.uk Property/13/ Contact

une gare maritime, des cafés, des boutiques, une plage de sable et un minigolf ! C'est toutefois au nord de Brodick que sont concentrés ses plus remarquables atouts : l'**Isle of Arran Heritage Museum**, aménagé dans un cottage du début du XXe siècle, raconte l'histoire sociale de l'île ; un peu plus loin, ce sont six siècles d'histoire qui se déroulent au **Brodick Castle, Gardens and Country Park**. Enfin, l'accès principal au sommet du **Goatfell**, point culminant d'Arran (819 m), se situe derrière l'**Isle of Arran Brewery** (voir encadré ci-dessous). Parvenu tout en haut, vous apprécierez un extraordinaire panorama montagneux piqué de lochs scintillants et apercevrez l'Irlande (au sud-ouest) et le Ben Lomond (vers l'arrière-pays écossais).

À la pointe nord de l'île, **Lochranza** abrite un beau **parcours de golf** *(tél. : 01770/830 273, www.lochranzagolf.com, €€€€)* ainsi qu'une **distillerie** *(tél. : 01770 830/264, www.arranwhisky.com, €€)* où vous seront révélés tous les secrets du malt. Le **château** de Lochranza, érigé au XIIIe siècle, raconte son histoire, du temps de la famille MacSween et d'Oliver Cromwell. La légende veut que Robert Bruce soit venu ici en 1306 à son retour d'Irlande, afin de réclamer le trône d'Écosse.

La route littorale longeant la côte ouest passe par **Catacol** et ses « douze apôtres », surnom donné à ses maisonnettes toutes blanches, construites pour accueillir au XIXe siècle tous ceux qui fuyaient la Grande-Bretagne... et la famine.

À **Malchrie Moor**, l'histoire est plus ancienne encore avec six **pierres levées** datant du néolithique, mystérieusement disposées en cercle. Aux environs de **Blackwaterfoot**, la **King's Cave** retrace également le passé : réfugié dans cette grotte, Robert Bruce, suivant l'exemple d'une araignée tissant et tissant encore patiemment sa toile, se serait décidé à reprendre le combat.

La renaissance gastronomique d'Arran

Arran fait désormais le bonheur des foodistas. L'initiateur de cette révolution gustative est Arran Fine Foods *(www.taste-of-arran.co.uk)*, producteur de confitures, de marmelades et de sauces. The Island Cheese Company *(Home Farm, Brodick, tél. : 01770/302 788, www.islandcheese.co.uk)* se distingue en mariant ses cheddars à du whisky et du piment. Pour accompagner ces fromages haut de gamme, rien de tel qu'une galette d'avoine *(oatcake)* de Wooleys of Arran *(www.wooleys.co.uk)*. L'île abrite aussi un fabricant de glaces *(Arran Dairies, Market Road, Brodick, tél. : 01770/302 374)*, un chocolatier *(James of Arran, Shore Road, Brodick, tél. : 01770/302 873, www.jamesofarran.com)*, une distillerie *(Isle of Arran Distillers, www.arranwhisky.com)*, et une brasserie *(Isle of Arran Brewery, Brodick, tél. : 01770/302 353)*.

Serrés les uns contre les autres, **Lagg**, **Kilmory** et **Torrylin** ne semblent former qu'un seul et même village. Les témoignages néolithiques de cette partie de l'île méritent vraiment une visite : **Torrylin Cairn** et **Torr a'Chaisteal Dun** (parfois appelé Corriecravie Dun), les vestiges d'une ferme fortifiée datant de l'an 200.

Depuis peu, aux charmes traditionnels d'Arran sont venues s'ajouter de nombreuses activités de plein air : VTT, randonnées, kayak de mer... Renseignez-vous auprès de **Arran Adventure Company** *(Auchrannie Road, Auchrannie Resort, tél. : 01770/302 244, www.arranadventure.com, €€€€)*. Pour une sortie en hélicoptère ou en quad, un atelier de poterie ou des activités pour enfants, contactez le **Balmichael Visitor Centre** *(Shiskine, tél. : 01770/860 596, www.balmichael.com, €)*.

Les pierres levées de Machrie Moor, sur l'île d'Arran

Jura

Cette île de 368 km^2 est l'un des secrets les mieux préservés d'Écosse. Ici, la nature est reine. Jura est dominée par la silhouette majestueuse des trois cônes des Paps of Jura, que l'on distingue depuis les côtes ouest de l'Argyll et d'Islay.

Très sauvage (seule une route longe ses côtes est et sud), Jura est un paradis faunistique. Les ornithologues s'en donnent à cœur joie, observant tétras, bécassines et aigles royaux. On estime à 6000 le nombre de cerfs vivant sur cette île qui par ailleurs ne compte que 200 habitants ! Autrefois, Jura était surnommée Dy Oer (Joora) – « l'île aux cerfs ».

Visitez la **distillerie** (**Isle of Jura Distillery**) de **Craighouse** (LE village de Jura) et arrêtez-vous aux **Jura House and Gardens** à Ardfin, mais profitez avant tout du calme et de la nature.

Les randonneurs et les grimpeurs défieront bien entendu les **Paps of Jura**. Beinn an Oir (la « montagne d'or ») est le plus haut des trois (785 m). Il est classé en tant que *corbett* – terme écossais désignant un sommet de plus de 762 m d'altitude. À l'est se dresse Beinn Shiantaidh (757 m), la « montagne sacrée », et au sud-ouest, Beinn a'Chaolais (734 m) la « montagne du détroit ». La côte, jalonnée de plages, de falaises et de grottes, s'étire sur plus de 115 km et distille des itinéraires parfaits pour les marcheurs débutants. Les randonneurs plus aguerris pourront parcourir les sites de l'arrière-pays, de **pierres levées** en mottes castrales, jusqu'aux

(suite p. 224)

Jura
Carte p. 217 B2
Office de tourisme
The Square, Bowmore, Islay
(01496) 810 254
www.visitscottishheartlands.com

Isle of Jura Distillery
Craighouse, Jura
(01496) 820 240
Fermé dim.
€€
www.isleofjura.com

Jura House and Gardens
Ardfin, Jura
(01496) 820 315
€€
www.jurahouseandgardens.co.uk

Islay et le whisky

Depuis des siècles, des kyrielles de pèlerins s'aventurent sur Islay. Certains y reviennent chaque année. Ils réalisent ainsi leur rêve de rendre hommage au *Uisge Beatha,* le nom gaélique de cette « eau-de-vie » qui n'est autre, bien sûr, que le whisky. Ici, le breuvage magique s'apprécie fumé, un malt infiniment parfumé produit dans l'une des huit distilleries de cette île aux paysages magnifiques.

La distillerie Bruichladdich est l'une des nombreuses distilleries d'Islay, berceau de l'histoire et de la culture du whisky.

Les vrais connaisseurs saluent la qualité des whiskies produits à Islay, des malts aux parfums uniques hérités des sols tourbeux de l'île. L'orge maltée entrant dans leur composition est en effet séché sur des feux de tourbe, ce qui lui confère cet arôme fumé si caractéristique. Humez votre verre et vous saurez immédiatement si vous avez affaire à un whisky d'Islay. Chacune des huit distilleries possède sa propre alimentation en eau – des eaux plus ou moins en contact avec la tourbe. Ainsi, celles utilisées par les distilleries situées au sud sont beaucoup plus teintées et tourbées. Et chaque technique de distillation génère des goûts et des arômes variés – ce qui est très étonnant compte tenu de la petite superficie de l'île !

Distillation et distilleries

Toutes les distilleries proposent des visites guidées pour ne plus rien ignorer du processus de fabrication, du maltage au brassage. Le maltage consiste à sécher de l'orge germée au-dessus d'un four alimenté par de la tourbe, pour lui donner un goût fumé. L'orge est ensuite mélangée avec

À SAVOIR

Vérifiez sur Internet avant votre départ quels sont les whiskies les plus répandus, pour être certain de rapporter un whisky produit sur Islay et nulle part ailleurs.

de l'eau chaude dans un grand baquet de bois. Une fois le brassage terminé, le liquide ainsi obtenu (le *wort*) est additionné de levures pour enclencher le processus de fermentation. À ce stade, le liquide est très peu alcoolisé. On va alors séparer l'eau de l'alcool à deux reprises, dans des alambics de cuivre : c'est la distillation. La moindre erreur peut être fatale et peser sur le résultat final, le processus est donc sous surveillance constante. Après la seconde distillation, le whisky est mis à vieillir en fûts de chêne pour huit à vingt ans. Au fil des ans, le breuvage perd de son acidité et développe tous les arômes du malt.

Ces dernières années, le whisky d'Islay rencontre un succès croissant, ce qui a provoqué deux étonnantes renaissances. Ayant arrêté sa production en 1981, la distillerie Ardberg rouvre ses portes en 1997, tandis que Bruichladdich, en sommeil depuis 1985, reprend son activité en 2001. Elles font désormais jeu égal avec les grands noms – Laphroaig et Lagavulin, sans oublier Caol Ila, Bunnahabhain et Bowmore.

En 2005, une huitième distillerie, la première construite sur l'île depuis cent vingt-quatre ans, est inaugurée. Aménagée dans d'anciens bâtiments agricoles, la distillerie Kilchoman est l'une des plus petites et des plus traditionnelles d'Écosse. Créée par un fermier, elle restitue l'atmosphère qui régnait dans les îles des Hébrides, à l'époque où la population se serrait les coudes alors que l'autorité britannique fermait les distilleries une à une. Kilchoman est l'une des rares distilleries d'Écosse à effectuer sur place chacune des étapes de sa production, de la culture de l'orge dans les champs environnants, jusqu'à la mise en bouteille à l'issue du vieillissement.

Le festival du whisky

Les amateurs de whisky visitent Islay tout au long de l'année, mais la période idéale est sans aucun doute le mois de mai, quand se déroule l'Islay Whisky Festival *(www.scotlandwhisky.com/whisky-festivals/Islay-malt-and-Music-festival)*. L'événement débute le

Dernière étape : choisir la bouteille que vous rapporterez à la maison !

dernier week-end de mai, dure une semaine… et n'engendre pas la morosité. Toutes les distilleries ouvrent leurs portes pour des dégustations gratuites, la fête bat son plein de jour comme de nuit, à grands renforts de *ceilidhs* (danses et musique traditionnelles celtiques).

Tous les ans, des pèlerins affluent des quatre coins du globe pour découvrir le berceau de leur whisky favori, humer les effluves enchanteurs parfumant les distilleries et s'enivrer de l'arôme de la tourbe qui donne au malt son parfum unique. Si vous aimez vraiment le whisky, ou simplement si vous portez de l'intérêt à cette industrie séculaire restée fidèle à ses racines, venez à Islay, la terre des malts fumés légendaires.

SwimTrek
63 Landsdowne Place, Brighton
(01273) 739 713
€€€€
www.swimtrek.com

ruines des **châteaux d'Aros** et de **Claig**. Et si vous préférez la natation à la marche, plongez dans le **golfe de Corryvreckan** – à vos risques et périls, car il abrite un gigantesque tourbillon. Ou découvrez-le plutôt dans le cadre du **SwimTrek** d'une semaine organisé dans les Hébrides intérieures... Nombre de voyagistes vous proposeront de l'approcher en bateau (voir encadré ci-contre). Quoi qu'il en soit, ne vous lancez pas seul dans cette aventure potentiellement très dangereuse.

Islay

Avec huit distilleries (voir p. 222-223) et une guirlande de plages superbes, l'île merveilleusement sauvage d'Islay devrait être envahie de touristes. Située aux confins des Hébrides, elle demeure pourtant à l'écart des sentiers battus. Tant mieux pour la population, qui semble vivre en autarcie et en harmonie, depuis l'époque lointaine où les légendaires seigneurs des îles régnaient sur les Highlands et sur les îles à partir de leur place forte d'Islay.

D'une superficie d'environ 619 km^2, Islay possède un aéroport et deux gares maritimes. **Port Askaig**, au nord-est, a peu à offrir, si ce n'est des liaisons par ferry vers Kennacraig (sur l'île de Grande-Bretagne), les îles de Jura et de Colonsay. Si vous arrivez à **Port Ellen**, au sud, allez saluer le **phare de Carraig Fhada**. Au XIXe siècle, on trouvait ici une distillerie, aujourd'hui remplacée par une malterie qui fournit d'autres distilleries. Les plages des **Singing Sands** comptent parmi les plus jolies de l'île. À l'est de la bourgade, la route de Claggin Bay mène à trois distilleries et aux ruines du **château de Dunyvaig**. Vous passerez également devant la **chapelle** et la **croix de**

Quelque 6 000 cerfs vivent sur l'île de Jura.

Kildalton, l'une des plus belles croix chrétiennes d'Écosse.

En poursuivant vers l'ouest, vous voici sur la **péninsule d'Oa**, où se dresse l'**American Monument**. Ce monolithe surplombant le Mull of Oa honore le souvenir de deux navires américains qui coulèrent ici en 1918. Vers le nord, la route conduit à la plage de sable de **Laggan Bay** et rejoint **Bowmore**. Célèbre pour sa **distillerie** éponyme, la deuxième plus ancienne du pays, la capitale d'Islay peut être fière de ses vieilles églises et des vues qu'elle réserve sur le loch Indaal.

Au sud-ouest, le **Rhinns of Islay**, pièce de terre autrefois séparée du reste de l'île, exhale avec ferveur sa culture gaélique à grands renforts de croix de pierre et de pierres levées. Le village le plus mignon de l'île, **Port Charlotte** et ses maisonnettes toutes blanches, est venu se nicher ici. Son petit port s'étend sur la rive du loch Indaal aux eaux argentées. Deux sites d'intérêt : le **Museum of Islay Life**, qui met l'accent sur l'histoire, et le **Wildlife Information Centre**, axé sur la faune.

Les villages jumeaux de Portnahaven et Port Wemyss se situent à quelques encablures de là. Peu de choses à faire à **Portnahaven**, si ce n'est de profiter du temps qui passe et de la vue agréable sur le port. À **Port Wemyss**, tous les regards se tournent vers les maisons blanches ou aux teintes pastel, Laggan Bay et le Mull of Oa. Islay abrite une filature de laine, **Islay Woollen Mill**, une entreprise familiale réputée, où furent d'ailleurs tissés les tartans qui servirent aux costumes de plusieurs films, dont ceux de *Braveheart* et *Rob Roy*.

Le nord est le royaume des vieilles églises, des croix celtes, des baies sablonneuses et des monuments célébrant la mémoire de naufragés. Il y a

Le golfe de Corryvreckan

Corryvreckan est le détroit séparant les îles de Jura et de Scarba. Ici bouillonne un gigantesque tourbillon (30 m), le troisième au monde en termes de profondeur. Ce phénomène est dû à la présence d'une montagne sous-marine, dont le sommet affleure à la surface de l'eau, et aux marées. Vous pourrez voir le tourbillon depuis la terre ferme, mais également vous en approcher en bateau. Pour tous renseignements : Craignish Cruises *(tél. : 07747/023 038, www.craignishcruises.co.uk, €€€€€)* à Ardfern et Farsain Cruises *(tél. : 01852/500 664, €€€€€)* à Craob Haven, tous les deux à proximité de Lochgilphead ; et Sealife Adventures *(Dunaverty, Easdale, tél. : 01631/571 010, www.sealife-adventures.com, €€€€€)*, à Oban.

Islay

Carte p. 217 B1-B2

Office de tourisme

The Square, Bowmore, Islay

(01496) 810 254

www.visitscottishheartlands.com

Distillerie Bowmore

School Street, Bowmore, Islay

(01496) 810 441

Fermé dim.

€

www.bowmore.co.uk

Museum of Islay Life

Port Charlotte, Islay

(01496) 850 358

Fermé nov.-mars

€

www.islaymuseum.org

Wildlife Information Centre

Port Charlotte, Islay

(01496) 850 288

€

Islay Woollen Mill

Bridgend, Islay

(01496) 810 563

Fermé dim.

€

www.islaywoollenmill.co.uk

Sur l'île d'Islay, une croix celtique en pierre

Mull
Carte p. 217 B2-B3

Château de Duart
Mull
(01680) 812 309
Fermé mi-oct.-mars ; et vend.-sam.
€
www.duartcastle.com

Château de Torosay
Mull
(01680) 812 421
Fermé nov.-mars
€
www.www.torosay.com

plusieurs siècles de cela, les seigneurs des îles établirent leur camp de base à **Loch Finlaggan**.

Ce qui fait le charme d'Islay, c'est avant tout la rareté des touristes ! La pêche, la poterie et le filage se pratiquent ici toujours assidûment – n'hésitez pas à pénétrer dans les nombreux ateliers. Vous trouverez également un **centre de plongée** *(10 Charlotte St., Port Ellen, tél. : 01496/302 441)* et un **club de golf** *(Port Ellen, tél. : 01496/302 310, www.machrie.com)* aux panoramas époustouflants. Pour découvrir Islay, privilégiez le festival annuel du whisky (voir p. 223) ou le festival de jazz, en septembre.

Mull

L'île de Mull est l'une des plus accessibles – la traversée Oban-Craignure en ferry prend 40 minutes (autres liaisons : Lochaline-Fishnish et Kilchoan-Tobermory). Dès les beaux jours, les quais sont envahis par les voitures, les autocars et les piétons, mais heureusement, l'île est assez vaste pour que cet afflux de visiteurs passe presque inaperçu. Toutefois, pour profiter pleinement de Mull, restez plus d'une journée.

En arrivant d'Oban, Mull se dessine au rythme de ses reliefs déchiquetés et de la silhouette du **château de Duart**. Les environs de Craignure accueillent également le **château de Torosay** – ce dernier mérite votre visite, rien que pour le plaisir d'une promenade en train (sur une ancienne voie étroite) entre la gare maritime et cette noble bâtisse seigneuriale.

Tobermory s'est développée aux confins septentrionaux de la côte orientale. Les enfants britanniques connaissent bien cette bourgade, la plus importante de l'île, qui sert de décor à la série télé *Balamory*. Tout n'y est peut-être pas aussi coloré que sur le petit écran, mais Tobermory est certainement l'un des sites les plus ravissants de la côte ouest de l'Écosse. La pêche – principale activité autrefois – a aujourd'hui laissé la place au tourisme : l'île regorge d'hôtels, de restaurants, de cafés et d'échoppes, pour la plupart installés dans les maisonnettes colorées du front de mer. La culture locale est très vivace : le **Mull Theatre** et le centre artistique **An**

La migration des oies sauvages d'Islay

Impossible de rester insensible au spectacle fascinant que réservent les nuées d'oies sauvages fondant sur Islay en hiver. Les ornithologues chevronnés, eux, savent bien qu'elles viennent toutes d'horizons différents. Descendues du Groenland, les bernaches nonettes arrivent les premières dès la fin septembre, et s'installent jusqu'en avril sur les vasières des lochs Indaal et Gruinart. Vous pourrez les observer à la tombée de la nuit. De septembre à novembre, oies cendrées et oies à bec-court hivernent également sur l'île. Au printemps, guettez les échassiers – bécassines, chevaliers gambettes, courlis. Vous trouverez les meilleurs sites d'observation à la Loch Gruinart Nature Reserve, au nord-ouest de l'île *(tél. : 01496/850 505, www.rspb.org.uk/reserves/guide/l/lochgruinart).*

À SAVOIR

Machrie, sur Islay, est un parcours de golf sauvage. Les vagues s'écrasent à proximité du fairway et les hautes herbes atteignent près d'un mètre.

Tobar ne désemplissent pas. Ce dernier a été conçu comme un espace polyvalent où sont organisés concerts, expositions et conférences.

Au sud, le Ross of Mull, ses impressionnantes falaises et ses plages de sable, sépare Craignure de Fionnphort, d'où partent les bateaux pour Iona. En été, **Gordon Grant Tour** *(Achavaich, Iona, tél. : 01681/700 388, www.staffatours.com, €€€€€)* organise des traversées jusqu'aux îles Treshnish et **Staffa** (voir p. 228) – consultez également **Staffa Trips** *(Tigh na Traigh, Iona, tél. : 01681/700 358, www.staffatrips.f9.co.uk, €€€€€)*. Lorn Ferry dessert aussi Colonsay au départ de Uisken, mais les liaisons sont très irrégulières.

Mull s'apprécie surtout pour ses paysages. La route littorale est particulièrement enchanteresse – notamment le tronçon Salen-Calgary. En descendant de Salen vers l'océan Atlantique, la vue sur le Ben More, enchâssé au milieu de pics et de lignes de crêtes, est envoûtante. Du sable blanc frangé sur trois côtés par des versants tourmentés : **Calgary** abrite la plus ravissante plage de l'île... et de toute l'Écosse ! Un espace camping – avec toilettes et tables de pique-niques gratuites – est à disposition si vous souhaitez planter la tente entre les dunes. Si vous disposez d'un peu de temps devant vous, poussez jusqu'à **Ulva** *(traversée en ferry sur réservation de juin à septembre, Ulva Ferry)*.

À Mull, les marcheurs sont rois : balades paisibles, randonnées plus sportives le long du littoral ou folles grimpées sur le **Ben More** (966 m).

Machrie Hotel and Golf Links
✉ Port Ellen, Islay
☎ (01496) 302 310
www.machrie.com

Mull Theatre
✉ Druimfin, Tobermory
☎ (01688) 302 673
€ €
www.mulltheatre.com

An Tobar arts center
✉ Tobermory
☎ (01688) 302 211
🕒 Fermé dim.
€ €
www.antobar.co.uk

Iona
Carte p. 217 B3

Abbaye d'Iona
Iona
(01681) 700 404
€
www.iona.org.uk

Staffa
Carte p. 217 B3

Coll
Carte p. 217 B3

An Acarsaid
Arinagour Post Office, Coll
(01879) 230 329
Fermé dim.
www.anacarsaid.co.uk

Château de Breachacha
Arioleod, Coll

Iona

Saint Colomba tenta de convertir au christianisme les Pictes de cette île minuscule d'à peine 5 sur 1,6 km, dont le joyau est une **abbaye** bénédictine fondée au XIIe siècle et admirablement restaurée. N'hésitez pas à vous joindre à une visite guidée *(gratuite)* pour découvrir le site. Si vous avez un peu de temps et que vous aimez la marche, il y a beaucoup de promenades à faire. Ne ratez pas les plages de sable du nord de l'île, ni Port a'Churiah ou la baie de Saint Columba.

Staffa

Si vous ne devez visiter qu'une des îles désertes de l'Écosse, choisissez Staffa. Depuis l'époque des Vikings, ses colonnes de basalte noir ont marqué durablement tous ceux qui ont accosté sur ses rives. Staffa a été immortalisée par le pinceau de Joseph Mallord William Turner (1775-1851) et popularisée au XIXe siècle par le compositeur Felix Mendelssohn (1809-1847) qui lui consacra *Die Hebriden* (« Les Hébrides », également connues sous le nom de *Die Fingalshohle* ou « grotte de Fingal »), et, bien entendu, par les visites de la reine Victoria. En été, les touristes affluent pour admirer la grotte de Fingal et ses parois de basalte rectilignes.

Coll

Le trajet à bord du *Clansman* (Cal Mac Ferry) entre Oban et Coll, aux confins de l'archipel des Hébrides intérieures, est un pur délice. Tout au long de cette traversée de 3 heures, vous ne verrez que des merveilles : la péninsule d'Ardnamurchan, l'île de Mull, l'île de Skye et les « Petites Îles » *(Small Isles)*... vous pourrez même apercevoir les Hébrides extérieures avant de mouiller à **Arinagour**. Vue du large, Coll, île plate et rocailleuse, déçoit. La première impression est heureusement trompeuse, car cette île méconnue abrite les plus belles plages de sable qui soient.

Débutez votre itinéraire à l'**Isle of Coll Hotel** (voir

À DÉCOUVRIR Planche à voile à Tiree

De magnifiques plages de sable, la brise du large et la houle atlantique : Tiree mérite assurément d'être la première destination écossaise des amateurs de planche à voile. Sa réputation est indiscutable ; c'est pourquoi, chaque année, au mois d'octobre, des athlètes du monde entier s'y retrouvent, sur les vagues, pour disputer la Tiree Wave Classic *(www.tireewaveclassic.com)*, un spectacle de six jours à vous couper le souffle. Les moniteurs de Wild Diamond *(www.wilddiamond.co.uk)* sont à votre disposition toute l'année pour des leçons, quel que soit votre niveau. Ils peuvent également vous louer du matériel.
Si vous êtes un véliplanchiste chevronné, venez pendant les mois les plus venteux (mars-juin et sept.-oct.). Poussées d'adrénaline assurées.

rubrique Hôtels et restaurants p. 298), à Arinagour, l'un des seuls villages de cette île microscopique de 19 sur 6 km. Des maisons blanches bordent la baie de Loch Eatharna : l'heure est à la détente et la vue sur les îles Treshnish et les reliefs de Mull est superbe.

Coll possède un trésor : une vingtaine de plages de sable blanc. Les plus remarquables sont certainement celles de Hogh Bay et de Crossapol, mais quelle que soit la plage où vous irez flâner, vous ne rencontrerez vraisemblablement personne, même en plein été.

Il n'y a pratiquement pas de voitures sur l'île, profitez-en pour marcher et faire du vélo *(location à la boutique-cadeau d'***An Acarsaid** *ou à la poste,* €). Grimpez au sommet du Ben Hogh (104 m), point culminant de Coll, vous aurez là-haut un panorama saisissant sur les Hébrides extérieures et intérieures, dominé par la silhouette des Paps of Jura.

Coll ne possède pas de site touristique à proprement parler, mais si vous disposez d'une voiture, faites un détour plein sud jusqu'à ses deux « châteaux ». Attention ! Aucun n'est ouvert au public, mais le coup d'œil en vaut la peine. Le **château de Breachacha** date du XVe siècle, le manoir ou « New Castle » – tout proche – du XVIIIe. Coll compte plusieurs réserves naturelles *(www.rspb.org.uk/reserves/guide/c/coll)*, striées de sentiers mais dépourvues d'équipements touristiques.

Le poisson frais est la spécialité de l'île de Coll.

Tiree

Depuis Coll, il suffit de 1 heure en ferry pour rallier Tiree (l'île possède également un aéroport). La plus occidentale des îles des Hébrides intérieures mesure 19 sur 5 km. Plate et balayée par les vents, elle est célèbre pour accueillir chaque année une compétition internationale de planche à voile, la **Tiree Wave Classic** (voir encadré ci-contre).

Bénéficiant des effets régulateurs du Gulf Stream, Tiree s'enorgueillit de détenir le record d'ensoleillement des îles Britanniques : en été, il fait vraiment chaud sur les plages de sable blanc.

Exceptionnel conservatoire ornithologique, Tiree ne manque pas d'attirer les spécialistes. Aux amateurs de marche qui ne souhaitent pas se mesurer aux altitudes élevées des *munros* écossais, elle offre trois glorieuses alternatives : le Ben Hynish (141 m), le Beinn Hough (119 m) et le Kennavara (103 m). ■

Tiree
Carte p. 217 A3

Les îles Small

Situées au sud de Skye, Muck, Eigg, Rum et Canna forment l'archipel des îles Small (Small Isles ou « Petites Îles »), paradis naturel où rares sont les gens qui vivent et les touristes qui s'aventurent. Revers de la médaille : vous trouverez ici peu d'hôtels et de transports en commun...

Randonnée sur l'An Sgurr d'Eigg, avec l'île de Rum à l'arrière-plan

Muck

Carte p. 217 B3

Eigg

Carte p. 217 B3-B4

SE RENDRE DANS LES ÎLES SMALL : Rum, Eigg et Canna sont desservies par Caledonian MacBrayne Ferries *(www.calmac.co.uk)* au départ de Mallaig ; ainsi que par The MV Shearwater *(www.ari saig.co.uk)* au départ d'Arisaig.

Muck

La plus méridionale de ces îles est aussi la plus petite : 3 km de long pour à peine 2 km de large. Muck offre peu d'activités, si ce n'est l'observation de la faune locale et de paysages stupéfiants, et ne compte qu'une quarantaine d'habitants... mais beaucoup plus de phoques. Vous trouverez ici une échoppe d'artisan, un salon de thé et un hôtel *(Port Mor House Hotel, Port Mor, tél. : 01687/462 365).* Initiez-vous au tissage de tapis – les moutons sont généreux en laine : **The Green Shed** *(Carn Dearg, tél. : 01687/462 363, www.thegreenshed.net).*

Eigg

Au nord de Muck, Eigg a une personnalité bien à elle. D'une superficie de 8 km sur 5 km, l'île est dominée par l'**An Sgurr** (393 m), masse de roche volcanique posée sur un plateau de basalte. Cet ensemble géologique impressionnant, où les aigles royaux aiment à venir se reposer, s'est formé voilà 58 millions d'années. La randonnée – assez facile – pour accéder à son sommet débute sur le quai du ferry en provenance de Mallaig. Le tracé, jalonné de tumulus, s'effectue en 2 heures environ. L'autre joyau de l'île est sa plage sensationnelle, baptisée Singing Sands.

Rhum

Avec une superficie de 100 km², Rum est la plus grande des îles de ce groupe. Elle est également l'une des plus vastes réserves naturelles de Grande-Bretagne. La **Rhum National Nature Reserve** *(tél. : 01687/462 026, www.snh.org.uk, €)* accueille un massif montagneux, le Rhum Cuillin, culminant à l'Askival (812 m d'altitude). C'est aussi un éden pour les ornithologues puisque le pygargue à queue blanche, autrefois disparu, a fait sa réapparition ici.

Tout proche, le **château de Kinloch** (voir encadré ci-dessous), aux façades de grès rouge, vous ouvre les portes de ses splendides appartements édouardiens aménagés au début du XIXe siècle (bistro et chambres d'hôtes).

Canna

Passionnés d'oiseaux et amateurs de marche : Canna est faite pour vous, surtout si vous recherchez la solitude. Cette île microscopique (8 km sur 2 km, à peine) est la propriété du **National Trust for Scotland** *(tél. : 0844/ 493 2100, www.nts.org.uk/ Property/76)* qui l'entretient en tant que ferme et conservatoire ornithologique. Hormis un salon de thé et une maison d'hôtes, rien n'est prévu pour les touristes. Le camping sauvage requiert l'accord préalable du NTS. Au début de l'été, les amoureux des fleurs se régaleront : les terres de Canna sont alors tapissées d'orchidées. ■

À SAVOIR

Au large de Arisaig, entre la Grande-Bretagne et les îles de Mull et Eigg, on peut apercevoir des petits rorquals et des requins pèlerins. Dans ce cas, le ferry MV *Shearwater* s'arrête.

Rhum
Carte p. 217 B4

Château de Kinloch
Carte p. 217 B4
Rhum
(01687) 462 037
€€
www.isleofrum.com/kinlochcastle-bu.html

Canna
Carte p. 217 B4

Un château presque tout neuf

Le château de Kinloch, sur l'île de Rum, a été édifié entre 1897 et 1900 par George Bullough, excentrique rejeton d'un magnat du textile britannique. George n'a pas regardé à la dépense, faisant livrer quelque 270 000 tonnes de terre pour aménager jardins et parcours de golf… Le château a été la première demeure d'Écosse à posséder l'électricité – fournie par un petit barrage hydroélectrique situé à proximité : il s'agissait de s'éclairer, bien entendu, mais aussi d'alimenter une gigantesque boîte à musique appelée *Orchestrion*. Le château est abandonné après la Première Guerre mondiale. En 1957, la veuve de Bullough le cède, ainsi que le reste de l'île, pour une somme symbolique au Scottish Natural Heritage. Cette étrange demeure se visite. Vous pouvez même y passer la nuit si le cœur vous en dit… Elle n'a pratiquement pas changé depuis sa construction !

L'île de Skye

Depuis que Flora McDonald, héroïne jacobite, aida Charles Édouard Stuart à échapper à ses poursuivants, «l'île des brumes» occupe une place à part dans le cœur des Écossais. En arrivant sur Skye depuis Kyle of Lochalsh, à l'est, le spectacle est inoubliable.

Sur l'île de Skye, le port de Kyleakin et, à l'arrière-plan, le château de Moil

Skye
Carte p. 217 B4-B5

Office de tourisme
Bayfield House, Bayfield Rd., Portree, Skye
(01487) 612 137

www.visithighlands.com

Portree
Carte p. 217 B4

Pour les randonneurs et les alpinistes, Skye est un véritable éden. L'île regroupe en effet 12 *munros* – 11 dans la seule chaîne des Cuillins – dont les tracés s'adressent à un public varié, du débutant à l'athlète confirmé. Les visiteurs se pressent pourtant essentiellement sur les versants du **Sgurr Alasdair**, point culminant de l'île (993 m). Pour accéder à «l'inaccessible cime», il vous faudra un excellent matériel, mais aussi des cordes. Rassurez-vous, nul besoin de s'appeler Edmund Hillary pour savourer les plaisirs de Skye, des dizaines de sentiers balisés quadrillent l'île, le long des côtes ou sous le couvert de forêts épaisses. La plus vaste île des Hébrides (1 656 km^2) est également riche de superbes monuments historiques.

Kyleakin était un village très touristique du temps où le ferry en provenance de Kyle of Lochalsh y accostait. Désormais, les visiteurs se contentent de traverser le pont (voir encadré ci-contre) et ne s'y attardent plus. Le village s'est réinventé en paradis des routards grâce à ses bars et ses hébergements bon marché.

À SAVOIR

Sur l'île de Skye, parcourez la route panoramique de la côte est, entre Portree et Uig. Prévoyez plusieurs « arrêts-photo », le point de vue est admirable.

Portree et la péninsule de Trotternish

En remontant vers le nord par l'A87 en direction de la capitale Portree, vous traversez **Broadford**, le lieu idéal pour faire emplette de créations artisanales – vous y trouverez également hôtels, épiceries, tour-opérateurs spécialisés en sports extrêmes et stations-service. Si vous avez des enfants, vous n'échapperez pas au **Skye Serpentarium** *(The Old Mill, Broadford, tél. : 01471/822 209, www.skyeserpentarium.org.uk, €)*, un centre d'élevage de reptiles !

Portree, ville charmante, possède un vrai trésor : son port, bordé de maisonnettes multicolores et adossé à des reliefs tourmentés. Les cafés, restaurants et hôtels y abondent, vous y verrez aussi un pont conçu par l'ingénieur Thomas Telford. Le reste de la ville est également très animé, ne ratez surtout pas **Skye Batiks** *(The Green, tél. : 01478/613 331, www.skyebatiks.com, €)* et offrez-vous un tee-shirt ou une nappe en batik celtique (étoffe imprimée). Si la pluie est de la partie, rendez-vous à la périphérie sud de la ville, à l'**Aros Centre** *(Viewfield Road, tél. : 01478/613 649, www.aros.co.uk, €)* pour acheter des souvenirs, boire un café, voir un film ou assister à un spectacle.

Poussez jusqu'à la péninsule de Trotternish, à une trentaine de kilomètres au nord de Portree. Les plus beaux paysages de l'île s'épanouissent ici, dans un décor absolument inédit de chaos rocheux, de formations minérales extravagantes, sans oublier les vertigineuses falaises. Le **Quiraing** (voir p. 234-235) et l'**Old Man of Storr** – impressionnant à-pic – sont deux itinéraires de randonnées qu'il ne faut pas rater, même si vous êtes un marcheur peu expérimenté. Les cascades de **Lealt Falls** et **Kilt Rock**, sur la côte, méritent aussi un détour.

Sur la côte est de la péninsule, le **Staffin Museum**

(suite p. 236)

SE RENDRE À L'ÎLE DE SKYE : Depuis l'ouverture du Skye Bridge, plus besoin de ferry. Si vous voulez absolument prendre le bateau, Caldonian Macbrayne *(www.calmac.co.uk)* propose des liaisons Armadale-Mallaig.

Le pont de Skye

Le pont-route reliant l'île de Skye à la Grande-Bretagne a été inauguré en 1995. Grâce à lui, Skye est enfin accessible 24 h/24, ce qui facilite grandement la vie quotidienne des habitants de l'île – bien que certains regrettent leur insularité révolue. On a également reproché au pont son coût astronomique, puisque le tarif du péage était à l'origine calqué sur celui d'un trajet en ferry entre Kyle of Lochalsh et Kyleakin et faisait de ce dernier le tarif le plus élevé en Europe pour un pont. Depuis décembre 2004, l'accès au pont est désormais gratuit.

Circuit sur la péninsule de Trotternish : le Quiraing

La plupart des tracés de l'île de Skye requièrent une certaine expérience. Nombre de randonneurs ont du mal à faire leur choix. Heureusement, le Quiraing – ensemble admirable de formations rocheuses – est là pour proposer un circuit de 7 km environ offrant des vues grandioses sur les Hébrides extérieures ainsi qu'une myriade d'îlets. À déconseiller toutefois si vous souffrez de vertige. Et n'oubliez surtout pas d'emporter de bonnes chaussures de marche.

La silhouette fantomatique de The Needle apparaît au milieu des formations rocheuses du Quiraing, sur l'île de Skye.

S'organiser

Ce circuit (une boucle) débute et se termine sur l'aire de stationnement de la route du Quiraing, à 3 km environ au nord-ouest de Staffin. La randonnée n'est pas difficile, mais compte tout de même un dénivelé de 340 m. Elle s'effectue en trois à quatre heures, selon le temps que vous souhaiterez passer au cœur de cet incroyable décor minéral fantasmagorique. Les sentiers sont praticables, mais certaines montées sont assez raides. Prenez toutes vos précautions et renoncez si le temps paraît menaçant.

À NE PAS MANQUER

The Table • The Needle • The Prison

L'ascension

Depuis l'**aire de stationnement** ❶ de la route du Quiraing, suivez les panneaux qui balisent le sentier en direction de Flodigarry. Au bout d'une centaine de mètres, grimpez la butte herbeuse (en zigzag, c'est plus facile) pour rejoindre le sentier qui traverse le versant en altitude, vers le nord-est.

Quand vous parvenez à une **clôture** 2, passez le portillon et suivez le sentier partant sur la droite. Vous voici en bordure d'une falaise, la vue est spectaculaire : Staffin Bay (à l'est), l'océan Atlantique et le massif des Torridon de Wester Ross (sur l'île de Grande-Bretagne).

Vous avez fait le plus dur : les falaises ne seront jamais plus hautes que ça – à moins de faire un détour par le sommet de **Meall na Suiramach** 3 (543 m). De retour sur le sentier principal, restez en bordure de la falaise (attention, il y a quelques crevasses qu'il convient de contourner) et entamez la descente vers **Fir Bhreugach** 4, le col ménageant un passage entre les pics de Sron Vourlinn et Meall na Suiramach.

Poursuivez la descente, suivez le sentier qui serpente sur le versant oriental du col, mais prenez toutefois le temps d'apprécier le panorama grandiose sur **Kilmaluag Bay**. Une fois la descente terminée, prenez à droite, au pied des falaises. Le chemin vous reconduit à votre point de départ. D'ici, vous pouvez voir une série de petits pitons rocheux, ainsi que deux des plus célèbres formations rocheuses du Quiraing : The Needle et The Prison.

Tout de suite reconnaissable, **The Needle** (« l'aiguille ») est une fine aiguille de pierre ; elle jouxte **The Prison**, triptyque minéral qui, vu sous un certain angle, évoque un donjon médiéval. Vous aurez une meilleure vue sur The Needle en grimpant sur **The Table** 5 (une zone plate et herbeuse) – renoncez si vous manquez d'expérience, l'ascension est très raide. Retrouvez le sentier et suivez-le jusqu'à l'aire de stationnement : le tracé est facile, hormis un passage délicat (franchissement d'un petit ravin).

Voir aussi carte p. 217
Aire de stationnement
7 km
3-4 heures
Aire de stationnement

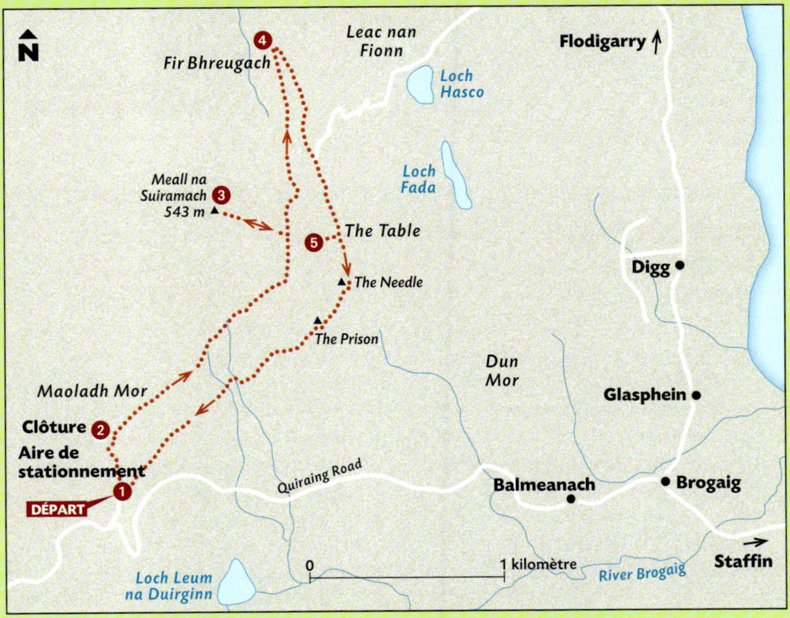

Skye Museum of Island Life
Kilmuir
(01470) 552 206
€
www.skyemuseum.co.uk

Dunvegan
Carte p. 217 B4

Château de Dunvegan
à l'ouest de Portree à Munegan
(01470) 521 206
€€
www.dunvegancastle.com

Colbost Croft Museum
Colbost
(01470) 521 296
€

Distillerie Talisker
Carbost
(01478) 614 308
€
www.discovering-distilleries.com/talisker

(tél. : 01470/562 321, uniquement sur réservation, €) abrite une remarquable collection de fossiles. **Staffin** abonde d'ailleurs en traces de dinosaures – certaines remonteraient à quelque 165 millions d'années.

Sur la côte occidentale de la péninsule, le **Skye Museum of Island Life** vous ouvre ses portes. Vous y visiterez une série de *blackhouses,* habitat traditionnel des Hébrides dans lesquels les îliens vivaient encore voilà à peine un siècle. Le site offre un magnifique point de vue sur Harris. Si vous vous intéressez au destin de Flora McDonald et le rôle qu'elle joua auprès de Charles Édouard Stuart après la cuisante défaite de Culloden, passez au cimetière jouxtant le musée. L'héroïne jacobite est enterrée ici, aux cotés de son époux (nombreux sont ceux qui sont surpris d'apprendre que, après son bref emprisonnement à la Tour de Londres, la jeune femme se maria et fonda une famille).

Les péninsules de Durnish, Waternish et Minginish

La silhouette du **château de Dunvegan** se dessine à l'ouest de Portree. Fief du clan McLeod depuis le XIIIe siècle, les parties visibles de la forteresse datent essentiellement du milieu du XIXe siècle. Les jardins et la vue sur le loch méritent amplement votre visite. Aux abords du château, des tours-opérateurs proposent des croisières pour observer les phoques. Vous pouvez aussi partir vers l'ouest pour rallier la **péninsule de Durnish**, ou vers le nord et la **péninsule de Waternish**, les paysages sont vraiment fantastiques. Aux confins occidentaux de l'île, **Neist Point**, son phare éponyme et ses immenses falaises offrent des vues prodigieuses sur les Hébrides extérieures – arrêtez-vous au village de Stein, là aussi le panorama sur le loch Bay et les *Western Isles* est fabuleux.

Le **Colbost Croft Museum** vous entraîne au cœur de la

À DÉCOUVRIR Une croisière sur le loch Coruisk

Enchâssé dans la chaîne des Cuillins, le loch Coruisk est indiscutablement le meilleur prétendant au titre de lac le plus isolé... et le plus beau d'Écosse. Il mesure environ 3 km de long pour seulement quelques centaines de mètres de large. De Pâques à septembre, **Bella Jane** *(tél. : 01471/866 244, www.bellajane.co.uk, €€€€)* et **Misty Isle** *(tél. : 01471/866 288, www.mistyisleboattrips.co.uk, €€€€)* organisent des croisières sur ses eaux argentées, au départ d'Elgol. Vous pouvez opter pour un trajet sans escale, ou au contraire partir tôt le matin et ponctuer votre périple d'une promenade dans les Cuillins – une petite heure et demie de balade suffit à profiter de la beauté du site. La rive du loch se prête idéalement à la marche (prenez toutefois de bonnes chaussures). Si vous pratiquez régulièrement la randonnée ou l'alpinisme et que vous avez du matériel adapté, ne prenez qu'un aller-simple et rentrez à pied à Sligachan ou à Elgol.

Skye agricole, vous y verrez aussi une distillerie clandestine entièrement restaurée. Tous les secrets du whisky illégal vous seront révélés dans l'unique distillerie officielle de l'île, la **distillerie Talisker**, située sur la péninsule de Minginish au relief tourmenté. La péninsule constitue un excellent point de départ pour des randonnées accessibles aux débutants (il faut toutefois attendre que les brumes se soient levées à l'est des Cuillins).

À première vue, le massif semble réservé aux randonneurs et alpinistes chevronnés, mais il existe une solution pour tous les autres : prendre un bateau à Elgol et caboter sur le **loch Coruisk** (voir encadré ci-contre), un lac glaciaire tout en longueur, couronné par les sommets des Cuillins.

La péninsule de Sleat

La plus méridionale des nombreuses langues de terre composant l'île de Skye est peu fréquentée par les touristes, exception faite des visiteurs venus de Mallaig, qui débarquent du ferry à **Armadale**, hameau tranquille offrant des solutions d'hébergement appréciables. Les plus aventureux se lanceront dans une promenade en mer en hors-bord, grâce à **Seafari Adventures** *(Armadale Pier, tél. : 01471/833 316, www.seafari.co.uk, €€€€)*. L'ouest de la péninsule regorge de plages de sable, de cottages aux façades immaculées. La vue sur les montagnes y est fascinante. À marée basse, il est possible de rallier à pied le **phare d'Ornsay** (conçu par David et Thomas Stevenson) depuis Isleornsay, mais vérifiez bien les horaires des marées. Sleat possède deux sites d'intérêts touristiques, réunis sous l'appellation **Clan Donald Skye** : le **château d'Armadale** (jardins et forêts superbes) et le **Museum of the Isles**. La visite du musée est enrichie d'impressionnants effets spéciaux sonores, et la destinée du clan MacDonald, seigneurs des îles, est passionnante.

Aujourd'hui encore, Sleat est le berceau de la famille MacDonald. Vous aurez une chance d'apercevoir le seigneur et son épouse en vous rendant au **Kinloch Lodge** *(Sleat, tél. : 01471/833 333, www.kinloch-lodge.co.uk)*, un ancien pavillon de chasse somptueux. ■

Le loch Coruisk, sur l'île de Skye

Clan Donald Skye

- Armadale, Sleat
- (01471) 844 305
- Fermé nov.-mars
- €€

www.clandonald.com

Armadale

- Carte p. 217 B4

Les Hébrides extérieures

On considère généralement Lewis et Harris, situées aux confins nord de l'Écosse, au-delà de l'île de Skye et du détroit du Minch, comme deux îles distinctes. Elles ne forment pourtant qu'une seule et même île, cœur battant de l'archipel des Hébrides extérieures, l'une des terres les plus reculées d'Europe. Ces *Western Isles* ont accueilli des Highlanders, des rebelles jacobites et même des Vikings. On y parle encore quotidiennement le gaélique.

Lewis

Carte p. 217 A6-B6

Office de tourisme

26 Cromwell St., Stornoway

(01851) 703 088

www.visithebrides.com

Lewis

Stornoway s'impose comme point de départ naturel pour débuter votre découverte de l'île. La ville principale de Lewis compte plus de 6000 habitants, elle est de loin la plus vaste agglomération de l'archipel. N'hésitez pas à faire ici vos stocks de provisions, faites également le plein et offrez-vous un repas au restaurant, ils sont rares sur Lewis et Harris. Stornoway manque de cachet, mais possède néanmoins quelques sites d'intérêt. Salle d'art contemporain, l'**An Lanntair Art Centre** *(Kenneth Street, tél. : 01851/703 307, www.lanntair.com, €)* propose aussi bien des expositions temporaires que des concerts de musique celtique et des projections de films. Tout proche, le **Museum Nan Eilean** fait toute la lumière sur l'histoire locale : il présente d'intéressantes pièces d'artisanat viking, et une *blackhouse* y est reconstituée. De l'autre côté de la baie se dresse la silhouette imposante du **château de Lews**, actuellement inoccupé. Si vous voulez en apprendre davantage sur cet édifice, rendez-vous au **Stornoway Woodland Trust Centre** *(tél. : 01851/706 916, €)* aménagé à l'extérieur du château – vous y trouverez également un salon de thé.

Quittez Stornoway vers l'ouest. La route traverse une lande piquée de lochs dont les eaux grouillent de petits saumons. Vous voilà

Littoral rocheux et arche naturelle sur une plage de Lewis

Les cercles de pierre de Lewis

Les cercles de pierre de Calanais sont les plus impressionnants et les plus visités (voir ci-dessous ; *www.historic-scotland.gov.uk*), mais Lewis possède d'autres ensembles de mégalithes. Victimes d'une érosion féroce, certains ne sont peut-être pas aussi spectaculaires, mais il y a, bien entendu, des exceptions. Le plus grand mégalithe d'Écosse, Clach an Trushal, haut de 6 m, se dresse à 20 km environ au nord de Stornoway. Un peu plus au sud, le Steinacleit Cairn et le Stone Circle méritent également votre visite.

À SAVOIR

Sur Lewis, ne ratez pas les pierres levées de Calanais. Pour profiter d'une belle lumière et éviter la foule, venez tôt le matin.

à **Callanish** (Calanais en gaélique), un site exceptionnel où des **mégalithes** vieux de plus de 5 000 ans se dressent et forment d'improbables cercles. Le bureau d'information touristique fait la liste de toutes les hypothèses émises à propos de ces incroyables pierres levées. Moins fréquenté, le site de **Na Dromannan** – à 16 km à l'est de Calanais – est aussi hérissé de **mégalithes** : on y effectue actuellement des fouilles, lesquelles ont mis au jour des pierres encore plus vieilles que celles de Stonehenge. Certaines pierres de Calanais proviennent par ailleurs de la carrière de Na Dromannan.

On peut admirer l'autre pièce maîtresse de Lewis à **Carloway** : le **Dun Carloway Broch** présente les ruines d'une tour défensive, lacis de murets de pierres sèches parmi les mieux conservés de tous ceux qui jalonnent la côte atlantique de l'Écosse. Le **Doune Broch Centre** remonte à l'origine de ces fortifications et raconte la vie quotidienne des îliens de cette époque.

Depuis Calanais, filez au nord vers Bernera, petite île reliée à Lewis par un pont depuis 1953. Visitez le **Bostadh Iron Age House**, consacré aux tribus pictes qui s'établirent ici il y a fort longtemps. Plus proche de nous, sur la côte ouest, l'**Arnold Blackhouse Museum**, fait revivre une petite ferme ancienne et toucher du doigt la vie de tous les jours, quand la famille se rassemblait autour de la cheminée alimentée par un feu de tourbe. Dans le même esprit, un hameau entier d'anciennes fermes au toit de chaume a été préservé à Carloway : le **Gearrannan Blackhouse Village**. Prenez le temps de vous promener sur le domaine, parmi les neuf fermes accrochées au versant qui plonge vers l'Atlantique. Vous pouvez même passer la nuit sur place.

Stornoway
Carte p. 217 B6

Museum Nan Eilean
Francis Street
(01851) 709 266
€
www.cne-siar.gov.uk/museum/stornoway/index.asp

Calanais Standing Stones
Callanish
(01851) 621 422
€

Doune Broch Centre
Carloway
(01851) 643 338

Arnol Blackhouse Museum
Arnol
(01851) 710 395
€

Gearrannan Blackhouse Village
Carloway
(01851) 643 416
€
www.gearrannan.com

Harris
Carte p. 217 A5, B5

Les paysages de Lewis se placent sous le signe de l'austérité : des tourbières à perte de vue, jalonnées çà et là de hameaux où la rigueur presbytérienne prend toute sa signification. L'arrière-pays contraste ainsi radicalement avec le littoral, gansé de plages de sable (la plus belle étant **Uig Sands**), sans oublier les falaises vertigineuses et les chaos rocheux du **Butt of Lewis**, aux confins septentrionaux de Lewis.

Ce cadre se prête idéalement aux loisirs de plein air. L'offre en la matière s'étoffe un peu plus chaque année : surf, kayak de mer, kitesurf... Pour prendre une leçon, contactez **Surf Lewis** *(28 Francis St., Stornoway, tél. : 01851/840 337, www.hebrideansurf.co.uk, €€€€€)*, **58 Degrees North** *(20a Coll, tél. : 01851/820 726, www.canoehebrides.com, €€€€€)*, ou **Western Isles Kite Company** *(West View, Aird Uig, Timsgarry, tél. : 01851/672 771, www.powerkitesales.co.uk, €€€€€)*. Les vététistes ne sont pas en reste ; ils peuvent louer du matériel auprès de **Bike Hebrides** *(Macarthurs Yard, Stornoway, tél. : 07522/121 414, www.bikehebrides.com, €€€€€)* qui vous livre votre vélo partout sur Lewis et Harris, et **Alex Dan's Cycle Centre** *(67 Kenneth St., Stornoway, tél. : 01851/704 025, www.hebrideancycles.co.uk, €€€€€)*.

Sea Trek Hebrides peut vous concocter des sorties en mer – pourquoi pas une excursion d'une journée à **Saint Kilda** –, des séances de pêche ou des circuits à grande vitesse sur un bateau à coque semi-rigide.

Harris

Au sud de Lewis, Harris déroule l'un des plus beaux panoramas des îles Britanniques. Elle possède bien des atouts : des reliefs vigoureux (ses montagnes sont parmi les plus hautes des îles), d'extraordinaires plages de sable blanc et une faune d'une rare abondance – colonies de phoques, myriades d'oiseaux... Cerise sur le gâteau : Harris n'est jamais envahie par les touristes, même au plus fort de l'été.

Tout comme Lewis, Harris est elle-même composée de deux entités géographiques. Au nord de sa ville principale, **Tarbert**, Harris est résolument

Une journée à Harris

Si vous ne disposez que de peu de temps, ou si vous n'êtes pas motorisé, Cal Mac propose une gamme d'excursions pour découvrir Harris. Partez de Uig, sur l'île de Skye, et ralliez North Uist en ferry. Faites le tour de l'île en car, puis reprenez le ferry pour Leverburgh (face à Uig, sur l'île de Berneray). Arrivé sur Harris, vous remontez la côte ouest en car jusqu'à Tarbert. Un dernier trajet en ferry et vous voilà de retour à Uig, sur Skye. Cal Mac exploite d'autres itinéraires d'une journée, dont un grand tour de Lewis depuis Ullapool (sur l'île de Grande-Bretagne). Tous les détails sur le site *www.calmac.co.uk*.

montagneuse, symphonie de pics acérés et de corniches vertigineuses – paradis des randonneurs. Une grande partie de l'île appartient désormais au North Harris Trust, lequel tente, au nom de la communauté, de réparer les erreurs de ces Highlands Clearances.

Au sud, le décor est complètement différent. Le paysage de la côte est lunaire, guirlande minérale de chaos rocheux et de baies escarpées. Paradoxalement, c'est dans cet univers apparemment peu hospitalier que la majorité des îliens ont choisi de s'établir durablement – à l'origine, ils avaient été installés ici de force par les Highlands Clearances (voir p. 206-207). Les hameaux sont aujourd'hui reliés par une route sinueuse – surnommée familièrement la *Golden Road* («la route en or»), clin d'œil à la somme astronomique que coûta sa construction.

Autre côte, autre scénographie. Les plages du littoral ouest sont certainement les plus propres et les plus belles d'Europe. Mention spéciale pour **Luskentyre Beach**, immense ruban de sable blanc adossé à des vallons et frangé par des eaux agitées mais translucides, tandis qu'en arrière-plan on distingue les hauts reliefs du nord de Harris.

Harris est peu fréquentée par les touristes – elle manque il est vrai de véritables attractions et il y a peu d'endroits où trouver refuge les jours de pluie.

Une fois sur l'île, il faut profiter du grand air : randonnées, alpinisme, VTT, sports aquatiques sont très populaires ici. Les vacanciers écossais prennent d'ailleurs bien soin de venir avec leur propre matériel. Vous trouverez des vélos pour toute la famille chez **Harris Cycle Hire** *(Sorrel Cottage, 2 Glen Kyles, tél. : 01859/520 319, www.sorrelcottage.co.uk, €€€€€)* à Leverburgh, mais pensez à réserver. Si vous souhaitez qu'un guide vous accompagne lors de vos randonnées, contactez **Mike Briggs** *(Bunabhainneadar, tél. : 01859/ 502 376)*.

Dans un restaurant de Tarbert, on prépare du homard tout fraîchement pêché.

MacGillivray Centre
A859, Northton, Harris
(01859) 502 011
Fermé dim.

Seallam Visitor Centre
Northton, Harris
(01859) 520 258
€
www.seallam.com

North Uist
Carte p. 217 A5

Lochmaddy
Carte p. 217 A5

Si vous n'êtes pas particulièrement sportif, vous aurez quand même des choses à faire sur Harris. À **Northton**, le **MacGillivray Centre** est consacré au travail du naturaliste William MacGillivray (qui habita ici) et à la faune et la flore de l'île. Dans le même village, le **Seallam Visitor Centre** s'intéresse à l'histoire locale. En été, **Sea Harris** *(East Tarbert, tél. : 01859/502 007, www.seaharris.co.uk, €€€€€)* et **Kilda Cruises** *(Heatherlea, West Tarbert, tél. : 01859/502 060, www.kildacruises.co.uk, €€€€€)* organisent des excursions d'une journée à Saint Kilda, en bateau ; ils proposent également d'autres itinéraires, à destination des îles Shiant ou d'autres îles de l'archipel – généralement assez coûteux.

À l'ouest de Harris, l'île de **Taransay** connut son heure de gloire en l'an 2000 lorsqu'elle accueillit les protagonistes de l'émission de télé-réalité de la BBC, *Castaway* (le Koh-Lanta *made in Britain*). Les bateaux partent de la plage de Horgabost *(www.visit-taransay.com, €€€€)*. L'île étant plus proche, il vous en coûtera moins cher que le périple vers Shiant. Si vous souhaitez observer de près les phoques et les oiseaux, choisissez une excursion proposée au départ de Levenburgh par **Strond Wildlife Charters** *(Sound of Harris, tél. : 01859/520 204, €€€€€)*. Il pleut à verse ? Réfugiez-vous au **Skoon Art Café** de **Geocrab** *(4 Geocrab, tél. : 01859/530 268, www.skoon.com)* : aux murs, des toiles d'un artiste résident, Andrew John Craig ; dans votre assiette, un mets particulièrement roboratif. Lorsque le temps est clair, vous aurez d'ici une vue remarquable sur le détroit du Minch. Le café organise régulièrement des concerts.

North Uist

Manœuvrant entre les rochers, les ferries Caledonian MacBrayne *(www.calmac.co.uk)* relient Leverburgh (Harris) à l'île de Berneray. Sur cette dernière, une chaussée mène à l'île de North Uist. La plupart des visiteurs ne s'attardent pas sur Berneray ; ils ont bien tort, les plages de l'île, adossées à un chapelet de dunes, et ses panoramas sensationnels méritent une promenade. N'hésitez pas à suivre l'itinéraire balisé (panneaux bleus) qui fait le tour du nord de l'île, le tracé est assez facile.

Vous pouvez également arriver sur North Uist par **Lochmaddy**, sur la côte est ; c'est ici que débarquent les passagers (et leurs voitures) du ferry en provenance

À SAVOIR
Si la marée est suffisamment basse, allez à North Uist admirer la Scolpaig Tower. Cette « folie » battue par les vents mérite le détour.

Cohabitation religieuse

Si la population des Hébrides extérieures vit en parfaite harmonie, on ne peut toutefois pas ignorer le clivage religieux qui existe entre les habitants de South Uist et Barra, majoritairement attachés à la foi catholique, et ceux du nord (North Uist, Harris et Lewis), protestants – ici, le protestantisme regroupe de surcroît d'autres courants que l'Église d'Écosse. Sur ces terres très religieuses, le « jour du Seigneur » n'est pas une vaine expression : le dimanche, les boutiques, les pubs et les stations-service sont fermés et les jardins publics sont déserts. Les habitants des Hébrides extérieures sont les plus pratiquants de toute l'Écosse ; allez écouter un sermon gaélique, vous ne le regretterez pas.

d'Uig (île de Skye) ; c'est également la seule bourgade de l'île à posséder un office de tourisme, une banque, une épicerie – profitez-en pour faire des provisions –, un ou deux cafés-restaurants et un centre artistique. En effet, ne ratez pas **Taigh Chearsabhagh**, le centre artistique et musée, foyer culturel de l'île. Tous ceux qui ont soif d'aventure se retrouveront à l'**Uist Outdoor Centre** *(Lochmaddy, tél. : 01876/500 480, www.uistoutdoorcentre.co.uk, €€€€€)* pour s'adonner à la plongée, au kayak de mer, à l'escalade, à la randonnée, à l'observation des oiseaux et au canyoning (une activité qui consiste à progresser le long de la côte rocheuse en combinant randonnée et natation).

À l'ouest de Lochmaddy, le paysage de North Uist a de quoi surprendre. Les montagnes de Harris ont bel et bien disparu, elles ont laissé la place aux tourbières et aux lochs, un monde où les cerfs et les saumons sont bien plus nombreux que les hommes. La route est jalonnée de microscopiques hameaux. Ces champs abandonnés, ces villages désertés donnent corps à la tragédie humaine qui s'est jouée ici pour les infortunées victimes des Highlands Clearances (voir p. 206-207). Découvrez l'île à pied, à vélo ou même en voiture, elle est absolument superbe. Allez voir le tumulus funéraire de **Barpa Langais**, les trois pierres levées de **Na Fir Bhreige** et le cercle de pierre de **Pobull Fhinn**, remarquables témoignages néolithiques. Aux confins nord-ouest de North Uist, **Scolpaig Tower**, une folie architecturale se donnant des airs de château, se dresse sur un îlet perdu au centre du loch avec lequel elle partage son nom. Poussez un peu plus au sud, à **Balranald**, et allez vous dégourdir les jambes dans la réserve naturelle placée sous l'autorité de la Société royale pour la protection des oiseaux ; la vue sur la mer est exceptionnelle et vous aurez peut-être la chance d'apercevoir (ou du moins d'entendre) l'un des plus rares oiseaux du Royaume-Uni, le râle des genêts.

Taigh Chearsabhagh

✉ Lochmaddy, North Uist
☎ (01876) 500 293
€ €

www.museumsgalleriesscotland.org.uk/member/taigh-chearsabhagh

Balranald

✉ 5 km à l'ouest de Bayhead ; quittez l'A865 en direction de Hougharry
☎ (01463) 715 000
€ €

www.rspb.org.uk

South Uist
Carte p. 217 A4

Loch Druidibeg Nature Reserve
Stilligarry, South Uist
(01870) 620 238
€
www.snh.org.uk

Kildonan Museum
Kildonan, South Uist
(01878) 710 343
€
www.kildonanmuseum.co.uk

South Uist

À l'inverse de Harry et Lewis, les Uist constituent deux entités terrestres bien distinctes, reliées par des chaussées *via* la petite île et base militaire de **Benbecula** sur laquelle les visiteurs ne s'attardent guère (à juste titre). South Uist est très différente de North Uist, du point de vue tant géographique qu'humain – terre profondément catholique, à en juger par les nombreuses saintes Vierges émaillant les routes.

L'île est montagneuse à l'est, tandis que sa côte occidentale est frangée de plages au sable doré. L'ascension du point culminant, le **Ben More** (620 m), est l'un des passe-temps favori, des habitants. L'effort en vaut la peine car, au sommet, la vue sur l'archipel des Hébrides extérieures est imprenable. Le panorama permet aussi d'apprécier la succession de lochs qui parsèment les Uists. Le **Hecla** (606 m) offre un spectacle similaire.

De retour au niveau de la mer, le littoral atlantique de l'île est le domaine du *machair* (pâturages de bord de mer) et des dunes qui, au printemps, se couvrent de fleurs sauvages multicolores. À l'arrière, le paysage est parsemé de vieilles fermes et d'un feston de lochs. Les passionnés d'ornithologie et les mordus de randonnée flâneront avec ravissement dans la **Loch Druidibeg Nature Reserve** – réserve naturelle nationale englobant de vastes parcelles de *machair*, des prés fleuris, des landes et des lochs. En juillet, la faune abonde, tandis qu'à la fin du printemps et les tout premiers jours d'été vous pourrez observer des échassiers, des oies et des râles des genêts. À Stilligarry, un sentier balisé conduit à la réserve. Si vous êtes prévoyant, récupérez un plan de la réserve à l'office de tourisme de **Lochboisdale**, la plus grande agglomération de l'île.

Le **Kildonan Museum** (sur l'A865, la route principale) est à peu près la seule attraction de South Uist à ne pas être en plein air. Le musée abrite une belle collection d'artisanat local

Le *machair*

Le mot gaélique *machair* désigne une plaine fertile de basse altitude. La moitié des *machairs* d'Écosse se situe dans les Hébrides extérieures. Cet écosystème rare et fragile vient généralement s'intercaler entre les dunes littorales et les tourbières de l'arrière-pays. Il se caractérise par la présence d'ammophiles, plantes typiques des terrains sablonneux offrant en juillet et août, sur South Uist, Barra et le sud de Harris, d'incroyables tapis de fleurs sauvages, parmi lesquelles des orchidées. Le *machair* est également un habitat privilégié pour les oiseaux – le pluvier grand-gravelot, les vanellinés et le trop rare râle des genêts.

La mer entourant les Hébrides extérieures est changeante : ici, calme et bleue ; là, houleuse et menaçante.

ainsi que le Clanranald Armorial Stone, une stèle du XVIe siècle portant les armes du clan qui domina l'île durant plus de quatre cent cinquante ans.

Tous ceux qui auront été émus par le destin tumultueux de Charles Édouard Stuart et de Flora MacDonald seront contents d'apprendre que Flora passa son enfance sur South Uist, non loin du Kildonan Museum.

L'épopée tragique des Stuart est encore palpable sur la petite île de **Eriskay** – la légende veut que Charles débarquât ici en 1745 afin de préparer la révolte jacobite. Une chaussée partant du sud de South Uist conduit à cette île superbe, ourlée de plages de sable blanc. Incroyablement préservée de toutes incursions touristiques, Eriskay mérite qu'on s'y arrête, bien que la plupart des visiteurs se contentent de la traverser, en route vers Barra.

Barra

Aux confins méridionaux des Hébrides extérieures, l'île de Barra est infiniment séduisante. Elle est certes petite (13 sur 8 km), mais son paysage est incroyablement varié. Les reliefs du Ben Tangaval et du Heaval laissent bientôt la place à des vallons rythmés, des *machairs* tapissés de fleurs, des landes, des collines et enfin des plages couvertes d'un sable blanc immaculé.

Barra

Carte p. 217 A4

Deux dauphins jaillissent des eaux à Barra Head – l'autre nom de Berneray.

Barra Heritage Centre
Castlebay, Barra
(01871) 810 413
€

www.barraheritage.com

Château de Kisimul
Barra
(01871) 810 313
Fermé oct.-mars
€€

www.historic-scotland.gov.uk

Débutez votre découverte de l'île par sa capitale, **Castlebay**. Rendez-vous au **Barra Heritage Centre** pour une plongée au cœur de la culture gaélique et de l'histoire locale. La pièce maîtresse de la bourgade est le **château de Kisimul**, qui se dresse majestueusement, les pieds dans l'eau, au milieu de la baie – il possède sa propre source d'eau douce. Ce stupéfiant ouvrage défensif témoigne de la splendeur passée de la famille MacNeil qui régna pendant des siècles sur Barra. En 1937, le 45e chef de clan, Robert MacNeil, un architecte américain, racheta le château, considéré comme l'un des plus vieux d'Europe, et le restaura. L'édifice est depuis l'an 2000 la propriété de Historic Scotland.

La forteresse rénovée abrite un musée aux collections étonnantes, dont un arsenal d'armes britanniques remontant à la bataille de Culloden (1746). Pour mieux l'apprécier, approchez-la en kayak : contactez **Clearwater Paddling** *(Castelbay, tél. : 01871/810 443 www.clearwaterpaddling.com, €€€€€)* pour organiser cette excursion inoubliable. Castlebay est également le foyer culturel de l'île, la ville accueille régulièrement des concerts de musiques traditionnelles, sans oublier la **Barra Fest**, chaque année en juillet.

Tous les sites d'intérêt de Barra sont aisément accessibles à pied – ou à vélo – depuis Castlebay. Les paysages sont vraiment magnifiques, avec une mention spéciale pour la longue

À SAVOIR

Les horaires des vols pour Barra sont variables... puisqu'ils dépendent de la marée.

plage de Halaman Bay et ses vagues parfaites pour le surf, sans oublier les autres petites plages un peu plus au nord.

L'autre trésor de Barra est le **Barra Golf Club** *(Cleat, tél. : 01871/810 240)*, dont le parcours déconcerterait à coup sûr Tiger Woods : il ne compte que neuf trous mais réserve quelques surprises, dont « le plus grand bunker du monde » (une plage sur l'Atlantique) et des *greens* entourés de clôtures pour garder les vaches à distance... Les *fairways* ressemblent plutôt à des collines caillouteuses, et les joueurs s'estiment heureux de ne pas perdre plus d'une balle par trou ! Malgré tout, jouer ici reste une expérience assez extraordinaire. Sur le reste de l'île, on admire çà et là des témoignages du passé, des **pierres levées de Brevig Bay**, les complexes funéraires néolithiques de **Dun Cuier** et **Dun Bharpa**. À Craigston, le **Thatched Cottage Museum** *(€)* retrace la vie quotidienne des *blackhouses*, telle que les locaux l'ont vécue jusqu'aux années 1970.

Entre Barra et Eriskay s'étire un bras de mer mondialement connu. En 1941, le SS *Politician* s'y échoua et « perdit » 24 000 bouteilles de whisky. Des entreprises locales vinrent donner un coup de main, et le temps que les douanes interviennent, la plupart des bouteilles s'étaient mystérieusement volatilisées... Enfin les îliens possédaient un stock conséquent du divin breuvage, la fameuse « eau-de-vie » ! Compton Mackenzie relata cette péripétie dans son roman *Whisky à gogo*, adapté au cinéma en 1949. Depuis, il y a une rumeur récurrente selon laquelle Barra possédera bientôt sa première distillerie – précisons : sa première distillerie « légale » !

Saint Kilda

L'archipel de Saint Kilda – très isolé, à l'atmosphère résolument mystique – s'étend dans les eaux atlantiques à 66 km à l'ouest

Saint Kilda
Carte p. 217 A5

Barra à tire-d'aile

En général, les visiteurs se rendent à Barra en bateau, mais il existe une alternative : l'avion. À l'approche, l'aéroport de Barra apparaît au milieu des chaos rocheux surplombant les sables de Cockle Bay. Vous voyez bien un petit terminal... mais pas de piste d'atterrissage. L'appareil poursuit sa descente et se pose sur la plage avant de s'approcher, cahin-caha, du terminal. Les horaires des vols pour Barra portent la mention « selon les marées » et l'atterrissage reste immanquablement gravé dans la mémoire des passagers. Deux vols par jour au départ de Glasgow. Réservation possible *via* Flybe *(www.flybe.com)*.

Hameau sur Hirta (Saint Kilda), à l'ouest des Hébrides extérieures

des Hébrides extérieures. Saint Kilda est un peu le Saint-Graal des Écossais : la plupart rêve de se rendre sur ces îles inscrites au patrimoine mondial de l'Unesco, peu réalisent leur souhait ; pourtant, cette oasis du bout du monde, royaume des légendes et des contes mythologiques, est tout simplement magique.

Se rendre à Saint Kilda est, avouons-le, un tour de force. La traversée est délicate pour ceux qui sont sujets au mal de mer : comptez de 16 à 18 heures de voyage depuis Oban, de 4 à 6 heures au départ des Hébrides extérieures. La longueur du trajet n'est toutefois plus qu'un mauvais souvenir à la minute où apparaissent les côtes de l'archipel. Les paysages de Saint Kilda n'ont pas été adoucis par l'érosion glaciaire : le relief est demeuré très déchiqueté et les visiteurs sont accueillis par de spectaculaires falaises (les *stacs*, en gaélique) – on se croirait en Islande ou sur les îles Féroé. L'archipel comprend les îles de Hirta, Boreray, Soay et Dun.

Sur ces terres abandonnées à la nature, la faune abonde. Plus d'un million d'oiseaux nichent sur Saint Kilda, paradis des ornithologues. Les falaises sont le domaine des macareux – il y en a des dizaines de milliers – et Boreray accueille la plus grande population de fous de Bassan du monde (60 000 couples). L'intérieur des terres est colonisé par les moutons de Soay, une race primitive, sauvage et endémique : on la trouve à Saint Kilda et nulle part ailleurs.

Une vie à part

Il y a plus de 2000 ans, des hommes vivaient ici, dans des conditions extrêmes, parcourant les falaises, pieds nus, pour récupérer les œufs d'oiseaux dont ils se nourrissaient.

Hirta, la plus vaste île de l'archipel, fut également la seule à être habitée de façon permanente. Vous y verrez quelques installations militaires peu séduisantes, ainsi qu'un centre de recherches du National Trust for Scotland et Scottish Natural Heritage. Désespérément déserte, une ancienne artère résidentielle s'étire à l'arrière de la côte, bordée de *blackhouses* traditionnelles. Passez par le musée de Village Street pour mieux appréhender l'histoire et la vie quotidienne de l'île, et poursuivez votre visite en déambulant dans le village.

En surplomb se dresse l'impressionnante silhouette du **Coanachair** (430 m), la plus haute falaise littorale de Grande-Bretagne. Son ascension est assez ardue, bien qu'une route couvre la moitié de l'itinéraire. La plus grande difficulté consiste à éviter les grands labbes qui piquent droit sur vous – de peur que vous n'approchiez trop près de leurs nids. Parvenu au sommet, une belle récompense couronnera vos efforts, car le panorama sur l'archipel et sur les îles, à l'est, des Hébrides extérieures est absolument inouï, surtout par temps clair. Sans parler du fait que très peu de personnes peuvent s'enorgueillir d'avoir gravi le toit de Saint Kilda.

L'accès à Hilda est relativement aisé, il n'en va pas de même pour les autres îles. La plupart des visiteurs se contentent de les admirer depuis la mer. Faites le tour de **Boreray** en bateau : 60 % de la population mondiale des fous de Bassan vit ici, regroupés en immenses colonies sur les rochers littoraux.

Plusieurs sociétés organisent des excursions en mer au départ des Hébrides extérieures, notamment **Sea Trek Hebrides, Sea Harris et Kilda Cruises** (voir les détails p. 242). Si vous voulez séjourner sur l'archipel, portez-vous volontaire auprès du National Trust for Scotland. Tous les détails sur *www.kilda.org.uk* ■

L'évacuation de Saint Kilda

Sans argent ni gouvernement, la vie sur Saint Kilda était franchement rudimentaire – utopique, diront certains. La population, qui parlait le gaélique, s'entraidait et vivait ainsi en parfaite autarcie. Cet isolement a fini par devenir difficile lorsqu'en 1852, 36 habitants émigrèrent en Australie. L'attrait pour les aliments et les produits importés était de plus en plus fort. Une pénurie d'aliments en 1912, une épidémie de grippe en 1913, le développement du tourisme puis les conséquences de la Première Guerre mondiale sonnèrent le glas de l'île de Saint Kilda. Les 36 derniers îliens quittèrent l'archipel en 1930.

Des îles éloignées de tout, des falaises de grès et des formations rocheuses aux reliefs tourmentés survolées par des oiseaux, des secrets semblant surgir parmi les dunes de sable

Les Orcades et les Shetland

Introduction et carte 252-253

Les Orcades 254-259

À découvrir – Une page d'histoire à Scapa Flow 259

La préhistoire aux Orcades 260-261

Les Shetland 262-267

Balade à Esha Ness 264-265

Hôtels et restaurants 301-302

Construite à l'âge du fer, la tour de Mousa Broch domine l'île de Mousa, dans l'archipel des Shetland.

Les Orcades et les Shetland

Le ferry qui conduit le visiteur vers ces archipels lointains situés au nord du nord de l'Écosse recèle la promesse d'un voyage extraordinaire. Partez découvrir l'héritage nordique de la région mais aussi son passé préhistorique : cercles de pierre revêtus de pouvoirs mystiques, étranges monuments coiffant le sommet des collines... Le village de Skara Brae apportera un éclairage sur la manière dont on vivait là il y a 5 000 ans.

La préhistoire aux Orcades

Occupé entre 3000 et 2000 avant notre ère, Skara Brae est l'un des nombreux sites de l'archipel qui ont conduit l'Unesco à inscrire le « cœur néolithique des Orcades » au patrimoine mondial de l'humanité. Parmi les autres sites archéologiques, Maeshowe, Stones of Stennes et Ring of Brodgar permettent de découvrir de façon saisissante ce qu'était le quotidien des populations d'Europe du Nord d'alors et ce qu'elles ont accompli.

À NE PAS MANQUER

Le site de Ring of Brodgar, le rival orcadien de Stonehenge 255

Un concert à la cathédrale Saint-Magnus 255

La chapelle italienne, construite par les prisonniers de guerre italiens 256

Les épaves des navires de guerre coulés dans le port naturel de Scapa Flow 257–259

Papa Westray, un paradis de nature et l'un des plus importants sites néolithiques 258-259

Le village préhistorique de Skara Brae 260–261

Jarlshof, un site préhistorique qui couvre la période de l'âge du bronze aux Vikings 266

Le Mousa Broch, baigné par une étrange lumière crépusculaire 266

Pour appréhender l'histoire plus récente des Orcades, direction Scapa Flow, vaste étendue d'eau réputée dans le monde entier auprès des fans de plongée sous-marine et dont les environs méritent aussi d'être découverts. Au sud de Mainland, place à l'île de Hoy, connue pour ses paysages montagneux et sauvages et l'emblématique Old Man of Hoy, étrange colonne de grès rouge. Tout comme Mainland, les autres îles de l'archipel sont couvertes de collines ondoyantes et non de montagnes d'apparence hostile. La terre est fertile, ce qui a contribué à la prospérité des insulaires, lesquels ont généralement réussi à se tenir à l'écart de la Grande-Bretagne des siècles durant. Les amateurs de faune et de flore ne sont pas en reste, en particulier dans les réserves naturelles locales.

Les Shetland, îles vertes

Si l'on demande à des Britanniques de placer les Shetland sur une carte, il y a fort à parier qu'ils auront du mal. Même le service de météorologie national n'a pas toujours fait de prévisions pour ces terres si éloignées... Ces dernières années, cependant, l'archipel a commencé à surfer sur la vague du tourisme vert, ce qui lui a apporté une certaine reconnaissance. Selon une enquête publiée dans le magazine *National Geographic Traveler,* les Shetland arrivent au 4e rang des îles les plus prisées dans le monde.

La qualité en matière d'environnement et d'écologie, la présence de sites historiques bien conservés et les perspectives d'avenir ont fait partie des critères retenus par les personnes interrogées. De fait, cette oasis écologique septentrionale est vraiment un endroit à part.

Plages de sable blanc sauvages, falaises surplombant les flots de toute leur hauteur, terres au relief accidenté : autant d'occasions de découvrir la faune comme dans peu d'endroits en Europe. En été, des régiments de puffins prennent possession des falaises côtières tandis que les grands labbes font tout ce qui est en leur pouvoir pour tenir les humains à distance de leur territoire. Pratiquement toutes les espèces d'oiseaux marins du Royaume-Uni se sont donné rendez-vous ici. Dans l'eau, phoques, marsouins, otaries, dauphins, baleines et orques, hôtes très impressionnants, répondent présents à l'appel.

Les Shetland comptent aussi plusieurs sites historiques particulièrement bien conservés. À Jarlhof, vous découvrirez des maisons construites à l'âge du fer et à l'âge du bronze en imaginant les drakkars vikings sillonnant les eaux de la région. ■

Les Orcades

Par manque de temps et pour des raisons pratiques, la plupart des visiteurs ne se rendent que sur Mainland, l'île principale des Orcades (Orkney islands, en anglais), un archipel qui compte pourtant quelque 70 îles et îlots, dont seuls 17 sont habités. L'ensemble couvre une superficie terrestre de 900 km² qui s'étend sur 85 km du nord au sud et 37 km d'est en ouest.

Observation des oiseaux à Yesnaby, dans les Orcades

SE RENDRE AUX ORCADES : Flybe *(tél. : 0871/700 2000, www.flybe.com)* relie les grands aéroports du pays aux Orcades. Par ferry : John O'Groats Ferries *(tél. : 01955/611 353, www.jogferry.co.uk)*, *Pentland Ferries (tél. : 01856/831 226, www.pentlandsferries.co.uk)*, ou Northlink Ferries *(tél. : 0845/600 0449, www.northlinkferries.co.uk)*.

Mainland

La plus grande et la plus peuplée des Orcades compte une communauté florissante de 20 000 habitants qui se concentrent autour des villes de Kirkwall et de Stromness.

Port d'arrivée des ferries, **Stromness** est une cité pittoresque qui s'enorgueillit de belles constructions de pierre. Rendez-vous au **PierArts Centre** *(Victoria St., Stromness, tél. : 01856/850 209 www.pierartscentre.com, €)* pour découvrir des collections consacrées à l'art britannique du XXᵉ siècle et des œuvres d'artistes scandinaves contemporains. Non loin, le **Stromness Museum** *(52 Alfred St., tél. : 01856/850 025, www.orkneycommunities.co.uk/stromnessmuseum, €)*, présente l'histoire naturelle de l'archipel.

La A965, en direction de l'est, permet de rejoindre **Kirkwall**, la capitale des Orcades. Si elle ne possède pas le charme de Stromness, la ville mérite néanmoins un détour, ne serait-ce que pour

À SAVOIR

Le festival Saint-Magnus qui se déroule en juin est l'occasion de faire une cure de musique aux Orcades ! De nombreux concerts ont lieu à Kirkwall. Essayez d'assister à un spectacle dans la cathédrale.

admirer la splendide **cathédrale Saint-Magnus** (*Broad St.,* voir encadré ci-contre). Le Orkney Museum est également à voir. À la périphérie de la cité, ne manquez pas la **distillerie de Higland Park** qui produit un single malt légèrement tourbé, l'un des meilleurs d'Écosse.

Ce n'est pas forcément en visitant un musée que vous en saurez plus sur l'histoire des Orcades. Les signes d'une occupation humaine vieille de milliers d'années sont partout présents, parmi lesquels pierres dressées et cairns funéraires, certains ayant fait l'objet de recherches archéologiques, d'autres n'ayant pas encore livré leurs secrets.

Skara Brae (voir p. 260-261) fait partie des sites à voir absolument dans l'ouest de Mainland, tout comme Stones of Stenness, Maeshow, Ring of Brodgar et les ruines du **palais comtal** à Birsay. **Stones of Stennes** *(€),* à environ 6,5 km à l'est de Stromnes, formait autrefois un cercle de douze dalles de pierre ; aujourd'hui quatre monolithes continuent à défier les éléments.

Dans les environs, le **tumulus de Maeshowe** *(tél. : 01856/761 606, €)* érigé il y a plus de 3 000 ans, est l'un des sites funéraires néolithiques les mieux préservés en Europe. Toujours à proximité, **Ring of Brodgar** *(€)* constitue sans doute l'un des endroits les plus impressionnants de l'archipel ; il se rapproche le plus de celui de Stonehenge, en Angleterre. Les scientifiques pensent qu'il comptait 60 dalles lors de sa construction il y a plus de 4 500 ans ; près de la moitié sont aujourd'hui encore debout.

Direction Orphir et l'**Orkneyinga Saga Centre** pour en savoir plus sur les invasions et l'héritage vikings de ces îles du Nord.

Sur la côte septentrionale de l'île se dressent les ruines de

Orcades
Carte p. 253 A1-A2, B1-B2
Office de tourisme
West Castle St., Kirkwall
(01856) 872 856
www.visitorkney.com

Orkney Museum
Tankerness House, Broad Street, Kirkwall
(01856) 873 191
€
www.orkney.gov.uk

Highland Park Distillery
Holm Road, Kirkwall
(01856) 874 619
Tour : €
www.highlandpark.co.uk

Sites archéologiques des Orcades et des Shetland
www. historic-scotland.co.uk

Orkneyinga Saga Centre
Gyre Rd., Orphir
(01856) 811 319
€

La cathédrale Saint-Magnus

Fondé en 1137 par le Viking Rognvald, ce superbe édifice est aussi appelé « Lumière du Nord ». Cette construction de grès rouge et jaune n'a pas été épargnée par les ans et l'érosion a fait son œuvre. On pense que la décoration extérieure, de style médiéval, serait le fruit du talent d'artisans qui auraient également travaillé à la cathédrale de Durham, en Angleterre. Essayez de visiter Saint-Magnus le dimanche pendant la messe de 11 h 15, lors d'un récital d'orgue ou d'un concert qui y sont régulièrement organisés (programme sur *www.stmagnus.org*).

Broch of Gurness
Evie
€

www.historic-scotland.gov.uk

Lamb Holm, Burray et South Ronaldsay
Carte p. 253 A1

Orkney Fossil and Heritage Centre
Viewforth, Burray
(01856) 731 255
€

www.orkneyfossilcentre.co.uk

Orkney Marine-Life Aquarium
St. Margaret's Hope, South Ronaldsay
(01856) 831 700
€

www.orkneymarinelife.co.uk

Tomb of the Eagles
Liddle, St. Margaret's Hope, South Ronaldsay
Fermé nov.-févr.
€€

www.tombooftheeagles.co.uk

Broch of Gurness, un ancien village fortifié dominé par une tour de pierre circulaire. On estime que la structure visible aujourd'hui aurait été construite au IIe siècle avant notre ère tandis que les murets seraient les restes du village constitué autour du broch. Après avoir vu l'exposition du centre pour les visiteurs, vous aurez une idée de ce qu'était la vie aux Orcades à l'âge du fer.

La chapelle italienne

Située sur l'île de Lamb Holm, cette surprenante et minuscule chapelle formée de deux abris en tôle ondulée est ornée de fresques réalisées par Domenico Chiochetti. Elle constitue un émouvant témoignage de la présence des nombreux prisonniers de guerre italiens, qui construisirent aussi les Churchill Barriers. Internés au camp 60, ils voulaient un lieu de culte et le construisirent eux-mêmes. Une immense statue en béton du patron de l'Angleterre, saint Georges terrassant le dragon, veille sur l'ensemble.

Lamb Holm, Burray et South Ronaldsay

Aux Orcades, l'histoire contemporaine n'est pas moins passionnante que la préhistoire. Quittez Mainland en direction du sud pour rejoindre Lamb Holm, une île inhabitée. C'est là que vous découvrirez la jolie **chapelle italienne** (voir encadré ci-contre) ainsi que plusieurs bunkers de la Seconde Guerre mondiale. Poursuivez vers Burray puis South Ronaldsay.

Les quatre chaussées qui relient ces îles sont connues sous le nom de **Churchill Barriers**. Elles furent construites entre 1940 et 1945 sur les ordres du Premier ministre britannique Winston Churchill pour renforcer la défense du port naturel de **Scapa Flow** (voir encadré p. 259). Non loin des chaussées, des bateaux rouillés qui furent coulés dans le port à des fins défensives contre les attaques de sous-marins allemands rappellent une pratique fréquemment utilisée lors des deux dernières guerres.

Les îles du Sud réservent aussi de belles surprises à ceux qui voyagent en famille. L'**Orkney Fossil and Heritage Centre**, à Burray, abrite un dispositif à lumière UV qui permet d'admirer les couleurs iridescentes des pierres qui y sont conservées, tandis que l'**Orkney Marine-Life Aquarium**, à St. Margaret's Hope, sur l'île de South Ronaldsay présente la faune marine locale.

Les amateurs d'archéologie visiteront, sur la même île, l'un des sites les plus impressionnants de l'archipel : **Tomb of the Eagles**, également connu sous le nom de cairn d'Isbister, un étonnant ensemble funéraire de l'âge du bronze dans un paysage sauvage.

Hoy

Deuxième des Orcades par la taille, Hoy compte des montagnes qui s'élèvent jusqu'à 479 m et des falaises vertigineuses. C'est ici que se trouve l'étonnant **Old Man of Hoy**, un des symboles de l'archipel. Nombreux sont les varappeurs à vouloir s'y frotter ! L'île est un bonheur pour tous ceux qui veulent profiter de la nature ; au fil de leurs randonnées, ils pourront observer en grand nombre lièvres et oiseaux de proie (faucons pèlerins, busards Saint-Martin...).

Il n'existe pas de service de transports publics sur Hoy : si vous arrivez sans votre propre véhicule, il vous faudra marcher, faire du vélo ou encore emprunter les minibus du ferry de Stromness jusqu'à Rackwick Bay. Rackwick abrite quelques hôtels très simples et constitue une bonne base pour ceux qui voudrait s'attaquer à l'Old Man of Hoy, qui se dresse à 5 km à l'ouest de la petite ville.

Si l'escalade de haute voltige au-dessus des flots ne vous tente pas, il vous reste de nombreuses possibilités de balades à pied. Un sentier côtier conduit à **Saint John's Head**, sur une falaise à 346 m de hauteur. Attention au vertige ! D'autant que le sentier n'est pas en très bon état. En revanche, l'ascension de **Ward Hill** (479 m), le sommet de l'île, ne présente aucune difficulté : vue panoramique garantie.

Il est de nouveau question d'histoire militaire sur les rivages orientaux de Hoy avec le **cimetière naval** de Lyness et le **Scapa Flow Visitor Centre**

Hoy et South Walls

Carte p. 253 A1

Scapa Flow Visitor Centre

Lyness, Hoy

(01856) 791 300

€

www.scapaflow.co.uk

Un jeune phoque gris et sa mère sur les rives du Pentland Firth à Hoy

Westray
Carte p. 253 A2

Westray Heritage Centre
Pierowall
(01857) 677 414
Fermé oct.-avril
€
www.westrayheritage.co.uk

Papa Westray
Carte p. 253 A2

À SAVOIR
Il vous suffira d'un coup d'œil à l'Old Man of Hoy, cette étonnante colonne de pierre qui surplombe la mer, pour ne pas regretter d'avoir fait l'expédition jusqu'ici.

(ou Lyness Interpretation Centre, voir encadré p. 259), deux lieux qui méritent une visite. À ne pas manquer : l'importante collection de photos qui évoquent la vie sur l'île pendant les deux guerres mondiales, les véhicules militaires et les armes.

South Walls

De l'autre côté d'une étroite chaussée qui part du sud de Hoy s'étend la petite île de South Walls. C'est là que se trouve le meilleur établissement hôtelier de l'archipel : le **Stromabank Hotel** (voir p. 301). Parmi les attractions touristiques insulaires : **Hackness Battery**, imposant système défensif, et **Hackness Martello Tower**, un petit fort construit pendant les guerres napoléoniennes, un autre conflit qui réussit à troubler ces rivages si lointains.

Au nord de Mainland

Rousay, **Wyre**, **Egilsay**, **Shapinsay**, **Stronsay**, **Sanday** et **North Ronaldsay**, chacune de ces îles habitées compte au moins une attraction digne d'intérêt : sites préhistoriques, phares, falaises de grès, réserves naturelles... Mais là encore, par manque de temps, les visiteurs se contentent généralement de se rendre sur Westray, la plus grande, et sur Papa Westray, sa « petite sœur ».

Forte de 6 000 habitants, **Westray** est l'occasion de découvrir de somptueux paysages et de goûter à d'excellentes spécialités locales. À Pierowall, la localité principale, rendez-vous au **Westray Heritage Centre** pour tout savoir de la vie sur l'île. Ailleurs, ne manquez pas de voir les ruines du **château de Notland** (XVIe siècle), les impressionnantes falaises de **Noup Head**, qui dominent la mer, **Castle o'Burrian**, formation rocheuse où nichent des milliers de puffins.

Le trajet jusqu'à **Papa Westray**, à l'extrémité septentrionale de l'archipel, est une aventure en soi, que l'on y aille en ferry *(www.orkneyferries.co.uk)* ou par le vol le plus court du monde, à savoir 2 minutes, au départ de Westray *(www.loganair.co.uk)* !

Cette petite île, qui possède une forte symbolique religieuse, apparaît dans l'*Orkneyinga Saga* ou *Histoire des comtes des Orcades*, un récit à la fois fictionnel et historique, écrit au début du XIIIe siècle. Selon la légende, « l'île du prêtre » aurait gagné son nom après être devenue un lieu de pèlerinage dédié à sainte Tredwell. D'innombrables pèlerins souffrant de maladies oculaires y seraient venus prier pour un miracle; la petite chapelle où ils s'agenouillaient est aujourd'hui en ruine. Parmi les sites à voir : **Holland House**, ancienne demeure de la famille Trails, qui abrite un petit musée, et l'**église Saint-Boniface Kirk**, joliment restaurée.

Le site le plus imposant de l'île est **Knap of Howar**. Tout aussi évocatrice que Skara Brae sur Mainland, cette exploitation agricole du néolithique s'inscrit dans un paysage majestueux qui surplombe la mer. Elle daterait de 3500 avant notre ère, ce qui en fait l'une des fermes les plus anciennes en Europe.

Phoques, otaries et oiseaux marins à observer lors de la visite de la **North Hill RSPB Nature Reserve** : Papa Westray plaira aussi aux amoureux de la nature. ■

Holland House
✉ Papa Westray
€ €

North Hill RSPB Nature Reserve
✉ Papa Westray
☎ (01856) 850 176
www.rspb.org.uk

À DÉCOUVRIR Une page d'histoire à Scapa Flow

Au cours des deux guerres mondiales, Scapa Flow fut une importante base navale abritant jamais moins d'une centaine de navires de guerre. Ce passé militaire est toujours inscrit dans le paysage, et aujourd'hui, on peut encore voir dans le port les vaisseaux coulés volontairement pour prévenir les attaques des sous-marins allemands tandis que les collines environnantes sont ponctuées de batteries d'artillerie.

À la fin de la Première Guerre mondiale, 74 navires ennemis prisonniers mouillaient dans le port; lorsque l'officier allemand en charge de la flotte apprit qu'il devrait les abandonner aux Britanniques, il donna l'ordre de les saborder : tous furent coulés avant que les Alliés aient pu intervenir.

La plupart des vaisseaux ne restèrent pas là où ils avaient coulé et ceux qui furent balayés sur le rivage purent être récupérés. En 1920, les Britanniques lancèrent une grande opération de sauvetage des épaves et dans l'entre-deux-guerres, la plupart des bâtiments furent remontés à la surface. Plusieurs vaisseaux gisent toujours, notamment trois cuirassés et un sous-marin.

L'une des premières pertes navales de la Seconde Guerre mondiale fut le *Royal Oak*, un navire coulé en 1939 par un sous-marin allemand avec ses 1 400 membres d'équipage dont seule la moitié survécut. Aujourd'hui, son épave est protégée, et chaque année, le 13 octobre, un service commémoratif rappelle le tragique épisode. Ce port jonché d'épaves est devenu l'un des sites de plongée les plus renommés en Europe. Mais attention : il est impossible de plonger sans combinaison, et ces fonds sont réservés aux plongeurs les plus expérimentés. Chaque année, on déplore des victimes; il est indispensable de passer par un club de plongée local. Scapa Scuba *(Lifeboat House, Stromness, tél. : 01856/851 218, www.scapascuba.co.uk)* propose des cours PADI aux débutants comme aux plongeurs confirmés en petits groupes ou en individuel.

Il est aussi possible de découvrir tout le passé de Scapa Flow sans se mouiller ! La compagnie Roving Eye Enterprises *(Westrow Lodge, Orphir, tél. : 01856/811 360, www.rovingeye.co.uk)* dispose de bateaux équipés d'écrans qui sillonnent le port, donnant ainsi à voir à leurs passagers le paysage sous-marin grâce à un dispositif de caméras immergées. Ceux qui se rendront à Hoy pourront visiter le Scapa Flow Visitor Centre (voir p. 257-258) où est évoqué le rôle du port pendant les deux conflits mondiaux.

La préhistoire aux Orcades

Il y a encore un siècle et demi, le paysage de Skara Brae ressemblait à ce qu'il avait toujours été depuis des milliers d'années. Rares étaient ceux qui s'aventuraient sur cette île perdue des Orcades pour voir une baie inhospitalière battue par les embruns de l'Atlantique et glacée par les vents qui les accompagnent... Pourtant, sous le sable, gisait un secret qui n'allait pas tarder à être dévoilé et à mettre les hommes face à leur passé préhistorique.

Skara Brae est un grand village construit en pierre au néolithique, sur la côte ouest de Mainland.

Cette nuit de 1850, le sable se dispersa comme par magie, laissant apparaître le village de Skara Brae, le plus complet et le mieux préservé des lieux d'habitation du néolithique en Europe, comme on ne tarderait pas à s'en rendre compte. Cette découverte archéologique sortait de l'ordinaire à plus d'un titre, à commencer par sa date, estimée remonter à cinq siècles avant notre ère : le Colisée de Rome, Stonehenge, en Angleterre, et même les pyramides d'Égypte étaient bien postérieurs !

Inscrit au patrimoine mondial de l'humanité de l'Unesco comme partie intégrante du « cœur néolithique des Orcades », le « Pompéi d'Écosse » attire archéologues, historiens et simples visiteurs. L'emplacement – une baie sablonneuse battue par les vagues – est en lui-même spectaculaire. Certains aménagements ont été réalisés pour accueillir les touristes, une maison a notamment été reconstruite, mais l'ensemble du site semble avoir échappé au temps et possède une atmosphère magique.

Visiter Skara Brae

Au centre d'informations pour les visiteurs, une exposition évoque ce que l'on sait ou plutôt ce que l'on suppose de la vie des hommes et des femmes qui habitèrent Skara

Brae. On sait qu'ils vivaient de l'agriculture et de la pêche, qu'ils ont construit leurs maisons en contrebas pour faire face aux terribles conditions climatiques du lieu, mais on ignore encore ce qui les a poussés à abandonner le village voilà 4 500 ans, à peine cinq siècles après l'avoir fondé. Une guerre avec une communauté voisine ? Une tempête très sévère comme celle qui permit la découverte du site en 1850 ? D'autres raisons encore plus sombres ?

La maison reconstruite donne une bonne idée de leurs conditions de vie, mais découvrir le village à pied reste une expérience inoubliable. Il n'est plus possible de pénétrer librement dans les différentes habitations, fermées au public pour des raisons de conservation, mais des passerelles permettent de se promener en hauteur et de jeter un coup d'œil aux intérieurs. On reconnaît les différents éléments de mobilier réalisés dans des blocs de pierre : buffets, étagères, placards, foyers et même lits... en somme, rien de très éloigné de ce que l'on trouve dans les maisons d'aujourd'hui !

Skaill House

En été, le ticket d'entrée pour Skara Brae permet aussi de visiter Skaill House, ancienne demeure du Laird of Skaill, construite en 1620. Comme dans un voyage dans le temps, on découvre aujourd'hui ses intérieurs meublés.

Il ne faut pas manquer la vaisselle ayant appartenu au capitaine James Cook (1728-1779), le premier Européen à avoir abordé la côte est de l'Australie. Le service de table exposé dans la demeure fut donné au Laird of Skaill lorsque les navires *Discovery* et *Resolution* accostèrent à Stromness après la disparition tragique de Cook, assassiné à Hawaii.

Centre d'informations

Le site se trouve à 30 km au nord-ouest de Kirkwall, sur la B9056. Géré par l'agence gouvernementale Historic Scotland (*www.historic-scotland.gov.uk, €€*). il est ouvert tous les jours de l'année (horaires restreints en hiver). Il y a un café sur place.

La vie quotidienne au néolithique

Particulièrement bien conservé, le site de Skara Brae a permis aux archéologues de collecter une foule d'informations sur la vie quotidienne d'il y a 5 000 ans. On y découvre une communauté unie tournée vers l'agriculture et la pêche ainsi qu'un habitat uniforme. Selon certains, ces habitations semblables les unes aux autres plaideraient en faveur d'une société égalitaire. Pour d'autres, elles seraient le signe d'un savoir-faire empirique qui aurait conduit à trouver les constructions les mieux à même de résister aux terribles conditions météorologiques locales.

Chaque maison comptait une seule pièce, sans fenêtre mais avec un foyer central ; la seule source de lumière provenait du trou situé au-dessus de la cheminée pour évacuer la fumée. Dans cette région sans bois, tout le mobilier était en pierre, y compris le réservoir à berniques, mollusques utilisés comme appâts pour la pêche mais aussi comme nourriture dans les périodes de disette.

Les ossements d'animaux découverts indiquent que ses habitants possédaient du bétail, chassaient le sanglier et le cerf. Ils se servaient des os pour fabriquer des outils, des peaux comme vêtements et couvertures. Les graines et les coquillages retrouvés prouvent aussi que ces hommes pêchaient et cultivaient l'orge et le blé.

Les habitations étaient reliées par un réseau de passages couverts qui permettaient de se déplacer à travers le village, quel que soit le climat.

Les Shetland

Si les Orcades font figure de terres lointaines, que dire alors des Shetland ? De fait, les îles qui forment l'archipel sont plus proches de la ville de Bergen, en Norvège, que d'Aberdeen, la grande ville du nord de l'Écosse. Pour les Shetlandais, les Orcades représentent le Sud, le reste de l'Écosse, voire Londres se trouvent à des distances à peine concevables.

Un drakkar viking pendant la fête du feu, Up Helly Aa, à Lerwick dans les Shetland

SE RENDRE AUX SHETLAND : Flybe flights *(tél. : 0871/700 2000, www.flybe.com)* relie les grands aéroports du pays aux Shetland. Par ferry : Northlink Ferries *(www.northlinkferries.co.uk)*.

Les Orcades et les Shetland sont des archipels bien mal connus, mais leur participation à l'économie du Royaume-Uni grâce au gaz et au pétrole qu'on y exploite est loin d'être négligeable. Les visiteurs qui se donneront la peine de faire le voyage jusqu'à ces terres si éloignées de tout seront récompensés à la hauteur de leurs efforts par des paysages spectaculaires, une faune abondante, des merveilles archéologiques et historiques.

La fête du feu, **Up Helly Aa** (*www.uphellyaa.org*), qui se tient chaque année le dernier jeudi de janvier, est l'un des grands rendez-vous de l'année. Les manifestations les plus importantes se déroulent à Lerwick. Temps fort de la fête : l'incendie d'un drakkar viking. Le rituel est une manière de relier passé et présent dans ces îles où réalité et mythes tendent à se confondre.

Si vous visitez les Shetland en janvier, attendez-vous

à des journées courtes et froides. L'été fait oublier ces jours sombres. De par leur position septentrionale, les îles connaissent le phénomène des nuits blanches : de juin à septembre, il ne fait jamais totalement nuit et les lieux sont baignés par une lumière hors du commun. C'est l'époque idéale pour séjourner dans l'archipel.

Mainland

Que vous arriviez en ferry ou en avion, à l'aéroport de Sumburgh, au sud de l'île principale, vous passerez sans doute quelques jours à **Lerwick**, la capitale. « La ville », comme on l'appelle ici, est une jolie cité portuaire et le centre des échanges commerciaux des Sheltland.

Vous y trouverez des logements acceptables et les meilleures tables de la région. Lerwick est aussi une excellente base pour partir à la découverte des environs, des excursions qui peuvent être faites en une journée. Il ne faut pas manquer **Fort Charlotte**, ouvrage fortifié du XVIIIe siècle qui a été reconstruit, d'où l'on jouit d'un beau panorama, ni le bel **hôtel de ville** du XIXe siècle, dont les vitraux évoquent l'histoire des Shetland et figurent les grands héros locaux.

À SAVOIR

Quelques anciens *böds* accueillent aujourd'hui des hôtes pour la nuit. Confort rudimentaire mais atmosphère romantique garantie dans ces lieux chargés d'histoire.

Le **Shetland Museum**, sans doute le plus beau et le plus moderne des musées de l'archipel, est tout particulièrement recommandé aux familles. Les niveaux inférieurs couvrent l'histoire des Shetland des origines au XIXe siècle, les niveaux supérieurs, partiellement en plein air, sont l'occasion de voir une collection de bateaux. Un grand voyage dans le temps, des trouvailles archéologiques de l'âge du fer et de l'âge du bronze aux champs pétrolifères

(suite p. 266)

Îles Shetland

Carte p. 253 B3-B4, C3-C4

Office de tourisme

Market Cross, Lerwick, Mainland

(01595) 693 434

www.shetlandtourism.com

Lerwick

Carte p. 253 C3

Fort Charlotte

Harbour Street, Lerwick, Mainland

www.historic-scotland.gov.uk

Hôtel de ville

Hill Lane, Lerwick, Mainland

(01595) 693 535

€

Shetland Museum

Hay's Dock, Lerwick, Mainland

(01595) 695 057

€

www.shetland-museum.org.uk

Le pétrole et le gaz aux Sheltland

Lorsque furent découverts les immenses gisements de Brent et de Ninian dans les années 1970, le gouvernement des Shetland voulut profiter de l'incroyable opportunité qui se profilait. Il fit en sorte que les compagnies pétrolières et gazières fassent passer oléoducs et gazoducs par les îles et que les besoins nécessaires à la consommation locale soient couverts. L'imposant terminal de Sullon Voe, où 4 tankers de 400 m peuvent être remplis simultanément, a permis d'engranger de très gros profits. Le Shetland Islands Council perçoit ainsi 1 pence (0,01 cent) sur chaque tonne de carburant, de l'argent réinvesti dans les infrastructures locales.

Balade à Esha Ness

La marche est l'un des grands plaisirs qu'offrent ces îles sauvages, nées de l'activité des volcans, façonnées par les flots et battues par les vents. Ici, la nature en majesté s'est donné le premier rôle.

Le phare d'Esha Ness éclaire de sa lumière les falaises de basalte.

Située au nord-est de Mainland, la péninsule d'Esha Ness est l'un des lieux des Shetland – et du Royaume-Uni – à offrir la plus grande diversité géologique. Son nom qui signifie « promontoire de roche volcanique » annonce à lui seul le programme !

Cette promenade qui forme une boucle débute et s'achève sur le parking du phare d'Esha Ness, couvre 6,5 km et grimpe à 50 m : il faut compter de 3 à 4 heures pour faire le circuit sans difficulté. Tous ceux qui se baladent par ici, locaux comme touristes, sont absolument éblouis par la beauté des paysages à couper le souffle : falaises volcaniques, vues sur l'océan, innombrables oiseaux marins... Sur le parking du phare, un panneau permet d'en savoir plus sur l'étonnante géologie du lieu.

À NE PAS MANQUER

Le phare d'Esha Ness • Calder's Geo • Grind o'Da Navir • Le loch de Houlland

Du sommet des falaises

Avant de quitter le parking, prenez le temps d'admirer le **phare d'Esha Ness** ❶. Construit selon les plans de David et Charles Stevenson, l'ouvrage est situé au bord des falaises volcaniques dont la couleur sombre ajoute à l'intensité de l'endroit. Il est possible de louer la maisonnette du gardien (jusqu'à 6 personnes) pour un minimum de 3 nuits *(www.lighthouse-holidays.com/pages/eshaness/eshaness.htm).*

Longez la falaise en direction du nord mais veillez à ne pas marcher trop près du bord ! Vous atteindrez rapidement le promontoire de **Calder's Geo** 2, une fente étroite et profonde entaillée dans le roc par les vagues de l'Atlantique.

Poursuivez votre chemin, **Moo Stack** 3 apparaît bientôt. Cet imposant rocher sculpté par les flots qui semble à la dérive présente un rebord étroit, des crêtes et des grottes. Les fulmars et les mouettes sont nombreux à y avoir élu domicile ; vous ne manquerez pas d'observer les oiseaux raser les vagues pour regagner leur nid. De là, vous pouvez voir le loch de Houlland qui s'étend à l'ouest.

Sur le sentier en plus ou moins bon état qui mène jusqu'à Head of Stanshi, il vous faudra franchir un certain nombre de clôtures. Regardez vers l'océan : vous verrez se détacher l'incroyable silhouette de l'**arche** 4, que l'érosion a creusée au fil du temps.

Les tempêtes de l'Atlantique ont laissé une autre trace indélébile dans le paysage : **Grind o' Da Navir** 5. À cet endroit, la falaise présente une immense ouverture verticale. Les flots déchaînés y ont créé un trou gigantesque, balayant des tonnes de roches vers la terre. Un petit loch s'est formé entre les énormes rochers.

Juste après Grind o' Da Navir, voilà **Head of Stanshi** 6, un point de vue spectaculaire sur les vagues qui viennent battre les falaises et les roches volcaniques en contrebas. L'heure est venue de redescendre en direction de votre point de départ. Vous marchez désormais vers le sud et le loch de Houlland. Juste avant d'y arriver, vous verrez, sur votre gauche, les **Holes of Scraada**, un ruisseau sous-terrain qui relie le loch à l'océan. Dirigez-vous ensuite sur le rivage occidental du **loch de Houlland** 7 et continuez à descendre vers le sud en longeant le plan d'eau. Une petite chaussée permet de rejoindre un îlot. Les pierres que vous voyez à la surface de ce tertre herbeux sont les restes d'un broch datant de l'**âge du fer**.

Quittez les rives du loch et enjambez le muret de pierre en prenant l'échalier. Poursuivez toujours vers le sud jusqu'au **cimetière**, puis la route goudronnée qui mène au nord-ouest du phare et au parking.

- Voir aussi carte p. 253
- Phare d'Esha Ness
- 6,5 km
- 3-4 heures
- Phare d'Esha Ness

Böd de Gremista
Union Street, Lerwick, Mainland
(01595) 694 386
€
www.shetland-museum.org.uk

Jarlshof
Carte p. 253 C3
Sumburgh, Mainland
(01950) 460 112
Fermé oct.-mars
€€
www.historicscotland.gov.uk

Mousa
Carte p. 253 C3

Mousa RSPB Nature Reserve
(01950) 460 800
€
www.rspb.org.uk

Yell
Carte p. 253 C4

explorés depuis 1970 et dont la découverte a modifié la vie des insulaires (voir encadré p. 263).

Dans les environs immédiats de Lerwick, on verra le **Clickimin Broch** *(Loch Clickimin, www.historic-scotland.gov.uk)*, une ancienne tour fortifiée qui se dresse sur une île dans le loch Clickimin, et le ***böd* de Gremista**. Les *böds* font en effet partie des spécificités locales, au même titre que les poneys shetlandais ! L'appellation désigne de petites constructions situées le long des côtes, mi-entrepôts, mi-habitations, utilisées par les pêcheurs en saison. Le *böd* de Gremista est un bon exemple du XVIIIe siècle ; c'est là qu'Arthur Anderson, cofondateur de la compagnie de navigation P&O, vit le jour. Une petite exposition évoque sa vie et apporte un éclairage sur le rôle de *böds*.

C'est au sud de Lerwick que se trouvent les plus beaux paysages de Mainland : champs fertiles, longues plages de sable, belles vues sur les flots de la mer du Nord. En poursuivant la route du sud, on atteint l'aéroport de Sumburgh mais aussi **Jarlshof**, le plus beau site archéologique des Shetland. L'endroit est remarquable, car il renferme des témoignages de nombreuses périodes, de l'âge du fer et de l'âge du bronze aux Pictes, présents avant l'arrivée des Vikings, lesquels ont laissé là plus de traces de leur présence que partout ailleurs au Royaume-Uni.

Les autres îles

Seules 15 îles des Shetland sont habitées. Elles sont desservies par un réseau de ferries, d'avions, d'hélicoptères et de petits bateaux. **Yell**, tout au nord de l'archipel, détient sans doute la palme de la désolation. C'est cependant une île de choix pour ceux qui veulent voir de près des tourbières et des *voes* (criques) inhospitaliers… mais aussi des otaries – l'une des plus grandes colonies d'Europe – qui sont nombreuses à venir s'ébattre sur son littoral déchiqueté. Avec son atmosphère de fin du monde, l'endroit est propice pour faire le vide avant de rejoindre le monde moderne… Yell est aussi une bonne base pour partir explorer les îles voisines comme **Fetlar**, que l'on gagne en ferry, une terre bien plus fertile, et **Unst**, réputée pour ses falaises et ses plages de sable.

Mousa (voir encadré ci-dessous) et l'ensemble des

Mousa, l'île aux pétrels

Minuscule et inhabitée, Mousa – accessible depuis Sandwick, sur Mainland – est l'une des îles les plus attachantes de l'archipel. C'est là que se dresse de ses 12 m le Mousa Broch, le *broch* (tour circulaire en pierre) le mieux conservé d'Écosse. Mais l'île est aussi réputée pour sa faune d'une richesse peu commune : phoques, sternes arctiques, guillemots noirs… L'endroit est magique pendant les nuits blanches lorsque des milliers de pétrels regagnent leurs nids dans la lumière crépusculaire avec, en toile de fond, l'imposant Mousa Broch.

Des macareux, reconnaissables à leur bec orange, font une pause dans la recherche de lançons, leur mets favori.

Shetland font le bonheur des amateurs de faune sauvage, et plus particulièrement des ornithologues. L'**île de Noss**, à l'est de Lerwick, abrite une réserve naturelle que l'on peut atteindre en ferry *(tél. 0800/107 7818)* depuis sa voisine Bressay. Ses hautes falaises qui dominent les vagues déchaînées de l'Atlantique abritent fous de Bassan, puffins, grands labbes, cormorans...

Rattachée à l'archipel sur le plan administratif, **Fair Isle** s'étend à 38 km au sud de Sumburgh Head (Mainland), à mi-chemin entre les Shetland et les Orcades. Vidée de ses habitants par les déplacements de population du XIXe siècle (voir p. 206-207), elle abrite aujourd'hui une petite communauté, autosuffisante par la force des choses. C'est un paradis pour les marcheurs et ceux qui aiment observer les oiseaux – de nombreuses espèces migratrices font escale aux Shetland – dont il ne faut rien attendre d'autre que des criques isolées, de hautes falaises et de douces collines.

La grande « industrie » locale est la confection des célèbres tricots de Fair Isle, fabriqués par la coopérative de l'île. Ils sont chers mais d'une qualité irréprochable et constituent des souvenirs garantis à vie. On trouve de nombreux modèles. La visite du modeste **George Waterston Museum** *(Ultra, tél. : 01595/760 244, €)* permet d'en savoir plus sur quelques épisodes hauts en couleur de l'histoire de l'île, par exemple, le naufrage du *Grand Grifon,* un navire de l'Invicible Armada coulé par les Anglais en 1588. Plusieurs centaines de marins vinrent s'échouer sur les côtes et, malgré leurs maigres ressources, les habitants de Fair Isle n'hésitèrent pas à se porter à leur secours. ■

Fetlar et Unst

Carte p. 253 C4

Office de tourisme

Plage de Houbie, Fetlar

(01957) 733 206

www.fetlar.com

Isle of Noss Nature Reserve

(01595) 693 345

www.nature-shetland.co.uk/snh/noss.htm

Fair Isle

Carte p. 253 B2

Fair Isle Bird Observatory Lodge

Fair Isle

(01595) 760 258

www.fairislebirdobs.co.uk

INFORMATIONS PRATIQUES

Préparer votre voyage 268-270 • Bibliographie 270 • Comment aller en Écosse ? 270-271 • Comment se déplacer ? 271-272 • Conseils pratiques 272-275 • Urgences 275 • Hôtels et restaurants 276-302 • Shopping 303-305 • Arts et spectacles 306-308 • Activités 309-313

Des vététistes dévalent un sentier boisé de la forêt de Mabie (Dumfries and Galloway).

PRÉPARER VOTRE VOYAGE

Quand partir ?

Un calendrier culturel chargé et un climat varié – soleil en été et ski dans les Highlands en hiver – attirent les touristes tout au long de l'année. Cependant, les festivals se déroulent traditionnellement en juillet et en août – en août, le célébrissime festival d'été d'Édimbourg marque l'apogée de la saison touristique dans la capitale. Ces deux mois sont donc très prisés des visiteurs et coïncident, bien entendu, avec les vacances scolaires (en Écosse comme dans le reste du Royaume-Uni), et les prix sont alors au plus haut. Les vacances de Pâques (mars-avril), tout comme la période de Noël et du *Hogmanay* (célébrations du Jour de l'An), se prêtent aussi parfaitement à la découverte du pays.

Pendant les vacances, l'effervescence règne dans les villes, sur le littoral, mais également à la campagne – les journées ensoleillées, les paysages naturels époustouflants et les loisirs de plein air séduisent les touristes de juillet à septembre. Profitez de tarifs moins élevés et d'un temps doux en séjournant en Écosse au mois de mai ou de juin.

En hiver, la neige et les basses températures réjouissent les amateurs de sports d'hiver qui déferlent dans les Highlands pour skier et s'adonner à l'escalade sur glace. Mi-janvier-fin février est la période idéale pour fréquenter l'un des cinq domaines skiables – Aviemore, Glenshee, Glencoe, la Nevis Range et le Lecht, mais à la faveur d'un coup de froid inattendu, les stations peuvent ouvrir en décembre et en mars.

Octobre, novembre, et janvier-mars sont considérés comme la basse saison. Les tarifs sont beaucoup moins élevés, c'est l'occasion de se relaxer dans une auberge, au coin du feu ; ou de courir les galeries d'art et les musées. L'Écosse jouit d'un climat tempéré, avec des précipitations moyennes annuelles modérées et réparties sur l'ensemble du territoire.

Qu'emporter ?

Les températures estivales tournent autour des 20 °C ;

néanmoins, il ne faut pas sous-estimer la force du soleil écossais : une bonne crème protectrice est absolument indispensable. N'oubliez ni vos lunettes de soleil ni un chapeau et prenez un lainage léger si les températures venaient à chuter. Au printemps et à l'automne, munissez-vous d'un pull et d'une veste. Un gros manteau, une écharpe, des gants et un bonnet sont indispensables en hiver. Toute l'année, prévoyez un parapluie et un vêtement imperméable.

Choisissez des habits confortables, mais emportez aussi une tenue plus élégante si vous devez vous rendre dans un restaurant chic et des vêtements adaptés aux activités de plein air que vous comptez pratiquer.

Faites une photocopie de vos documents importants – passeport, police d'assurance, ordonnance médicale – si vous égarez les originaux. Prévoyez une paire de lentilles de contact de rechange, et une seconde paire de lunettes. Sans oublier : des piles de rechange pour les appareils photos, votre chargeur de batterie/de téléphone portable, une carte mémoire supplémentaire.

Assurance

Souscrivez une assurance tous risques avant votre départ. Celle-ci couvrira vos dépenses médicales et remboursera vos frais en cas de perte/vol, d'annulation et de retard. Lisez attentivement les termes de votre contrat : devrez-vous avancer les frais médicaux ou les dépenses seront-elles directement prises en charge par l'assureur ? Soyez vigilant : nombre d'assurances excluent les risques liés à la pratique de sports « extrêmes » comme le ski ou l'alpinisme. Certaines conditions médicales peuvent être également exclues.

Formalités d'entrée

Visas

Pour les citoyens de l'Union européenne et de la Suisse, un passeport en cours de validité ou une carte d'identité sont exigés pour entrer au Royaume-Uni. Les ressortissants de nombreux autres pays (États-Unis, Canada...) auront besoin d'un passeport (pas de visa requis pour les séjours de moins de six mois).

Ambassades et consulats

France
Ambassade de Grande-Bretagne
35, rue du Faubourg Saint-Honoré
75008 Paris
tél. : (+33) 01 44 51 31 00
http://ukinfrance.fco.gov.uk

Belgique
Ambassade de Grande-Bretagne
Avenue d'Auderghem 10
Oudergemlaan
1040 Bruxelles
tél. : (+32) (2) 287 6211
http://ukinbelgium.fco.gov.uk

Suisse
Ambassade de Grande-Bretagne
Thunstrasse 50
3005 Berne
tél. : (+41) (31) 359 77 00
http://ukinswitzerland.fco.gov.uk

Canada
Consulat britannique
Le Complexe St-Amable
700-1150 Claire-Fontaine
Québec (Québec) G1R 5G4
tél. : 418 521 3000
Fax : 418 521 3099
http://ukincanada.fco.gov.uk

Douane

Les voyageurs en provenance d'un pays de l'Union européenne peuvent entrer sur le territoire écossais avec un nombre illimité de produits. Toutefois, certaines conditions s'appliquent à l'importation d'alcool et de tabac : vous devrez transporter vous-même les cadeaux et votre consommation personnelle, qui auront fait l'objet du versement d'une taxe dans le pays où ils auront été achetés.

Les douaniers seront toutefois méfiants à l'égard de voyageurs transportant plus de 3 200 cigarettes, plus de 200 cigares, 400 cigarillos ou 3 kg de tabac. La « consommation personnelle » ne doit pas dépasser 110 litres de bière, 90 litres de vin, 20 litres de vin doux ou 10 litres de liqueur. Si les douaniers présument que les quantités importées sont destinées à la revente, ils peuvent les saisir, de même que le véhicule qui les transporte.

L'importation de produits hors taxes en provenance de pays hors Union européenne est très surveillée et se limite à un litre de liqueur (plus de 22 % vol.) ou deux litres d'alcool à moins de 22 % vol. (vin doux ou vin pétillant par exemple). Ces quantités sont modulables : 500 ml de liqueur et un litre de vin doux par exemple. Au-delà, il faudra vous acquitter d'une taxe.

Ces voyageurs peuvent aussi importer jusqu'à 16 litres de bière et 4 litres de vin. Pour les fumeurs, la quantité est de 200 cigarettes, 100 cigarillos, 50 cigares ou 250 g de tabac. L'introduction d'autres produits (parfum inclus) sans versement de taxe est limitée à une valeur de 390 £. Pour importer du tabac ou de l'alcool au Royaume-Uni, il faut être âgé de 17 ans ou plus. Vous êtes également tenu d'informer les douaniers si vous entrez sur le territoire avec plus de 10 000 euros en espèces.

Il est interdit d'introduire des armes à feu, des sprays lacrymogènes et des armes blanches en Écosse, de même que des produits à caractère pornographique ou issus de l'industrie de la contrefaçon. Les médicaments sont autorisés s'ils sont accompagnés de l'ordonnance correspondante.

BIBLIOGRAPHIE

Documentaires

Culture et Société

William Donaldson, *Pipers : A Guide to the Players and the Music of the Highland Bagpipe,* Birlinn Ltd, Édimbourg, 2004

Michael Jackson, *L'Écosse et ses whiskies,* éditions Solar, Paris, 2001

David Webster et Lynn Boland Richardson, *Highland Games Made Easy,* Luath Press Ltd, Édimbourg, 2010

Iain Zaczek, *Clans et Tartans d'Écosse,* Könemann, Cologne, 1999

Histoire et archéologie

Jean-Claude Crapoulet, *Histoire de l'Écosse,* « Que sais-je ? », PUF, Paris, 2000

Michel Duchein, *Histoire de l'Écosse,* Fayard, Paris, 1998

Christiane Eluère, *L'Art des Celtes,* « L'art et les grandes civilisations », Citadelles et Mazenod, Paris, 2004

Jacques Leruez, *L'Écosse, vieille nation, jeune État,* Armeline, Crozon, 2000

Fitzroy MacLean, *Highlanders – Histoire des Clans d'Écosse,* Gallimard, Paris, 1995

Beaux livres

Laurent Cocherel, *Écosse, instants de lumières,* « Images Du Monde », Cacimbo, Pau, 2008

Luc Giard, *Écosse – Beauté sauvage,* « Mémoires de l'Humanité », Éditions pages du monde, Fontenay-sous-Bois, 2005

Michel Le Bris et Jean Hervoche, *Écosse, Highlands et Islands,* Artus, 1998

Philip Plisson et Patrick Mahé *Écosse : Carnet de bord d'un pêcheur d'images,* Éditions du Chêne, Paris, 2009

Loisirs de plein air

Dan Bailey, *Scotland's Mountain Ridges : Scrambling, Mountaineering and Climbing – The Best Routes for Summer and Winter,* 2008

Graeme Cornwallis, *101 Best Hill Walks in the Scottish Highlands and Islands,* 2009

James W. Finnegan, *Scotland : Where Golf Is Great,* 2010

Eddie Palmer, *Scottish Canoe Classics : Twenty-five Great Canoe and Kayak Trips,* 2007

Phil McKane, *Scotland Mountain Biking : The Wild Trails,* 2009

Cameron McNeish, *The Munros : Scotland's Highest Mountains,* 2006

David Reby et Laurent Cocherel, *Écosse* « guide nature », Romain Pagès, 1999

Bruce Sandison, *Rivers and Lochs of Scotland : An Angler's Complete Guide,* 2009

Romans

Iain Banks, *Le Seigneur des guêpes,* Presses de la Cité, Paris, 1984

Sir Arthur Conan Doyle, *Les Aventures de Sherlock Holmes,* Omnibus, Paris, 2005

Stuart MacBride, *Mortelle Écosse,* J'ai lu, Paris, 2009

Sir Compton MacKenzie, *Whisky à gogo,* Terre de Brume, 2004

Ian Rankin, *L'Étrangleur d'Édimbourg,* Le Livre de poche, Paris, 2004

J. K. Rowling, *Harry Potter à l'école des sorciers,* Gallimard Jeunesse, Paris, 1998

Sir Walter Scott, *Waverley ou soixante ans avant,* 1814

Robert Louis Stevenson, *Enlevé !* Robert Laffont, Paris, 1984

Irvine Welsh, *Trainspotting,* Éditions du Seuil, Paris, 1995

COMMENT ALLER EN ÉCOSSE ?

En avion

Les aéroports d'Édimbourg *(EDI ; tél. : 0844/ 4818 989, www.edinburghairport.com)*, de Glasgow *(GLA ; tél. : 0844/ 481 5555, www.glasgowairport.com)* et de Glasgow Prestwick *(PIK ; tél. : 0871/223 0700, www.gpia.co.uk)* sont desservis par vol direct au départ des principales villes d'Europe, parmi lesquelles Paris, Marseille, Lyon, Bordeaux, Bruxelles, Zurich, Amsterdam, Berlin, Copenhague, Dublin, Londres, Madrid, Milan, Oslo, Rome et Vienne. La compagnie *low-cost* Ryanair *(www.ryanair.com)* est le premier opérateur de l'aéroport de Glasgow Prestwick. Il est également possible d'effectuer un vol direct pour Inverness *(INV ; tél. : 01667/464 000, www.hial.co.uk)*, Aberdeen *(ABZ ; tél. : 0844/ 481 6666, www.aberdeenairport.com)* et Dundee *(DND ; tél. : 01382/662 200, www.hial.co.uk)* au départ de Paris, Amsterdam, Birmingham, Dublin, Leeds, Liverpool, Londres, Manchester ou Oslo.

La plupart des visiteurs internationaux arrivent sur le territoire écossais *via* les aéroports d'Édimbourg ou de Glasgow. Pour un trajet en taxi depuis l'aéroport d'Édimbourg jusqu'au centre-ville, comptez environ 18 £ et 20 minutes (selon le trafic). Le bus Airlink 100 *(tél. : 0131/555 6363, www.flybus.com)* quitte l'aéroport toutes les 10 minutes et rejoint Édimbourg en 25 minutes (3,50 £ l'aller, 6 £ l'aller-retour). Le bus n° 35 *(tél. : 0131/555 6363, www.lothianbuses.com)* rallie le centre-ville toutes les 15 ou 30 minutes. Il vous en coûtera seulement 1,20 £, mais le trajet est beaucoup plus long que par l'Airlink (comptez environ 1 heure). Le bus de nuit n° 22 *(tél. : 0131/555 6363, www.lothianbuses.com)* dessert aussi l'aéroport d'Édimbourg, toutes les demi-heures (3 £).

Pour un trajet en taxi depuis l'aéroport de Glasgow jusqu'au centre-ville, comptez de 20 à 22 £. Le bus Glasgow Airport Flyer Express *(tél. : 08700/404 343, www.glasgowflyer.com)* circule toutes les 10 minutes, il vous en coûtera 4,20 £ l'aller ou 6,20 £ l'aller-retour. Comptez de 15 à 25 minutes de trajet. Le bus n° 747 ou l'Airlink City Service *(www.firstgroup.com)* est plus lent (4 £ l'aller, 5 £ l'aller-retour).

Les deux aéroports sont modernes et parfaitement équipés (distributeurs, bureaux de change, location de voitures, cafés, restaurants, bars et boutiques).

En bateau

La liaison la plus directe est exploitée par Norfolk Lines *(tél. : 0844/449 0007, www.norfolkline.com)* entre Rosyth (24 km au nord d'Édimbourg) et le port belge de Zeebruges. Les ferries de Stena Line *(tél. : 08447/ 707 070, www.stenaline.co.uk)* relient Belfast, en Irlande du Nord, à Stranraer ; ceux de P and O Irish Sea *(www.poirishsea.com)* effectuent les liaisons Troon-Larne et Cairyan-Larne. Des bateaux de croisière quadrillent également les eaux écossaises. Royal Caribbean, Princess Cruises, Seabourn et Silversea proposent nombre de circuits (incluant Édimbourg), leurs navires pouvant accoster dans les ports d'Aberdeen, Lerwick (îles Shetland), Stornoway (Lewis), Greenock (Glasgow), Portree (Skye), Ullapool, Invergordon, Peterhead, Oban, Scrabster et Fort William.

En autocar

National Express *(tél. : 08717/ 818 178, www.nationalexpress.com)* gère le réseau d'autocars le plus étendu du Royaume-Uni et offre, au départ de Londres, des trajets directs à destination (entre autres) d'Aberdeen, d'Édimbourg, de Glasgow et d'Inverness.
La société *low-cost* Megabus *(tél. : 0900/160 0900, www.megabus.com)* propose aussi des liaisons pour l'Écosse au départ de Londres.

En voiture

Un vaste réseau de routes, nationales et autoroutes, très bien entretenu, permet de rallier confortablement l'Écosse en voiture depuis l'Angleterre et le pays de Galles. Depuis le continent, les conducteurs prendront directement le ferry ou emprunteront le tunnel sous la Manche *(tél. : 08443/353 535, www.eurotunnel.com)* depuis Calais jusqu'à Folkestone, au sud-est de l'Angleterre, avant de remonter vers le nord.

En train

Les trains d'East Coast *(tél. : 08457/225 333, www.eastcoast.co.uk)* effectuent des liaisons au départ de Londres en direction d'Édimbourg, de Glasgow, d'Aberdeen et d'Inverness. CrossCountry Trains *(tél. : 0844/811 0124, www.crosscountrytrains.co.uk)* relie Édimbourg, Glasgow, Dundee et Aberdeen à de nombreuses villes d'Angleterre. Virgin Trains *(tél. : 08457/222 333, www.virgintrains.co.uk)* assure les liaisons au départ de Birmingham vers Édimbourg et Glasgow. Un service de nuit, le Caledonian Sleeper, au départ de Londres Euston, est proposé par First ScotRail *(tél. : 08457/550 033, www.scotrail.co.uk)*. Il effectue une vingtaine d'arrêts en Écosse : Édimbourg, Glasgow, Stirling, Perth, Dundee, Aberdeen, Fort William, Inverness... *Horaires et tarifs : tél. : 08457/484 950, www.nationalrail.co.uk*

COMMENT SE DÉPLACER ?

En avion

Il est souvent plus rapide de rejoindre certains coins reculés d'Écosse *via* un vol international. Highlands and Islands Airports *(www.hial.co.uk)* gère les aéroports suivants :
Barra (tél. : 01871/890 212)
Benbecula (tél. : 01870/602 051)
Campbeltown (tél. : 01586/553 797)
Islay (tél. : 01496/302 361)
Kirkwall (tél. : 01856/872 421)
Stornoway (tél. : 01851/702 256)
Sumburgh (tél. : 01950/460 905)
Tiree (tél. : 01879/220 456)
Wick (tél. : 01955/602 215)

En général, les vols à destination de ces aéroports décollent de Glasgow ou d'Édimbourg, mais consultez le site Internet pour de plus amples informations. L'Écosse détient le record du monde du vol le plus court – 2 minutes entre Westray et Papa Westray, dans les Orcades ! Loganair *(tél. : 01856/872 494, www.loganair.co.uk)* assure les liaisons inter-îles de l'archipel des Orcades.

En autocar

L'Écosse dispose d'un réseau local et national performant. Citylink *(tél. : 0870/505 050, www.citylink.co.uk)* exploite les liaisons longues distances. Étonnamment, les régions reculées sont desservies par les autocars... de la Poste *(tél. : 08457/740 740, www.postbus.royalmail.com)*. Vous pouvez régler les trajets de courte distance en espèces (comptez entre 1,20 £ et 4 £) ou avec une carte d'abonnement. Dans les grandes villes comme Édimbourg et Glasgow, vous avez la possibilité d'acheter un ticket pour des trajets illimités sur 24 heures. Les longs trajets en autocar se règlent à l'avance, sur Internet ou au guichet.

En voiture

N'oubliez pas qu'en Écosse on conduit à gauche ! Les routes sont très bien entretenues. Hors des centres urbains, à l'écart des grands axes, il y a peu de circulation. Les touristes voyageant vers le nord sur l'A9 devront être vigilants, car la chaussée passe sans cesse d'une à deux voies (et inversement), et les accidents sont fréquents lors de dépassements hasardeux. Il y a en Écosse de nombreuses routes aménagées pour la circulation alternée.

Sur les ronds-points, il faut laisser la priorité aux véhicules arrivant sur votre droite.

La vitesse est limitée à 30 m/h (48 km/h) en agglomération, à 60 m/h (96 km/h) sur les chaussées à une voie et 70 m/h (112 km/h) sur les chaussées à deux voies et les autoroutes, sauf indication contraire. Les limitations à 40 m/h (64 km/h) et 50 m/h (80 km/h) sont assez fréquentes. L'utilisation d'un téléphone portable au volant est interdite, même à l'arrêt au feu. Vous risquez une amende en cas d'excès de vitesse ou d'infraction au stationnement. Le taux d'alcoolémie maximal autorisé est de 80 mg/100 ml de sang. Il est de toute façon préférable d'éviter de boire avant de prendre le volant.

En ferry

Le ferry est la solution la plus pratique et la moins onéreuse pour qui souhaite sillonner la côte ouest de l'Écosse et visiter les îles. Les liaisons – celles proposées par Caledonian MacBryne *(tél. : 0800/066 5000, www.calmac.co.uk)* par exemple – sont nombreuses et sur la plupart vous pourrez monter à bord avec votre voiture. D'autres sociétés proposent des excursions plus « exotiques », comme cette promenade sur la Clyde à bord d'un bateau à vapeur (voir p. 131).

En métro

Glasgow ne possède qu'une seule ligne de métro, gérée par Strathclyde Partnership for Transport *(tél. : 0141/332 6811, www.spt.co.uk)*, mais tous les sites d'intérêt sont proches d'une station. Le tarif est unique (1,20 £), quel que soit le trajet. Pensez à acheter des carnets de 10 ou 20 tickets, un billet valable une journée pour des trajets illimités (3,50 £) ou une carte valable sept jours, les tarifs sont intéressants.

En taxi

Dans les grandes villes, les taxis noirs s'arrêtent sur un simple signe de la main. Ils sont équipés d'un compteur, leur politique tarifaire est claire. Les taxis privés, les *minicabs*, sont moins chers, mais il faut les réserver par téléphone. Ils sont rarement équipés d'un compteur, assurez-vous du tarif au préalable. Pour un court trajet, comptez entre 3,50 et 6 £, environ 20 £ pour un trajet d'une vingtaine de minutes. Négociez les longues distances : un Édimbourg-Glasgow devrait vous revenir à 80 ou 100 £.

En train

First ScotRail *(tél. : 08457/550 033, www.scotrail.co.uk)* exploite le réseau intérieur de chemin de fer en Écosse. Ce dernier s'étend jusqu'à Wich au nord, Aberdeen au nord-est, Mallaig à l'ouest et Stranraer au sud. Le train est assez cher, surtout si vous achetez vos billets au dernier moment. Réservez à l'avance *via* le portail Internet Trainline *(www.trainline.com)*.

Si vous envisagez de découvrir l'Écosse en train, First ScotRail *(www.scotrail.co.uk)* commercialise des cartes d'abonnement. Tarifs et conditions d'application sur le site.

CONSEILS PRATIQUES

Communications

Courrier Il y a un bureau de poste dans chaque ville et il n'est pas rare d'en trouver un dans les petits villages de campagne. Vous y posterez votre courrier, mais pourrez aussi changer des devises et acheter des cartes téléphoniques (pour fixes et portables).

Téléphone Les cabines acceptent en général les pièces et les cartes téléphoniques (certaines, les cartes de crédit). En dehors des centres urbains et des grands centres commerciaux, il y a peu de téléphones publics, nous vous conseillons d'investir dans un téléphone portable prépayé, ou une carte SIM que vous glisserez dans votre mobile.

BT *(www.bt.com)* est le premier opérateur d'Écosse et du Royaume-Uni. Les principaux fournisseurs de téléphonie mobile sont 3 *(www.three.co.uk)*, O2 *(www.O2.co.uk)*, Orange *(www.orange.co.uk)*, T-Mobile *(www.T-Mobile.co.uk)*, Virgin *(www.VirginMobile.com)* et Vodaphone *(www.vodaphone.co.uk)*.

Numéros utiles
Renseignements Royaume-Uni : 118 500
Renseignements internationaux : 118 505

Opérateur Royaume-Uni : 100
Indicatif Royaume-Uni : 44
Indicatif de la ville : 01
Indicatif appel local : 0845
Indicatif appel national : 0870
Indicatif appel gratuit : 0800

E-mail et Internet Pas de problème pour trouver un cybercafé dans les grandes villes. Certains hôtels fournissent un accès Internet, et le Wi-Fi (parfois gratuit) est désormais la norme dans de nombreux cafés, bars, hôtels et autres lieux publics.

Conversions

Bien qu'ayant adopté le système métrique, les distances sont exprimées en *miles* et la bière est vendue par pinte ou demi-pinte. Sachez qu'une pinte correspond à 568 ml et un *mile* à 1,609 m.

Électricité

Le voltage en Écosse est de 240V, la fréquence 50HZ.

Us et coutumes

Les Écossais, très courtois, vous serreront la main et vous accueilleront d'un aimable *good morning, good afternoon* ou *good evening.* Dans les dîners un peu chics, l'élégance est de mise et l'on échange souvent des cartes de visite. Entre amis, si l'on vous offre une bière, la politesse exige que vous en offriez une à votre tour. Pour les grandes occasions, un mariage par exemple, les Écossais portent souvent le kilt.

Jours fériés

1er janvier – *New Year's Day* (Jour de l'an)
2 janvier – Férié en Écosse
Mars-avril – *Good Friday* (Vendredi saint)
1er lundi de mai – *May Day* (Fête du Travail)
Dernier lundi de mai – *Spring Bank Holiday*
1er lundi d'août – *Summer Bank Holiday*
30 novembre – *St. Andrew* (pas toujours chômé)
25 décembre – *Christmas Day* (Noël)
26 décembre – *Boxing Day*
Lorsqu'un jour férié tombe un samedi ou un dimanche, le lundi suivant est chômé.

Alcool

La loi interdit aux mineurs d'acheter de l'alcool. Il est également illégal d'acheter de l'alcool pour un mineur. Depuis 2009, la loi limite la vente d'alcool à la tranche horaire 10 h/22 h. Le gouvernement écossais essaie d'endiguer l'alcoolisme galopant chez les jeunes : les bars et les boîtes de nuit ont ainsi supprimé leurs bas tarifs sur les boissons alcoolisées.

Média

Journaux et magazines

Il existe trois quotidiens nationaux écossais – *The Daily Record (www.dailyrecord.co.uk), The Scotsman (www.scotsman.co.uk)* et *The Herald (www.heraldscotland.co.uk).* Les grandes villes possèdent leur propre quotidien, et l'on peut également se référer aux éditions écossaises des tabloïds britanniques – *The Scottish Daily Mail, The Scottish Daily Express, The Scottish Daily Mirror* et *The Scottish Sun.* Les grands quotidiens britanniques sont aussi disponibles – *The Times, The Independent* et *The Guardian.* Le dimanche, les Écossais lisent *The Sunday Post (www.sundaypost.com), The Sunday Herald (www.heraldscotland.co.uk), The Sunday Mail (www.dailyrecord.co.uk)* et *Scotland on Sunday (www.scotsman.co.uk),* mais les *Sunday papers* anglais et leurs éditions écossaises sont, bien entendu, largement distribués en Écosse.

Radio L'Écosse capte toutes les stations de la BBC, radio nationale *(www.bbc.co.uk/radio)* – BBC Radio 1, BBC Radio 2, BBC Radio 3, BBC Radio 4 et Five Live – ainsi qu'une station spécifique au pays *(www.bbc.co.uk/radioscotland)* et la station de la BBC en gaélique, BBC Radio na Gaidheal *(www.bbc.co.uk/radionagaidheal).* D'autres stations émettent sur les fréquences-radio et sur Internet, sans compter les dizaines de petites stations locales.

Télévision Il existe cinq chaînes terrestres – BBC One Scotland *(www.bbc.co.uk/scotland),* BBC Two Scotland *(www.bbc.co.uk/scotland),* STV *(www.stv.tv),* Channel 4 *(www.channel4.com)* et Channel Five *(www.five.tv).* Comme dans la plupart des pays d'Europe, le signal terrestre sera définitivement coupé au Royaume-Uni d'ici à 2012. La plupart des particuliers et des hôtels adoptent la réception numérique ou par satellite. Les cinq chaînes mentionnées plus haut, et quantité d'autres, sont disponibles sur les réseaux numériques et satellite. Les résidents britanniques s'acquittent d'une redevance pour financer les programmes de la BBC, lesquels se doivent de refléter les intérêts de leurs téléspectateurs. Il n'y a pas de publicité sur la BBC. On regarde en Écosse les mêmes programmes qu'en Angleterre, exception faite des programmes régionaux.

Argent

L'Écosse utilise la devise britannique, la livre sterling (£), divisée en 100 pences (p). Les billets valent 50 £, 20 £, 10 £ et 5 £ (attention ! les commerçants refusent souvent les billets de 50 £), et les pièces 2£, 1 £, 50 p, 20 p, 10 p, 5 p, 2 p et 1 p.

Pour changer de l'argent, rendez-vous à la poste, dans une banque ou dans un bureau de change. Les hôtels pratiquent également le change, mais leur taux vous sera rarement favorable. Les devises qui s'échangent le plus aisément sont l'euro et le dollar américain.

Il y a des distributeurs automatiques de billets (ATM, en anglais) dans la plupart des établissements bancaires, les aéroports, les centres commerciaux, les stations-service. Une commission est parfois prélevée, variable selon la politique commerciale des banques. Les cartes Visa et MasterCard sont acceptées partout. La carte American Express est acceptée dans certains hôtels et quelques boutiques, ce qui n'est pas forcément le cas de la carte Diners Club.

Horaires d'ouverture

Les banques sont généralement ouvertes de 9 h à 17 h, du lundi au vendredi. Certaines travaillent également le samedi ou le dimanche matin. Les horaires de bureau les plus courants sont de 9 h à 17 h, du lundi au vendredi. Les boutiques ouvrent de 9 h à 18 h, du lundi au samedi, mais ces horaires peuvent varier d'une heure ou deux. Dans les grandes villes et dans les centres commerciaux, les commerces ferment plus tard le jeudi (entre 19 h et 21 h) et sont ouverts le dimanche (de 11 h à 15 h). Les horaires des supermarchés sont beaucoup plus souples (de 8 h à 22 h, 7 jours/7 le plus souvent), certains sont ouverts 24 h/24. Les dentistes et les médecins consultent de 9 h à 17 h du lundi au vendredi, bien que certains élargissent depuis peu leurs horaires. Les pharmacies sont traditionnellement ouvertes de 8 h à 18 h, du lundi au samedi.

Lieux de culte/religion

Environ deux tiers des Écossais se disent chrétiens, toutefois moins de 10 % de la population se rend régulièrement à un office religieux, mais dans certaines régions, les Hébrides extérieures par exemple, la pratique religieuse est très suivie. L'Église protestante d'Écosse est l'Église nationale du pays, même si le catholicisme et d'autres obédiences chrétiennes comptent de nombreux fidèles. L'Écosse est une société multiculturelle où se pratiquent toutes les grandes religions : islam, judaïsme, bouddhisme, sikhisme et hindouisme. Les églises, les mosquées et les temples sont ouverts à tous.

Décalage horaire

L'Écosse vit à l'heure GMT *(Greenwich Mean Time)*. Du dernier dimanche de mars au dernier dimanche d'octobre, elle adopte l'heure d'été (GMT+1).

Pourboire

Difficile de s'y retrouver. Dans les établissements où le pourboire est optionnel, les uns donnent une petite somme supplémentaire, les autres ajoutent 10 % à l'addition ou... rien du tout. En règle générale, ajoutez de 10 à 15 % si vous êtes satisfait du service dans un café ou un restaurant. Ne donnez pas de pourboire au personnel de bar ; si vous entendez un client dire au serveur *« buy one for yourself »*, cela signifie que ce dernier ajoutera le prix d'un verre à l'addition et gardera la différence pour lui. Pour le chauffeur de taxi, arrondissez la somme à la livre supérieure, ou donnez 2 £.

Voyageurs handicapés

La plupart des établissements – hôtels, cafés, restaurants – sont conçus pour accueillir les fauteuils roulants. Les autobus sont également équipés de rampes d'accès et il y a des espaces prévus pour les fauteuils roulants dans les trains. Cela dit, de nombreux sites historiques restent inéluctablement inaccessibles aux visiteurs handicapés.

Informations touristiques

Offices de tourisme Visit Scotland, l'office national de tourisme écossais *(tél. : 0845/ 225 5121, www.visitscotland.com)* dispose de toutes les informations pratiques concernant l'hébergement, les monuments historiques, les activités... Vous trouverez également des bureaux d'informations touristiques dans la plupart des grandes villes : brochures, cartes et documentation à disposition et possibilité de réserver une visite guidée ou une chambre d'hôtel. Nombre de ces bureaux, mais pas tous, dépendent du centre d'appel de Visit Scotland.

Aberdeen Visitor Information Center, 23 Union Street, tél. : (01224) 288 288

Dundee Visitor Information Center, Discovery Point, Discovery Quay, tél. : (01382) 527 527

Edinburgh Visitor Information Center, 3 Princes Street, tél. : (0845) 225 5121

Glasgow Visitor Information Center, 11 George Square, tél. : (0141) 204 4400

Inverness Visitor Information Center, Castle Wynd, tél. : (0845) 225 5121

Stirling Visitor Information Center, 41 Dumbarton Road, tél. : (0845) 225 5121

Sites Internet

The List – le guide en ligne de tout ce qui se passe en Écosse (*www.list.co.uk*).

The Scottish Government – le site officiel du gouvernement écossais (*www.scotland.gov.uk*).

Traveline Scotland – le portail incontournable pour qui veut se déplacer en Écosse (*www.travelinescotland.com*).

URGENCES

Criminalité et police

Vous vous sentirez en sécurité en Écosse, un pays où la criminalité envers les touristes est très peu développée. Prenez les précautions de base : portez votre sac en bandoulière pour éviter le vol à l'arraché ; ne mettez pas votre portefeuille, votre téléphone ou tout autre objet de valeur dans les poches ; rangez votre appareil photo dans votre sac quand vous ne l'utilisez pas ; ne laissez aucun objet de valeur dans votre véhicule. Les Écossais ne le font pas, mais nous conseillons de glisser votre argent dans une ceinture porte-billets, car les touristes sont les cibles favorites des pickpockets. Évitez de vous rendre seul dans des endroits déserts et éloignez-vous de toute personne visiblement avinée ou sous l'emprise de drogue. En Écosse, la pauvreté est une réalité : inutile de vous rendre dans certains quartiers de lotissements d'Édimbourg, de Glasgow ou de toute autre grande ville. Le *binge drinking*, attitude consistant à consommer beaucoup d'alcool en très peu de temps, est également un problème, il génère pas mal de rixes dans les rues, mais la police est toujours prête à intervenir efficacement.

Les policiers sont très serviables et vous serez toujours bien accueilli si vous souhaitez porter plainte. En effet, votre police d'assurance peut exiger que vous portiez plainte en cas de sinistre pour obtenir un remboursement, ce qui implique donc de vous rendre dans un commissariat pour obtenir un numéro de dossier.

Ambassades/Consulats

Consulat général de France
11 Randolph Crescent
Édimbourg EH3 7TT
tél. : (0131) 225 3377
http://www.ambafrance-uk.org/-Consulat-general-a-Edimbourg-.html

Numéro d'urgence

999 pour la police, une ambulance et les pompiers.

Que faire en cas d'accident de voiture

En cas d'accident de la circulation impliquant un autre véhicule, un dommage matériel (un lampadaire par exemple) ou un animal, il est obligatoire de vous arrêter pour estimer les dégâts. Vous êtes tenu de rester à proximité de votre véhicule pour être en mesure de fournir toutes les informations que le chauffeur de l'autre véhicule impliqué ou le propriétaire du chien blessé par exemple, vous demanderont : nom, adresse, nom et adresse du propriétaire de la voiture (si vous avez emprunté ou loué votre véhicule), numéro d'immatriculation, police d'assurance. Une fois ces formalités effectuées, s'il n'y a pas de dommages corporels, vous pouvez repartir.

Si vous avez blessé quelqu'un, vous devez déclarer l'accident à la police et transmettre les références de votre police d'assurance. Vous disposez d'un délai de 24 heures pour fournir ces dernières. Conduire sans assurance est un délit puni par la loi.

Objets perdus

Si vous avez perdu quelque chose, retournez sur vos pas : hôtel, café, restaurant, gare routière ou ferroviaire, compagnie de taxi... Si l'objet reste introuvable, déclarez sa perte au commissariat, de préférence dans un délai de 24 heures (c'est le délai maximal généralement imposé par les assurances). Si vous avez égaré votre passeport, rendez-vous à l'ambassade ou au consulat pour en obtenir un duplicata. Les formalités seront simplifiées si vous voyagez avec une photocopie de vos papiers et de votre assurance.

Santé

Le service public de santé compte de nombreux hôpitaux, cliniques et médecins, mais il est également possible de se faire soigner dans le privé. Les pharmacies délivrent sans ordonnance des antidouleur, antihistaminiques et tout remède contre les coups de froid. Vous devrez consulter un médecin si vous souhaitez obtenir une ordonnance.

Les ressortissants de l'Union européenne sont soignés gratuitement à condition de présenter une Carte européenne d'assurance-maladie (CEAM) en cours de validité. Cette dernière ne couvre toutefois pas les coûts d'assistance médicale non urgente ou de rapatriement. Les citoyens qui ne sont pas originaires de l'UE devront se renseigner avant leur départ sur les accords existants entre leur pays et le Royaume-Uni.

Vous devrez régler toute consultation médicale non urgente ; le coût est raisonnable et certaines assurances remboursent ces consultations.

Aucune vaccination n'est nécessaire pour entrer en Écosse. Vous pouvez boire sans aucun problème l'eau du robinet.

Hôtels et restaurants

L'Écosse offre des solutions d'hébergement et de restauration nombreuses et variées. Nous vous proposons ici une sélection inévitablement limitée parmi les établissements que nous avons jugés les meilleurs et les plus attractifs, mais il existe quantité d'autres excellentes adresses.

Hôtels

Le pays dispose d'une capacité hôtelière étendue, de l'auberge de jeunesse au camping, de la maison d'hôtes au luxueux hôtel cinq étoiles. Vous y trouverez également des pubs et des restaurants qui disposent de quelques chambres. Et pourquoi ne pas séjourner dans un manoir, un château ou un phare? En Écosse, c'est possible! Sachez que le camping sauvage est autorisé, vous pourrez donc planter votre tente où bon vous semble (en respectant, bien entendu, les règlements en vigueur).

L'offre peut ainsi répondre à tous les budgets, et même les établissements bon marché, certes rudimentaires, sont propres. Visit Scotland attribue des étoiles à la plupart des hôtels et des maisons d'hôtes : cinq (exceptionnel), quatre (excellent), trois (très bon), deux (bon) ou une étoile (correct).

En général, les chambres sont aménagées d'un lit double ou de lits jumeaux, avec un lit d'appoint pour les enfants ou un lit de bébé disponibles sur simple demande. Si votre enfant partage votre chambre, vous devrez dans certains endroits vous acquitter d'un supplément, variable selon son âge (le tarif « adulte » peut être appliqué dès 12 ans). Renseignez-vous sur la possibilité de réserver deux chambres communicantes.

Réservez à l'avance si vous voyagez en haute saison, particulièrement en juillet et août et pendant les fêtes de fin d'année. En août, les tarifs hôteliers d'Édimbourg grimpent en flèche au moment du festival.

Faites vos réservations par téléphone, fax, mail, directement sur Internet (les tarifs sont souvent plus intéressants) ou *via* un agent de voyages.

En été, il est impossible de réserver pour une seule nuitée dans certains *bed and breakfast* (B & B) ; certains hôtels exigent également deux nuitées minimum, le week-end par exemple.

En haute saison, ne vous attendez pas à trouver une chambre double à Édimbourg pour moins de 100 £ (112 €), surtout en août, où les tarifs des cinq-étoiles dépassent les 300 £ (337 €). En dehors de la capitale, comptez de 40 £ (45 €) à 80 £ (90 €) (parfois plus) pour une chambre double dans un B & B. Quelle que soit leur catégorie, les hôtels des faubourgs édimbourgeois sont systématiquement moins chers que ceux *intra-muros.*

Restaurants

Les tables d'Édimbourg et de Glasgow affichent une belle variété – des restaurants les plus huppés jusqu'aux pizzerias ou friteries. Dans les grandes villes, la cuisine étrangère est également à l'honneur – thaïe, marocaine, mexicaine, américaine, japonaise ou française. L'Écosse regorge de restaurants indiens, chinois et italiens, même en dehors des agglomérations. Dans les régions les plus reculées, certains B & B servent à dîner. En dehors des grandes villes, les restaurants sont traditionnellement ouverts au déjeuner (généralement de midi à 14 h 30) et le soir (le plus souvent de 18 h 30 à 20 h 30). Les cafés, ouverts de 8 h à 17 ou 18 h, servent petits déjeuners et déjeuners, et proposent en-cas et pâtisseries toute la journée. La plupart des pubs offrent un service continu. Les bars, quant à eux, ne servent plus de repas après 22 h.

Organisation

Les hôtels et restaurants présentés ci-dessous sont regroupés par région (selon les chapitres) et par ordre alphabétique en fonction des catégories de prix.

M = midi

S = soir

PRIX

HÔTELS

Prix indicatifs pour une chambre double en haute saison.

€€€€€	Plus de 300 £
€€€€	de 200 à 300 £
€€€	de 120 à 200 £
€€	de 80 à 120 £
€	moins de 80 £

RESTAURANTS

Prix indicatifs par personne pour un repas (2 plats) sans boisson et sans pourboire.

€€€€€	Plus de 50 £
€€€€	de 40 à 50 £
€€€	de 25 à 40 £
€€	de 15 à 25 £
€	moins de 15 £

ÉDIMBOURG ET LES LOTHIANS

ÉDIMBOURG

HÔTELS

RECOMMANDÉ

BALMORAL
€€€€€
1 PRINCES STREET, EH2 2EQ
TÉL. : (0131) 556 2414
Ce vénérable établissement restitue l'ambiance d'une splendeur passée qui se devine dans la décoration recherchée de ses salles de réception et l'élégance de ses chambres – les suites offrent une vue époustouflante sur la ville. Ne ratez ni le spa ni le restaurant étoilé au Michelin.
188 AE, DC, MC, V

THE BONHAM
€€€€
35 DRUMSHEUGH GARDENS, EH3 7RN
TÉL. : (0131) 226 6050
www.townhouse company.co.uk
Un hôtel ultra-chic au mobilier avant-gardiste avec une mention spéciale pour la baignoire-îlot dans les suites. La chambre n° 1 est équipée d'une fabuleuse baignoire de vieux cuivre, tandis que la suite n° 100 abrite un lit à baldaquin et une extraordinaire cabine de douche multi-jets. La cuisine y est également bonne.
48 AE, DC, MC, V

THE EDINBURGH RESIDENCE
€€€€
7 ROTHESAY TERRACE, EH3 7RV
TÉL. : (0131) 226 3380
www.townhouse company.co.uk
Aménagé comme un appartement, cet hôtel est parfait pour qui séjourne plus d'une nuit ou deux dans la capitale. Les suites sont équipées d'une cuisine.
29 AE, DC, MC, V

GLASSHOUSE
€€€€
2 GREENSIDE PLACE, EH1 3AA
TÉL. : (0131) 525 8200
www.theetoncollection.com
Si vous recherchez un lieu pour un rendez-vous un peu « canaille » ou romantique, voici l'adresse qu'il vous faut – avec ses immenses baies vitrées et son jardin sur le toit qui fleure bon la lavande. Jacuzzi et sauna privatif dans la *Deluxe Suite*.
65 AE, DC, MC, V

MALMAISON
€€€€
1 TOWER PLACE, EH6 7BZ
TÉL. : (0131) 468 5000
www.malmaison -edinburgh.com
Cet hôtel à la décoration résolument contemporaine loge dans une ancienne mission pour marins du XIXe siècle, non loin des docks de Leith. Le hall mériterait les honneurs de la couverture d'un magazine de décoration. Chambres spacieuses et claires, bouteilles grand format dans le minibar.
121 AE, DC, MC, V

THE HOLYROOD
€€€
81 HOLYROOD ROAD, EH8 8AU
TÉL. : (0844) 879 9028
www.macdonaldhotels .co.uk/holyrood
Le Holyrood célèbre l'alliance de la tradition et de la modernité – le tartan est omniprésent tout en jouant la discrétion. Les chambres sont confortables et bien équipées.
156 AE, MC, V

ROXBURGHE HOTEL
€€€
38 CHARLOTTE SQUARE, EH2 4HQ
TÉL. : (0844) 879 9063
www.macdonald hotels.co.uk/roxburghe
Une rénovation coûteuse a récemment rendu au Roxburghe son style et son élégance. Son bar est désormais très *« in »* et le restaurant sait rendre hommage aux produits du terroir écossais.
198 AE, MC, V

THE RUTLAND HOTEL
€€€
1-3 RUTLAND STREET, EH1 2AE
TÉL. : (0131) 229 3402
www.therutlandhotel.com
Les chambres de cet hôtel branché, ultramodernes, ont du caractère. Le restaurant du deuxième étage est excellent ; service plus décontracté au bar, où vous prendrez également vos petits déjeuners.
12 AE, MC, V

ALBYN TOWNHOUSE
€€
16 HARTINGTON GARDENS, EH10 4LD
TÉL. : (0131) 229 6459
www.albyntownhouse.co.uk
B & B aménagé depuis 2007 dans un hôtel particulier de style georgien. Vos hôtes, Lydie et David, mettent à votre disposition des chambres élégantes. L'accueil est convivial, prestations de qualité.
10 MC, V

RESTAURANTS

RECOMMANDÉ

21212

€€€€€

3 ROYAL TERRACE, EH7 5AB

TÉL. : (0845) 222 1212

www.21212restaurant.co.uk

Depuis l'ouverture, en 2009, de sa table infiniment créative, le chef Paul Kitching a déjà décroché une étoile au Michelin. Son approche scientifique de la cuisine permet à chaque ingrédient (parfois surprenant) d'exprimer ses propres parfums. L'établissement possède également quatre chambres, à réserver pour une occasion particulière.

38 AE, MC, V

NUMBER ONE

€€€€€

THE BALMORAL, 1 PRINCES STREET, EH2 2EQ

TÉL. : (0131) 557 6727

www.restaurantnumberone.com

À la table de Jeff Bland, étoilé au Michelin, les *a priori* qui desservent la cuisine écossaise volent en éclats. Le chef magnifie les produits du terroir et les marie aux vins les plus fins. Le service est, de surcroît, d'une qualité exceptionnelle.

50 AE, DC, MC, V

RESTAURANT MARTIN WISHART

€€€€€

54 THE SHORE, EH6 6RA

TÉL. : (0131) 553 3557

www.martin-wishart.co.uk

Voici une adresse incontournable. Étoilé au Michelin, cet établissement de Leith ne déçoit pas. Homard écossais rôti et bœuf du Ross-shire subliment un menu aux accents résolument français. Les tables sont prises d'assaut, réservez.

50 AE, MC, V

RECOMMANDÉ

THE KITCHIN

€€€€

78 COMMERCIAL QUAY, EH6 6LX

TÉL. : (0131) 555 1755

www.thekitchin.com

La cuisine délicieusement *british* du célèbre Tom Kitchin attire dans son restaurant les habitants des environs comme les touristes. Le menu, extraordinairement créatif, fait la part belle aux escargots sautés du Devon et à l'agneau de Dornoch.

45 AE, MC, V

RECOMMANDÉ

PLUMED HORSE

€€€€

50-54 HENDERSON STREET, EH6 6DE

TÉL. : (0131) 554 5556

www.plumedhorse.co.uk

Atmosphère intime, service personnalisé, poitrine de porc braisée et flétan rôti au menu d'une soirée réussie au Plumed Horse. Cerise sur le gâteau : le chef Tony Borthwick, étoilé au Michelin.

28 AE, MC, V

ATRIUM

€€€

10 CAMBRIDGE STREET, EH1 2ED

TÉL. : (0131) 228 8882

www.atriumrestaurant.co.uk

Depuis son inauguration en 1993, ce restaurant chic ne désemplit pas. Le secret de son succès réside dans son service attentif, son atmosphère décontractée, son cadre moderne et l'expertise du chef Neil Forbes. La lotte de Peterhead et l'agneau du Petershire figurent parmi les vedettes écossaises du menu.

190 AE, MC, V

IGLU BAR AND ETHICAL EATERY

€€

2B JAMAICA STREET, EH3 6HH

TÉL. : (0131) 476 5333

www.theiglu.com

En mettant au menu des produits bruts, bios et locaux, Iglu réserve une expérience culinaire inédite. Une kyrielle de plats également à l'ardoise. On n'a que l'embarras du choix ! Ne ratez pas les moules des îles Shetland et le colin à la croûte de pesto.

30 Fermé lun.-mar. MC, V

THE MUSSEL INN

€€

61-65 ROSE STREET, EH2 2NH

TÉL. : (0131) 225 5979

www.mussel-inn.com

Ici, les moules délicatement épicées sont servies au poids, mais vous pouvez aussi vous laisser tenter par des huîtres ou des coquilles Saint-Jacques. Vous n'êtes pas amateur de produits de la mer ? Le burger à la viande d'Aberdeen Angus ou les pâtes végétariennes vous attendent.

52 AE, MC, V

THE VILLAGER

€€

49-50 GEORGE IV BRIDGE, EH1 1EJ

TÉL. : (0131) 226 2781

www.villager-e.com

Ce bar-restaurant à la mode est le lieu idéal pour un bon moment de détente entre amis. Savourez le saté de poulet, des burgers faits maison, une paella... Ambiance survoltée les vendredi et samedi soir, quand officie le DJ.

30 MC, V

CHOP CHOP

€

248 MORRISON STREET, EH3 8TD

TÉL. : (0131) 221 1155

www.chop-chop.co.uk

Les autochtones n'ont pas attendu que l'émission de Gordon Ramsay tresse des lauriers en 2009 au Chop Chop pour se régaler de la cuisine chinoise authentique proposée par cet établissement très abordable.

80 MC, V

THE CRAMOND INN

€

30 CRAMOND GLEBE ROAD, EH4 6NU

TÉL. : (0131) 336 2035

Dans ce pub typique, vous vous régalerez de jambon salé, de tourte au bœuf tendre et de croquettes de poisson maison. Ajoutez de la bière Samuel Smith (seuls deux pubs la servent en Écosse !) et une bonne flambée dans la cheminée pour une délicieuse soirée.

90 AE, MC, V

THE TASS

€

1 HIGH STREET, EH1 1SR

TÉL. : (0131) 556 6338

Si vous recherchez un pub traditionnel, de plats roboratifs ou de la musique écossaise, venez dans cette institution du Royal Mile. Profitez-en pour découvrir le boudin noir de Stornoway et le haggis de MacSween.

50 MC, V

HOWGATE

THE HOWGATE

€€-€€€

HOWGATE, MIDLOTHIAN, EH26 8PY

TÉL. : (01968) 670 000

www.howgate.com

Au bistro ou dans sa salle de restaurant – plus formelle – le Howgate propose une cuisine locale préparée à la perfection. Le bistro est moins cher et sa carte est plus variée. La viande de bœuf ayant maturé trois semaines attire ici nombre de gourmets, sans oublier la panse de brebis servie dans une pâte filo, accompagnée d'une sauce aux prunes.

68 MC, V

GULLANE

LA POTINIERE

€€€

34 MAIN STREET, GULLANE, EH31 2AA

TÉL. : (01620) 843 214

www.la-potiniere.co.uk

Si vous cherchez la meilleure table de l'East Lothian… vous venez de la trouver. L'ambiance est très conviviale et la carte va à l'essentiel, juste assez pour vous faire hésiter entre le flétan braisé et le filet de bœuf, avant de conclure sur des nectarines pochées.

30 MC, V

LINLITHGOW

CHAMPANY INN

€€€€€

LINLITHGOW, WEST LOTHIAN, EH49 7LU

TÉL. : (01506) 834 532

www.champany.com

Situé à la sortie de Linlithgow, cet établissement étoilé au guide Michelin est réputé dans tout le centre de l'Écosse pour la qualité exceptionnelle de son bœuf Aberdeen Angus et ses fruits de mer d'une fraîcheur incomparable. Pourquoi ne pas réserver une chambre ou visiter la cave à vins ? L'autre salle, la Chop and Ale House, est plus informelle : ouverte 7 jours/7, ses hamburgers au feu de bois sont fabuleux.

60 AE, DC, MC, V

TASTE

€

47 HIGH STREET, LINLITHGOW, EH49 7ED

TÉL. : (01506) 844 445

www.taste-deli-cafe.co.uk

Des soupes roboratives, des sandwiches tout juste préparés et des gâteaux déraisonnablement caloriques au menu de ce café douillet. Si vous avez bon appétit, optez pour les lasagnes au bœuf.

44 MC, V

NORTH BERWICK

MACDONALD MARINE HOTEL AND SPA

€€€

CROMWELL ROAD, NORTH BERWICK, EH39 4LZ

TÉL. : (0844) 879 9130

www.macdonald-hotels.co.uk

Des chambres charmantes, un spa et un restaurant de cuisine écossaise et internationale de premier ordre : cet hôtel de bord de mer a tout pour plaire. En bonus : vue sur la mer, la plage toute proche, le golf.

83 AE, MC, V

SOUTH QUEENSFERRY

OROCCO PIER

€€

17 HIGH STREET, EH30 9PP

TÉL. : 0870 118 1664

www.oroccopier.co.uk

Orocco Pier est situé dans l'un des cadres les plus fabuleux du pays – il offre une vue incroyable sur l'estuaire du Forth et ses ponts. Ses chambres, d'une élégance rare, sont équipées d'un lecteur CD-DVD et de produits de toilette Molton Brown. Le restaurant, très chic également, et le café-bar s'ouvrent aussi sur de magnifiques paysages.

17 AE, DC, MC, V

THE BOAT HOUSE
€€
22 HIGH STREET, EH30 9PP
TÉL. : (0131) 331 5429
www.theboathouse-sq.co.uk
On vient une première fois dans ce restaurant pour la vue sur l'estuaire du Forth... et l'on y revient pour les fruits de mer divinement préparés par Paul Steward.
48 AE, MC, V

GLASGOW ET AYRSHIRE

GLASGOW

HÔTELS

ABODE
€€€
129 BATH STREET, G2 2SZ
TÉL. : (0141) 221 6789
www.abodehotels.co.uk/glasgow
Une situation idéale au cœur de Glasgow, une table primée (voir **Michael Caines @ Abode**, plus loin), des chambres chics et modernes nichées dans un bâtiment historique qui ne manque pas de cachet : cet établissement a bien des atouts et il est très difficile d'en partir.
59 AE, MC, V

RECOMMANDÉ

BLYTHSWOOD SQUARE
€€€
BLYTHSWOOD SQUARE, G2 4AD
TÉL. : (0141) 208 2458
www.blythswoodsquare.com
Les chambres vastes et confortables du Blythswood Square (inauguré en 2009) distillent un luxe subtil au rythme de tonalités sourdes. Le spa compte neuf salles de soins, une suite thermale, une pièce pour les enveloppements au rassoul et deux piscines. Cuisine contemporaine au restaurant de l'hôtel.
100 AE, DC MC, V

CITY INN
€€€
FINNIESTON QUAY, G3 8HN
TÉL. : (0141) 240 1002
www.cityinn.com
Sur les berges de la Clyde, cet hôtel moderne propose des chambres aux dimensions certes à peine suffisantes mais parfaitement équipées. Les plus belles ont vue sur le cours d'eau. Il fait bon dîner au **City Café**, surtout au printemps ou en été, pour profiter de la fraîcheur bienfaisante des tables en terrasse.
168 AE, MC, V

RECOMMANDÉ

HÔTEL DU VIN
€€€
1 DEVONSHIRE GARDENS, G12 0UX
TÉL. : (0141) 3392 001
www.hotelduvin.com/glasgow
Le One Devonshire Gardens a beau avoir changé de nom et de propriétaire, il demeure aujourd'hui, sous sa nouvelle identité d'Hôtel du Vin, l'un des meilleurs établissements de Glasgow. Les chambres sont cossues et spacieuses, le bistro (voir **Bistro du Vin** p. 281) est excellent.
49 AE, MC, V

RADISSON BLU
€€€
301 ARGYLE STREET, G2 8DL
TÉL. : (0141) 204 3333
www.radissonblu.co.uk/hotel-glasgow
Son architecture est étonnante – on dirait un vaisseau spatial posé à côté de la gare centrale...
Le Radisson est l'une des meilleures adresses de la ville. 20 sur 20 pour le restaurant, le centre de remise en forme et le spa. La plupart des chambres sont dotées de baies vitrées garantissant une vue exceptionnelle sur Glasgow.
250 AE, DC, MC, V

MARKS HOTEL
€-€€
110 BATH STREET, G2 2EN
TÉL. : (0141) 353 0800
www.markshotels.com
Avec ses chambres de beau volume équipées d'étonnantes baies vitrées basculant vers l'avant, l'endroit est vraiment surprenant. Téléviseurs à écran plasma et Wi-Fi gratuit. Le restaurant de l'hôtel mérite votre visite.
103 AE, DC, MC, V

PRIX

HÔTELS
Prix indicatifs pour une chambre double en haute saison.

€€€€€	Plus de 300 £
€€€€	de 200 à 300 £
€€€	de 120 à 200 £
€€	de 80 à 120 £
€	moins de 80 £

RESTAURANTS
Prix indicatifs par personne pour un repas (2 plats) sans boisson et sans pourboire.

€€€€€	Plus de 50 £
€€€€	de 40 à 50 £
€€€	de 25 à 40 £
€€	de 15 à 25 £
€	moins de 15 £

RESTAURANTS

BISTRO DU VIN
€€€€€
HÔTEL DU VIN, 1 DEVONSHIRE GARDENS, G12 0UX
TÉL. : (0141) 339 2001
Boiseries, musique classique, lumières tamisées, bougies sur les tables… Ce restaurant d'hôtel a mis la barre très haut, aussi bien pour son décor que pour sa carte. Le menu change tous les jours – veau aux escargots, homard rôti, soufflé au café… Belle carte des vins.
78 P AE, MC, V

MICHAEL CAINES @ ABODE
€€€-€€€€
ABODE, 129 BATH STREET, G2 2SZ
TÉL. : (0141) 221 6789
www.michaelcaines.com
Un service attentif et une cuisine qui marie superbement les produits du terroir : ce restaurant d'hôtel sort vraiment du lot. Le menu gastronomique (sept plats) fera saliver les épicuriens – mention particulière aux crustacés pochés et à la selle de gibier. Excellent rapport qualité-prix du menu *Amazing-Grazing*, servi de 18 h à 19 h et de 21 h à 22 h.
45 Fermé dim.-lun. AE, MC, V

RECOMMANDÉ

TWO FAT LADIES WEST END
€€€
88 DUMBARTON ROAD, G11 6NX
TÉL. : (0141) 339 1944
www.twofatladies restaurant.com
Depuis son ouverture en 1989, cette agréable table s'est forgé une réputation tout à fait méritée : son poisson est excellent. Par ailleurs, les crevettes et la dorade sont cuites à merveille, et la carte des vins est parfaitement étudiée. Si vous hésitez entre tous les somptueux desserts, optez pour l'assiette de dégustation – crème brûlée, vacherin cerise-pistache, cranachan, pudding au caramel…
26 AE, MC, V

UBIQUITOUS CHIP
€€€
12 ASHTON LANE, G12 8SJ
TÉL. : (0141) 334 5007
www.ubiquitouschip.co.uk
Que vous choisissiez de dîner dans le patio aux treillis verdoyants, ou sur la mezzanine, vous ne regretterez pas d'être venu. Le menu écossais promet haggis, saumon bio des Orcades, bœuf Aberdeen Angus, glace aux flocons d'avoine… L'Ubiquitous Chip est un prétendant sérieux au titre de meilleure table de Glasgow.
150 AE, DC, MC, V

URBAN BAR AND BRASSERIE
€€€
23-25 SAINT VINCENT PLACE, G1 2DT
TÉL. : (0141) 248 5636
www.urbanbrasserie.co.uk
Aménagée dans les anciens bureaux écossais de la Bank of England, cette élégante brasserie se distingue par des boiseries sombres, un éclairage tamisé et des œuvres d'art originales. Ce n'est toutefois pas son décor qui fait revenir ici les habitués, mais bien la qualité exceptionnelle de sa cuisine. Une attention particulière est portée au menu franco-écossais (huîtres, bœuf bourguignon, bœuf de Buccleuch…). Pour une ambiance plus intime, demandez à être assis dans l'une des petits box.
120 MC, V

CAFÉ GANDOLFI
€€
64 ALBION STREET, G1 1NY
TÉL. : (0141) 552 6813
www.cafegandolfi.com
Du beau mobilier ouvragé, une lumière tamisée et un menu créatif ont imposé le café Gandolfi au top des restaurants les plus conviviaux de Glasgow. Les touristes comme les habitués s'y pressent depuis plus de trente ans. Sur la carte : des sandwichs inédits, des plats de pâtes et de l'espadon mariné.
66 AE, MC, V

FIFI AND ALLY
€€
80 WELLINGTON STREET, G1 3JX
TÉL. : (0141) 226 2286
www.fifiandally.co.uk
Ce bistro au design ultramoderne – jeu de contrastes de la brique nue, du blanc et du noir – est certainement l'une des adresses les plus cools de Glasgow. Le menu, très éclectique, marie des potages faits maison aux *antipasti* italiens. L'après-midi, le goûter se déguste avec un verre de champagne !
110 Fermé dim. MC, V

RECOMMANDÉ

MOTHER INDIA
€€
28 WESTMINSTER TERRACE, G3 7RU
TÉL. : (0141) 221 1663
www.motherindia glasgow.co.uk
Une cuisine indienne épicée juste comme il faut qui tient la dragée haute aux sauces saturées de curry que l'on rencontre d'ordinaire dans ce type de restaurant. Le décor

contemporain est également inédit. Ne ratez pas le haddock tandoori ni la lotte cuite à la broche.
210 AE, MC, V

SCOTIA BAR
€€
112-114 STOCKWELL STREET, G1 4LW
TÉL. : (0141) 552 8681
www.scotiabar.net
Les habitants de Glasgow apprécient le Scotia Bar – l'un des plus vieux pubs de la ville – pour ses concerts *live*. Passez du jeudi au dimanche pour avoir la chance d'entendre de la country, du blues, du folk ou du jazz (surtout en fin de soirée). Bon choix de bières et d'alcools forts. Au menu : des plats traditionnels maison.
40 AE, MC, V

THALI
€€
42 ALBION STREET, G1 1LH
TÉL. : (0141) 552 8332
www.thaliglasgow.com
Un restaurant très raffiné : lumière douce, musique d'ambiance... Sa cuisine épicée fait le bonheur des Glaswégiens. On est loin des plats alourdis de sauce au curry proposés dans la plupart des adresses indiennes. Thali se distingue par ses portions plus modestes : le poulet, l'agneau et les crevettes s'accompagnent ici de riz, d'un *nan*, d'une salade, de lentilles ou de *raita*. Nombreux plats végétariens.
60 AE, MC, V

LANARK

NEW LANARK MILL HOTEL
€€
SOUTH LANARKSHIRE, ML11 9DB
TÉL. : (01555) 667 200
www.newlanarkhotel.co.uk
Aménagé dans une filature de coton du XVIIIe siècle, cet hôtel plein de charme possède des chambres élégantes. La vue sur la rivière Clyde est superbe. L'établissement comprend également un centre de loisirs dernier cri et une bonne table. Tarifs préférentiels pour visiter le village de New Lanark, inscrit sur la liste du patrimoine mondial de l'Unesco.
38 AE, DC, MC, V

MILNGAVIE

TAMBOWIE FARM
€
CRAIGTON VILLAGE, MILNGAVIE, G62 7HN
TÉL. : (0141) 956 1583
www.tambowiefarm.co.uk
Les très grandes chambres doubles de ce B & B du cœur de la campagne écossaise distillent de fantastiques paysages. Les tarifs sont raisonnables et les petits déjeuners, gargantuesques. L'accueil que réserve Irene Graham à ses hôtes est toujours délicieux.
4 MC, V

TURNBERRY

TURNBERRY RESORT
€€€€€
TURNBERRY, KA26 9LT
TÉL. : (01655) 33 1000
www.turnberryresort.co.uk
L'un des meilleurs parcours de golf du pays, un spa absolument somptueux : Turnberry fait un sans fautes. Ses chambres et la réception ont été récemment rénovées, sublimant la vue sur la mer. Belles étoffes et mobilier superbe dans les chambres « classiques » ; salles de bains luxueuses mais de bon goût dans les chambres « *deluxe* ».
198 AE, DC, MC, V

SUD DE L'ÉCOSSE

CASTLE DOUGLAS

AIRDS FARM
€
CROSSMICHAEL, PRÈS DE CASTLE DOUGLAS, DG7 3BG
TÉL. : (01556) 670 418
www.airds.com
En plus de ses chambres spacieuses, propres et confortables, ce charmant B & B offre un panorama sensationnel sur la campagne et le loch Ken. Les petits déjeuners sont copieux et les hôtes ont accès au salon-télé. Depuis la véranda, la vue sur les Galloway Hills est absolument grandiose.
4 Espèces uniquement

DUMFRIES

FRIARS CARSE COUNTRY HOUSE HOTEL
€€
DUMFRIES, DG2 0SA
TÉL. : (01387) 740 388
www.friarscarse.co.uk
Dans ce manoir du XIXe siècle, on se prend facilement pour le seigneur des lieux ! Les chambres affichent des dimensions variées, mais la décoration est toujours traditionnelle. Les pêcheurs ont accès à la portion de la rivière Ninth qui traverse le domaine et foisonne de truites de mer, d'ombres et de saumons. Les 18 hectares de terrain sont ouverts aux hôtes. Un billard est disponible et le **Whistle Restaurant** est tout à fait correct.
21 AE, MC, V

AULD ALLIANCE
€€
53 ST. MICHAEL'S STREET, DUMFRIES, DG1 2QB
TÉL. : (01387) 255 689
www.auldalliancedumfries.com
Ce restaurant joue la carte de l'alliance franco-écossaise. Les plats traditionnels français arborent en effet une touche contemporaine écossaise : par exemple, les Saint-Jacques sont servies avec du boudin noir et le filet de bœuf Galloway avec du gratin dauphinois.
40 MC, V

GATEHOUSE OF FLEET

SHIP INN
€€
11 FLEET STREET, GATEHOUSE OF FLEET, DG7 2HU
TÉL. : (01557) 814 217
www.theshipinngatehouse.co.uk
Habitués et touristes de passage se pressent au Ship Inn pour son menu généreux qui fait la part belle aux produits écossais : bœuf, agneau, porc et gibier. L'établissement possède également quelques chambres.
50 MC, V

MELROSE

BURT'S HOTEL
€€€
MARKET SQUARE, TD6 9PN
TÉL. : (01896) 822 285
www.burtshotel.co.uk
Cette véritable institution est bien plus qu'un hôtel. **Burt's** accueille en effet l'une des meilleures tables de la ville (voir plus loin) et son bar abrite une gamme appréciable de purs malts. Le bâtiment, datant du XVIIIe siècle, est d'une élégante sobriété.
20 MC, V

THE TOWNHOUSE
€€
MARKET SQUARE, MELROSE, TD6 9PQ
TÉL. : (01896) 822 645
www.thetownhousemelrose.co.uk
Propriété de la famille Henderson, qui possède aussi le Burt's Hotel, juste en face, cet hôtel branché est radicalement différent de son voisin. La décoration des chambres (toutes très spacieuses, quelle que soit la catégorie) met ici l'accent sur le style contemporain – motifs audacieux et couleurs vives. La chambre abritant un lit à baldaquin est bien plus classique. Vous dînerez très bien à la brasserie comme au restaurant.
11 MC, V

BURT'S HOTEL
€€€
BURT'S HOTEL, MARKET SQUARE, MELROSE, TD6 9PN
TÉL. : (01896) 822 285
www.burtshotel.co.uk
Le restaurant du **Burt's Hotel** (voir plus haut) s'est imposé comme l'une des institutions de Melrose et l'on comprend pourquoi : service impeccable mais décontracté, menu varié et d'une qualité irréprochable – gibier, canard, flétan, bœuf et boudin noir de Stornoway. Le charme désuet du lieu est également délicieux.
50 MC, V

PEEBLES

CRINGLETIE HOUSE
€€€€
EDINBURGH ROAD, EH45 8PL
TÉL. : (01721) 725 750
www.cringletie.com
Jacob et Johanna van Houdt ont repris en 2003 ce manoir du XIXe siècle, qu'ils ont entièrement restauré. Un ascenseur permet désormais aux personnes à mobilité réduite d'accéder à la salle de restaurant située en étage, les jardins ont été aménagés, de même qu'une nouvelle suite. La clientèle de Cringletie House est chouchoutée, dans l'hôtel comme au restaurant, où le chef Craig Gibb ose des mariages inédits d'ingrédients des terroirs écossais et français.
13 AE, MC, V

CASTLE VENLAW HOTEL
€€€
EDINBURGH ROAD, EH45 8QG
TÉL. : (01721) 720 384
www.venlaw.co.uk
Les aménagements de ce boutique-hôtel comptent un parc de 5 hectares, une bonne table et un bar chaleureux. Certaines des chambres, récemment rénovées, sont équipées d'une gigantesque baignoire, de rafraîchissoirs à champagne et d'un plafond doté d'un éclairage type « voûte céleste ».
12 MC, V

HORSESHOE INN
€€-€€€
EDDLESTON, EH45 8QP
TÉL. : (01721) 730 225
www.horseshoeinn.co.uk
Les chambres douillettes du Horseshoe Inn raviront ceux qui souhaitent s'offrir un dîner au restaurant de l'établissement (voir **Bardoulet's Restaurant** p. 284) sans se soucier d'avoir à conduire pour rentrer. Chacune des huit chambres possède une décoration originale (étoffes superbes) ainsi qu'une télé écran plat. Les chambres Premier sont les plus vastes.
8 Fermé 3 sem. en janv. MC, V

CARDRONA
€€
CARDRONA, EH45 8NE
TÉL. : (0870) 194 2114
www.macdonaldhotels.co.uk/cardrona
Cardrona possède son propre terrain de golf : un atout de taille pour les *aficionados* de la petite balle qui souhaitent s'offrir des soins au spa et un repas de qualité. Les cyclistes avertis, eux, peuvent profiter des pistes de Glentress (voir p. 117), toutes proches. Réservez une chambre au rez-de-chaussée, avec baie vitrée s'ouvrant de la terrasse.
99 AE, MC, V

THE TONTINE
€€
HIGH STREET, PEEBLES, EH45 8AJ
TÉL. : (01721) 720 892
www.tontinehotel.com
Cet établissement accueillant, de gestion familiale, est situé en plein centre-ville. Les chambres, rénovées, sont chics et modernes. Leurs équipements comprennent un téléviseur encastré et un plateau de courtoisie (avec thé et café). Vous dînerez très correctement au bistro et au restaurant de l'hôtel.
36 AE, MC, V

BARDOULET'S RESTAURANT
€€€
EDDLESTON, EH45 8QP
TÉL. : (01721) 730 225
www.horseshoeinn.co.uk
Ce restaurant a trouvé refuge dans le **Horseshoe Inn** (voir p. 283) ; il tient son nom du chef Patrick Bardoulet, lequel prépare, dans un cadre élégant, une cuisine française traditionnelle – le menu change souvent et met fréquemment à l'honneur le flétan et le homard. Les palais les plus fins ne rateront pas le menu gastronomique à sept plats. Pour une ambiance décontractée, dînez plutôt au Bistro et goûtez le bœuf écossais, la soupe de poisson ou la salade Caesar au poulet.
40 Fermé lun. et 3 sem. en janv. MC, V

OSSO
€€
1 INNERLEITHEN ROAD, PEEBLES, EH45 8AB
TÉL. : (01721) 724 477
www.ossorestaurant.com
Un café-restaurant très chic aux murs couverts de miroirs, de boiseries et d'étoffes vert olive. Le style est au rendez-vous, tant dans le cadre que dans l'excellente cuisine du chef Ally McGrath, lequel supervise l'élaboration de la carte de A à Z, du déjeuner léger au dîner gastronomique – lièvre braisé et Saint-Jacques pêchées à la main... Le soir, un menu dégustation permet également d'apprécier des produits locaux et de saison.
40 Fermé dim.-lun. AE, MC, V

SUNFLOWER RESTAURANT
€€
4 BRIDGEGATE, PEEBLES, EH45 8RZ
TÉL. : (01721) 722 420
www.thesunflower.net
Ce merveilleux petit restaurant attire une clientèle d'habitués – jeunes et moins jeunes – fans de ses gâteaux au chocolat moelleux et de son *latté* vaporeux. Ici, on occupe les enfants avec des jouets, avant de se régaler d'une soupe maison, d'une *bruschetta* ou d'un hamburger de gibier ; sans oublier les délicieuses pâtes végétariennes. Les jeudis, vendredis et samedis soir, le menu est plus sophistiqué – curry d'agneau et saucisses de sanglier.
40 MC, V

PRIX

HÔTELS
Prix indicatifs pour une chambre double en haute saison.

€€€€€	Plus de 300 £
€€€€	de 200 à 300 £
€€€	de 120 à 200 £
€€	de 80 à 120 £
€	moins de 80 £

RESTAURANTS
Prix indicatifs par personne pour un repas (2 plats) sans boisson et sans pourboire.

€€€€€	Plus de 50 £
€€€€	de 40 à 50 £
€€€	de 25 à 40 £
€€	de 15 à 25 £
€	moins de 15 £

PORTPATRICK

RECOMMANDÉ

KNOCKINAAM LODGE
€€€€€
PORTPATRICK, DG9 9AD
TÉL. : (01776) 810 471
www.knockinaamlodge.com
Si vous cherchiez un cadre romantique, vous l'avez trouvé. Ce petit hôtel est un havre de tranquillité au luxe classique. Chaque chambre possède sa propre décoration – certaines ont une vue extraordinaire sur la mer – et distille une ambiance chaleureuse et paisible. L'établissement est également réputé pour son excellente gastronomie écossaise (voir plus loin). Dîner et petit déjeuner inclus dans le prix des chambres.
10 AE, MC, V

THE WATERFRONT CORSEWALL LIGHTHOUSE HOTEL

€€€-€€€€

CORSEWALL POINT, KIRKCOLM, DG9 0QG

TÉL. : (01776) 853 220

www.lighthousehotel.co.uk

Cet hôtel pittoresque est aménagé dans l'ancienne maison du gardien du phare. Les chambres et les suites sont toutes décorées différemment. Moyennant un petit supplément, vous séjournerez dans une chambre plus grande, avec vue sur la mer. La *Lighthouse Suite* et sa véranda et la *Forth of Cromarty Room* équipée d'une terrasse privative sont les deux chambres les plus demandées. Le restaurant de l'hôtel est bon. Le tarif des chambres comprend le dîner et le petit déjeuner.

10 AE, DC, MC, V

THE WATERFRONT HOTEL AND BISTRO

€€

PORTPATRICK, DG 9 9SX

TÉL. : (01776) 810 800

www.waterfronthotel.co.uk

Ce petit hôtel très accueillant est situé sur le port du ravissant village de Portpatrick. Les chambres, à l'image de tout le reste de l'établissement, sont extraordinairement confortables et propres. Celles qui ont vue sur la mer méritent amplement les 5 £ de supplément par personne. Comme on peut s'y attendre dans un village de pêcheurs, le restaurant, très élégant, est spécialisé dans les poissons et les fruits de mer.

8 AE, MC, V

KNOCKINAAM LODGE

€€€€

PORTPATRICK, DG9 9AD

TÉL. : (01776) 810 471

www.knockinaamlodge.com

Ce joli restaurant aménagé dans un somptueux manoir n'est pas uniquement réservé à la clientèle de l'hôtel. Les quatre plats du menu sont divins, mais il n'y a pas de choix possible (hormis pour les desserts) alors prévenez à l'avance si vous souffrez d'intolérances alimentaires. La carte des vins est très variée et s'adapte à toutes les bourses.

32 AE, MC, V

CAMPBELLS

€€€

1 SOUTH CRESCENT, PORTPATRICK, DG9 8JR

TÉL. : (01776) 810 314

www.campbellsrestaurant.co.uk

Depuis plus de dix ans, ce restaurant installé sur le front de mer propose aux habitués et aux touristes une viande et des fruits de mer écossais de qualité supérieure. Son homard est très réputé et le cadre se prête bien à un tête-à-tête aux chandelles ou une fête de famille. Les soirs d'été, possibilité de dîner en terrasse, avec vue sur le port.

45 Fermé lun. et 2 sem. en janv.-fév. et 1 sem. en nov. MC, V

SANQUHAR

BLACKADDIE COUNTRY HOUSE HOTEL

€€

SANQUHAR, DUMFRIESSHIRE, DG4 6JJ

TÉL. : (01659) 50270

www.blackaddiehotel.co.uk

Avec leur téléviseur à écran plat et le plateau de courtoisie, les chambres standard sont déjà très confortables, mais offrez-vous le plaisir d'une chambre de catégorie supérieure ou d'une suite avec vue sur la rivière. La suite à deux chambres est particulièrement adaptée aux familles ou aux groupes de quatre personnes. Une chambre familiale pouvant accueillir cinq personnes est également disponible. Table de qualité.

9 MC, V

ROXBURGHE

ROXBURGHE HOTEL AND GOLF COURSE

€€€

HEITON, ROXBURGHSHIRE, TD5 8JZ

TÉL. : (01573) 450 331

www.roxburghe-hotel.com

Cet hôtel est aménagé dans l'un des plus beaux manoirs d'Écosse. Ses installations comprennent de superbes chambres, un restaurant gastronomique, un spa et un parcours de golf. Vous dormirez comme un roi dans la *Bowman Suite* (qui était à l'origine la chambre du seigneur des lieux) ornée d'une cheminée et d'un balcon largement ouvert sur le parc de 200 hectares.

22 AE, MC, V

CENTRE DE L'ÉCOSSE

PERTHSHIRE

HÔTELS

RECOMMANDÉ

GLENEAGLES HOTEL

€€€€€

AUCHTERADER, PH3 1NF

TÉL. : (01764) 662 231

www.gleneagles.com

Un peu d'histoire : nichée au cœur du Perthshire, Gleneagles est une oasis de luxe où s'est réunit en 2005 le sommet du G8. Entre autres atouts, l'hôtel s'enorgueillit d'un parcours

de golf de compétition (l'un des meilleurs d'Écosse), d'un spa et d'une fabuleuse piscine dotée d'un bassin extérieur ET intérieur.
Le hall est charmant.
L'établissement propose plusieurs solutions de restauration, parmi lesquelles le restaurant du chef Andrew Fairlie (voir plus loin), ainsi qu'une myriade d'activités, du tir à l'équitation. Une salle de jeu et une salle de détente sont à la disposition des enfants et, pour ne rien gâcher, les chambres sont spacieuses et élégantes.
232 AE, DC, MC, V

CRIEFF HYDRO

€€€

CRIEFF, PH7 3LQ
TÉL. : (01764) 655 555
www.crieffhydro.com

Une très bonne option pour les familles : Crieff Hydro offre une large gamme de chambres et de suites, dans le bâtiment principal et les cottages adjacents. L'aménagement intérieur privilégie le confort plutôt que le luxe. Le véritable atout de l'hôtel réside dans la palette d'activités qu'il met à la disposition de sa clientèle : quad, golf, deux piscines, salle de jeu. Sur place, plusieurs options de restauration, possibilité de faire garder les enfants et soirées-spectacles (*ceilidhs* et quizz).
213 MC, V

LANDS OF LOYAL HOTEL

€€€

AYLTH, BLAIRGOWRIE, PH11 8JQ
TÉL. : (01828) 633 151
www.landsofloyal.com

Ce charmant manoir victorien est un vrai régal : service personnalisé, élégance et luxe des chambres... Les salons et la terrasse donnant sur le jardin invitent à la relaxation, dans un cadre champêtre résolument romantique.
17 AE, MC, V

ROYAL HOTEL

€€€

MELVILLE SQUARE, COMRIE, PH6 2DN
TÉL. : (017640) 679 200
www.royalhotel.co.uk

Cet hôtel au luxe classique est aménagé dans un bâtiment historique où séjourna effectivement la reine Victoria (d'où ce nom de « Royal Hotel »). Les chambres sont décorées dans les tons neutres, avec de riches étoffes et du mobilier de bois sombre. Dans les salles de bains, modernes, on trouve des produits de toilette Molton Brown. Le hall, le restaurant et le bar font assaut d'élégance.
11 AE, MC, V

PARKLANDS

€€-€€€

2 ST. LEONARD'S BANK, PERTH, PH2 8EB
TÉL. : (01738) 622 451
www.theparklandshotel.com

Charmant hôtel de gestion familiale, le Parklands est l'un des meilleurs établissements de Perth. Situé au sommet d'une colline surplombant South Inch Park, il propose des chambres vastes et confortables, fort bien équipées (Wi-Fi, téléviseur à écran plat, lecteur DVD, grande salle de bains). La plupart donnent sur le parc et sur la ville. Pour vous restaurer, vous aurez le choix entre l'**Acanthus** et le bistro **N°1 The Bank**. Room service également disponible.
14 MC, V

RESTAURANTS

RECOMMANDÉ

RESTAURANT ANDREW FAIRLIE

€€€€€

GLENEAGLES HOTEL, AUCHTERADER, PH3 1NF
TÉL. : 0800 704 705
www.andrewfairlie.com

Pour la plupart des touristes en visite en Écosse, un dîner chez le chef Andrew Fairlie est un must absolu.
Les gastronomes du monde entier viennent y savourer la cuisine de ce chef doublement étoilé au Michelin. Le cadre est raffiné et contemporain, et le service personnalisé mais discret. Ayant longtemps travaillé à Paris, Andrew Fairlie cuisine sous influence française, mais il sait comme personne utiliser les bons produits du pays – le gibier et l'agneau du Perthshire pour ne citer qu'eux.
Carte et menu dégustation (six plats).
45 Fermé M et dim. AE, MC, V

63 TAY STREET

€€€

PERTH, PH2 8NN
TÉL. : (01738) 441 451
www.63taystreet.co.uk

Dînez au fil de l'eau dans cet établissement dont le décor raffiné marie des tonalités sourdes à des motifs tartan. Vous goûterez dans cette oasis culinaire de divins produits écossais, parmi lesquels un agneau fourni par le frère du célèbre chef Andrew Fairlie.
Le gibier est parfaitement préparé et la sélection des vins accompagnera merveilleusement votre festin de roi.
35 Fermé dim.-lun. DC, MC, V

WATERMILL TEA ROOM

€-€€

BLAIR ATHOLL, PH18 5SH

TÉL. : (01796) 481 321

www.blairathollwatermill.co.uk

L'un des tout derniers moulins à eau d'Écosse abrite aussi l'un des meilleurs salons de thé du pays. Vous dégusterez ici de succulents sandwichs, des *bagels,* des soupes et des gâteaux (le *carrot cake* est légendaire). Vous pourrez y acheter de la farine, des confitures, des chutneys, des œufs et autres produits écossais.

24 Fermé déc.-mars MC, V

ARGYLL

HÔTELS

RECOMMANDÉ

ISLE OF ERISKA HOTEL, SPA & ISLAND

€€€€€

THE ISLE OF ERISKA, LEDAIG, PA37 1SD

TÉL. : (01631) 720 371

www.eriska-hotel.co.uk

Un havre de luxe – un charmant manoir – situé sur une île privée de 120 hectares... Suites équipées d'un spa et cottages à deux chambres. Dans le bâtiment principal, offrez-vous si possible une chambre catégorie «*deluxe*». Les baies vitrées de la *Lismore Suite* s'ouvrent largement sur le relief spectaculaire et l'océan. Le restaurant de l'hôtel est magnifique et le bar fort bien approvisionné. Nombreux équipements : salle de gym, piscine couverte, spa, parcours de golf (six trous), terrain de croquet et court de tennis.

21 P AE, MC, V

ARDANAISEIG

€€€

KILCHREGAN BY TAYNUILT, PA35 1HE

TÉL. : (01866) 833 333

www.ardanaiseig.com

Cette vieille dame qui s'étend sur les rives du loch Awe est l'un des établissements les plus romantiques du pays. Les chambres ne sont que luxe et élégance, tandis que le restaurant célèbre les louanges de la gastronomie locale. Une occasion spéciale ? Offrez-vous le *Boat Shed,* un nid douillet mais cossu, pour deux personnes, situé juste en bordure du lac.

18 P AE, DC, MC, V

STONEFIELD CASTLE

€€€

TARBERT, LOCH FYNE, PA29 6YJ

TÉL. : (01880) 820 836

www.oxfordhotelsandinns.com

Si vous rêvez de séjourner dans un vieux château, au bord d'un loch, c'est au Stonefield Castle que vous irez. La réception et les chambres ont été récemment rénovées dans le meilleur goût. Pour un séjour inoubliable, réservez l'une des suites : les salles de bains sont plus grandes et le panorama sur le loch Fyne est exceptionnel.

32 P MC, V

LOCH FYNE HOTEL AND SPA

€€-€€€

SHORE STREET, INVERARAY, PA32 8XT

TÉL. : (01499) 302 980

www.crerarhotels.com/lochfyne

Situé sur la rive droite du loch éponyme, cet hôtel offre des chambres confortables décorées dans des teintes neutres mais chaleureuses, une piscine, des soins thermaux et une bonne table. Pour une pointe de luxe, réservez l'une des petites suites (grande baignoire, lecteur DVD, vue sur le lac).

71 P AE, MC, V

OBAN BAY HOTEL AND SPA

€€-€€€

CORRAN ESPLANADE, PA34 5AE

TÉL. : (0870) 950 6273

www.crerarhotels.com

La plupart des chambres du bâtiment principal ont vue sur la baie d'Oban. Elles sont de dimensions modestes, mais propres et confortables. Les junior suites sont plus luxueuses. L'hôtel dispose aussi d'un petit spa équipé d'un hammam, d'un sauna, d'un fauteuil de massage et d'un jacuzzi extérieur depuis lequel on savoure le panorama sur la baie et l'île de Kerrera.

80 P AE, MC, V

RESTAURANTS

KILBERRY INN

€€€

KILBERRY, PA29 6YD

TÉL. : (01880) 770 223

www.kilberryinn.com

Situé hors des sentiers battus, Kilberry Inn attire néanmoins une clientèle nombreuse bien décidée à découvrir de délicieux produits locaux : Saint-Jacques charnues du loch Fyne, tendre entrecôte d'Ormasary... Ces mets ont valu au chef un Bib Gourmand. Le cadre se prête parfaitement à ce bonheur gustatif. Possibilité de réserver l'une des cinq chambres.

40 P Fermé janv.-mi-mars, lun. mi-mars-oct., et lun.-ven. nov.-déc. MC, V

LOCH FYNE RESTAURANT
€€€
CLACHAN, CAIRNDOW, PA26 8BL
TÉL. : (01499) 600 236
www.lochfyne.com
Cet établissement fut le premier de ce qui est aujourd'hui devenu une chaîne. Les fruits de mer y sont absolument divins – en particulier les huîtres, les langoustines, les moules, les praires et le homard. Le menu change tous les jours et les produits sont pêchés localement, dans la mesure du possible. Si vous n'êtes pas fan des trésors de la mer, sachez que le gibier est originaire du Glen Fyne et que les steaks ont maturé pendant un mois : un régal.
56 AE, MC, V

PIERHOUSE SEAFOOD RESTAURANT
€€€
PORT APPIN, PA38 4DE
TÉL. : (01631) 730 302
www.pierhousehotel.co.uk
Savourez un délicieux repas tout en admirant une vue grandiose sur la mer... Les huîtres sont élevées sur les bancs d'huîtres de Lismore, les langoustines pêchées dans le loch Etive et le homard est d'une absolue fraîcheur. Les carnivores ne sont pas en reste : le bœuf est tendre et le gibier, local. Menu enfants et plats végétariens.
60 P MC, V

COAST
€€-€€€
104 GEORGE STREET, OBAN, PA34 5NT
TÉL. : (01631) 569 900
www.coastoban.co.uk
Aménagé dans une ancienne banque, ce restaurant contemporain accueille sa clientèle autour de tables nappées de blanc immaculé. Le cadre célèbre des tonalités de brun et de bois clair. Le menu, fort éclectique, réjouira tous les palais : agneau, fruits de mer, viande de bœuf, plats végétariens...
46 Fermé dim.
MC, V

SEAFOOD CABIN
€-€€
SKIPNESS ESTATE, PA29 6XU
TÉL. : (01880) 760 207
Si la température extérieure s'y prête, dînez en terrasse avec vue sur le détroit de Kilbrannan. Cette cahute de bois sert des fruits de mer d'une fraîcheur inouïe – langoustines et crabes – accompagnés d'une salade du potager. La rusticité n'est toutefois pas de mise, et l'on vous procurera des couverts, des assiettes et même une table ! Il ne fait pas beau ? Dîner dans l'ancienne cuisine.
20 P Fermé oct.-fin mai MC, V

THE TROSSACHS

RECOMMANDÉ

CAMERON HOUSE HOTEL
€€€-€€€€
LOCH LOMOND, G83 8QZ
TÉL. : (01389) 755 565
www.devere.co.uk
Grâce à son nouveau parcours de golf, son spa dernier cri et le récent chantier de rénovation (chambres et réception), Cameron House a gagné ses lettres de noblesse. C'est ici que **Martin Wishart** a ouvert son restaurant (voir plus loin). Sans oublier les bars si élégants et une situation géographique à se damner.
128 P
AE, DC, MC, V

PRIX

HÔTELS
Prix indicatifs pour une chambre double en haute saison.

€€€€€	Plus de 300 £
€€€€	de 200 à 300 £
€€€	de 120 à 200 £
€€	de 80 à 120 £
€	moins de 80 £

RESTAURANTS
Prix indicatifs par personne pour un repas (2 plats) sans boisson et sans pourboire.

€€€€€	Plus de 50 £
€€€€	de 40 à 50 £
€€€	de 25 à 40 £
€€	de 15 à 25 £
€	moins de 15 £

RECOMMANDÉ

MONACHYLE MHOR
€€-€€€€
BALQUIDDER, FK19 8PQ
TÉL. : (01877) 384 622
www.mhor.net
Très bien desservi, cet hôtel extrêmement chic est pourtant situé à l'écart, dans le secret d'une paisible vallée, et offre des sensations de bout du monde. Les suites, très modernes, sont parfaites, mais ce qui ravit avant tout la clientèle, c'est – bien entendu – la cuisine du chef Tom Lewis (voir **Mhor Fish**, plus loin) et son menu gastronomique à cinq plats. Sans parler des cours de cuisine et du fait que Monachyle Mhor soit également une vraie ferme.
14 P Fermé janv.
MC, V

LAKE OF MENTEITH HOTEL AND WATER-FRONT RESTAURANT
€€€
PORT OF MENTEITH, FK8 3RA
TÉL. : (01877) 385 258
www.lake-hotel.com
La situation idyllique de cet hôtel au bord du lac fait depuis plusieurs années déjà la joie des habitants de la région et des visiteurs de passage. Ses chambres sont spacieuses et confortables, la plupart possèdent une très belle vue. Décoration contemporaine pour les chambres récemment rénovées.
16 MC, V

ROMAN CAMP
€€€
CALLANDER, PERTHSHIRE, FK17 8BG
TÉL. : (01877) 330 003
www.romancamphotel.co.uk
Niché sur les rives de la Teith, cet établissement cossu est en réalité tout proche de la rue principale de Callander : on s'y sent pourtant au bout du monde. Sur un terrain de 8 hectares, il propose un excellent restaurant, des chambres à la déco classique, une réception abondamment ouvragée. Le cadre est terriblement romantique.
14 AE, DC, MC, V

MARTIN WISHART AT LOCH LOMOND
€€€€
CAMERON HOUSE HOTEL, LOCH LOMOND, G83 8QZ
TÉL. : (01389) 722 504
www.martin-wishart.co.uk
Le chef Martin Wishart, auquel le guide Michelin a décerné une étoile, réalise désormais ses recettes créatives sur les rives du loch Lomond. Cuisine française, service irréprochable, carte des vins exceptionnelle et cadre contemporain mais volontairement sophistiqué.
40 Fermé lun.-mar., M mer.-ven., et 20 janv.-10 fév. AE, MC, V

MHOR FISH
€€
75-77 MAIN STREET, CALLANDER, FK17 8DX
TÉL. : (01877) 330 213
http://mhor.net/fish/
Géré par la même équipe que le **Monachyle Mhor** (voir plus haut), voici un endroit formidable pour un repas décontracté. Le poisson est très frais. À côté, un *fish and chips* à déguster sur place ou à emporter.
28 MC, V

STIRLING ET SES ENVIRONS

ADAMO HOTEL, STIRLING
€€€
78 UPPER CRAIGS, FK8 2DT
TÉL. : (01786) 430 890
www.adamohotels.com
Les chambres de ce magnifique bâtiment de pierre situé au cœur de Stirling s'enorgueillissent d'un luxe parfaitement contemporain : lit gigantesque, écran plasma, lecteur DVD, Wi-Fi. Les salles de bains sont également vastes et haut de gamme. Le **Bank Restaurant** (voir plus loin) et son bar très populaire méritent également votre visite.
7 MC, V

DOUBLETREE BY HILTON DUNBLANE HYDRO HOTEL
€€€
PERTH ROAD, DUNBLANE, FK15 0HG
TÉL. : (01786) 822 551
www.doubletreedunblane.com
Des teintes profondes, des fauteuils infiniment confortables et des étoffes chaleureuses confèrent aux chambres un luxe indéniable, confirmé par la présence d'un téléviseur à écran plat, du Wi-Fi et de l'option « cinéma à la demande ». Les chambres *Deluxe* sont encore plus grandes et peuvent accueillir une famille de quatre personnes. Pour les familles également : chambres communicantes, menus enfants, baby-sitting (réservez à l'avance). Vos enfants adoreront la piscine couverte, tandis que vous apprécierez le sauna, le hammam et le spa salle de gym/bibliothèque.
200 AE, DC, MC, V

THE INN AT KIPPEN
€€-€€€
FORDE ROAD, KIPPEN, FK8 3DT
TÉL. : (01786) 870 500
www.theinnatkippen.co.uk
Grâce à son récent changement de propriétaire, cet hôtel connaît une nouvelle vie. Ses chefs ont imaginé un menu qui offre le choix entre des plats populaires et traditionnels *(fish and chips)* et des spécialités plus créatives (bouillabaisse par exemple). Tous ces mets ont pourtant un point commun : ils sont réalisés à l'aide de produits locaux. Farandole de desserts. L'auberge possède trois chambres, à un prix tout à fait raisonnable.
60 MC, V

BANK RESTAURANT
€€
ADAMO HOTEL, 78 UPPER CRAIGS, FK8 2DT
TÉL. : (01786) 430 890
www.adamohotels.com

À Stirling, les bonnes tables sont rares. Si vous cherchez « le petit truc en plus », c'est au Bank Restaurant que vous le trouverez. Boiseries sombres, tonalités chaleureuses et lumières tamisées servent d'écrin à une cuisine traditionnelle – *haggis*, rutabagas, purée de pommes de terre – et à des plats plus innovants, comme cette pizza au chorizo et boudin noir de Stornoway. Menu express (midi-18 h dim.-jeu. et 12 h-19 h ven.-sam.) d'un excellent rapport qualité-prix.
56 AE, MC, V

CÔTE EST

FIFE

RECOMMANDÉ

OLD COURSE HOTEL, GOLF RESORT AND SPA
€€€€€
ST. ANDREWS, KY16 9SP
TÉL. : (01334) 474 371
www.oldcoursehotel.co.uk
Des chambres immenses s'ouvrent sur des panoramas grandioses donnant sur le légendaire parcours de golf et la mer. Vous serez ici chouchouté comme jamais... surtout si vous fréquentez le luxueux Kholer Water Spa. Cet établissement cinq étoiles rassemble plusieurs restaurants ; vous aurez le choix entre une excellente carte de pub (au **Jigger Inn**) ou des options plus fastueuses (pourquoi pas un dîner au champagne). L'hôtel peut également se charger de vos réservations de golf, sur les différents terrains des environs (réservez bien à l'avance si vous souhaitez jouer sur l'Old Course).
144 AE, DC, MC, V

FAIRMONT ST. ANDREWS
€€€€
ST. ANDREWS, KY16 8PN
TÉL. : (01334) 837 000
www.fairmont.com/standrews
L'accueil et le service du Fairmont de St Andrews sont exemplaires. Cet établissement grand luxe s'enorgueillit de chambres spacieuses décorées de teintes et de motifs tartan particulièrement chauds et élégants. La plupart donnent sur le parc, les golfs et la mer. Elles bénéficient d'un équipement complet : télé satellite, minibar... Le Fairmont dispose encore de deux parcours de golf professionnels, d'une piscine couverte et d'un spa.
209 AE, DC, MC, V

BEAUMONT LODGE
€
43 PITTENWEEM ROAD, ANSTRUTHER, KY10 3DT
TÉL. : (01333) 310 315
www.beaumontlodge.co.uk
Des chambres vastes et confortables, de copieux petits déjeuners, un noble bâtiment de pierre : bienvenue dans l'une des plus séduisantes maisons d'hôtes de l'East Neuk. L'accueil est convivial sans être importun. Envie de romance ? Réservez la chambre au lit à baldaquin.
3 MC, V

ROSCOBIE FARMHOUSE
€
DUNFERMLINE, KY12 0SG
TÉL. : (01383) 731 571
www.roscobiefarmhouse.co.uk
Pour une expérience qui sort de l'ordinaire, optez pour la vie à la ferme. Les chambres de cette exploitation traditionnelle sont étonnamment modernes : télévision à écran plat, porte-serviettes chauffants, accès Internet... On retrouve cependant ici toutes les caractéristiques du bon vieux B & B : un petit déjeuner copieux, un plateau de courtoisie (thé, café et biscuits gratuits). Pour ne rien gâcher, la vue sur les Pentland Hills est superbe.
2 Espèces uniquement

RECOMMANDÉ

THE PEAT INN
€€€€
BY CUPAR, KY15 5LH
TÉL. : (01334) 840 206
www.thepeatinn.co.uk
Cet éden culinaire étoilé au Michelin est géré par le couple charmant que forment Geoffrey et Katherine Smeddle. Ils y proposent des plats superbes à base de produits du terroir. Possibilité de réserver l'une des huit suites, également magnifiques et décorées avec goût.
46 AE, MC, V

THE CELLAR
€€€
24 EAST GREEN, ANSTRUTHER, KY10 3AA
TÉL. : (01333) 310 378
www.cellaranstruther.co.uk
Les superlatifs ne manquent pas pour chanter les louanges de ce restaurant de fruits de mer dont le succès ne se dément pas au fil des ans. La clientèle, choyée de l'apéritif au café, savoure du flétan, du saumon des Shetland ou un ragoût de poissons de l'East Neuk. Les amateurs de viande ne sont pas laissés de côté. Réservation indispensable.
36 Fermé dim.-lun. et M mar.-jeu. MC, V

THE WEE RESTAURANT
€€€
17 MAIN STREET, NORTH QUEENSFERRY, KY11 1JG
TÉL. : (01383) 616 263
www.theweerestaurant.co.uk
Depuis son ouverture en 2006, le Wee Restaurant a déjà glané un Bib Gourmand au Michelin. Le secret de sa réussite ? Une ambiance résolument *cosy* et une équipe qui connaît ses plats et ses vins sur le bout des doigts. Sans parler bien entendu des recettes concoctées à base de produits locaux – agneau de Kirriemuir ou homard d'Anstruther.
24 Fermé lun. et dim. D MC, V

THE SHIP INN
€€
ELIE, LEVEN, KY9 1DT
TÉL. : (01333) 330 246
www.ship-elie.com
Envie d'une bonne bière et de plats savoureux qui tiennent au corps ? C'est ici qu'il faut venir, pour un traditionnel *steak and ale pie* et des spécialités qui changent tous les jours. Les week-ends d'été, le pub dégaine son barbecue et organise des matchs de cricket sur la plage !
160 MC, V

ANSTRUTHER FISH BAR
€-€€
43-44 SHORE ROAD, ANSTRUTHER, KY10 3AQ
TÉL. : (01333) 319 518
www.anstrutherfishbar.co.uk
La région de l'East Neuk est réputée pour l'exceptionnelle qualité de ses *fish and chips.* Cet établissement, récompensé à maintes reprises, a été plusieurs fois couronné comme le meilleur d'Écosse. Le poisson y est toujours frais et les frites sont croustillantes à souhait. Ne vous contentez pas de haddock et de cabillaud : goûtez la sole, les crevettes de Pittenweem, le merlu... ou la prise du jour.
52 MC, V

CAIRNIE FRUIT FARM TEAROOM
€-€€
CAIRNIE, CUPAR, KY15 4QD
TÉL. : (01334) 655 610
www.cairniefruitfarm.co.uk
C'est l'adresse où il faut absolument déjeuner, surtout si vous avez des enfants. Dans cette ferme, vous dégusterez en famille des soupes, des sandwiches ainsi qu'une kyrielle de bons petits plats préparés sur place, sans oublier les glaces maison. Les plus jeunes s'amuseront sur les trampolines, les mini-tracteurs et le labyrinthe végétal.
50 P Fermé janv.-mars et lun. sept.-déc. MC, V

PILLARS OF HERCULES
€-€€
PILLARS OF HERCULES FARM, FALKLAND, KY15 7AD
TÉL. : (01337) 857 749
www.pillars.co.uk
Dans la région, le café de cette ferme bio est mythique : au moindre rayon de soleil, la terrasse est prise d'assaut. On vous servira ici des plats roboratifs – soupe de lentilles ou pâtes au pesto maison. Consultez le site Internet pour le programme des soirées spéciales : au menu, des plats végétariens et un orchestre de jazz.
40 P MC, V

THE WEE CHIPPY
€
SHORE ROAD, ANSTRUTHER, KY10 3EA
TÉL. : (01333) 310 106
En 2009, cette friterie du bord de mer est entrée dans l'histoire, sacrée par l'*Observer* « meilleur *fish and chips* du monde ». La recette d'un tel succès ? Qualité du service et poissons locaux, d'une fraîcheur irréprochable.
45 Espèces uniquement

ABERDEEN

THE MARCLIFFE AT PITFODELS HOTEL AND SPA
€€€-€€€€
NORTH DEESIDE ROAD, PITFODELS, AB15 9YA
TÉL. : (01224) 861 000
www.marcliffe.com
Des teintes profondes confèrent aux chambres et aux suites confortables du Marcliffe une touche de luxe raffiné. À chaque chambre sa décoration, mariant harmonieusement l'ancien et le moderne. Leurs aménagements comprennent un mini-bar et un room-service 24h/24. Luxe encore au spa de l'hôtel et au restaurant.
42 P
AE, DC, MC, V

NORWOOD HALL HOTEL
€€€-€€€€
GARTHDEE ROAD, ABERDEEN, AB15 9FX
TÉL. : (01224) 868 951
www.norwood-hall.co.uk
Niché au cœur d'un domaine privé de près de 3 hectares, ce manoir victorien du XIXe siècle est l'une des meilleures adresses d'Aberdeen. Son mobilier date du règne de Victoria, dans une élégance toute classique. Les chambres sont toutefois équipées d'une télévision à écran plat. Plateau de courtoisie et

belles salles de bains. Quelques chambres bénéficient d'un salon adjacent, d'autres d'un lit à baldaquin. Le restaurant de l'hôtel est ouvert le soir.
36 P AE, DC, MC, V

MALMAISON ABERDEEN
€€€
49-53 QUEENS ROAD, ABERDEEN, AB15 4YP
TÉL. : (01224) 327 370
www.malmaisonaberdeen.com
Grâce à cette chaîne britannique de boutiques-hôtels, le luxe est enfin abordable. L'hôtel d'Aberdeen s'enorgueillit en plus d'un spa et d'un bar à whiskies. La décoration des chambres – grandes – reprend le thème écossais – couleurs vives et *sporran* sur chaque embrase de rideau. Télévision à écran plasma, lecteur DVD, minibar. Un bar et une brasserie sont à la disposition de la clientèle.
80 P AE, DC, MC, V

MACDONALD PITTODRIE HOUSE
€-€€
CHAPELLE DE GAIROCH, PRÈS D'INVERURIE, AB51 5HS
TÉL. : (0844) 879 9066
www.macdonaldhotels.co.uk/pittodrie
De nombreux mariages sont organisés dans cet hôtel aménagé dans un beau manoir, et l'on comprend aisément pourquoi : les tourelles, les escaliers en colimaçon et les chambres, spacieuses et chaleureuses, confèrent au lieu une atmosphère résolument romantique. Le domaine de plus de 800 hectares donne sur le mont Bennachie, lieu rêvé pour les randonnées et autres activités de plein air.
27 P AE, MC, V

PAVILION CAFÉ
€
5-6 ESPLANADE, SEA BEACH, ABERDEEN, AB24 5NS
TÉL. : (01224) 587 385
www.thepavilioncafe.com
Au menu : sandwiches et salades, mais aussi *fish and chips*, un menu enfants tout à fait correct et un formidable choix de glaces. Toute la famille y trouvera son compte.
30 MC, V

DEESIDE

DARROCH LEARG HOTEL
€€€
56 BRAEMAR ROAD, BALLATER, AB35 5UX
TÉL. : (01339) 755 252
www.darrochlearg.co.uk
Cet hôtel de gestion familiale est l'un des plus charmants du Deeside. Vous dormirez dans le bâtiment principal (une construction victorienne du XIXe siècle) ou dans le bâtiment adjacent, baptisé Oakhall. Toutes les chambres sont décorées différemment, avec du mobilier d'époque. Certaines sont dotées d'un lit à baldaquin. Le hall est extrêmement confortable. Le restaurant, délicieux, a colonisé la véranda. Situé sur une colline boisée, l'hôtel distille des vues imprenables sur la vallée de la Dee.
17 P AE, MC, V

AULD KIRK
€€
BRAEMAR ROAD, BALLATER, AB35 5RQ
TÉL. : (01339) 755 762
www.theauldkirk.com
Depuis 1986, l'Auld Kirk offre à ses visiteurs l'occasion unique de séjourner dans une ancienne église de l'Église libre d'Écosse. Le gros chantier de rénovation de 2006 a fait naître le **Spirit Restaurant** (voir plus loin). Les six chambres du premier étage sont sobres mais confortables. Celles de la catégorie supérieure sont bien plus vastes et plus luxueuses. Wi-Fi gratuit et écran plat.
6 P MC, V

> **PRIX**
>
> **HÔTELS**
> Prix indicatifs pour une chambre double en haute saison.
>
> | | |
> |---|---|
> | €€€€€ | Plus de 300 £ |
> | €€€€ | de 200 à 300 £ |
> | €€€ | de 120 à 200 £ |
> | €€ | de 80 à 120 £ |
> | € | moins de 80 £ |
>
> **RESTAURANTS**
> Prix indicatifs par personne pour un repas (2 plats) sans boisson et sans pourboire.
>
> | | |
> |---|---|
> | €€€€€ | Plus de 50 £ |
> | €€€€ | de 40 à 50 £ |
> | €€€ | de 25 à 40 £ |
> | €€ | de 15 à 25 £ |
> | € | moins de 15 £ |

BURNETT ARMS HOTEL
€-€€
25 HIGH STREET, BANCHORY, AB31 5TD
TÉL. : (01330) 824 944
www.bw-burnettarms.co.uk
Cette ancienne auberge de relais marie, avec audace, authenticité et modernité. La décoration est très classique, mais les chambres abritent chacune une télévision à écran plat. Bar et restaurant. Le *high tea* (dîner servi tôt)

Hôtel Restaurant Nbre de chambres Nbre de couverts P Parking Fermeture Ascenseur

est réputé dans toute la région. Wi-Fi gratuit.
18 P AE, MC, V

CLUNIE LODGE GUESTHOUSE
€
CLUNIE BANK ROAD, BRAEMAR, AB35 5ZP
TÉL. : (01339) 741 330
www.clunielodge.com
Aujourd'hui, ce presbytère victorien s'est converti en une charmante maison d'hôtes. Mobilier d'époque pour le hall d'accueil, élégance classique pour les chambres. Le panorama sur les Grampians et la vallée de la Clunie est merveilleux.
5 P MC, V

GATHERING PLACE BISTRO
€€€
INVERCAULD ROAD, BRAEMAR, AB35 5YP
TÉL. : (01339) 741 234
www.the-gathering-place.co.uk
Voici un bistro qui ne dépareillerait pas dans les rues d'Édimbourg. Ce sont des spécialités de qualité que l'on vous sert ici : pâté de gibier, poulet des Grampians, grosses crevettes fumées... Toute l'Écosse dans votre assiette !
52 MC, V

SPIRIT RESTAURANT
€€€
AULD KIRK, BRAEMAR ROAD, BALLATER, AB35 5RQ
TÉL. : (01339) 755 762
www.theauldkirk.com
Plafonds voûtés, baies ouvragées : le cadre est unique puisque vous dînez... dans une église ! La carte du Spirit Restaurant change fréquemment, mais on y retrouve régulièrement des valeurs sûres comme la poitrine de porc, le lapin et l'agneau de l'Aberdeenshire.
32 P Fermé M et dim. MC, V

STATION RESTAURANT
€€
STATION SQUARE, BALLATER, AB35 5QB
TÉL. : (01339) 755 050
Mariage réussi d'un superbe bâtiment historique et d'une excellente cuisine traditionnelle – plats du jour, gâteaux ou en-cas. Service continu.
58 MC, V

DUNDEE ET ANGUS

APEX CITY QUAY HOTEL AND SPA
€€
WEST VICTORIA DOCK ROAD, DUNDEE, DD1 3JP
TÉL. : (01382) 202 404
www.apexhotels.co.uk
Cet hôtel très chic résume à lui seul le nouveau visage de Dundee : un spa somptueux offrant une multitude d'options de soins ; une table délicieuse qui supplante aisément la concurrence. Les chambres en étage offrent un panorama inoubliable.
152 P MC, V

OLD BOATYARD RESTAURANT
€€-€€€
FISHMARKET QUAY, ARBROATH, DD11 1PS
TÉL. : (01241) 879 995
www.oldboatyard.co.uk
La vue panoramique sur le vieux port d'Arbroath est un bon prétexte pour venir dîner à l'Old Boatyard. Mais ce restaurant a plus à offrir que ses immenses baies vitrées. Sa carte fait la part belle aux fruits de mer (Saint-Jacques, homard...) et célèbre les produits locaux, notamment grâce à l'*Arbroath smokie*, un haddock de la région, simplement fumé. Prenez l'apéritif ou le digestif au petit salon. Jolie carte des vins et service convivial.
100 Fermé mar. MC, V

DUNDEE REP CAFÉ BAR RESTAURANT
€-€€
TAY SQUARE, DD1 1PB
TÉL. : (01382) 206 699
www.dundeereptheatre.co.uk
Le foyer culturel de Dundee abrite aussi ce café-bar au menu très créatif, clé de son succès. Parmi les plats, sous influence méditerranéenne, on vantera l'option « *antipasti* à partager » et la sélection de *mezze* (olives piquantes et salade d'aubergines libanaise). Sans oublier le curry d'épinards épicés, de gombo et de pommes de terre, ni le poulet cajun...
60 MC, V

GLASS PAVILION
€-€€
THE ESPLANADE, BROUGHTY FERRY, DD5 2EP
TÉL. : (01382) 732 738
La structure de verre spectaculaire de ce café-restaurant offre une vue incroyable sur la mer. Profitez du paysages tout en savourant de délicieux potages, des pommes de terre au four, des sandwiches ou des tourtes traditionnelles. Et puis promenez-vous le long de la plage pour digérer !
60 MC, V

EAST COAST

PENNAN INN
€-€€
PENNAN, AB43 6JB
TÉL. : (01346) 561 201
Cette auberge historique a connu son heure de gloire en

1983 lorsqu'elle servit de décor au film *Local Hero.* En 2007, un glissement de terrain a bien failli engloutir le pub et l'on a longtemps craint qu'il ne rouvre jamais ses portes. Heureusement, Peter Simpson a repris les rênes de l'établissement en 2009. La qualité est toujours au rendez-vous, notamment grâce au curry thaï. Et le paysage reste inoubliable.

24 MC, V

SEAFIELD ARMS HOTEL

€€

17-19 SEAFIELD STREET, CULLEN, AB56 4SG

TÉL. : (01542) 840 791

www.theseafieldarms.co.uk

Au restaurant de cet hôtel de gestion familiale, les portions sont plus que généreuses : le *cullen skink,* crémeux à souhait, est parfaitement assaisonné et déborde de beaux morceaux de haddock. Le *fish and chips* est également sublime. Les becs sucrés ne quitteront pas la table sans avoir goûté le crumble aux fruits.

72 AE, MC, V

CENTRE ET OUEST DES HIGHLANDS

INVERNESS

BOATH HOUSE

€€€€

AULDEARN, IV12 5TE

TÉL. : (01667) 454 896

www.boath-house.com

Quittez la civilisation et réfugiez-vous dans ce manoir situé sur un domaine privé de 8 hectares. Le décor des huit chambres varie du classique au contemporain. Larges baignoires sur pieds, lit à baldaquin : le charme est également au rendez-vous. L'hôtel s'enorgueillit aussi d'un restaurant étoilé au Michelin (le **Boath House**, voir plus loin), d'un lac où il est possible de pêcher, et d'un spa.

8 P AE, MC, V

DUNAIN PARK HOTEL

€€€

INVERNESS, IV3 8JN

TÉL. : (01463) 230 512

www.dunainparkhotel.co.uk

Situé entre Inverness et le loch Ness, voici un hôtel somptueux et pourtant extrêmement convivial. Les paysages environnants, le lounge douillet et sa grande cheminée, l'excellent restaurant et près de 3 hectares de domaine (avec un terrain de croquet) contribuent au succès de l'établissement.

15 P AE, MC, V

BOATH HOUSE

€€€€€

AULDEARN, IV12 5TE

TÉL. : (01667) 454 896

www.boath-house.com

Ce charmant hôtel Régence abrite l'une des meilleures tables du pays. Le chef Charles Loockley peut être fier de son étoile Michelin, mais également de ses quatre rosettes de l'Automobile Association. Menu gastronomique à six plats, dont du gibier, de la viande, de la volaille et des fruits de mer cuisinés à la perfection. La vue donne sur la pelouse qui descend jusqu'au lac.

26 P AE, MC, V

THE MUSTARD SEED

€€€

16 FRASER STREET, INVERNESS, IV1 1DW

TÉL. : (01463) 220 220

www.themustardseedrestaurant.co.uk

Beaucoup de caractère pour ce restaurant installé dans une ancienne église du XIXe siècle. Et un choix formidable – faux-filet, filet de thon grillé, côtelettes d'agneau... Profitez de la vue sur le cours de la Ness en dînant à l'extérieur.

60 AE, MC, V

RIVER CAFÉ & RESTAURANT

€€-€€€

10 BANK STREET, INVERNESS, IN1 1QY

TÉL. : (01463) 714 884

www.rivercafeandrestaurant.co.uk

Déjeuner, *high tea* (de 17 h à 18 h 30) et menus de début de soirée (17 h-19 h) – lasagnes et jambon – à des tarifs tout à fait abordables. Plus tard, la carte est plus sophistiquée – gibier, saumon poché, magret de canard...

40 MC, V

LES CAIRNGORMS

CRAIGELLACHIE

€€€

VICTORIA STREET, CRAIGELLACHIE, AB38 9SR

TÉL. : (01340) 881 204

www.oxfordhotelsandinns.com

Cette bâtisse toute blanche date de 1893. Les salons et les chambres ont été modernisés tout en respectant le style d'origine. Les chambres sont sobres mais spacieuses. Le **Quaich Bar** propose à la clientèle plus de 650 whiskies – le plus vaste choix sur Terre ! Le restaurant a également une excellente réputation.

26 P AE, MC, V

CULDEARN HOUSE

€€-€€€

WOODLANDS TERRACE, GRANTOWN-ON-SPEY, PH26 3JU

TÉL. : (01479) 872 106

www.culdearn.com

Un accueil chaleureux et de bons petits plats vous attendent dans cet hôtel de gestion familiale. Les six chambres cadrent parfaitement avec l'atmosphère de ce vieux manoir – décoration classique, mobilier ancien – mais possèdent tout le confort moderne (télévision numérique, Wi-Fi, couettes). Dans le lounge, détendez-vous au coin du feu avant de rejoindre le restaurant et sa délicieuse cuisine écossaise.

6 MC, V

THE BOAT
€€
DESHAR ROAD, BOAT OF GARTEN, PH24 3BH
TÉL. : (01479) 831 258
www.boathotel.co.uk

Hôtel accueillant situé au cœur du Cairngorms National Park. Les chambres sont confortables. Vous y trouverez un accès Wi-Fi gratuit, un room-service et des peignoirs douillets. Leurs dimensions et leur décoration varient – les chambres du bâtiment principal sont d'une élégance toute traditionnelle tandis que celles de la Garden Wing bénéficient d'un look plus contemporain. Dînez au charmant **Capercaille Restaurant**, mais sachez que l'ambiance de l'**Osprey Bar and Bistro** est plus décontractée.

34 AE, MC, V

THE OLD MINISTER'S HOUSE
€€
ROTHIEMURCHUS, AVIEMORE, PH22 1QH
TÉL. : (01479) 812 181
www.theoldministers house.co.uk

Une situation idéale au cœur du domaine de Rothiemurchus, un panorama imprenable sur les Cairngorms, un petit salon commun : que d'atouts pour ce sympathique B & B. Le bâtiment est ravissant et les chambres, confortables, jouissent d'une décoration contemporaine. Une bonne adresse.

4 MC, V

COIG NA SHEE GUEST HOUSE
€
FORT WILLIAM ROAD, NEWTONMORE, PH20 1DG
(01540) 670 109
www.coignashee.co.uk

Dans un joli parc des environs de Newtonmore, ce lodge des Highlands, récemment rénové, propose des chambres décorées avec goût. Wi-Fi, télé satellite et lecteur DVD. Les salles communes sont grandes et propres, avec une vue fantastique sur le domaine et la campagne environnante.

5 AE, MC, V

HERMITAGE GUEST HOUSE
€
SPEY STREET, KINGUSSIE, PH21 1HN
(01540) 662 137
www.thehermitage.clara.net

Un B & B confortable installé dans une robuste maison de pierre, au centre de Kingussie. Toutes les chambres ont une salle de bains privative ainsi que l'accès Wi-Fi et un lecteur DVD. Les petits déjeuners sont copieux et l'Hermitage propose également d'excellents dîners pour 22 £ par personne.

5 Espèces uniquement

RUTHVEN STEADINGS
€
RUTHVEN, KINGUSSIE, PH21 1HN
(01540) 662 328
www.ruthvensteadings.co.uk

Ce B & B absolument charmant se dresse non loin de Kingussie, à proximité des vestiges de Ruthven Barracks. Les chambres, bien aménagées, sont équipées d'une salle de bains privative et d'un accès Wi-Fi. Elles bénéficient en outre de très belles vues. Les propriétaires, Julie et John, louent également des chambres (sans service) dans un cottage rénové, tout proche.

2 Espèces uniquement

THE GLASS HOUSE
€€€
GRANT ROAD, GRANTOWN-ON-SPEY, PH26 3LD
TÉL. : (01479) 872 980
www.theglasshouse-grantown.co.uk

Une cuisine de qualité, un joli décor et un aménagement réussi qui offre à la fois de l'intimité et une large ouverture sur les jardins environnants. Vous êtes ici à l'une des adresses les plus prisées de la région. Le menu change chaque semaine et propose fréquemment du crabe de la côte ouest, du gibier des Cairngorms et... de la tarte Tatin.

30 Fermé S dim. et M lun.-mar. AE, MC, V

MOUNTAIN CAFÉ
€
111 GRAMPIAN ROAD, AVIEMORE, PH22 1RH
TÉL. : (01479) 812 473
www.mountaincafe-aviemore.co.uk

Un charmant café où il fait bon venir à tout moment de la journée. Petits déjeuners roboratifs... ou diététiques ; crêpes aux courgettes ; sandwiches à la viande de bœuf... Le café est délicieux, tout comme la vue sur les Cairngorms.

52 MC, V

LE GREAT GLEN

RECOMMANDÉ

INVERLOCHY CASTLE HOTEL
€€€€€
TORLUNDAY, FORT WILLIAM, PH33 6SN
TÉL. : (01397) 702 177
www.inverlochycastlehotel.com
Dans le sillage de la reine Victoria... un hall somptueux et des chambres impériales pour ce qui est l'un des plus luxueux établissements d'Écosse. Vous y dînerez royalement bien.
17 AE, MC, V

CORRIECHOILLE LODGE
€
SPEAN BRIDGE, PH34 4EY
TÉL. : (01397) 712 002
www.corriechoille.com
De spectaculaires panoramas sur les reliefs environnants, des chambres spacieuses, la possibilité de dîner sur place, une cuisine familiale... en sirotant un verre d'alcool : cette auberge de pêcheurs du XVIIIe siècle possède bien des atouts. Accès Wi-Fi gratuit. Bibliothèque à disposition et vues sublimes.
4 Fermé nov.-déc. MC, V

LOCH LEVEN SEAFOOD CAFÉ
€€€-€€€€
ONICH, PH33 6SA
TÉL. : (01855) 821 048
www.lochlevenseafoodcafe.co.uk
Il fait toujours bon dîner dans cet établissement sans prétention qui sert des fruits de mer d'une exceptionnelle fraîcheur. Les soirs d'été, la terrasse s'ouvre sur le fabuleux paysage du loch éponyme. Le menu change tous les mois, mais le homard, les langoustines et les crustacés y sont toujours à l'honneur. De novembre à février, passez un coup de fil pour vérifier les horaires d'ouverture.
50 Fermé 2 sem. en nov. et en janv. MC, V

RECOMMANDÉ

CRANNOG RESTAURANT
€€€
FORT WILLIAM, PH33 6DB
TÉL. : (01397) 705 589
www.crannog.net/restaurant.asp
Ce restaurant est un régal pour les fins palais – les fruits de mer de la côte ouest sont inoubliables –, comme pour les yeux – la vue sur le loch Linnhe est incroyable. Le menu varie en fonction de la pêche du jour, mais vous y retrouvez toujours des moules, du saumon, du flétan et du colin.
40-60 MC, V

THE WEST COAST

GLENFINNAN HOUSE HOTEL
€€€
GLENFINNAN, PH37 4LT
TÉL. : (01397) 722 235
www.glenfinnanhouse.com
Aménagé dans un manoir datant de 1755, cet hôtel réserve un accueil chaleureux à ses visiteurs – les familles et les animaux de compagnie sont les bienvenus. La décoration est traditionnelle, sans luxe ostentatoire. L'établissement, idéalement situé sur les berges du loch Shiel, possède également un bar et un restaurant.
13 Fermé mi-nov.-mi-mars AE, MC, V

PRIX

HÔTELS
Prix indicatifs pour une chambre double en haute saison.

€€€€€	Plus de 300 £
€€€€	de 200 à 300 £
€€€	de 120 à 200 £
€€	de 80 à 120 £
€	moins de 80 £

RESTAURANTS
Prix indicatifs par personne pour un repas (2 plats) sans boisson et sans pourboire.

€€€€€	Plus de 50 £
€€€€	de 40 à 50 £
€€€	de 25 à 40 £
€€	de 15 à 25 £
€	moins de 15 £

CLACHAIG INN
€€
GLENCOE, PH49 4HX
TÉL. : (01855) 811 252
www.clachaig.com
L'auberge, parfaitement située à proximité des Three Sisters de Glen Coe, accueille principalement des randonneurs et des alpinistes, auxquels elle propose trois catégories de chambres – d'un confort assez rudimentaire. On y sert des plats roboratifs (voir plus loin), et un séchoir est à la disposition de la clientèle : deux atouts de taille après une journée en plein air. Accès Internet dans les parties communes.
23 MC, V

KNOYDART LODGE
€-€€
KNOYDART, PH41 4PL
TÉL. : (01687) 460 129
www.knoydartlodge.co.uk
Des hôtes chaleureux, une

situation idyllique, un isolement paradisiaque (l'accès n'est possible que par bateau) : Knoyhart Lodge est une pure merveille. Les chambres sont équipées de grands lits et d'un lecteur DVD (nombreux films à disposition). Accès Wi-Fi. Attention, il n'y a que quatre chambres, pensez à réserver bien à l'avance.
4 Espèces uniquement

CLACHAIG INN
€€
GLEN COE, PH49 4HX
TÉL. : (01855) 811 252
www.clachaig.com
Très prisé des randonneurs et des touristes, Clachaig Inn propose le même menu (très varié toutefois) dans ses trois bars. Plats écossais traditionnels – incontournable *haggis* –, savoureux burgers, saucisses de sanglier et *burritos*.
70 P MC, V

NORD DES HIGHLANDS

EST

DORNOCH CASTLE HOTEL
€€
CASTLE STREET, DORNOCH, IV25 3SD
TÉL. : (01862) 810 216
www.dornochcastlehotel.com
Le bâtiment le plus original de Dornoch est également un lieu de séjour formidable. Papier peint fleuri et mobilier d'époque pour les chambres, dont certaines abritent un lit à baldaquin. Détendez-vous au bar, ou au jardin. Le restaurant, sous la véranda, saura comment calmer les appétits.
24 P AE, MC, V

OUEST

HÔTELS

RECOMMANDÉ

THE TORRIDON
€€€€
TORRIDON, WESTER ROSS, IV22 2EY
TÉL. : (01445) 791 242
www.thetorridon.com
Au programme du Torridon : des chambres cossues équipées d'une énorme baignoire, un hall à la décoration élégante, une table très raffinée, des panoramas imprenables sur la montagne environnante. Le bar à whisky de l'hôtel constitue l'endroit idéal pour savourer l'un des nombreux whiskies. Activités de plein air organisées sur demande. Plusieurs catégories de chambres à louer (sans service) également disponibles.
19 P AE, MC, V

RECOMMANDÉ

TIGH AN EILEAN HOTEL
€€€
SHEILDAIG, IV54 8XN
TÉL. : (01520) 755 251
www.stevecarter.com/hotel/hotel.htm
Une auberge toute blanche aux chambres douillettes. Le confort moderne est ici limité (pas de télévision ni de téléphone), mais la tranquillité est bel et bien au rendez-vous. Thé et café gratuits, peignoirs. La clientèle a aussi accès à deux salons largement ouverts sur le loch Torridon et au bar en libre-service. Le restaurant et le bar proposent des produits locaux de qualité – mention spéciale aux fruits de mer.
11 AE, MC, V

PLOCKTON HOTEL
€€-€€€
41 HARBOUR STREET, PLOCKTON, IV52 8TN
TÉL. : (01599) 544 274
www.plocktonhotel.co.uk
Charmant hôtel au fil de l'eau. Son restaurant de fruits de mer est très réputé. Les chambres sont modernes et propres. Demandez à avoir vue sur la baie – l'une des plus jolies du pays. Bar.
15 AE, MC, V

THE OLD INN
€€
GAIRLOCH, IV21 2BD
TÉL. : 0800 542 544
www.theoldinn.net
Des chambres simples mais confortables, des spécialités de viandes et de fruits de mer : telle est la formule gagnante de The Old Inn.
14 P MC, V

RESTAURANTS

SUMMER ISLES HOTEL
€€€-€€€€
ACHILTIBUIE, IV26 2YG
TÉL. : (01854) 622 282
www.summerisleshotel.co.uk
Quand on parle gastronomie, le Summer Isles Hotel est gagnant sur toute la ligne : sa table étoilée au Michelin a de quoi ravir les épicuriens qui se régaleront de son filet de flétan de Lochinver ou de ses langoustines pêchées sur place. Le bar, plus convivial, sert également une cuisine excellente (toujours axée sur les fruits de mer).
50 P MC, V

APPLECROSS INN
€€
SHORE STREET, APPLECROSS, IV54 8LR
TÉL. : (01520) 744 262
www.applecross.co.uk/inn
Cette charmante auberge, toute blanche, est très

célèbre, car pour y parvenir, il faut emprunter une route à vous faire dresser les cheveux sur la tête : la Bealch na Ba est en effet la plus haute chaussée du pays. Mais le trajet en vaut la peine : une vue grandiose sur la mer, une cuisine simple mais exceptionnelle qui sublime les produits de la pêche du jour.

60 MC, V

KISHORN SEAFOOD BAR

€€

KISHORN, IV54 8XA

TÉL. : (01520) 733 240

www.kishornseafoodbar.co.uk

Langoustines, coquilles Saint-Jacques, moules, huîtres, galathées, crabes et saumon fumé figurent au menu de ce modeste établissement où vous vous restaurerez divinement. Par beau temps, dînez dehors. Les paysages du loch sont inoubliables.

30 Fermé déc.-mars MC, V

KYLESKU HOTEL

€€

KYLESKU, IV27 4HW

TÉL. : (01971) 502 231

www.kyleskuhotel.co.uk

Haddock de Lochinver, moules de la côte ouest et gibier : voici quelques-unes des merveilles que vous trouverez sur la carte du Kylesku Hotel, en bordure de loch. Les produits sont locaux et d'une qualité supérieure à ce que l'on vous proposera dans les pubs des environs.

40 MC, V

LOCHINVER LARDER

€€

MAIN STREET, LOCHINVER, IV27 4JY

TÉL. : (01571) 844 356

www.lochinverlarder.co.uk

Il existe deux bonnes raisons pour dîner au Lochinver Larder : les tourtes maison (tant salées que sucrées ou végétariennes...) absolument délicieuses et le panorama sur le cours de l'Inver. La grande salle n'est malheureusement pas toujours ouverte, il vous faut alors vous contenter d'une vue sur la rue.

50 MC, V

NORD

THE CAPTAIN'S GALLEY

€€€€

THE HARBOUR, SCRABSTER, KW14 7UJ

TÉL. : (01847) 894 999

www.captainsgalley.co.uk

Un seul adjectif résume ce lieu : « spectaculaire ». Vous adorerez les murs de brique, le plafond voûté, le service impeccable, sans parler du menu qui magnifie les produits de la région : gibier des Highlands, bœuf de Caithness, fruits de mer et poissons...

30 Fermé M et dim.-lun. MC, V

ÎLES DE LA CÔTE OUEST

ÎLES DE L'ARGYLL

HÔTELS

AUCHRANNIE HOUSE HOTEL, SPA RESORT AND COUNTRY CLUB

€€€

BRODICK, ISLE OF ARRAN, KA27 8BJ

TÉL. : (01770) 302 234

www.auchrannie.co.uk

Dans le bâtiment principal, les chambres sont d'une élégance résolument classique, tandis qu'une décoration bien plus contemporaine vous attend au Spa Resort, tout neuf. Toute la famille trouvera ici son bonheur : trois restaurants, piscines, soins thermaux, un espace de remise en forme... Toutes les chambres sont spacieuses au point de pouvoir accueillir une famille de quatre personnes.

64 AE, MC, V

HIGHLAND COTTAGE

€€€

TOBERMORY, ÎLE DE MULL, PA75 6PD

TÉL. : (01688) 302 030

www.highlandcottage.co.uk

Cet hôtel-boutique s'enorgueillit de jolies chambres à thème et de salons où il fait bon se détendre (bar en libre-service dans l'un d'eux). Votre hôte, David Currie, est aux petits soins, tandis que son épouse, Jo, fait des merveilles en cuisine. Le menu attire une clientèle nombreuse et fait la part belle au gibier écossais et au crabe, sans oublier le célèbre cheddar de l'île de Mull.

6 MC, V

RECOMMANDÉ

PORT CHARLOTTE HOTEL

€€€

PORT CHARLOTTE, ÎLE D'ISLAY, PA48 7TU

TÉL. : (01496) 850 360

www.portcharlottehotel.co.uk

Sa situation idyllique n'est pas son unique atout : cet hôtel charmant, un peu vieillot, qui s'abrite derrière une façade toute blanche, offre une vue magnifique sur le loch et sur l'Atlantique. Les chambres sont douillettes et le restaurant est très prisé des habitants de l'île.

10 MC, V

RECOMMANDÉ

ISLE OF COLL HOTEL

€€

ARINAGOUR, ÎLE DE COLL, PA78 6SZ

TÉL. : (01879) 230 334

www.collhotel.com

Depuis plus de vingt-cinq ans, Kevin et Julie Oliphant gèrent cet établissement au cachet fou. Vous ferez un séjour parfait et apprendrez à connaître les habitants de l'île, qui aiment à se retrouver à sa table – le **Gannet Restaurant** (voir plus loin). La chambre n° 2 est la plus belle.

6 MC, V

ISLE OF MULL HOTEL AND SPA

€€

CRAIGNURE, ÎLE DE MULL, PA65 6BB

TÉL. : (01680) 812 544

www.crerarhotels.com

Ne vous fiez pas à son apparence un peu décrépie : les chambres de l'hôtel ont été récemment rénovées. Le spa tout neuf (avec sauna, hammam et jacuzzi extérieur offrant une vue absolument inoubliable) et une piscine couverte ont fait leur apparition. Les chambres sont très confortables et le panorama sur la péninsule de Morvern et les reliefs lointains est grandiose.

86 AE, MC, V

RESTAURANTS

BRAMBLES SEAFOOD AND GRILL

€€€

AUCHRANNIE RESORT, ÎLE D'ARRAN, KA27 8BZ

TÉL. : (01770) 302 234

www.bramblesseafoodandgrill.co.uk

Une cuisine simple mais savoureuse, un joli cadre et un service convivial : combinaison gagnante pour ce restaurant où vous savourerez des moules de la côte ouest marinées dans la bière d'Arran, des Saint-Jacques pêchées dans le loch Fyne et de l'agneau d'Arran dans sa croûte au cumin. Le bœuf a maturé pendant trois semaines : la viande ravira donc tous les carnivores (côte de bœuf, filets et faux-filets).

80 Fermé lun.-mar. et nov.-mars AE, MC, V

PORT CHARLOTTE HOTEL

€€€

PORT CHARLOTTE, ÎLE D'ISLAY, PA48 7TU

TÉL. : (01496) 850 360

www.portcharlottehotel.co.uk

Cet élégant restaurant d'hôtel est considéré à juste titre comme le meilleur d'Islay. Le menu change fréquemment, ce qui donne à la clientèle l'occasion de goûter aux nombreuses spécialités locales à base de viande et de poisson. L'agneau, le perdreau et le homard figurent sur la carte pratiquement à coup sûr. La carte des vins est bien pensée et le cadre, ravissant (murs de brique et mobilier contemporain). On peut souper au bar.

40 MC, V

GANNET RESTAURANT

€€

ISLE OF COLL HOTEL, ARINAGOUR, PA78 6SZ

TÉL. : (01879) 230 334

www.collhotel.com

Le menu qui met en valeur les produits de saison est incroyablement délicieux et change quotidiennement : de quoi donner envie de venir ici tous les jours ! Jugez plutôt : spaghettis maison au homard de Coll, plateau de fruits de mer (avec du homard de Coll, *of course !*), saumon frais, Saint-Jacques charnues, crabe et langoustines Thermidor...

24 MC, V

WATERFRONT BISTRO

€€

16 EAST PRINCES STREET, ROTHSEAY, ÎLE DE BUTE, PA20 9DL

TÉL. : (01700) 505 166

www.thewaterfrontbistro.co.uk

Un menu qui varie, des produits locaux et de saison, une cuisine goûteuse : voilà ce qui explique le succès de cette petite table, qui propose à sa clientèle plus de vingt plats à la carte (sans compter les plats du jour sur l'ardoise). Un choix fou, fou, fou : crevettes, lotte, gibier, canard... Vu la taille de l'établissement, impossible d'asseoir un groupe de plus de six personnes. Pas de réservation d'avril à octobre, et jamais le samedi soir.

24 Fermé M et mar.-mer. Espèces uniquement

ÎLE DE SKYE

STEIN INN

€-€€

WATERNISH, IV55 8GA

TÉL. : (01470) 592 362

www.steininn.co.uk

Steinn Inn revendique le titre de plus ancienne auberge de l'île ; elle daterait de 1790. L'hôtel, à la façade toute blanche, a un cachet fou. Ses chambres sont douillettes, le bar sert une cuisine délicieuse et le panorama est sublime. Le repos et la détente sont ici les maîtres mots, ce qui explique l'absence de télé.

5 MC, V

LOCH BAY SEAFOOD RESTAURANT
€€€
STEIN, WATERNISH, IV55 8GA
TÉL. : (01470) 592 235
www.loch-bay-seafood-restaurant.co.uk
Moules vapeur, huîtres d'une fraîcheur absolue, homard pêché sur place et crevettes du loch Bay : voici quelques-uns des trésors culinaires de ce petit restaurant dont le chef refuse catégoriquement de marier ses fruits de mer à des sauces inutilement prétentieuses, afin d'en conserver toute la saveur marine.
26 Fermé dim.-lun. et nov.-mars AE, MC, V

RECOMMANDÉ

THE THREE CHIMNEYS
€€€€€
COLBOST, IV55 8ZT
TÉL. : (01470) 511 258
www.threechimneys.co.uk
Située à l'écart des sentiers battus, cette adresse très intime, aménagée dans une petite ferme tout en pierre, est pourtant célébrée dans le monde entier. Des produits du terroir d'une exceptionnelle fraîcheur – bœuf de Lochalsh, crabe de Colbost – sont cuisinés avec maestria par Shirley Spear. Réservation indispensable.
38 Fermé M dim., M nov.-mi-mars et 3 sem. en janv. AE, MC, V

HÉBRIDES EXTÉRIEURES

SCARISTA HOUSE
€€€
SGARASTA BHEAG, ISLE OF HARRIS, HS3 3HX
TÉL. : (01859) 550 238
www.scaristahouse.com
Cet ancien presbytère georgien ne manque pas de caractère : sa somptueuse façade immaculée, son salon douillet, sa bibliothèque regorgeant d'ouvrages et de CD... Le bâtiment principal accueille trois chambres, certes petites, mais infiniment confortables. Deux suites sont été aménagées dans un bâtiment annexe, Glebe House. Chaque pièce distille une vue enchanteresse sur la baie. Le restaurant de l'hôtel mérite votre visite (voir plus loin). Pas de télévision.
5 MC, V

RECOMMANDÉ

BAILE NA CILLE
€€
TIMSGARRY, ISLE OF LEWIS, HS2 9JD
TÉL. : (01851) 672 242
www.bailenacille.co.uk
Cet ancien presbytère à la blanche façade se niche au creux d'une baie, offrant ainsi un fabuleux panorama sur l'eau et la montagne, ainsi que 3 km de sable doré. Le cadre est paradisiaque. Petits déjeuners de roi. Ne ratez pas non plus les succulents dîners, préparés par la maison.
6 Fermé oct.-mars MC, V

CASTLEBAY HOTEL
€€
CASTLEBAY, ISLE OF BARRA, HS9 5XD
TÉL. : (01871) 810 233
www.castlebay-hotel.co.uk
Chambres « standard » ou de catégorie supérieure. Les premières sont propres, confortables et douillettes, toutes équipées d'une télévision. Les secondes bénéficient d'une déco plus moderne ; elles sont plus vastes et affichent une vue ravissante.
15 MC, V

PRIX

HÔTELS
Prix indicatifs pour une chambre double en haute saison.

€€€€€	Plus de 300 £
€€€€	de 200 à 300 £
€€€	de 120 à 200 £
€€	de 80 à 120 £
€	moins de 80 £

RESTAURANTS
Prix indicatifs par personne pour un repas (2 plats) sans boisson et sans pourboire.

€€€€€	Plus de 50 £
€€€€	de 40 à 50 £
€€€	de 25 à 40 £
€€	de 15 à 25 £
€	moins de 15 £

POLOCHAR INN
€-€€
POLOCHAR, SOUTH UIST, HS8 5TT
TÉL. : (01878) 700 215
www.polocharinn.com
Cette auberge du XVIIIe siècle située aux confins de South Uist accueillait autrefois les passagers en attente du ferry pour Barra. Aujourd'hui, cette paisible retraite du bord de l'eau, avec vue sur les îles d'Eriskay et de Barra, abrite des chambres récemment rénovées, équipées d'une télévision, d'un lecteur de DVD et d'un plateau de courtoisie. L'adresse est également réputée pour sa cuisine notamment les poissons et les crustacés.
11 MC, V

CASTLEBAY HOTEL
€€
CASTLEBAY, ÎLE DE BARRA, HS9 5XD

TÉL. : (01871) 810 233
www.castlebay-hotel.co.uk
Castlebay Hotel mérite tout à fait son titre de meilleure table de l'île de Barra. Les produits, cuisinés à la perfection, composent un menu de saison très axé sur les fruits de mer et crustacés (les Saint-Jacques sont à tomber). Les carnivores ne sont pas oubliés : ils auront l'embarras du choix entre l'agneau de l'île, le bœuf écossais, le gibier, le lièvre et le sanglier. Le bar sert également d'excellents plats.
60 P MC, V

SCARISTA HOUSE RESTAURANT
€€€
SGARASTA BHEAG, ÎLE DE HARRIS, HS3 3HX
TÉL. : (01859) 550 238
www.scaristahouse.com
Le choix peut sembler restreint, pourtant le menu fait des merveilles grâce aux produits du terroir d'une infinie fraîcheur, et bios pour la plupart : agneau des Highlands, langoustines du détroit de Harris, fromages écossais. La quasi-totalité des légumes et des herbes provient du potager et le pain, les gâteaux, la confiture, les yogourts et les crèmes glacées sont maison.
30 P MC, V

ORCADES ET ÎLES SHETLAND

ORCADES

ALBERT HOTEL
€€€
MOUNTHOOLIE LANE, KIRKWALL, KW15 1JZ
TÉL. : (01856) 876 000
www.alberthotel.co.uk
Des chambres modernes et impeccablement propres, grands lits, télévision à écran plat, accès Internet haut débit, plateau de courtoisie (thé et café), salles de bains spacieuses : cet hôtel a décidément beaucoup pour lui. L'établissement abrite en outre le **Bothy Bar,** extrêmement populaire. Pour vous restaurer, le bar, le restaurant et le room-service sont à votre disposition.
18 AE, MC, V

KIRKWALL HOTEL
€€
HARBOUR STREET, KIRKWALL, KW15 1LF
TÉL. : (01856) 872 232
www.kirkwallhotel.com
Des chambres sobres, propres et bien équipées : téléviseur, plateau de courtoisie, téléphone avec ligne directe. Pour tirer le meilleur parti de votre séjour, optez pour la catégorie supérieure, les chambres sont beaucoup plus vastes et donnent sur le port.
37 MC, V

STRONSAY HOTEL
€-€€
STRONSAY, ORKNEY, KW17 2AR
TÉL. : (01857) 616 213
www.stronsayhotelorkney.co.uk
L'unique hôtel de Stronsay offre des chambres très simples mais tout à fait confortables, claires et spacieuses. L'établissement abrite également le seul restaurant-bar de l'île, lieu de toutes les rencontres. L'absence d'ascenseur est compensée par la présence, au rez-de-chaussée, d'une chambre spécialement conçue et aménagée pour les personnes à mobilité réduite.
4 MC, V

BANKBURN HOUSE
€
ST. MARGARET'S HOPE, SOUTH RONALDSAY, KW17 2TG
TÉL. : 0844 414 2310
www.bankburnhouse.co.uk
Érigée au début du XVIIIe siècle, Bankburn House est une charmante (à l'image de ses hôtes) bâtisse de pierre nichée au cœur d'un domaine privé de près d'un hectare. Les chambres sont claires et gaies et leur aménagement comprend un téléviseur à écran plat, un lecteur de DVD, un plateau de courtoisie (thé et café). Le propriétaire envisage un chantier de rénovation dans un futur proche.
4 P Espèces uniquement

ORCA HOTEL
€
76 VICTORIA STREET, STROMNESS, KW16 3BS
TÉL. : (01856) 850 447
http://orcahotel.moonfruit.com
Située sur Stromness Harbour, cette petite maison d'hôtes possède des chambres simples, mais impeccables, dotées de tout le confort possible (télévision et plateau de courtoisie avec thé, café et biscuits). Certaines peuvent accueillir une famille (un lit double et deux lits superposés).
6 AE, MC, V

STROMABANK HOTEL
€
LONGHOPE, HOY, KW16 3PA
TÉL. : (01856) 701 494
www.stromabank.co.uk
Cet hôtel ne possède que quatre chambres, mais le charme et la détente sont au rendez-vous. Les chambres sont suffisamment grandes pour accueillir des enfants sur un lit d'appoint. Le service est convivial et le cadre, merveilleux, surtout avec le restaurant niché sous la véranda.
4 P MC, V

RESTAURANTS

HAMNAVOE RESTAURANT

€€€

STROMNESS, KW16 3BY

TÉL. : (01856) 850 606

Ambiance décontractée et animée pour ce restaurant proposant un menu traditionnel qui sait pourtant faire preuve de créativité dans le domaine des sauces à la crème, du whisky, du *haggis* et du bœuf écossais. Prenez du poisson pour davantage de légèreté et ne ratez ni les Saint-Jacques des Orcades, ni la sole. Les plats sont copieux et le service correct, voilà pourquoi cette table est la plus populaire de la ville. Réservation indispensable.

30 MC, V

THE CREEL RESTAURANT AVEC CHAMBRES

€€-€€€

FRONT ROAD, ST. MARGARET'S HOPE, KW17 2SL

TÉL. : (01856) 831 311

www.thecreel.co.uk

Comme son nom l'indique (*creel* signifie « panier de pêche »), ce restaurant ne plaisante pas avec la nourriture. Son menu est restreint mais met les produits locaux à l'honneur, notamment les fruits de mer. Pourtant, les carnivores pourront se régaler de bœuf et d'agneau. Avec les Saint-Jacques, des moules et du maquereau, vous découvrirez des poissons moins connus – morue de l'Atlantique et cardine franche par exemple. Même les légumes sont cultivés localement. Cerise sur le gâteau, le pain et les crèmes glacées sont fabriqués sur place. Trois salons ont vue sur la mer. Réservation recommandée.

38 Fermé janv.-fév. et nov. MC, V

PIEROWALL HOTEL

€€

WESTRAY, KW17 2BZ

TÉL. : (01857) 677 472

www.pierowallhotel.co.uk

Dans ce petit hôtel au bord de l'eau, la salle de restaurant est réservée à la clientèle, tandis que les dîneurs venus de l'extérieur se régaleront de l'excellente cuisine maison servie au bar. Tous les produits sont cultivés/élevés/pêchés sur les Orcades ; avec une mention spéciale pour les fruits de mer et le bœuf. Plats du jour.

30 P MC, V

ÎLES SHETLAND

BUSTA HOUSE HOTEL

€€

BRAE, SHETLAND, ZE2 9QN

TÉL. : (01806) 522 506

www.bustahouse.com

Dans cet hôtel datant du XVIe siècle, à chaque chambre, son style traditionnel. Certaines abritent un lit à baldaquin, mais toutes sont équipées d'une télévision, d'un lecteur DVD et de l'accès Wi-Fi, et distillent un panorama imprenable sur les jardins et sur la baie. Choisissez parmi l'une des 22 chambres sur le site Internet avant de réserver.

22 P AE, DC, MC, V

ALDERLODGE

€

6 CLAIRMONT PLACE, LERWICK, ZE1 0BR

TÉL. : (01595) 695 705

www.alder-lodge.co.uk

Un B & B charmant et accueillant situé en centre-ville. Les chambres sont de dimensions correctes et les petits déjeuners, très copieux. Jouez le jeu et emandez la chambre avec lit à baldaquin.

6 MC, V

BALTASOUND HOTEL

€

BALTASOUND, UNST, ZE2 9DS

TÉL. : (01957) 711 334

www.baltasound-hotel.shetland.co.uk

Aux confins des Shetland, ce refuge au bord de l'eau est l'hôtel le plus septentrional de Grande-Bretagne. Chambres rudimentaires mais confortables. Vous dormirez dans le bâtiment principal ou dans l'un des chalets de bois du jardin. Repas servis au bar.

23 P MC, V

QUEENS HOTEL

€

24 COMMERCIAL STREET, LERWICK, ZE1 0AB

TÉL. : (01595) 692 826

www.kgqhotels.co.uk

Aménagé dans un ancien bâtiment de pierre de l'ère victorienne, sur le port de Lerwick, le Queens Hotel dévoile une décoration un peu vieillotte qui s'offrirait volontiers un petit lifting. Cependant, il est idéalement situé. Le service est convivial et la cuisine excellente.

26 AE, MC, V

MONTY'S BISTRO

€€

5 MOUNTHOOLY STREET, LERWICK, ZE1 0BJ

TÉL. : (01595) 696 555

Ce bistro informel, et toujours très animé, est la meilleure adresse de Lerwick. On y sert des poissons et des viandes locaux. Le pain est préparé sur place. Les plats sont copieux, le service convivial, mais le décor quelque peu tape-à-l'œil.

40 MC, V

Shopping

Dans tout le pays, les boutiques proposent un vaste choix de souvenirs typiquement écossais – *haggis*, produits du terroir, faïences, artisanat, bijoux celtes et textiles (cachemires, tweeds et tartans). La plupart des visiteurs rapportent du whisky, acheté dans un magasin spécialisé ou directement chez le producteur, lors de la visite d'une distillerie.

Mode

À Glasgow, l'accroche publicitaire «*Scotland with Style*» prend tout son sens : toutes les grandes enseignes britanniques sont présentes, et l'offre vestimentaire est si variée que la plus grande ville d'Écosse est à juste titre considérée comme la meilleure «destination shopping» du Royaume-Uni, après Londres. Il faut néanmoins saluer les efforts récents d'Édimbourg qui a vu une foule de boutiques de créateurs s'installer dans de vénérables bâtiments désertés par les institutions financières, ainsi que la naissance d'une nouvelle artère commerciale, Multrees Walk. La capitale possède aussi un avantage indéniable sur Glasgow : celui d'accueillir l'un des six magasins Harvey Nichols implantés hors de Londres.

Aberdeen, Dundee, Stirling et Inverness comptent également de nombreuses boutiques de mode.

Arts et Décoration

Caledonian Craft Connections
115 High Street, Nairn, IV12 4DB
tél. : (01667) 452 423
www.caledoniancraftconnections.com
Propose les créations de plus de 60 artisans locaux.

House of Bruar
Perthshire, PH18 5TW
tél. : (0845) 136 0111
www.houseofbruar.com
Toute l'Écosse dans un seul magasin : décoration, artisanat, textile, gastronomie...

Jail Dornoch
Castle Street, Dornoch, IV25 3SD
tél. : (01862) 810 500
www.jail-dornoch.com
Un grand magasin où l'on peut trouver décoration, vaisselle, produits de beauté, vêtements et plus encore.

National Trust for Scotland (NTS)
tél. : (0844) 493 2100
www.nts.org.uk/shop
Disséminées dans toute l'Écosse, les boutiques du NTS (organisme caritatif) sont généralement bien approvisionnées en bibelots et objets décoratifs.

Oily Muggie
Hilswick, Shetland, ZE2 9RW
tél. : (01806) 503 363
www.designedinshetland.co.uk
Artisanat des îles Shetland.

Habillement

Harvey Nichols
32-34 St. Andrew Square, Édimbourg, EH2 2AD
tél. : (0131) 524 8388
www.harveynichols.co.uk
L'unique filiale écossaise de cette prestigieuse enseigne est le paradis des grandes marques, depuis les ustensiles de cuisine jusqu'à la mode.

Jenners
48 Princes Street, Édimbourg, EH2 2YJ
tél. : 0844 800 3725
www.houseoffraser.co.uk
Racheté par House of Fraser en 2005, Jenners continue d'illustrer à merveille toute la grâce et le charme d'Édimbourg.

Slanj Kilts
67 St. Vincent Street, Glasgow, G2 5TF
tél. : (0141) 248 7770
www.slanjkilts.com
Une adresse incontournable pour qui souhaite acheter du tartan. La boutique est également réputée pour son humour au deuxième degré, imprimé sur un vaste choix de tee-shirts.
Succursales :
14 St Mary's Street, Édimbourg, EH1 1SU, tél. : (0131) 557 1666.
119 George Street, Aberdeen, AB25 1HU, tél. : (01224) 635 915

Alimentation

Cupcake
70 Bell Street, Merchant City, Glasgow G1 1LQ
tél. : (0141) 552 2195
www.cupcakeglasgow.com
Une élégante boutique très stylée 100 % cupcakes.

I. J. Mellis Cheesemonger
30A Victoria Street, Édimbourg, EH1 2JW
tél. : (0131) 226 6215
www.mellischeese.co.uk
Ce fromager réputé fournit les meilleurs restaurants de la capitale. Ses fromages d'Écosse sont exceptionnels.
Succursales :
330 Morningside Road, Édimbourg, EH10 4QJ, tél. : (0131) 447 8889
6 Bakers Place, Édimbourg, EH3 6SY, tél. : (0131) 225 6566
492 Great Western Road, Glasgow, G12 8EW, tél. : (0141) 339 8998

149 South Street, St. Andrews, KY16 9UN, tél. : (01334) 471 410
210 Rosemount Place, Aberdeen, AB25 2XP, tél. : (01224) 566 530

Taste of Arran
Market Road, Brodick, Isle of Arran, KA27 8AU
tél. : (01770) 302 374
www.taste-of-arran.co.uk
La boutique en ligne regroupe les fournisseurs suivants : Arran Brewery, Arran Dairies Ltd., Creelers Smokehouse, Island Cheese Company, Arran Chocolate Factory, Wooleys of Arran, Arran Fine Foods, Robin's Herbs, Torrylin Creamery, Bellevue Creamery et Isle of Arran Distillers. Tous ces produits – whisky, chocolat, fromages, laines... – sont également en vente sur l'île d'Arran.

Harris Tweed

Harris Tweed Isle of Harris
4 Plocrapool, Tarbert, HS3 3EB
tél. : (01859) 502 040
www.harristweedand knitwear.co.uk
Harris tweed et tricots.

The Harris Tweed Shop
Tarbet, Isle of Harris
tél. : (01859) 502 493
www.isleofharristweedshop.co.uk
Tweeds et produits de l'artisanat local.

The Harris Tweed Shop
Main Street, Newtonmore, PH20 1DD
tél. : (01540) 670188
www.harristweedshop.com
Harris tweed et accessoires.

21st Century Kilts
48 Thistle Street, Édimbourg, EH2 1EN
tél. : (0131) 220 9450
www.21stcenturykilts.com
Belle variété d'étoffes aux motifs contemporains pour les kilts du créateur Howie Nicholsby.

Bijoux

Azendi
19 Multrees Walk, Édimbourg, EH1 3DQ
tél. : (0131) 556 9102
www.azendi.com
Joaillerie contemporaine.
Succursale :
The Atrium, Union Square, Aberdeen, AB11 5PS,
tél. : (01224) 210 990

Heathergems Visitor Centre
22 Atholl Road, Pitlochry, PH16 5BX
tél. : (01294) 313 222
www.heathergems.com
Centre d'informations touristique et magasin d'usine. Bel emploi de la bruyère dans le design des bijoux et créations vendus ici.

Henderson the Jewellers
217 Sauchiehall Street, Glasgow, G2 3EX
tél. : (0141) 331 2569
www.hendersonjewellers.co.uk
Une sélection de bijoux Art nouveau qui s'inspirent du style de Charles Rennie Mackintosh. La boutique est située au-dessus du Willow Tearooms, célèbre salon de thé conçu par l'architecte. Succursales dans toute l'Écosse.

The Longship
7-15 Broad Street, Kirkwall, Orkney, KW15 1DH
tél. : (01856) 873 251
www.olagoriejewellery.com
L'unique magasin où trouver les réalisations de la créatrice de bijoux britannique Ola Gorie, remarquables pour leur design d'inspiration celte et nordique.

Skye Silver
The Old School, Colbost, Isle of Skye, IV55 8ZT
tél. : (01470) 511 263
www.skyesilver.com
Un décor superbe pour ces magnifiques créations en or et en argent, d'inspiration celte.

Marchés

Barras Market
Gallowgate, Glasgow, G1 5AX
tél. : (0141) 552 4601
www.glasgow-barrowland.com
On y vend de tout... mais rien que l'on ait envie de rapporter chez soi ! Une visite s'impose toutefois, car c'est ici que bat le cœur de la ville. Ouvert sam.-dim. de 10 h à 17 h.

Édimbourg Farmers Market
Castle Terrace
www.edinburghfarmers market.com
Le samedi, de 9 h à 14 h, plus de 65 producteurs vendent ici le fruit de leur labeur.

Faïences

The Adam Pottery
76 Henderson Row, Édimbourg, EH3 5BJ
tél. : (0131) 557 3978,
www.theadampottery.co.uk
Une gamme de céramiques traditionnelles et contemporaines signée par six artistes locaux.

Borgh Pottery
Fivepenny House, Borgh, Lewis, HS2 0RX
tél. : (01851) 850 345
www.borgh-pottery.com
Les porcelaines et les grès d'Alex et Sue Blair.

Crail Pottery
75 Nethergate, Crail, KY10 3TX
tél. : (01333) 451 212
www.crailpottery.com
Une échoppe familiale qui regorge d'objets en faïence, céramique et poterie.

Edinbane Pottery
Edinbane, île de Skye, IV51 9PW
tél. : (01470) 582 234
www.edinbane-pottery.co.uk
Designs étonnants pour ces créations signées Stuart et Julie Whatley, cuites au feu de bois.

The Meadows Pottery
11A Summerhall Place,
Édimbourg, EH9 1QE
tél. : (0131) 662 4064
www.themeadowspottery.com
Jolis grès de fabrication artisanale.

Tain Pottery
Aldie, Tain, IV19 1LZ
tél. : (01862) 894 112
www.tainpottery.co.uk
Un grand atelier où l'on peut admirer les artisans au travail et acheter leurs œuvres.

Tartan et kilts

Geoffrey Tailor
57-61 High Street, Édimbourg, EH1 1SR
tél. : (0131) 557 0256
www.geoffreykilts.co.uk
Les plus beaux kilts écossais.
Succursales :
309 Sauchiehall Street, Glasgow, G2 3HW, tél. : (0141) 331 2388
35 Stevenson Street, Oban, PA34 4DJ, tél. : (01631) 570 557

21st Century Kilts
48 Thistle Street, Édimbourg, EH2 1EN
tél. : (0131) 220 9450
www.21stcenturykilts.com
Belle variété d'étoffes aux motifs contemporains pour les kilts du créateur Howie Nicholsby.

Slanj Kilts
67 St. Vincent Street, Glasgow, G2 5TF
tél. : (0141) 248 7770
www.slanjkilts.com
Une adresse incontournable pour qui souhaite acheter du tartan. La boutique est également réputée pour son humour au deuxième degré, imprimé sur un vaste choix de tee-shirts.
Succursales :
14 St Mary's Street, Édimbourg, EH1 1SU, tél. : (0131) 557 1666
119 George Street, Aberdeen, AB25 1HU, tél. : (01224) 635 915

Produits de beauté

Arran Aromatics
The Home Farm, Brodick, île d'Arran, KA27 8DD
tél. : (01770) 302 595
www.arranaromatics.com
Une marque qui rime avec qualité et haut de gamme.

Highland Soap Company
Spean Bridge, PH34 4EP
tél. : (01397) 713 919
www.highlandsoaps.com
Savons de fabrication artisanale et articles de toilette.
Succursale :
48 High Street, Fort William, PH33 6AH

Whisky

Loch Fyne Whiskies
Main Street, Inveraray, PA32 8TU
tél. : (01499) 302 219
www.lfw.co.uk
Tous les accessoires liés au whisky.

Royal Mile Whiskies
379 High Street, Édimbourg
tél. : (0131) 524 9380
www.royalmilewhiskies.com
Une myriade de malts et de bien d'autres variétés de whiskies.

Scotch Whisky Heritage Centre
354 Castlehill, Édimbourg
tél. : (0131) 220 0441
www.whisky-heritage.co.uk
Plus de 300 références de malts.

The Whisky Shop
Buchanan Galleries, 220 Buchanan Street, Glasgow
tél. : (0141) 331 0022,
www.whiskyshop.com
Le plus grand spécialiste de whisky du Royaume-Uni. Huit succursales en Écosse et sept en Angleterre.
Succursales :
17 Bridge Street, Inverness, tél. : (01463) 710 525
93 High Street, Fort William, tél. : (01397) 706 164
Station Road, Oban, tél. : (01631) 564 409
11 Main Street, Callendar, tél. : (01877) 331 936
Princes Mall, Édimbourg, tél. : (0131) 558 7563
Ocean Terminal, Édimbourg, tél. : (0131) 554 8211
Gretna Gateway Outlet Village, Gretna, tél. : (01461) 338 004

The Whisky Shop Dufftown
1 Fife Street, Dufftown.
tél. : (01340) 821 097
www.whiskyshopdufftown.co.uk
Plus de 500 références de malts au cœur de la « capitale mondiale du whisky ».

Laine et cachemire

Edinburgh Woollen Mill
www.ewm.co.uk
Les tricots de laine et de cachemire côtoient des articles de mode moins traditionnels. Plus de 50 points de vente en Écosse.

Joyce Forsyth
42 Candlemaker Row, Édimbourg
tél. : (0131) 220 4112
www.joyce.forsyth.btinternet.co.uk
Tricots signés de créateurs écossais.

Kinross Cashmere
67 George Street, Édimbourg
tél. : (0131) 226 1577
www.cashmerestore.com
De très beaux articles de cachemire.
Succursale :
2 St. Giles Street, Royal Mile, Édimbourg.

Spiders Web
51 Commercial Street, Lerwick
tél. : (01595) 695 246
www.shetland-knitwear.com
Tricots faits main, notamment les lainages et les hauts à capuche de Fair Isle.

Arts et spectacles

Les grandes villes d'Écosse regorgent de théâtres et de salles de spectacles qui accueillent opéras, ballets, concerts et pièces qui font l'actualité artistique. Les festivals d'été d'Édimbourg (voir p. 68-69) – qui présentent aussi bien des *one-man-shows* que des pièces engagées prêtant à la controverse – constituent le point d'orgue du calendrier culturel du pays.

L'Écosse accorde une large place à la culture. Le pays possède un Opéra, un corps de ballet et des orchestres, ainsi qu'une kyrielle de théâtres où se jouent de grosses productions. L'industrie cinématographique est florissante, comme en témoigne le succès annuel du Festival international du film d'Édimbourg *(www.edfilmfest.org.uk)*. Impossible de faire l'impasse sur l'importance accordée à la musique et à la danse folkloriques. Des concerts sont organisés dans les pubs, les associations, sans oublier les *ceilidh,* démonstrations de danse traditionnelles. Le festival consacré à la musique écossaise, le Celtic Connections *(www.celticconnections.com)*, est organisé à Glasgow en janvier et dure 18 jours.

Ballet

Scottish Ballet
Tramway, 25 Albert Drive, Glasgow, G41 2PE
tél. : (0141) 331 2931
www.scottishballet.co.uk
La compagnie se produit au Royal Theatre de Glasgow, au Festival Theatre d'Édimbourg, au His Majesty's Theatre d'Aberdeen et à l'Eden Court d'Inverness (voir Théâtre p. 308).

Ceilidh

La musique traditionnelle occupe une part importante de la vie culturelle. Des *ceilidhs,* programmés dans les deux salles ci-dessous, se déroulent également de manière plus informelle dans les pubs de campagne, surtout dans les Highlands.

The Queens Hall
85-89 Clerk Street, Édimbourg, EH8 9JG
tél. : (0131) 668 3456
www.thequeenshall.net
Voir programmation sur le site.

Lauries Acoustic Music Bar
34 King Street, Glasgow, G1 5QT
tél. : (0141) 552 7123
www.lauriesacousticmusicbar.co.uk
Les *ceilidhs* du samedi soir sont très populaires.

Cinéma

Belmont Picture House
49 Belmont Street, Aberdeen, AB10 1JS
tél. : (01224) 343 536
www.picturehouses.co.uk
Cinéma indépendant équipé de trois écrans. Films d'art et d'essai.

Cameo
38 Home Street, Édimbourg, EH3 9LZ
tél. : (0870) 704 2052
www.piturehouses.co.uk
Films d'art et d'essai et productions à gros budget.

DCA Cinema
152 Nethergate, Dundee, DD1 4DY
tél. : (01382) 909 9000
www.dca.org.uk
La salle idéale pour les films à grand spectacle.

Dominion
18 Newbattle Terrace, Édimbourg, EH10 4RT
tél. : (0131) 447 4771
www.dominioncinemas.net
Un cinéma indépendant pour des films populaires.

Filmhouse
88 Lothian Road, Édimbourg, EH3 9BZ
tél. : (0131) 228 2688
www.filmhousecinema.com
Un cinéma d'art et d'essai à la programmation foisonnante. C'est ici que se déroule le festival du film d'Édimbourg.

Glasgow Film Theatre
13 Rose Street, Glasgow, G3 6RB
tél. : (0141) 332 6535
www.gft.org.uk
Un cinéma indépendant où voir des films populaires et des productions plus confidentielles.

Café-théâtre

Eden Court (voir p. 308)

The Stand
5 York Place, Édimbourg, EH1 3EB
tél. : (0131) 558 7272
www.thestand.co.uk
On applaudit ici débutants et humoristes plus aguerris.

The Stand
333 Woodlands Road, Glasgow, G3 6NG
tél. : (0870) 600 6055
www.thestand.co.uk
Voir programmation sur le site.

Salles de concerts

Aberdeen Music Hall
Union Street, Aberdeen, AB10 1QS
tél. : (01224) 641 122
www.musichallaberdeen.com
La première salle de concerts d'Aberdeen présente également des humoristes, des comédiens et des danseurs.

Barrowland Ballroom
244 Gallowgate, Glasgow,
G4 0TT
tél. : (0141) 552 4601
www.glasgow-barrowland.com
Cette salle est considérée comme la meilleure de Glasgow.

Caird Hall
City Square, Dundee, DD1 3BB
tél. : (01382) 434 451
www.cairdhall.co.uk
Un lieu qui en impose pour applaudir des chanteurs pop tout comme le Royal Scottish Opera.

CCA
350 Sauchiehall Street, Glasgow,
G2 3JD
tél. : (0141) 352 4900
www.cca-glasgow.com
Musique expérimentale, films d'art et d'essai, art plastique.

City Halls
Candleriggs, Glasgow, G1 1NQ
tél. : (0141) 353 8000
www.glasgowconcerthalls.com
Très fréquenté. Musique classique et musiques du monde.

Edinburgh Corn Exchange
11 Newmarket Road, Édimbourg,
EH14 1RJ
tél. : (0131) 477 3500
www.ece.uk.com
Salle polyvalente très appréciée des gros groupes.

Glasgow Royal Concert Hall
2 Sauchiehall Street, Glasgow,
G2 3NY
tél. : (0141) 353 8000
www.grch.com
De la comédie à la danse, ce lieu élégant accueille toutes sortes de spectacles, dont le festival annuel Celtic Connections (voir p. 306).

HMV Picture House
31 Lothian Road, Édimbourg,
EH1 2DJ
tél. : (0844) 847 1740
www.mamagroup.co.uk/picturehouse
Cet ancien théâtre est un cocon. Ici, les concerts *live* sont un plaisir.

King Tut's Wah Wah Hut
272a St. Vincent Street, Glasgow,
G2 5RL
tél. : (0141) 221 5279
www.kingtuts.co.uk
Unanimement considéré comme l'une des meilleures adresses au monde pour découvrir les groupes qui montent.

The Lemon Tree
5 West North Street, Aberdeen,
AB24 5AT
tél. : (01224) 642 230
www.lemontree.org
Les jeunes talents et les groupes « pointus » s'y produisent. Danse, comédie et théâtre.

Queen's Hall (voir p. 306)

Royal Scottish Academy of Music and Drama (RSAMD)
100 Renfrew Street, Glasgow,
G2 3DB
tél. : (0141) 332 5057
www.rsamd.ac.uk
Salle de concerts et de théâtre.

SECC/Clyde Auditorium
Exhibition Way, Glasgow,
G3 8YW
tél. : (0844) 395 4000
www.secc.co.uk
Une salle d'envergure pour des groupes d'envergure.

Cathédrale Saint Giles
Royal Mile, Édimbourg, EH1 1RE
tél. : (0131) 226 0673
www.stgilescathedral.org.uk
Atmosphère toute particulière pour les concerts régulièrement organisés sous les voûtes de cette somptueuse cathédrale.

Usher Hall
Lothian Road, Édimbourg,
EH1 2EA
tél. : (0131) 228 1155
www.usherhall.co.uk
Un bel endroit à la disposition de musiciens de tout poil.

O2 ABC
330 Sauchiehall Street, Glasgow,
G2 3JA
tél. : (0141) 332 2232
www.o2abcglasgow.com
Discothèque et concerts *live*.

O_2 Academy Glasgow
121 Eglinton Street, Glasgow,
G5 9NT
tél. : 0844 477 2000
www.o2academyglasgow.co.uk
Un lieu formidable pour applaudir les talents du moment et les futures vedettes.

Musique folklorique

Hootananny
67 Church Street, Inverness,
IV1 1ES
tél. : (01463) 233 651
www.hootananny.co.uk
Une adresse incontournable pour qui veut écouter de la musique traditionnelle écossaise.

Sandy Bells
25 Forrest Road, Édimbourg,
EH1 2QH
tél. : (0131) 225 2751
Tous les soirs de la semaine, de la musique folklorique *live* au menu de ce pub traditionnel.

St. Andrew's in the Square
1 St. Andrew's Square, Glasgow,
G1 5PP
tél. : (0141) 548 6020
www.standrewsinthesquare.com
Cette église merveilleusement restaurée accueille des concerts folkloriques.

Whistle Binkies
73-75 St. Mary's Wynd, Stirling,
FK8 1BU
tél. : (01876) 451 256
Ce pub traditionnel est réputé pour ses concerts.

Opéra

Scottish Opera
39 Elmbank Crescent, Glasgow, G2 4PT
tél. : (0141) 248 4567
www.scottishopera.org.uk
L'opéra national d'Écosse se produit dans les mêmes grandes salles que le Scottish Ballet (voir p. 305), mais également dans des lieux plus modestes, dans tout le pays.

Théâtre

The Arches Theatre
253 Argyle Street, Glasgow, G2 8DL
tél. : (0870) 240 7528
www.thearches.co.uk
Pièces très pointues ou musique expérimentale : le menu est ici très varié.

CCA (voir p. 307)

Dundee Rep Theatre
Tay Square, Dundee, DD1 1PB
tél. : (01382) 223 530
www.dundeereptheatre.co.uk
Foyer du Scottish Dance Theatre et d'une compagnie d'acteurs (Rep Ensemble), le Rep propose le fin du fin de la scène écossaise.

Eden Court
Bishops Road, Inverness, IV3 5SA
tél. : (01463) 239 841
www.eden-court.co.uk
Salle polyvalente : pièces, concerts, *one-man-shows,* danse et films d'art et d'essai.

Edinburgh Playhouse
18-22 Greenside Place, Édimbourg, EH1 3AA
tél. : (0870) 606 3424
www.edinburghplayhouse.org.uk
On y voit de tout, des comédies musicales comme des spectacles pour enfants.

Festival Theatre
13-29 Nicolson Street, Édimbourg, EH8 9FT
tél. : (0131) 529 6000
www.eft.co.uk
Un lieu vaste et moderne pour les grosses productions : danse, musique, théâtre.

His Majesty's Theatre
Rosemount Viaduct, Aberdeen, AB25 1GL
tél. : (01224) 641 122
www.hmtaberdeen.com
Le plus grand théâtre d'Aberdeen programme spectacles populaires et comédies musicales au succès international.

King's Theatre, Édimbourg
2 Leven Street, Édimbourg, EH3 9LQ
tél. : (0131) 529 6000
www.eft.co.uk
Productions grand public.

King's Theatre, Glasgow
297 Bath Street, Glasgow, G2 4JN
tél. : (0141) 240 1111
www.theambassadortickets.com/king's-theatre
Tous les succès nationaux et internationaux : théâtre, comédies musicales, *one-man-shows.*

MacRobert
Université de Stirling, Stirling, FK9 4LA
tél. : (01786) 466 666
www.macrobert.org
Théâtre, concerts et cinéma.

Royal Lyceum Theatre
308 Grindlay Street, Édimbourg, EH3 9AX
tél. : (0131) 248 4848
www.lyceum.org.uk
Reconnu pour ses pièces grand public de qualité.

Theatre Royal
282 Hope Street, Glasgow, G2 3QA
tél. : (0844) 871 7647
www.ambassadortickets.com/Theatre-Royal-Glasgow
Opéra, ballet et pièces de théâtre à gros budget.

The Tolbooth
Jail Wynd, Stirling, FK8 1DE
tél. : (01876) 274 000
www.stirling.gov.uk/tolbooth
Une salle qui a du cachet. Théâtre, comédie, musique.

Traverse Theatre
10 Cambridge Street, Édimbourg, EH1 2ED
tél. : (0131) 228 1404
www.traverse.co.uk
Une scène pour les jeunes auteurs écossais.

Tron Theatre
63 Trongate, Glasgow, G1 5HB
tél. : (0141) 552 4267
www.tron.co.uk
Une salle très fréquentée. Théâtre, comédies, musique. Le Tron possède sa propre troupe de théâtre.

Activités

L'Écosse et son exceptionnelle mosaïque de reliefs autorisent une belle variété de loisirs de plein air : randonnées pédestres au gré de sentiers forestiers, kayak sur les lochs, alpinisme, ski... Le pays est aujourd'hui considéré comme une destination d'excellence pour l'alpinisme, la plongée, le kayak, le VTT et le surf. Il attire donc un nombre toujours croissant de visiteurs, et les Écossais eux-mêmes prennent de plus en plus de plaisir à toutes ces activités.

Les infrastructures écossaises de loisirs de plein air sont de premier ordre. Les entreprises impliquées dans ce type d'activités, formidablement gérées, offrent une qualité de service impeccable. La dernière tendance en date est au multisport « tout en un ».

Randonnées pédestres et alpinisme

Sites

Cairngorms
Cairngorms National Park Authority
14 The Square, Grantown-on-Spey
tél. : (01479) 873 535
www.cairngorms.co.uk
Creuset de montagnes, landes, forêts, rivières et lacs, le plus vaste parc national britannique est le paradis des alpinistes et des randonneurs (voir p. 180-181). Les amateurs de VTT ne seront pas en reste.

Edinburgh International Climbing Arena
Ratho, South Platt Hill, Newbridge
tél. : (0131) 331 6333
www.eica-ratho.com
Perfectionnez vos talents d'alpiniste sur ce mur d'escalade couvert, de niveau international.

Glencoe
Glencoe Visitor Centre, Glencoe
tél. : (0844) 493 2222
www.glencoe-nts.org.uk
Huit *munros*, 79 km de sentiers de randonnée et 20 sites d'escalade : voilà ce qui explique le succès du Glencoe, le site le plus populaire d'Écosse.

Île de Skye
L'île est une destination privilégiée des amateurs de marche. Alpinistes et randonneurs ne résistent pas à l'attrait des reliefs des Cuillin qui dominent le cœur de Skye. Les tracés, difficiles, constituent un défi technique et physique réservé aux initiés.

Loch Lomond and the Trossachs National Park
Loch Lomond and the Trossachs National Park Authority
Carrochan Road, Balloch
tél. : (01389) 722 600
www.lochlomond-trossachs.org
Les atouts de ce parc national sont multiples : le loch Lomond, l'imposant Ben Lomond, sans oublier une portion du plus célèbre sentier de randonnée d'Écosse, le West Highland Way *(www.west-highland-way.co.uk)*.

Nevis Range
L'ascension du Ben Nevis, le point culminant de Grande-Bretagne, est le Graal de tout alpiniste ou randonneur séjournant en Écosse. Le site compte d'autres reliefs, l'Aonach Mor et le Carn Mor Dearg, par exemple.

Northwest Highlands
La région rassemble les reliefs les plus symboliques d'Écosse – Stac Pollaidh, Suilven, Ben Loyal – tout comme les sommets de Torridon, Dundonnell et les Fannichs. Sans oublier Glen Shiel et Glen Affric. Une aubaine pour les randonneurs et les alpinistes.

Pentland Hills Regional Park
Boghall Farm, Biggar Road, Édimbourg
tél. : (0131) 445 3003
www.edinburgh.gov.uk/phrp
Des parcours de tous les niveaux quadrillent les Pentland Hills : l'idéal pour les sorties en famille et les marcheurs chevronnés.

Sud de l'Écosse
Injustement dédaigné par les fans des Highlands, le sud de l'Écosse a pourtant beaucoup à offrir aux randonneurs, sa kyrielle de sentiers sillonnant les reliefs des Lammermuir, des Moorfoot et des Cheviot. La région déroule aussi de longs itinéraires, tels le Southern Upland Way (voir p. 114) et le St. Cuthbert's Way.

Organismes

Torridon Activities
Torridon
tél. : (01445) 791 242
www.thetorridon.com/activities
Propose tout un programme d'activités à Torridon : alpinisme, descente en rappel, marches accompagnées, promenades en montagne.

North West Frontiers
Strathpeffer
tél. : (01997) 421 474
www.nwf.com
Le spécialiste des vacances 100 % randonnées et alpinisme officie dans les Northwest Highlands, les Hébrides extérieures, les Orcades et les îles Shetland.

Et aussi
Mountaineering Council of Scotland
The Old Granary, West Mill Street, Perth
tél. : (01738) 638 227
www.mountaineering-scotland.org.uk
L'association offre des conseils pratiques et de sécurité dans le domaine de la randonnée et de l'alpinisme en Écosse. L'adhésion donne accès aux refuges de montagne du club.

Walking Scotland
http://walking.visitscotland.com
Le site officiel de la randonnée en Écosse regorge de liens utiles. Sa base de données contient plus de 1 000 parcours téléchargeables.

Plongée

L'Écosse réunit d'excellents spots de plongée : la faune marine généreuse et les épaves du détroit de Mull (voir p. 197), les débris de la flotte allemande sabordée au fond du Scapa Flow de l'archipel des orcades (voir p. 259).

Aqua Stars Dive Centre
Guns Green Basin, Eyemouth,
tél. : (018907) 50904
www.aquastars.co.uk
Cours de plongée, sorties accompagnées, plongées en mer, excursions au large d'Eyemouth et le long de la côte orientale.

Lochaline Dive Centre
Lochaline, Movern
(01967) 421 627
www.lochalinedivecentre.co.uk
Cours et sorties accompagnées sur le site d'épaves échouées au fond du détroit de Mull.

Puffin Dive Centre
Port Gallanach, Oban
tél. : (01631) 566 088
www.puffin.org.uk
Cours de plongée au large de la côte ouest.

Scapa Flow Diving Centre
tél. : (01856) 751 492
www.scapaflowdivingcentre.com
Plongées sur épaves réservées aux plongeurs expérimentés.

Et aussi
Adventure Scotland
http://adventure.visitscotland.com
Connectez-vous sur le portail national de l'Écosse qui répertorie toutes les sports extrêmes, y compris la plongée.

Scottish Sub-Aqua Club
Caledonia House, 1 Redheughs Rigg, South Gyle, Édimbourg
tél. : (0131) 625 4404
www.scotsac.com
Cours dispensés par des moniteurs agréés.

Pêche

Sans surprise, ce pays criblé de lacs, jalonné de cours d'eau et bordé par quelque 16 490 km de côtes est peuplé de pêcheurs à la ligne. Ses eaux limpides et peu fréquentées hissent l'Écosse au premier rang des destinations de pêche en Europe. Les eaux de la Tweed, de la Dee et de la Tay regorgent de saumon. De nombreuses pêcheries sont ouvertes au public. Les hôtels situés en bordure de cours d'eau proposent des excursions de pêche à leur clientèle.

FishPal
Stichill House, Kelso
tél. : (01573) 470 612
www.fishpal.com/scotland
Tout ce que vous avez toujours voulu savoir sur la pêche en Écosse... Ce site passe au crible la Dee, la Tay et la Tweed, la pêche dans les lacs et la pêche en mer. On peut y commander son permis en sélectionnant dans le système de réservation la date, son secteur ou sa pêcherie.

Scottish Anglers National Association
National Game Angling Centre
The Pier, Loch Leven
tél. : (01577) 861 116
www.sana.org.uk
Fédération nationale de pêche sportive. Toutes les informations sur comment, quand et où pratiquer en Écosse.

Tweedside Tackle
36 Bridge St., Kelso
(01573) 225 306
www.tweedsidetackle.co.uk
Au cœur du pays du saumon, Tweedside Tackle fournit des permis et loue du matériel aux pêcheurs.

Équitation et randonnées équestres

Les fabuleux paysages écossais – longues plages de sable, collines arrondies et montagnes imposantes – se prêtent à merveille à l'équitation. Promenade à poney pour les enfants, cours d'équitation, randonnées pour débutants, sorties plus relevées pour les cavaliers émérites : tout le monde trouvera son bonheur.

Brighouse Bay Trekking Centre
Borgue, Kirkcudbright
tél. : (01557) 870 267
http://brighousebaytrekking.weebly.com
Randonnées, balades, excursions pour les enfants, leçons dans ce ce centre qui accueille les cavaliers de tous âges et de tous niveaux. Les plus expérimentés monteront sur la plage.

Isle of Skye Trekking Centre
Skye Riding Centre, Suladale
tél. : (01470) 582 419
www.theisleofskyetrekkingcentre.co.uk

Balades à travers les plus beaux paysages d'Écosse. Tous niveaux.

Lettershuna Riding Centre
Appin
tél. : 0845 806 0332
www.lettershunaridingcentre.com
Balades accompagnées et randonnées dans la région d'Appin. Tous niveaux, à partir de 4 ans.

North Sannox Pony Trekking
North Glen Sannox
tél. : (01770) 810 222
Randonnées au cœur de superbes paysages. Tous niveaux, à partir de 5 ans. Promenades à dos de poney pour les 3-5 ans.

Et aussi
Riding in Scotland
http://riding.visitscotland.com
Site officiel de l'équitation en Écosse. Toutes les informations sur les randonnées, l'équitation, des liens utiles, une carte des itinéraires et des sentiers.

Escalade sur glace

Les hautes montagnes de l'Écosse constituent naturellement une destination privilégiée pour les amateurs d'escalade sur glace. À partir de la fin décembre jusqu'au début avril, les alpinistes expérimentés testent sur la glace leur endurance, leur force, leurs nerfs et leur talent. À déconseiller aux débutants, lesquels peuvent s'initier à l'Ice Factor (voir plus loin) de Kinlochleven, qui abrite le plus haut mur de glace *indoor* du monde.

Climbmts
Suite 3, Bank House, Bank Street, Aberfeldy
tél. : (01887) 822 699
http://climbmts.co.uk
Cours dispensés été comme hiver : alpinisme, randonnées, sports d'hiver, orientation...

Glenmore Lodge
Aviemore
tél. : (01479) 861 256
www.glenmorelodge.org.uk
Sportscotland, agence nationale du sport en Écosse, gère trois centres de plein air, dont celui de Glenmore Lodge, qui propose une kyrielle d'activités, parmi lesquelles l'alpinisme.

Ice Factor
Leven Road, Kinlochleven
tél. : (01855) 831 100
www.ice-factor.co.uk
Site d'entraînement de niveau international pour sports d'hiver et escalade sur glace.

Et aussi
Adventure Scotland
http://adventure.visitscotland.com
Portail officiel des sports extrêmes à pratiquer en Écosse, y compris l'escalade sur glace.

Golf

Le berceau du golf possède plus de 550 parcours, du terrain communal aux clubs ultra-privés. La clientèle de quelques-uns des hôtels les plus prestigieux du pays peut souvent bénéficier de passe-droit et faire un 18 trous sur l'un de ces très chics golfs. Le site de Visit Scotland dédié au golf est très complet, et permet parfaitement d'organiser un séjour autour de ce sport.

Golf Visit Scotland
http://golf.visitscotland.com
Ce portail regorge d'informations et de liens utiles : il liste tous les parcours et offre des conseils sur le golf en Écosse. Passez par ici pour planifier votre séjour : promotions, événements et compétitions, tout est là.

VTT

Cairngorms (voir p. 309)

Glentress
Glentress Forest, Peebles
tél. : (01721) 721 736
www.thehubintheforest.co.uk
L'un des sites de VTT les plus réputés du Royaume-Uni. Il offre une belle variété de tracés, pour tous les niveaux (voir p. 117).

Laggan Wolftrax
Strathmashie Forest, Laggan, Newtonmore
tél. : (01528) 544 786
www.basecampmtb.com
L'un des meilleurs sites artificiels d'Écosse. Des sentiers ont été aménagés pour accueillir les vététistes de tous niveaux, du débutant (circuit vert) au plus chevronné (circuit noir).

Nevis Range
Torlundy, Fort William
tél. : (01397) 705 825
www.nevisrange.co.uk
Cet excellent centre est le plus célèbre du pays. Il accueille le seul sentier de Coupe du monde du Royaume-Uni et le seul parcours accessible par télésiège. Un dénivelé de 525 m pour une longueur de 2,66 km, lignes droites rocailleuses, virages serrés, versants à pic, rochers, ravins profonds et grosses bosses : âmes sensibles s'abstenir.

Wheely Good Bike Guides
Tulloch Outdoor Activity Centre, Tulloch
tél. : (0845) 0945 513
www.wheely-good.co.uk
Sorties en VTT accompagnées dans les environs de Lochaber et au cœur de la Nevis Range. Parcours adaptés à tous les niveaux. Excursions à la demi-journée, journée complète ou plusieurs jours.

Wilderness Scotland
3a St. Vincent Street,
Édimbourg
tél. : (0131) 625 6635
www.wildernessscotland.com
Ce spécialiste des sports d'aventures propose une belle offre aux amateurs de VTT. Petits groupes. Excursions d'une semaine sur l'île de Skye. Moyenne kilométrique quotidienne élevée.

Et aussi

Cycling Scotland
http://cycling.visitscotland.com
Le site de Visit Scotland dédié au VTT regorge d'informations et de liens utiles. Base de données de 147 itinéraires. Liens vers les loueurs de matériel et les tours-opérateurs spécialisés (séjours et excursions).

Voile

Un littoral fabuleux, des eaux limpides et peu fréquentées, une atmosphère non polluée, des infrastructures de qualité : l'Écosse est un excellent choix pour qui souhaite naviguer, particulièrement sur la côte ouest constellée d'une myriade d'archipels et d'îlots. Des écoles de voile sont à la disposition des débutants, des affrètements coque nue sont envisageables pour les marins plus expérimentés. Possibilité également d'organiser pour les néophytes des croisières avec équipage.

Galloway Activity Centre
Loch Ken, Castle Douglas
tél. : (01644) 420 626
www.lochken.co.uk
Vaste programmation d'activités, sur place ou à l'extérieur : voile, bateau à moteur, planche à voile. D'autres sports (aquatiques ou non) peuvent se pratiquer.

Loch Insh Watersports and Outdoor Activity Centre
Kincraig
tél. : (01540) 651 272
www.lochinsh.com
Belle variété d'activités sur l'eau (voile, kayak, planche à voile et canoé) ou la terre ferme (en été comme en hiver).

Loch Morlich Watersports
Glenmore Forest Park,
Aviemore
tél. : (01479) 861 221
www.lochmorlich.com
Voile, ski nautique, canoé et planche à voile. Le paysage est absolument superbe. Nombreux sentiers de VTT réservés aux initiés (location de matériel sur place).

National Watersports Centre
Isle of Cumbrae
tél. : (01475) 530 757
www.nationalcentrecumbrae.org.uk
Ce site accueille des compétitions agréées par la RYA (Royal Yachting Association).

Port Edgar Marina and Sailing School
Shore Road, South Queensferry,
Édimbourg
tél. : (0131) 331 3330
www.portedgar.co.uk
Des cours de voile pour tous les niveaux, du débutant au marin expérimenté. Possibilité de louer des Wayfarers – pour les initiés seulement.

Et aussi

Royal Yachting Association Scotland
Caledonia House, South Gyle,
Édimbourg
tél. : (0131) 317 7388
www.ryascotland.org.uk
La fédération écossaise de voile dispose d'informations sur tous les aspects (loisirs et compétition) de la discipline et des centres de formation où les cours sont dispensés par des moniteurs agréés.

Sail
http://sail.visitscotland.com
Le site officiel de Visit Scotland dédié à la voile fournit des liens vers les chantiers navals, les marinas, les écoles de voile et les compagnies d'affrètement. Informations également sur les canaux et les compétitions. Liens utiles vers la météo marine ainsi que les horaires des marées.

Chasse

Les Écossais les plus aisés financièrement ont toujours eu l'habitude de chasser. Sur les grands domaines, on organise encore des battues et des chasses au gros gibier, même si l'on observe par ailleurs un regain d'intérêt pour le ball-trap.

Auchterhouse Country Sports
Burnhead Farm, Auchterhouse
tél. : (01382) 320 476
www.treemac.co.uk
L'un des terrains de ball-trap les plus populaires du pays. Des compétitions nationales et internationales y sont régulièrement organisées, mais les débutants sont les bienvenus. Cours pour tous les niveaux. Quad, tir à l'arc, fauconnerie et pêche.

Cluny Clays Activity Centre
Cluny Mains Farm,
près de Kirkcaldy
tél. : (01592) 720 374
www.clunyclays.com
Après une séance de ball-trap ou de carabine à air comprimé, pourquoi ne pas prendre un cours de tir à l'arc ou de golf, ou tenter un parcours de 9 trous ?

Country Sports
www.countrysports.co.uk
Organisation de battues et de chasses sur mesure dans toute l'Écosse.

Dunkeld Park
Hilton Dunkeld House Hotel, Dunkeld
tél. : (01350) 728 370
www.dunkeld-park.co.uk
Ball-trap et tir à la carabine à air comprimé, tir à l'arc et quad sur un terrain privé de plus de 90 ha. Possibilité de réserver également des séances de pêche au saumon.

Ski

L'hiver 2009-2010 a véritablement lancé l'industrie du ski en Écosse, avec un taux d'enneigement record et des conditions optimales. Le pays possède cinq stations, ainsi que plusieurs pistes artificielles de ski.

Cairngorm Mountain
Aviemore
tél. : (01479) 861 261
www.cairngormmountain.org
Un paradis pour les skieurs de tous niveaux : les 12 remonte-pentes, écoles de ski et loueurs de matériel contribuent à la bonne ambiance qui règne à Aviemore, une station très appréciée de la chaîne des Cairngorms.

Glencoe Mountain
Glencoe
tél. : (01855) 851 226
www.glencoemountain.co.uk
Pas moins de 7 remonte-pentes et 19 pistes, dont la très redoutée piste noire Fly Paper, la descente la plus raide de Grande-Bretagne. Sur place : forfaits, location de matériel et cours.

Glenshee Ski Centre
Glenshee
tél. : (013397) 41320
www.ski-glenshee.co.uk
Les aménagements de la plus grande station de ski du Royaume-Uni incluent 36 pistes et 21 remonte-pentes.
Sur place : location de matériel, forfaits et cours.

Lecht
Strathdon
tél. : (01795) 651 440
www.lecht.co.uk
Cette petite station de l'est des Cairngorms propose tout même 18 pistes. Sur place : location de matériel, forfaits et cours.

Nevis Range (voir p. 311)
L'Aonach Mor se prête au ski et au snowboard jusqu'à la fin du printemps. Un télésiège mène aux pistes. Sur place : location de matériel, forfaits et cours.

Ski Scotland
http://ski.visitscotland.com
Le site de Visit Scotland dédié au ski et au surf regorge d'informations pratiques et de liens vers les sites des stations. Consultez aussi les conditions d'enneigement.

Surf

Les eaux froides du littoral de l'Écosse semblent a priori peu se prêter à la pratique du surf. C'est sans compter sur l'addiction de milliers de pratiquants écossais et un nombre toujours croissant de surfeurs venus de l'étranger. Le pays compte de nombreux spots, parmi lesquels se distingue Thurso East, où déferlent les plus grosses vagues d'Europe. Tiree, une île des Hébrides intérieures, est également prisée des surfeurs.

Hebridean Surf Holidays
28 Frances Street, Stornoway, Isle of Lewis
tél. : (01851) 840 337
www.hebrideansurf.co.uk
Surf pour tout le monde, du débutant au plus expérimenté. Des cours pour les débutants sont organisés sur des zones où les vagues sont modestes.

Wild Diamond (voir Planche à voile plus loin)

Et aussi

Adventure Scotland
http://adventure.visitscotland.com
Le site national de Visit Scotland dédié aux sports d'aventure rassemble toutes les informations concernant le surf.

Planche à voile

L'offre « sports d'aventure » en Écosse concerne également la planche à voile, avec cours et location de matériel (voir Voile, p. 312). Sur l'île de Tiree, les conditions sont idéales pour les surfeurs de tous niveaux. Tous les ans au mois d'octobre une compétition internationale, la Tiree Wave Classic, s'y déroule.

Wild Diamond
Burnside Cottage, Cornaig, Isle of Tiree
tél. : (01879) 220 399
www.wilddiamond.co.uk
Cours et location de planches à voile mais également de surfs et de paddleboards. Les moniteurs sont aussi qualifiés pour l'enseignement du char à voile et du kitesurf.

Et aussi

Adventure Scotland
http://adventure.visitscotland.com
Le site national de Visit Scotland dédié aux sports d'aventure rassemble toutes les informations concernant la planche à voile.

INDEX

Les chiffres **en gras** indiquent les pages des illustrations
Les mots en MAJUSCULES indiquent les grands thèmes

A

ABBAYES
Arbroath 157
Borders 50, 108, 109, 118-**119**, 119
Dryburgh 119
Dundrennan 114
Dunfermline 50, 78, 146, 149
Fort Augustus 187
Glenluce 114-115
Holyrood 50, 61
Inchmahome, prieuré d' 130, 131
Iona **12**, 228
Jedburgh 118-119
Kelso 118, **119**
Melrose **118**, 119, 120
Saint Andrews 78
Sweetheart 114
Abbotsford 109, 120-121
Aberdeen 28, 33, 146-147, **164**, 164-165, 167
Adam, Robert 50, 59, 72, 93, 105, 123
Angus 146, 154
balade 157
Applecross, péninsule d' 210-211, **213**
Arbroath 26, 146, 157
Ardencraig Gardens 218
Ardkinglas Woodland Garden 138, 139
Ardnamurchan, péninsule d' 192, 194, 228
Argyll **124**, 126, 134-139
Argyll Forest Park 134, 138, 139
Argyll, îles de l' 218-229
Arisaig 173, 193, 196-197
Arran 22, 34, 216, 218, 219-221, **221**
Arthur's Seat 32, 57, 59-60, 64, 65, 66
ARTS, MUSÉES D'
Aberdeen Art Gallery 165
Buccleuch Collection 114
Burrell Collection 91, 103
Dean Gallery 72
Dundee Contemporary Arts 156
Gallery of Modern Art, Glasgow 95
Hunterian Museum and Art Gallery 93, 100
Inverleith House 73
Jerdan Gallery 153
Kelvingrove Art Gallery and Museum 91, 96-97
Kirkcaldy Museum and Art Gallery 150
McManus Gallery 155
National Gallery of Scotland 67
Perth Museum and Art Gallery 142
Roland Penrose Gallery 72
Royal Scottish Academy 67
Scottish National Gallery of Modern Art 72
Scottish National Portrait Gallery 71-72
voir aussi MUSÉES
Assynt 208-209, 212
Aviemore 172, 178-179, 182
Ayrshire 90-91, 104-105

B

Baird, John Logie 20, 102
Balmoral 19, 146, 158, 159
Bannockburn, bataille de 39, 40, 43, 119, 129
Barra 217, 243, 244, 245-247
Bass Rock **80**, 81
Beltane Fire Festival 71
Benbecula 216, 244
Ben Lomond **132**, 133
Ben Macdui 180
Ben More 33, 227, 244
Benmore Gardens 138, 139
Ben Nevis 173, 180, 188, **189**, 190-191
Birsay 255
blackhouses 236, 238, 239, 247, 249
Black Isle 200, 202, 203
Blair Atholl 141
Blairmore 205, 208
Borders **109**, 109, 116-123
Borders, abbayes des 50, 108, 109, **118**, 118-119, **119**
Braemar 43, 146, **158**, 158-159
Braemar Gathering 159, **163**, 163
brochs **32**, 36, 50, **251**, 266
Broughty Ferry 146, 157
Burns Heritage Park 91, 105
Burns House 110, **114**
Burns, mausolée de 111
Burns, mémorial 105
Burns Night 26
Burns, Robert 26, 44, 48, 64, 91, 104-105, 110-111
Burry Man Festival 77
Bute 22, 216, **218**, 218-219

C

Cairn Gorm 181
Cairngorms 33, 146, 157, 172, 178-185, **180**
Calanais, cercles de pierres levées de de 239
calédonien, canal 173, 186-187, 191
Canna 216, 230, 231
Canoe Trail, Great Glen 186-187
Carham, bataille de 39
Carnegie, Andrew 149
Càrn Mòr Dearg 188
Carnoustie 166
CHÂTEAUX
Armadale 237
Aros 224
Balmoral 19, 158, 159
Black Castle 77
Blackness 87
Blair **140**, 141
Braemar 43, **158**, 158-159
Brodick 220
Caerlaverock 109, 114
Crathes 162
Culzean **104**, 105
Drumlanrig 114
Duart 226
Dumbarton 102
Dundas 77
Dunrobin 203
Dunskey 112
Dunvegan 236
Édimbourg **54**, 57, 58, **60**, 60-61, 62, 64, 66-67
Eilean Donan 201, **208**, 213
Floors 109, 121-122
Glamis 146, 157
Inveraray 135
Inverness 174
Kennedy 109, 115
Kilchurn 136-137
Kinloch 231
Kisimul 246
Lews 238
Lochinch 115
loch Leven 143
Lochranza 220
MacLennan 111
Moil **232**
Neidpath 116
Rothesay 218
Stirling 17, 40, **128**, 128
Tantallon 81
Threave 111
Urquhart **186**, 187-188
Charlestown of Aberlour 184
clans, système des 14, 17, 39, 44, 160-161, 193, 205, 206
Clyde 19, 32, 33, 45, 90, 98-99, 100-101, **102**, 103
estuaire de la – 19, 32, 218
Coll 33, 216, 228-229
Colomba, saint 38, 228
Common Ridings 117, 122
Connery, Sean 50, 74
cornemuses 22, 44, 52, **144**, 161, 163
Coruisk, loch, croisière 236
Cowal, péninsule de 126, 138-139, **139**
Craigellachie 184-185
Crinan Canal **124**, 136
Cromwell, Oliver 41, 74, 116, 220
Cuillins, chaînes des 213, 216, 232, 236
Culloden, bataille de 17, 39, **42**, 43, 44, 172, 173, 174, **176**, 177, 193, 195, 206
Culross 149

D

Dalmeny House 77
danse (Highland Dance) **15**, 22, 23, **163**, 163
Darnley, lord 41, 64
David Ier 39, 50, 61, 118-119, 149
Dee 111, 146, 158-159
Destinée, pierre de la 39, 61, 127, 142
diaspora écossaise 207
Discovery, RSS **154**, 155
distilleries *voir* WHISKY
Dornoch 200, 201, **202**, 202-203
Dumbarton 102
Dumfries **110**, 110-111, **114**
Dumfries and Galloway **108-109**, 108-109, 110-115
Dunbar 30, 43, 81
Dun Carloway **32**, 36, 239
Dundee 33, 146, 154-157
Dunfermline 50, 78, 146, 148-149
Dunoon 22, 23, 138

E

Earthquake House 142
East Lothian 57, 80-82
East Neuk du Fife 152-153, **153**
Édimbourg 8, 17, 18, 19, 32, **56-57**, 56-79, **59**, **65**, **74**, 74-75
Arthur's Seat 57, 59-60, 64, 65, 66
Calton Hill **70**, 70-71
château **54**, 57, 58, **60**, 60-61, 62, 64, 66-67
festivals 53, 59, **68**, 68-69, **69**
Hogmanay 17, 63, 67
Holyrood, abbaye de 50, 61
Holyroodhouse 61, 62, 63
Holyrood Park 59, 62
Inverleith House 73
John Knox House 63
Military Tattoo **54**, 61, 69
National Monument 71
New Town (ville nouvelle) 50, 57, 59, **66**, 66-67, 70-73
Old Town (vieille ville) 50, 56, 58-59, 60-66, **65**
Parlement écossais 45, 51, 60, 63
Princes Street **66**, 67
Princes Street Gardens 67, 68, 70
Royal Mile 58, **62-63**, 62-63
Saint Giles, cathédrale 63
Scott Monument 70
Waverley Station 70
ÉGLISES
Abbey Church, Culross 149
chapelle italienne 252, 256
Dornoch, cathédrale de **202**, 203
Édimbourg, cathédrale d' 63
Glasgow, cathédrale de **92**, 94
Inverness, cathédrale d' 176-177
Kildalton, chapelle de 224
Mackintosh, église, Glasgow 93
Rosslyn, chapelle de 82-83
Saint Andrews, cathédrale de 146, 151
Saint Andrews, église, Dundee 155
Saint Blane, chapelle, Bute 219
Saint John, Édimbourg 67
Saint-Magnus, cathédrale, Orcades 252, 254, 255
Sainte Margaret, chapelle, Édimbourg 61
Sainte Mary, chapelle, Rothesay 218
Saint Michael, Linlithgow 86
Tron Church, Édimbourg 63
Eigg 216, 230-231
Elie **152**, 152, 153
Esha Ness **264**, 264-265

F

Fair Isle **267**, 267
Falkland, palais de 50, 146, 150
famille royale 22, 41, 62, 63, 158, 159, 161, 162
FESTIVALS
Angus Glens Walking 157
Barra Fest 246
Beltane Fire 71
Burry Man 77
Celtic Connections 96, **97**
Comrie Fortnight 143
Édimbourg 53, 59, **68**, 68-69, **69**
Jazz, Islay 226
Saint-Magnus 255
T in the Park 141
Up Helly Aa **262**, 262
Whisky, Islay 223, 226
Fife 18, 146, 148-153, **153**
Fife Coastal Path 149, 152
Fingal, grotte de 228
Finnieston, grue de **98**, 101
first footing 17
Five Sisters of Kintail 191, 212, 213
football 19-20, 93, 96, 161
Fort Augustus 187
Fort Charlotte 263
Forth, ponts du 57, **76**, 77, **78**, 78-79, 148
Forth, rivière 32, 33, 57, 74-75, **76**, 76-77, 128, 148-149
Forth, estuaire du 32, 57, 70, 74-75, 77, **78**, 78-79, 80, **81**, 81, 87, 146, 153
Fort William 33, 173, 186, 187, 188, **190**, 190-192
Fraserburgh 26, 147, 168

G

Gairloch 200, 212-213
Galloway *voir* Dumfries and Galloway
Galloway Forest Park 30, **106**, 108, 109, 115
gastronomie 24-29, 69, 220
voir aussi RESTAURANTS
Glasgow 18, 32, 45, **88**, 89-102, **90**, **94**, **95**, 101
Armadillo, The **51**, 100, **101**, 101
Barrowlands 96
Burrell Collection 91, 103
cathédrale **92**, 94
Celtic Connections 96, **97**
chantiers navals 75, **98**, 98-99, **99**, 101
cinéma IMAX 101
football 93, 96
Gallery of Modern Art 95
Glasgow Tower 101
Hogmanay 17
House for an Art Lover **91**
Hunterian Museum and Art Gallery 93, 100
Kelvingrove Art Gallery and Museum 91, 96-97
Kelvingrove Park 96-97
Kelvin Hall 97
Mackintosh, église 93
Merchant City 92-93, 95
musique 96
National Museum of Football 96
nécropole 94
O_2 Academy 96
Royal Concert Hall 93
Saint Mungo's Museum 94
Sauchiehall Street 96
School of Art 51, 93
Science Centre 91, 101
Scotland Street School Museum 93
Scottish Exhibition and Conference Centre 100-101, **101**
Scottish Maritime Museum 99, 101, 102
Transport Museum 97, 101
« Glasgow Boys » 46, 100
Glasgow Celtic 19, 93, 96
Glasgow Rangers 19, 93, 96
Glen Affric 191
Glen Coe 173, 192-194
Glen Nevis 188, 191
Gleneagles 166
Glenfinnan 173, **194**, 194, 196
viaduc de **192**, 192
Glenlee, voilier 101
Glentress, forêt de 117
GOLF 20, 104, 166
Arran 219, 220
Aviemore 179
Barra 246-247
Leith Links 75
Machrie 227
Muirfield 80
Musselburgh Links 80
Portpatrick 112
Royal Dornoch 203
Royal Troon 104
Saint Andrews 146, **150**, 151, 166
Turnberry 104
Vogrie Country Park 83-84
Grampians, monts **166**, 173, 188-189, 189, **190**, 190-191
Grantown-on-Spey 22, 172-173, **184**, 184
Great Glen 33, 173, 174, 186-189
Gretna Green 111
Corryvreckan, golfe de 224, 225

H

Hadrien, mur d' 38
Handa 208, 209
Harris 216, 217, 238, 240-242, 243, 244
Hawick et Selkirk Common Ridings 117
Hébrides extérieures 216-217, 238-249
Hébrides intérieures 216, 218-219
Helensburgh 30, 102-103
Highland Clearances 18, 39, 44-45, 194, 200, 203, 205, 206-207, 212, 220, 241, 243, 267
Highland Dancing 22
HIGHLAND GAMES/GATHERINGS 22-23, **23**, 146
Braemar 22, 159, **163**, 163
Cowal 22, 138
Grantown-on-Spey 22, 184
Highlands **16**, 17, 18-19, 32-33, 172-213
Hill House 103
hippodrome, Musselburgh 80
Hirta 249
Hogmanay 17, 63, 67, 143
Holy Loch 138
Holyrood, abbaye de 50, 61
Holyroodhouse 61, 62, 63
Holyrood Park 59, 62
Hopetoun 77, 87
House of the Binns 87
Hoy 252, 256-258, **257**

I

IMAX, cinéma, Glasgow 101
Inchmahome, prieuré d' 130, 131
indépendance de l'Écosse 16-17, 18, 39-40, 44, 59, 159
Inveraray **126**, 126, 127, 134-135
Inverewe, jardins d' 209, 212
Inverness 30, 33, 172, **174**, 174-177, 186
Invincible Armada 267
Iona **12**, 38, 227, 228
Islay 216, **222**, 222-223, 224-226, **226**
italienne, chapelle 252, 256

J

jacobites, révoltes des 39, **42**, 42-44, 133, 141, 159, 177, **194**, 195, 238
JARDINS
Ardencraig 218
Ardkinglas Woodland 139

Ascog Hall 219
Benmore 138, 139
Brodick, château de 220
Drumlanrig, château de 114
Dundee, université de 157
Inverewe 209, 212
Jura House 221
Princes Street, Édimbourg 67, 68, 70
Royal Botanic Garden, Édimbourg 57, 72-73
Winter Gardens, Aberdeen 167
Jarlshof 252, 253, 266
Jedburgh, abbaye de 118-119
John O'Groats 200, 204
Jura 34, 216, 218, 221, **224**, 224

K

Kailzie Gardens 116-117
Kelso **116**, 118, **119**, 121-122
Killantringan **112**, 113, 115
kilts **144**, **160**, 160-161, 176
Kintyre, péninsule du 127, **134**, 134-136
Kirkwall 254-255
Knox, John 40-41, 63
Knoydart 173, **195**, 195
Kyles of Bute 139
Kylesku 208-209

L

Largs, bataille de 39
Last House in Scotland 204
Leith 57, 58, **74**, 74-75
Lerwick **262**, 262, 263
Lewis 22, **32**, 36, 212, 217, **238**, 238-240, 243
Lewis, figurines de 65
Liathach 201, 210
Linlithgow 84-87, **85**
Linlithgow, palais de 41, 50, 85-86, **86**
Loch Druidibeg Nature Reserve 244
Loch Lomond Seaplanes 100
Lochmaddy 216, 240, 242-243
Lochnagar 159
Loony Dook **76**, 77
Lothians **56-57**, 57, 80-87

M

MacDonald, Flora 174, 236, 244
Machrie, parcours de golf de 227
Machrie Moor 220, **221**
Mackintosh, Charles Rennie 51, **91**, 93, 97, 100, 103
Maeshowe 36, 252, 255
Mallaig 173, 192, 194, **196**, 197
Marie Ire Stuart, reine d'Écosse 40-41, **41**, 60, 61, 64, 74, 80, 82, 84-85, 86, 87, 102, 114, 117, 121, 128, 143, 166, 174
Mellerstain House 122
Melrose 108, 109, 117, **118**, 119, 120
Menteith, lac de 130, 179
Midlothian 57, 82-84
Moray 169
Moray Firth 33, 177
Mousa 266, 267
Mousa Broch 36, 251, 252, 266
Moyness House, Inverness 175
Muck 216, 230
Muir, John 20-21, 59, 188
Muirfield 80, 166
Mull 22, 35, 194, 214, 216, 226-227
Mull of Galloway 112, 115
Mull of Kintyre 135, 136
Mull, détroit de 196, 197
munro 30, 33, 127, 133, 140, 146, 157, 159, 212, 232
MUSÉES
Almond Valley Heritage Trust 84
Arnol Blackhouse Museum 239
Banchory Museum 162
Burns 105
Bute Museum 218
Caithness Horizons 205
Castle Hill, Dunoon 138
Colbost Croft Museum 236-237
Eyemouth Maritime Centre 123
Eyemouth Museum 123
Fisheries Museum, Scottish 153
Flight, National Museum of 81-82
Football, National Museum of 96
Groam House Museum 203
Highland Folk Museum 183
Hunterian Museum and Art Gallery 93, 100
Islay Life, Museum of 225
Isle of Arran Heritage Museum 220
Isles, Museum of the 237
Kelvingrove Art Gallery and Museum 91, 96-97
Kildonan Museum 244-245
Kirkcaldy Museum and Art Gallery 150
Lighthouses, Museum of Scottish 168
Marischal Museum 165
Maritime Museum, Aberdeen 167
Nan Eilean 238
National Museum of Scotland 57, 64-65, 66
National War Museum 60, 61
Orkneyinga Saga Centre 255
Our Dynamic Earth 66
Perth Museum and Art Gallery 142
Portsoy Maritime Museum 169
Queensferry Museum 76, 77
Railway Museum, Scottish 87
Saint Mungo's Museum, Glasgow 94
Scotland Street School Museum 93
Scottish Maritime Museum 99, 101, 102
Scottish Mining Museum 83
Shetland Museum 263
Skye Museum of Island Life 236
Strathnaver Museum 205, 207
Thatched Cottage Museum 247
Tolbooth Museum, Aberdeen 165
Tolbooth Museum, Stonehaven 168
Transport Museum 97, 101
Verdant Works Museum 155, 156
West Highland Museum 190
Wick Heritage Museum 203
voir aussi ARTS, MUSÉES D'
MUSIQUE 14, 51-53
Celtic Connections 96, **97**
Édimbourg, festivals d'été d' 68-69
Glasgow 96
Jazz, festival de, Islay 226
Saint Magnus Festival 253
T in the Park 141
Musselburgh 80, 166

N

natation 224, 243
National Covenant 41
National Monument 71
National Piping Centre 161
National Trust for Scotland 72, 201, 231, 249
Needle, The **234**, 235
Ness, rivière 38, **174**, 175, 176
New Lanark 91, **102**, 102, 103
Nith, rivière 110-111
North Berwick **80**, 80-81
North Queensferry 148
North Ronaldsay 258
North Uist 216, 240, 242-243

O

Oban 26, 126-127, **136**, 136-137, 216
observatoire, Édimbourg 71
Ochil Hills 71, 128
Old Man of Hoy 252, 257, 258
Old Man of Storr 233
Orcades 26, 29, **31**, 36, **37**, 39, 147, 252, **254**, 254-261
Orkney Marine-Life Aquarium 256
Ornsay, phare de 237

P

palais comtal, Birsay 255
Papa Westray 252, 258-259
Paps of Jura 221
Parlement 18, 39, 45, 51, 60, 61, 63, 93
PÊCHE 26-27, 34, 206, 207
Beecraigs Country Park 84
Fife **148**, 152-153
Guinard, baie de **200**
Moray 169
Rothiemurchus 183
Scottish Fisheries Museum 153
Tweed 120
Pennan **168**, 169
Pentland Hills **82**, 82, 128
Perth 127, 142, **143**
Perthshire **127**, 127, 140-143
Peterhead 26, 147, 168
PHARES
Carraig Fhada 224
Dunnet Head 204, 205
Esha Ness **264**, 264
Killantringan **112**, 113, 115
Mull of Kintyre 135
Museum of Scottish Lighthouses 168
Neist Point 236
Ornsay 237
Rua Reidh 213
Saint Abbs Head 123
Stoer, pointe de 209
Wrath, cap 205
Pictes 14, 38, 39, 177, 200, 203, 228, 239, 266
Pitlochry 141-142, **166**, 166
Playfair, William Henry 50, 59, 67, 122
Plockton 33, 200, 201, **213**, 213
Poolewe 212
Port Askaig 224
Port Charlotte 225
Port Ellen 224
Portobello 76, 77
Portpatrick 108, 111, 112
Prestonpans, bataille de 44
PROMENADES/CIRCUIT/BALADES/RANDONNÉES
Angus, vallées de l' 157
Applecross, péninsule d' **210**, 210-211
Arthur's Seat 64
Bannockburn 43
Ben Lomond 133

Black Isle 203
Cairngorms 180-181, **181**
Coruisk, loch, croisière 236
Cowal, péninsule de 138-139, **139**
Dalmeny 77
Esha Ness **264**, 264-265, **265**
Fife Coastal Path 149, 152, **153**
Five Sisters of Kintail 212
Galloway, côte du **112**, 112-113, **113**
Galloway Forest Park 115
Glen Affric 191
Glentress, forêt de 117
Great Glen Way 186
Highlands 173, 180-181, 182, 184, 186, 188-189, 194
Mull, détroit de 197
Royal Mile **62-63**, 62-63
St. Cuthbert's Way 120
Southern Upland Way 109, 111, 112-113, **113**, 115
Speyside Way 184
Trossachs 131
Trotternish, péninsule de 234-235, **235**
Waverley, croisière 219
West Highland Way 133
West Island Way 219

Q-R

Quiraing 233, **234**, 234-235

Raasay 210
Rest and be Thankful 134
Rhinns of Galloway 109, 112, 115
Rhinns of Islay 225
Rhum 216, 230, 231
Ring of Brodgar 252, 255
Robert Bruce **38**, 39, 40, 43, 58, 115, 119, 126, 129, 149, 157, 160, 162, 174, 220
Robert Burns Center 111
Rob Roy 121, 126, 132
Romains 36, 38, 39, 65, 76, 77
Rona 210
Roslin 82-83
Roslin Institute 21, 83
Rosslyn, chapelle de 82-83
Rothiemurchus, domaine de 172, 182-183
« route des îles » 173, 193-194, 197
Royal Botanic Garden 57, 72-73
Royal Deeside 19, 146, 158-159, 162-163
Royal Dornoch 203
Royal Mile 58, **62-63**, 62-63
Royal Troon 104, 166

S

Saint Abbs Head 123
Saint Andrews 78, 146, **150**, 151, 152-153, 166
Saint Cuthbert's Way 120
Saint Graal 83
Saint John's Head 257
Saint Kilda 34, 97, 240, 242, 247-249, **248**
Saint Monans 153
Scapa Flow 252, 256, 257-258, 259
Scolpaig Tower 243
Scone Palace 126, 127, 142
Scotch Whisky Experience 62
Secret Bunker 150
Scottish Hydro Electric Visitor Centre, Dam and Fish Pass 142
Scottish Kiltmaker Centre 176
Scottish Seabird Centre 81
Scottish Sealife Sanctuary 137
Scott Monument 70
Scott, Robert Falcon **154**, 155
Scott's View 121
Scott, Walter 48, 50-51, 70, 109, 119, 120-121, 161
Scourie, baie de 208
Shetland 26, 34, 36, 39, 147, **250**, 252-253, 262-267, **264**
Shetland, poneys 266
Shieldaig 210
shinty 185
construction navale 45, 75, **98**, 98-99, **99**, 101, 102
Sir Walter Scott, bateau à vapeur 131
Skaill House 261
Skara Brae 36, **37**, 50, 252, 255, **260**, 260-261
SKI
Aviemore et les Cairngorms 172, **178**, 179
Braemar 158-159
Grampians, monts 189
Skye 17, 19, 22, **28**, 34, 173, 193, 197, 213, 216, **232**, 232-237, **234**, **237**
Smith, Adam 20, 58, 150
Soay 248
Southern Uplands 17, 30
Southern Upland Way 109, 111, 112-113, **113**, 115
South Queensferry 57, **76**, 76-77, 78-79, 87, 149
South Uist 216, 244-245
Spey, rivière 27, 33, 179, 182, 183, 184
Speyside 172-173, 184-185
sports d'hiver 179, 189 *voir aussi* SKI
Stac Pollaidh 200, 209
Staffa 227, 228
Stevenson, phares de 123, 135, 168, 204, 205, 237, 264
Stevenson, Robert Louis 48, 70, 168
Stirling 17, 126, **128**, 128-129
Stirling, pont de, bataille du 39, 128
Stone of Destiny *voir* Destinée, pierre de la
Stones of Stenness 252, 255
Stornoway 212, 238
Strathspey Steam Railway 179
Stuart, Charles Édouard 43-44, 56, 174, 177, 190, 193, 194, 195, 206, 236, 244-245
Stuart, dynastie des 39, 40-44, 56, 61, 64, 150
surf 205, 240
Sutherland Monument 203
Sweetheart, abbaye de 114

T

Tam O'Shanter Experience 105
Tarbert 135, 136, **138**, 139, 240, 241
tartan 44, **144**, **160**, 160-161, 176
Tattoo (festival de fanfares militaires), Édimbourg **54**, 61, 69
Tay, rivière 33, 142, 146, 149, 155
Telford, Thomas 185, 187
théâtre 53
Thurso 204-205
Tighnabruaich 138, 139
Tiree 33, 216, 228, 229
Tiree Wave Classic 216, 229
Tobermory 214, 216, 226-227
Torridon Hills 200-201, 210
T in the Park 141
Traquair House 109, 117, **121**
Treshnish, îles 227, 229
Trossachs 126, 128, 130-133
Trotternish, péninsule de 233, 234-235
Turnberry 104, 166
Tweed, rivière 27, 33, 109, **116**, 116, 117, 118-123

U-V

Ullapool 200, 209, 212
Unicorn, frégate 155
Up Helly Aa **262**, 262

Victoria, reine 18-19, 141, 146, 158, 159, 161, 162, 163, 228
Vikings 14, 38, 39, 238, 252, 253, 255, 258, 262

W-Y

Wallace Monument 129
Wallace, William 39-40, 126, 128, 129, 160
Waverley, croisière 219
Western Isles *voir* Hébrides extérieures
Wester Ross 209, 212-213
West Highland Way 133
WHISKY 29, 247
Arran 219, 220
Black Isle 203
Dewar's World of Whisky 141
Edradour, distillerie 141-142
Glenkinchie, distillerie 82
Glen Ord, distillerie 203
Highland Park, distillerie de 255
Islay 216, 222-223, 224-225, 226
Jura 221
Loch Fyne Whiskies 135
Oban, distillerie d' 137
Orcades 255
Royal Lochnagar 159
Scotch Whisky Experience 62
Skye **28**, 237
Speyside 172, 184-185
Speyside Cooperage 185

Yell 266

CRÉDITS

Couverture : Matteo Carassale/Grand Tour/ Corbis. Dos : Christopher Pollack/iStockphoto. 4e de couverture, de gauche à droite et de haut en bas : Winfield Parks/National Geographic Stock ; Peter Thompson/Photolibrary; Britain on View/ Photolibrary ; Morag Fleming/Shutterstock ; Jim Richardson/National Geographic Stock ; Leksele/ Shutterstock/National Geographic Stock ; iStockphoto.

Intérieur : 2-3, Ronald W. Wier/Corbis ; 7, Jeremy Sutton-Hibbert/Alamy ; 8, Richard Watson/Britain on View/Photolibrary ; 10, The Scotsman/Sygma/Corbis ; 12, Dennis Hardley/Britain on View/Photolibrary ; 15, Jim Richardson/National Geographic Stock ; 16, Dewitt Jones/Corbis ; 20-21, Dennis Hardley/ Britain on View/Photolibrary ; 23, Steve Allen Travel Photography/Alamy ; 25, Britain on View/ Photolibrary ; 26-27, Anthony Blake/Fresh Food Images/Photolibrary ; 28, Gary Latham/Britain on View/Photolibrary ; 31, Jim Richardson/Corbis ; 32-33, Patrick Dieudonne/Robert Harding/Photolibrary ; 35, Elliott Neep/OSF/Photolibrary ; 37, David Lomax/ Robert Harding/Photolibrary ; 38, Robin McKelvie ; 41, iStockphoto ; 42, Britain on View/Photolibrary ; 47, National Gallery of Scotland/Bridgeman Art Library ; 51, Alan Novelli/Alamy ; 52, Jean-Christophe Godet/ Alamy ; 54, Morag Fleming/Shutterstock ; 60, Jose Antonio Moreno Castellano/Photolibrary ; 65, Chad Ehlers/Photolibrary ; 66, Derek Croucher/Corbis ; 68, Findlay Rankin/Britain on View/Photolibrary ; 69, Grant Pritchard/Britain on View/Photolibrary ; 70 Douglas Pearson/Corbis ; 73, Jim Richardson/National Geographic Stock ; 74, iStockphoto/Thinkstock ; 76 ; Jeff J. Mitchell/Getty Images ; 78, Simon Butterworth/ OSF/Photolibrary ; 80, Patrick Dieudonne/Robert Harding/Photolibrary ; 82, Phil Seale/Alamy ; 84, Patrick Dieudonne/Robert Harding/Photolibrary ; 86, Dennis Barnes/Britain on View/Photolibrary ; 88, Yadid Levy/Robert Harding/Photolibrary ; 91, Yadid Levy/Age Fotostock/Photolibrary ; 92, Shutterstock ; 94, Barry Lewis/Corbis ; 97, Ross Gilmore/Redferns/ Getty Images ; 98, Photos.com/Thinkstock ; 99, Robin McKelvie ; 101 Richard Klune/Corbis ; 102, Britain on View/Photolibrary ; 104, Andy Williams/the Travel Library/Photolibrary ; 106, Tim Isaak/Age Fotostock/ Photolibrary ; 110, Colin Palmer Photography/ Alamy ; 112, James Emmerson/Robert Harding/ Photolibrary ; 114, Britain on View/Photolibrary ; 115, Jose Antonio Mareno/Photolibrary ; 116, Britain on View/Photolibrary ; 119, Robin McKelvie ; 120, Robin McKelvie ; 122, Marcos Meider/OSF/Photolibrary ; 124, Robin McKelvie ; 127, Robin McKelvie ; 130, Hemera/Thinkstock ; 132, Robin McKelvie ; 134, Robin McKelvie ; 136, Robin McKelvie ; 138, Peter Thompson/Photolibrary ; 140, Roy Rainford/Robert Harding/Photolibrary ; 143, Robin McKelvie ; 144, Chad Ehlers/Photolibrary ; 148 Adam Woolfitt/ Corbis ; 150, Robin McKelvie ; 152, Vittoriano Rastelli/ Corbis ; 154 AA World Travel Library/Topfoto ; 156, David Robertson/Alamy ; 158, Robert Harding/ Photolibrary ; 160, Adam Woolfitt/Corbis ; 163, Britain on View/Photolibrary ; 164, Walter Bibikow/Jon Arnold Travel/Photolibrary ; 166, Britain on View/ Photolibrary, 167, Britain on View/Photolibrary ; 168, Jim Richardson/National Geographic Stock ; 170, Mark Hamblin/OSF/Photolibrary ; 174, Hemera/ Thinkstock ; 176, Robin McKelvie ; 178, Roy Rainford/ Robert Harding/Photolibrary ; 180, Roy Rainford/ Robert Harding/Photolibrary ; 183, Robin McKelvie ; 184, Tim Harris, 186, Britain on View/Photolibrary ; 189, John A. Cameron/Shutterstock ; 190, Gunter Lenz/Photolibrary ; 192, Don Bishop/Photolibrary ; 194, Britain on View/Photolibrary ; 195, Duncan Maxwell/Robert Harding/Photolibrary ; 196, Dennis Barnes/Britain on View/Photolibrary ; 198, Tim Harris ; 200, Robin McKelvie ; 202, Reuters/Corbis ; 204, Robin McKelvie ; 206, Robin McKelvie ; 208, Robin McKelvie ; 210, Robin McKelvie ; 213, Robin McKelvie ; 214, Robin McKelvie ; 218, Colin Cumming/Photolibrary ; 221, Robin McKelvie ; 222, Robin McKelvie ; 223, Peter Thompson/Photolibrary ; 224, Robin McKelvie ; 226, Robin McKelvie ; 229, Robin McKelvie ; 230, Robin McKelvie ; 232, Photolibrary ; 234, Heinz Wohner/Photolibrary ; 237, Nocola Campbell/Alamy ; 238, Robin McKelvie ; 241, John Warburton-Lee/ Photolibrary ; 245, Anthony Stothert/Britain on View/ Photolibrary ; 246, Britain on View/Photolibrary ; 248, Jim Richardson/National Geographic ; 250, Robin McKelvie ; 254, Iain Sargeant/OSF/Photolibrary ; 257, Britain on View/Photolibrary ; 260, Britain on View/ Photolibrary ; 262, Adam Woolfitt/Robert Harding/ Photolibrary ; 264, Patrick Dieudonne/Robert Harding/Photolibrary ; 267, Robin McKelvie ; 268, Scottish Viewpoint/Alamy.

Écosse

est une publication de la National Geographic Society

John M. Fahey, Jr., *Président directeur général*
Gilbert M. Grosvenor, *Président du conseil d'administration*
Tim T. Kelly, *Président, Global Media Group*
John Q. Griffin, *Président des publications*
Nina D. Hoffman, *Premier vice-président et président du Département livres*

Département éditorial
Barbara Brownell Grogan, *Vice-présidente et directrice du Département livres*
Marianne R. Koszorus, *Directrice de la maquette*
Barbara A. Noe, *Éditrice et directrice de la collection*
Carl Mehler, *Directeur de la cartographie*
R. Gary Colbert, *Directeur de la fabrication*
Jennifer A. Thornton, *Éditrice*
Meredith C. Wilcox, *Directrice des illustrations*

Équipe pour cet ouvrage
Barbara A. Noe, *Éditrice du projet*
Kay Kobor Hankins, *Directeur artistique*
Al Morrow, *Assistant à la maquette*
Michael McNey, *Cartographie*
Judith Klein, *Responsable du projet en fabrication*
Brittany Brown, Ashley Matthieu, Stephanie Robichaux, Jane Sunderland, Christine Tanigawa, Sally Younger, *Contributeurs*

Département fabrication et qualité
Christopher A. Liedel, *Directeur financier*
Phillip L. Schlosser, *Vice-président*
Chris Brown, *Directeur technique*
Nicole Elliott, *Responsable*
Rachel Faulise, *Responsable*
Robert L. Barr, *Responsable*

The Brown Reference Group Ltd.
Lindsey Lowe, *Directrice éditorial*
Tim Harris, *Éditeur*
David Poole, *Directeur artistique*
Supriya Sahai, *Maquette*
Joan Curtis, *Graphiste*
Sophie Mortimer, *Illustrations*
Martin Darlison, *Cartographie*
Clive Carpenter, Joe Fullman, Alastair Gourlay, Leon Gray, Ben Hollingum, Sally McFall, *Contributeurs*

La National Geographic Society est l'une des plus vastes organisations à vocation scientifique et éducative et à but non lucratif au monde. Fondée en 1888 pour le développement et la diffusion de la connaissance géographique, la National Geographic Society agit pour sensibiliser et inciter à prendre une part active dans la protection de la planète. Elle touche chaque mois plus de 325 millions de personnes dans le monde grâce à son magazine mensuel, National Geographic, *et à d'autres revues, mais aussi par sa chaîne de télévision – National Geographic Channel –, des documentaires, de la musique, des émissions de radio, des films, des livres, des DVD, des cartes, des expositions, des médias interactifs et tous les produits dérivés. National Geographic a financé plus de neuf mille recherches scientifiques, projets de conservation et de protection, mais aussi des programmes pour combattre l'illettrisme.*

Vous pouvez nous rendre visite sur :
www.nationalgeographic.fr

NG France
Directrice éditoriale : Françoise Kerlo, assistée de Caroline Rondeau
Responsable d'édition : Valérie Langrognet
Assistante d'édition : Julie Drouet
Responsable de production : Alexandre Zimmowitch

Réalisation éditoriale : ML Éditions, Paris
Direction : Michel Langrognet
Édition : Anne Papazoglou-Obermeister
Traduction : Valentine Palfrey (p. 12-35, 54-81, 124-169, 214-249, 268-313),
Catherine Zerdoun (p. 7-11, 36-53, 88-123, 170-213, 250-267)
Correction : Christiane Keukens-Poirier

Les informations contenues dans ce guide ont été vérifiées avec soin. Il est cependant possible que certaines changent ou aient changé. En aucun cas, la National Geographic Society ne peut être tenue pour responsable de tels changements, erreurs ou omissions. Les choix des sites, des hôtels et des restaurants ont été laissés aux soins de l'auteur ; ils ne reflètent pas nécessairement l'opinion de l'éditeur, qui ne peut en être tenu pour responsable.

Dépôt légal : septembre 2011

ISBN : 978-2-84582-339-6

Impression : CAYFOSA - Impresia Ibérica (Espagne)